MÉTHODE 90 RUSSE
PRATIQUE DE BASE

MARIE-FRANÇOISE BÉCOURT
JEAN BORZIC

MÉTHODE 90
RUSSE
PRATIQUE DE BASE

(Nouvelle édition)

LE LIVRE DE POCHE

TABLE DES MATIÈRES

Présentation

I. Plan de l'ouvrage

■ *90 leçons réparties en 3 séries*

leçons 1 à 25 : **éléments de base** (prononciation et grammaire).

leçons 26 à 75 : **situations pratiques** (vocabulaire nouveau).

leçons 76 à 90 : **choix de textes** (extraits d'œuvres romanesques, poétiques et théâtrales)

■ *7 leçons de révision* (10 bis, 20 bis, 30 bis, 40 bis, 50 bis, 60 bis, 75 bis).

Exercices de contrôle.

■ *Mémento grammatical* (déclinaisons, conjugaisons, verbes irréguliers, etc.).

Au total, 2.500 mots du vocabulaire le plus courant.

II. Comment utiliser ce livre

Les leçons 1 à 25 sont conçues pour des débutants, qui devront en respecter la progression. Les lecteurs possédant déjà les bases de la langue peuvent étudier ces leçons plus rapidement.

■ *Cadre de travail:* Les leçons 1 à 75 comportent 4 pages:

● 1e page (gauche) : texte russe + prononciation des mots nouveaux.

● 2e page (droite) : traduction du texte russe + explications de prononciation + vocabulaire.

● 3e page (gauche) : explications de grammaire.

● 4e page (droite) : exercice + corrigé (+ parfois texte d'illustration avec sa traduction; dans ce cas, les exercices figurent souvent en 3e page).

■ *Méthode de travail*

● lire le texte russe, le plus souvent possible à haute voix, en consultant la page 2 lorsque la compréhension n'est pas immédiate.

● se reporter, à partir de la leçon 11, au bas de la page 1 pour la prononciation des mots signalés par un astérisque (*), ainsi qu'aux notes de la page 2.

● relire le texte à la lumière des explications grammaticales de la page 3.

● apprendre au fur et à mesure le vocabulaire nouveau de chaque leçon.

● faire les exercices de la page 4 et des leçons bis pour contrôler les acquisitions.

III. L'alphabet et l'écriture

Dans les dix premières leçons, pour que le débutant se familiarise avec l'alphabet russe (ou cyrillique), une transcription en lettres latines est placée au-dessous du texte russe; mais celle-ci n'est qu'une aide passagère. Le texte doit être lu dans l'alphabet russe dont les lettres sont introduites progressivement, ce qui doit permettre **d'apprendre à lire le russe sans avoir, au préalable, besoin de retenir l'alphabet dans son ensemble.** L'étudiant trouvera celui-ci au début du mémento, où sont présentés les différents caractères d'imprimerie et l'écriture, accompagnés de la transcription en caractères latins.
Des modèles d'écriture correspondant aux lettres étudiées sont également donnés dans les dix premières leçons.

IV. Comment prononcer le russe

■ *L'accentuation*

Tout mot russe comporte un accent tonique, c'est-à-dire qu'une syllabe est mise en relief; elle est prononcée avec plus de force (et dite **accentuée** ou **tonique**) au détriment des autres, affaiblies (et dites **inaccentuées** ou **atones**). En raison de la très grande importance de cet accent d'intensité, nous le signalons sur chaque mot russe comportant plus d'une syllabe (*ко́мната*); et, dans la transcription, nous indiquons en **caractère gras** la voyelle sur laquelle tombe l'accent.
L'accent peut être mobile, c'est-à-dire qu'il ne tombe pas sur la même

syllabe au cours de la déclinaison ou de la conjugaison d'un même mot. Le déplacement de l'accent est indiqué au bas du texte russe par des signes graphiques dont voici les plus courants :

‾‾‾ ‾‾‾	nom accentué sur la fin du mot (finale) au singulier, sur le radical au pluriel: *окно́, о́кна;*
‾‾ ‾‾‾	accent inverse: *по́ле, поля́;*
╱‾‾ ‾‾‾	nom accentué sur la terminaison sauf au nominatif singulier: *стол, стола́, столу́...*
╱‾‾‾	adjectif accentué sur la finale sauf au masculin: *бо́лен, больна́, больно́, больны́;*
⌃‾‾	adjectif du type *ве́сел, весела́, ве́село, ве́селы;*
⌄‾‾	nom du type *рука́, ру́ку, руки́, руко́й, руке́;*
╲‾‾	verbe présentant un recul d'accent à partir de la 2ᵉ personne du singulier: *люблю́, лю́бишь, лю́бит...*

■ *Les sons*

1) Le son d'une même voyelle peut changer selon que la syllabe à laquelle elle appartient est accentuée ou non : *окно́* [akno].

2) La prononciation d'une consonne peut se modifier selon la place qu'elle occupe dans le mot : *дом* [dom], mais *сад* [sat] *во́дка* [votka].

Cette modification des voyelles et des consonnes est enregistrée dans la transcription phonétique, directement lisible par un Français qui devra pourtant tenir compte de deux principes :

En règle générale toutes les lettres utilisées dans la transcription se prononcent. Ainsi le mot *спорт* sera transcrit [sport] car le *т* final se prononce (comme dans le français « porte ») ; [spor] sera la transcription du russe *спор*, « la discussion ».

La transcription des sons qui n'existent pas en français est conventionnelle :

soit approximative comme pour le *r* roulé russe *р* noté [r] ;
soit arbitraire comme pour le *l* dur russe *л* noté [L].

Ces particularités sont expliquées en page 2 de chaque leçon et au paragraphe 3 du Mémento.

ДОМ
dom

1 — Ива́н, вот дом.
ivan, vot dom.

— Э́то дом? — Да, э́то дом.
êta dom? da, êta dom.

— Дом тут? — Да, дом тут.
dom tout? da, dom tout.

2 — Э́то ко́мната? — Да, вот ко́мната.
êta komnata? da, vot komnata.

— Э́то окно́? — Да, окно́ там.
êta akno? da, akno tam.

3 — Э́то дом и сад. Вот ко́мната и окно́.
êta dom i sat. vot komnata i akno.

— Ко́мната тут, а окно́ там?
komnata tout, a akno tam?

— Да, тут ко́мната, а там окно́.
da, tout komnata, a tam akno.

ОН ТУТ КАК ДО́МА

Traduction

La maison

1 — Jean, voici la maison. — Est-ce une maison? — Oui, c'est une maison. — La maison est-elle ici? — Oui, la maison est ici.

2 — Est-ce une chambre? — Oui, voici une chambre. — Est-ce une fenêtre? — Oui, la fenêtre est là-bas.

3 — C'est une maison et un jardin. Voici une chambre et une fenêtre. — La chambre est-elle ici et la fenêtre là? — Oui, ici est la chambre et là-bas la fenêtre.

Prononciation

1 Les consonnes se prononcent toujours en russe. En fin de mot, elles s'articulent comme si elles étaient suivies d'un e muet et s'allongent nettement : *дом* se prononce domme; *там*, tamme; etc.

2 Д, consonne sonore, s'assourdit à la fin d'un mot ou devant une consonne sourde, c'est-à-dire qu'elle se prononce t : *сад* [sat].

3 Les voyelles accentuées se prononcent toutes nettement, bien ouvertes. Non accentuées, elles peuvent se modifier radicalement ou s'affaiblir selon la place qu'elles occupent dans le mot par rapport à la voyelle portant l'accent d'intensité, très fort en russe.

4 *A* se prononce comme le a du français « pas », mais, s'il suit l'accent, il s'affaiblit et se rapproche même du e français dans « le » : *комната* [komnata], presque [komnete].

5 Э accentué est un ê très dur, comme celui de « être » : *это* [êta].

6 *O* accentué se prononce comme le o français de « vote » : *вот* [vot]; s'il précède l'accent, il se prononce franchement a : *окно* [akno]; s'il le suit, il se situe entre a et e : *это* [êta], presque [ête].

Ecriture

Дом. Комната. Окно тут. Сад. Вот Иван.

Il est ici comme chez lui (m. à m.: comme à la maison).

Grammaire

■ *Дом*

— L'absence d'article.

Il n'y a pas d'article en russe; le mot *дом* peut signifier « la maison », « une maison » ou « maison » suivant le contexte.

— Le genre des noms est indiqué par leur terminaison.

Le russe possède trois genres : le masculin, le féminin et le neutre.

Tous les noms terminés par une consonne sont masculins : *дом*; *сад*; *мост* (le pont).

Presque tous les noms terminés par **-а** sont féminins : *кómната*; *Москвá* (Moscou); *мукá* (la farine); *водá* (l'eau); *доскá* (la planche).

Tous les noms terminés par **-о** sont neutres : *окнó*; *кинó* (le cinéma); *винó* (le vin).

■ *Дом тут*

Le verbe être n'est pas exprimé au présent :

> *Дом тут*, la maison est ici;
> *сад тáм*, le jardin est là-bas.

■ *Э́то*

Au présent, par suite de l'absence du verbe être, le pronom démonstratif neutre *э́то* se traduira par « c'est » ou « ce sont » :

> *э́то дом*, c'est une maison;
> *э́то Ивáн и Áнна*, ce sont Jean et Anne.

■ *Э́то дом? Да, э́то дом*

L'ordre des mots dans la phrase interrogative peut rester le même que celui de la phrase affirmative, seule l'intonation change.

■ *Кómната тут, а окнó там?*

On emploie *а*, précédé d'une virgule, et non pas *и* pour marquer une opposition entre deux sujets ou objets.

Exercices

A *Transcrivez les mots suivants en lettres cursives russes :*
1. Диван. 2. Дон. 3. Водка. 4. Квас. 5. Динамо. 6. Тут. 7. И. 8. А.
9. Сад. 10. Это.

B *Traduisez en français :*
11. Это мост. 12. Тут доска. 13. Вот Москва. 14. Мука там?
15. Вот мука и вода.

C *Traduisez en russe :*
16. La planche est là-bas. 17. Voici un jardin. 18. La maison est-elle
là-bas? 19. Le pont est ici et Moscou là-bas. 20. Est-ce une chambre
et une fenêtre?

D *Choisissez le mot qui convient :*
21. Вот... (и, мост, это). 22.... тут (окно, да, там). 23. Вот... и сад
(дом, это, тут). 24. Да, окно... (комната, там, вино). 25. Сад
там,... дом тут (вода, а, кино).

Corrigé

A *1. Диван. 2. Дон. 3. Водка. 4. Квас. 5. Динамо.*
6. Тут. 7. И. 8. А. 9. Сад. 10. Это.

B 11. C'est un pont. 12. Ici est la planche. 13. Voici Moscou. 14. La
farine est-elle là-bas? 15. Voici la farine et l'eau.

C 16. Доска там. 17. Вот сад. 18. Дом там? 14. Мост тут, а Москва
там. 20. Это комната и окно?

D 21. мост. 22. Окно. 23. дом. 24. там. 25. а.

КТО Э́ТО?
kto êta?

1 — Кто э́то? — Это Ка́тя и Са́ша.
  kto êta? êta kat'e i sacha

— Кто Ка́тя? — Ка́тя — де́вушка.
  kto kat'e? kat'e... d'èvouchka

— Кто Са́ша? — Са́ша — мясни́к.
  kto sacha? sacha m'esn'ik

— Кто Ва́ня и Со́ня? — Это де́ти.
  kto van'e i son'e? êta d'ét'i

2 — Кто э́то? Это ко́шка? — Нет, это соба́ка.
  kto êta? êta kochka? n'èt, êta sabaka

— Ко́шка и соба́ка — де́ти? — Нет.
  kochka i sabaka... d'ét'i? n'èt

— Са́ша — студе́нт? — Нет, Са́ша — мясни́к.
  sacha... stoud'ènt? n'èt, sacha m'esn'ik

3 — Кто э́то? Это де́ти?
  kto êta? êta d'ét'i?

— Нет, это не де́ти. Это ма́ма и дя́дя.
  n'èt êta n'é d'ét'i. êta mama i d'ad'e

— Де́душка и ба́бушка не де́ти. Ва́ня и Со́ня — де́ти.
  d'èdouchka i babouchka n'é d'ét'i. van'e i son'e... d'ét'i

— Та́ня — студе́нтка? —Нет, Та́ня не студе́нтка.
  tan'e stoud'èntka? n'èt tan'e n'é stoud'èntka

— Ми́ша не студе́нт? — Нет, Ми́ша студе́нт.
  m'icha n'é stoud'ènt? n'èt, m'icha stoud'ènt

НА НЕТ И СУДА́ НЕТ

Traduction

Qui est-ce?

1 — Qui est-ce? — C'est Katia et Sacha. — Qui est Katia? — Katia
est une jeune fille. — Qui est Sacha? — Sacha est un boucher.
— Qui sont Vania et Sonia? — Ce sont des enfants.

2 — Qu'est-ce que c'est? Est-ce un chat? — Non, c'est un chien.
— Le chat et le chien sont-ils des enfants? — Non. — Sacha est-il
étudiant? — Non, Sacha est boucher.

3 — Qui est-ce? Est-ce que ce sont des enfants? — Non, ce ne sont
pas des enfants. C'est maman et l'oncle. — Grand-père et grand-mère
ne sont pas des enfants. Vania et Sonia sont des enfants. — Tania
est-elle étudiante? — Non, Tania n'est pas étudiante. — Micha
n'est pas étudiant? — Si, Micha est étudiant.

Prononciation

1 Les consonnes suivies d'un *e*, d'un *я* ou d'un *u* sont mouillées.
La prononciation de *не* est proche de celle du mot français « nier »
(en une seule émission de voix); le son *дя* est voisin de celui que l'on
a au début du mot « dialogue »; on retrouve le son *де* dans le mot
« diète », le son *ня* dans « bagnard ». Dans la transcription des mots,
cette mouillure sera indiquée par un ' placé entre la consonne et la
voyelle qui la suit : [n'é].

2 Le *я* se prononce ['a] sous l'accent mais s'affaiblit en ['e] en position
finale et en un son situé entre ['e] et ['i] dans toute autre position non
accentuée : *Ка́тя* [kat'e], *мясни́к* [m'esn'ik], presque [m'isn'ik],
дя́дя [d'ad'e].

3 Le *e* accentué se prononce ['é] devant une consonne mouillée : *де́ти*
[d'ét'i] et lorsque le *e* est la dernière lettre du mot : *не* [n'é], mais se
prononce ['è] devant une consonne dure : *нет* [n'èt].

Ecriture

Ка́тя . Са́ша . Ва́ня . Мясни́к . Ма́ма . Ко́шка .

A l'impossible nul n'est tenu (m. à m.: sur rien pas de jugement).

Grammaire

■ *Кто*

Pronom interrogatif employé pour tous les êtres animés, hommes ou animaux.

> — *Кто э́то?* — *Э́то соба́ка.*
> — Qu'est-ce que c'est? — C'est un chien.

■ *Ка́тя — де́вушка*

Au présent, à la forme affirmative ou interrogative, le verbe être qui relie le nom sujet et le nom attribut est figuré par une pause dans la parole, par un tiret dans l'écriture.

> *Де́душка и ба́бушка — де́ти?*
> Grand-père et grand-mère sont-ils des enfants?

■ *Са́ша, Ва́ня, де́душка, дя́дя*

La plupart des noms se terminant en **-a** et en **-я** sont féminins. Mais cette terminaison se retrouve également:

1º dans de nombreux diminutifs masculins:
> *Са́ша*, diminutif d'Alexandre; *Ва́ня*, diminutif d'Ivan;
> *Ми́ша*, diminutif de Michel; *То́ня*, diminutif d'Antoine;

2º dans certains noms désignant des personnes de sexe masculin:
> *Де́душка*, le grand-père; *дя́дя*, l'oncle.

■ *Э́то не де́ти*

La particule négative **не** se place immédiatement devant le mot sur lequel porte la négation:

> *То́ня не студе́нт.* Antoine n'est pas étudiant.

■ *Нет, Ми́ша студе́нт*

En réponse à une question à la forme négative, *нет* prend un sens affirmatif lorsqu'il est suivi de la réponse complète. Cette particule détruit la négation précédente et se traduit alors par « si ».

> — *Са́ша не мясни́к?* — *Нет, Са́ша — мясни́к.*
> — Sacha n'est pas boucher? — Si, Sacha est boucher.

Exercices

A *Traduisez en français :*

1. Кто там? Это Ива́н и А́нна? 2. Э́то не Ва́ня. 3. Ми́ша — мясни́к, а Ма́ша — студе́нтка. 4. Дя́дя — мясни́к? 5. Нет, Са́ша — студе́нт. 6. Ка́тя не де́вушка. 7. Са́ша и Та́ня — де́ти? 8. Нет, Са́ша и Та́ня не де́ти.

B *Traduisez en russe :*

9. Micha est étudiant? 10. Non, Micha est boucher. 11. Ce n'est pas Jean. 12. Qui est Vania? 13. C'est un chien? 14. Ce n'est pas un chat. 15. Non, Macha n'est pas une jeune fille. 16. Ce ne sont pas des enfants? Si, ce sont des enfants.

C *Choisissez le mot qui convient :*

17. Ма́ша... студе́нтка (кто, не, Ка́тя). 18. Да,... ко́шка (—, э́то, кто). 19...., Со́ня не де́вушка (не, э́то, нет). 20. Кто...? (окно́, Та́ня, не). 21. Кто э́то?... мясни́к (Со́ня, и, э́то). 22. Ива́н... студе́нт (э́то, —, нет). 23. А́нна не ба́бушка? ..., А́нна — ба́бушка (да, не, нет).

D *Mettez à la forme négative :*

24. Э́то соба́ка. 25. Ма́ма — студе́нтка. 26. Со́ня там. 27. Да, Ми́ша — студе́нт. 28. Ива́н и А́нна — де́ти.

E *Répondez en russe aux questions portant sur le texte :*

29. Са́ша — соба́ка? 30. Кто Ка́тя? 31. Кто де́ти? 32. Ва́ня и Со́ня не де́ти?

Corrigé

A 1. Qui est là-bas? C'est Jean et Anne? 2. Ce n'est pas Vania. 3. Micha est boucher et Macha est étudiante. 4. L'oncle est boucher? 5. Non, Sacha est étudiant. 6. Katia n'est pas une jeune fille. 7. Sacha et Tania sont des enfants? 8. Non, Sacha et Tania ne sont pas des enfants.

B 9. Ми́ша — студе́нт? 10. Нет, Ми́ша — мясни́к. 11. Э́то не Ива́н. 12. Кто Ва́ня? 13. Э́то соба́ка? 14. Э́то не ко́шка. 15. Нет, Ма́ша не де́вушка. 16. Э́то не де́ти? Нет, э́то де́ти.

C 17. не. 18. э́то. 19. нет. 20. Та́ня. 21. э́то. 22. —. 23. нет.

D 24. Э́то не соба́ка. 25. Ма́ма не студе́нтка. 26. Со́ня не там. 27. Нет, Ми́ша не студе́нт. 28. Ива́н и А́нна не де́ти.

E 29. Нет, Са́ша не соба́ка, а мясни́к. 30. Ка́тя — де́вушка. 31. Ва́ня и Со́ня — де́ти. 32. Нет, Ва́ня и Со́ня — де́ти.

КАКИ́Е Э́ТО МОСТЫ́?
kak'iye êta mastü?

1 — Какóй э́то дом? — Э́то избá.
kakoï êta dom? êta izba

— Э́то нóвый дом? — Нет, э́то нóвая избá.
êta novüï dom? n'èt êta novaye izba

Вот стенá и óкна. Там, э́то мосты́.
vot st'ina i okna. tam, êta mastü

— Каки́е э́то мосты́? — Э́то мóстики.
kak'iye êta mastü? êta most'ik'i

2 — Какáя э́то кни́га? — Э́то си́няя кни́га.
kakaye êta kn'iga? êta s'in'aye kn'iga

Вот нóвые кни́ги и газе́ты.
vot novüye kn'ig'i i gaz'êtü

3 Сегóдня океáн си́ний.
S'ivodn'e ak'ian s'in'ï

Дон и Невá не си́ние.
don i n'iva n'é s'in'iye

Какóе сегóдня я́сное нéбо!
kakoye s'ivodn'e yasnaye n'èba

НЕТ ДЫ́МА БЕЗ ОГНЯ́

Traduction

Quel genre de ponts est-ce?

1 — Quelle sorte de maison est-ce? — C'est une isba. — C'est une maison neuve? — Non, c'est une isba neuve. Voici le mur et les fenêtres. Là-bas ce sont des ponts. — Quel genre de ponts est-ce? — Ce sont des passerelles.

2 — Quelle sorte de livre est-ce? — C'est un livre bleu. Voici de nouveaux livres et journaux.

3 Aujourd'hui l'océan est bleu (sombre). Le Don et la Néva ne sont pas bleus. Quel ciel clair, aujourd'hui!

Prononciation

1 Le *г* se prononce comme le g du français « garçon » : *книга* [kn'iga], sauf dans *его*, de *сегодня* par exemple, où il se prononce v.

2 Les signes *я*, *е*, quand ils ne sont pas placés après consonne, indiquent la présence d'un yod, semi-consonne dont on trouve le son en français dans les mots yaourt, yen.

3 Le *е* non accentué s'affaiblit en ye léger en position finale : *синие* [s'in'iye], et se prononce 'i avant l'accent : *стена* [st'ina]

4 Le son *ы* n'existe pas en français, c'est un i sourd et dur qui se situe entre i et u. Pour l'obtenir, il faut reculer et bomber la langue vers l'arrière du palais comme pour un u tout en essayant de prononcer i lèvres tendues. On le représentera par [ü] *газеты* [gaz'ètü].

5 Le « i bref » *й* n'est jamais accentué et suit toujours une voyelle. Il se prononce comme le i de « aïe » et on retrouve le son *эй* à la fin de « soleil » et *ий* dans « fille ». On le représentera par ï : *синий* [s'in' iï] *новый* [novüï]; *какой* [kakoï].

6 L'accent peut changer de place au pluriel, ce qui entraîne des différences de prononciation de la voyelle : *мост* [most] *мосты* [mastü]; *окно* [akno]; *окна* [okna].

Ecriture

Газета. Это новые книги. Океан синий.

Grammaire

■ *Мосты́, газе́ты, о́кна*

La plupart des masculins terminés au singulier par une consonne forment leur pluriel en *-ы*: *студе́нт — студе́нты*.

Les féminins en *-a* forment leur pluriel en *-ы*: *изба́ — и́збы*.

Les neutres en *-o* forment leur pluriel en *-a*: *вино́ — ви́на*.

■ *Я́сный, но́вый, си́ний*

Au masculin, les adjectifs se terminent par *-ый* (*-о́й* si l'accent frappe la terminaison comme dans *како́й*) ou par *-ий*.

Au féminin, ils se terminent par *-ая* ou *-яя*: *я́сная, но́вая, си́няя*.

Au neutre, ils se terminent par *ое* ou *-ее*: *я́сное, но́вое, си́нее*.

Au pluriel, les adjectifs en *-ый* (*-о́й*), *-ая*, *-ое*, qui sont de type « dur », ont la terminaison : *-ые*: *я́сные, но́вые*.

Les adjectifs de type « mou », en *-ий, -яя, -ее*, font leur pluriel en *-ие*: *си́ние*.

Ces adjectifs mous ne sont jamais accentués sur la terminaison.

Remarque : Après certaines consonnes comme *г, к* et *ш* on ne trouve jamais *-ы*, toujours remplacé par *-и*: *кни́га — кни́ги, мо́стик — мо́стики, душа́ — ду́ши, како́й — каки́е*.

■ *Како́й*

L'adjectif *како́й* signifie « quel », « de quel genre », « de quelle sorte » ou « comment ».

Il peut être :
1º interrogatif :

> *Како́й э́то дом?* Quelle sorte de maison est-ce ?
>   Comment est la maison ?

2º exclamatif :

> *Кака́я си́няя вода́!* Quelle eau bleue !
> *Кака́я бе́дная ба́бушка!* Quelle pauvre grand-mère !

Exercices

A *Complétez avec како́й à la forme qui convient :*
1.... э́то вода́? 2.... сад тут? 3.... э́то ко́мнаты? 4.... вид! 5.... э́то окно́? 6.... э́то соба́ка? 7.... снег!

B *Mettez les adjectifs entre parenthèses aux formes convenables :*
8. Э́то (но́вый) кни́ги. 9. Э́то не (си́ний) окно́. 10. Нева́ не (си́ний). 11. Э́то (но́вый) о́кна. 12. Э́то не (си́ний) и́збы. 13. Вот (но́вый) доска́. 14. (Како́й си́ний) вода́!

C *Traduisez en français :*
15. И́збы не си́ние? Нет, э́то си́ние и́збы. 16. Како́й э́то дом? Э́то изба́. 17. Каки́е э́то кни́ги? Но́вые кни́ги. 18. Кака́я кни́га си́няя?

D *Traduisez en russe :*
19. Quel genre de pont est-ce? C'est un pont neuf. 20. C'est un nouveau livre? Non, ce n'est pas un nouveau livre. 21. Les livres ne sont pas bleus? Si, ce sont des livres bleus. 22. Le ciel n'est pas bleu (sombre).

E *Prononcez et transcrivez les mots suivants en lettres cursives :*
23. Май. 24. Се́мя. 25. Отве́т. 26. Та́йна. 27. Мя́со. 28. Бой.

Corrigé

A 1. кака́я. 2. како́й. 3. каки́е. 4. како́й. 5. како́е. 6. кака́я. 7. како́й.

B 8. но́вые. 9. си́нее. 10. си́няя. 11. но́вые. 12. си́ние. 13. но́вая. 14. кака́я си́няя.

C 15. Les isbas ne sont pas bleues? Si, ce sont des isbas bleues. 16. Quel genre de maison est-ce? C'est une isba. 17. Quelle sorte de livres est-ce? Des livres neufs. 18. Quel livre est bleu?

D 19. Како́й э́то мост? Э́то но́вый мост. 20. Э́то но́вая кни́га? Нет, э́то не но́вая кни́га. 21. Кни́ги не си́ние? Нет, э́то си́ние кни́ги. 22. Не́бо не си́нее.

23. *Май.* 24. *Се́мя.* 25. *Отве́т.* 26. *Та́йна.*
27. *Мя́со.* 28. *Бой.*

СЕМЬЯ И ГОСТИ
s'im'ya i gost'i

1 — Я мясни́к, а мой сын — студе́нт. Вот он.
ya m'esn'ik a moï sün... stoud'ènt. vot on

— Где твоя́ жена́?

— Она́ всегда́ до́ма, но она́ не здесь сего́дня.
gd'é tvaya jüna? ana vs'igda doma, no ana n'é zd'és' s'ivodn'e

Ты наш гость. Твои́ де́ти то́же на́ши го́сти.
tü nach gost'. tvayi d'ét'i toje nachü gost'i

2 — Кто вы? — Мы студе́нты. А вы?

— Мы то́же студе́нты.
kto vü? mü stoud'èntü. a vü? mü toje stoud'èntü

— Вот статья́. Кака́я но́вость?
vot stat'ya. kakaye novast'?

— Ваш муж и мои́ де́ти уже́ здесь? Где они́?
vach mouch i mayi d'ét'i oujè zd'és'? gd'é an'i?

— Ва́ши де́ти уже́ здесь, а мой муж до́ма.
vachü d'ét'i oujè zd'és' a moï mouch doma

3 — Где зда́ние? — Оно́ там. Это музе́й.
gd'é zdan'iye? ano tam, êta mouz'éï

— Но́вые зда́ния — музе́и?

— Да, а си́нее зда́ние — магази́н.
noviye zdan'iye mouz'éyi? da, a s'in'eye zdan'iye... magaz'in

— Вот ба́ня. — Нет, ба́ни там.
vot ban'e. n'èt ban'i tam

МУЖ И ЖЕНА́ — ОДНА́ ДУША́

Traduction

La famille et les invités

1 — Je suis boucher et mon fils étudiant. Le voici. — Où est ta femme?
— Elle est toujours à la maison mais elle n'est pas ici aujourd'hui.
Tu es notre invité. Tes enfants aussi sont nos invités.

2 — Qui êtes-vous? — Nous sommes des étudiants. Et vous? — Nous
sommes aussi des étudiants. — Voici l'article. Quelle est la nouvelle?
— Votre mari et mes enfants sont déjà ici? Où sont-ils? — Vos
enfants sont déjà ici, mais mon mari est à la maison.

3 — Où est l'édifice? — Il est là-bas. C'est un musée. — Les édifices
neufs sont des musées? — Oui, mais l'édifice bleu est un magasin.
— Voici l'établissement de bains. — Non, les établissements de
bains sont là-bas.

Prononciation

1 Devant une voyelle, *ж* se prononce comme le **j** du français « jour »:
тóже [toje]; mais devant une pause il s'assourdit en **ch**, *муж*
[mouch].

2 Les consonnes *ш* et *ж* restent toujours dures, quelle que soit la voyelle
qui suit : *ужé* [oujê], *нáши* [nachü] *женá* [jüna].
Derrière ces consonnes, *e* se prononce comme un *э* et comme un *ы*
avant l'accent; *u* comme un *ы*.

3 Le « signe mou » *ь* indique une mouillure de la consonne précédente.
Ainsi *д*, *т* et *н* suivies de *ь* se prononcent comme **d** dans « dieu »,
t dans « tien » et **gn** dans « campagne »: *судьбá* [soud'ba], *гость*
[gost'], *день* [d'én'].

4 Entre une consonne et une voyelle telle que *e, я*, le signe *ь* indique
la présence d'un yod: *семья* [s'im'ya].

Ecriture

Женá. Нóвость. Здáние. Бáня. Статьá.

Vocabulaire

Тут et *здесь*.
Ces deux adverbes sont synonymes, mais *тут* indique le lieu précis où
l'on se trouve.

Le mari et la femme sont une seule âme.

Grammaire

■ *Гость*

Nous avons étudié jusqu'ici des noms de type « dur ». Ceux du type « mou » sont terminés :

> au masculin par *-й* (*музéй*) pluriel *-и* (*музéи*),
> ou par   *-ь* (*гость*) pluriel *-и* (*гóсти*);
> au féminin par *-я* (*бáня*) pluriel *-и* (*бáни*),
> ou par   *-ь* (*нóвость*) pluriel *-и* (*нóвости*);
> au neutre par *-е* (*здáние*) pluriel *-я* (*здáния*).

■ *Я, ты, он*

Les pronoms personnels sujets sont :

> au singulier : *я*
> *ты*
> *он* (*онá* au féminin, *онó* au neutre);
> au pluriel : *мы*
> *вы*
> *они́*

Note : *вы* sert de pronom de politesse, comme en français « vous ».

■ *Мой, твой*

Les pronoms-adjectifs possessifs *мой, твой, наш, ваш* (mon, ton, notre, votre; le tien, le mien, le nôtre, le vôtre) s'accordent en genre : féminin en *-а* : *моя́, твоя́, нáша, вáша* (ma, la mienne, etc.); et en nombre : pluriel des trois genres en *-и* : *мои́, твои́, нáши, вáши*.

■ *Но et а*

Но, précédé comme *а* d'une virgule, se traduit toujours par « mais », alors que *а* peut se rendre par « et » ou « mais », selon le degré d'opposition qu'il exprime; il a le sens de « quant à » :

> *Ты студéнт, а он нет.*
> Tu es étudiant, mais pas lui (m. à m.: quant à lui non).

Exercices

A *Mettez au pluriel :*
1. Моя́ кни́га но́вая. 2. Я мясни́к, а ты студе́нтка. 3. Окно́ си́нее.
4. Ва́ша ба́бушка здесь. 5. Наш гость там. 6. Си́нее зда́ние —
магази́н.

B *Choisissez le mot qui convient et transcrivez-le en lettres cursives :*
7. ...де́душка (она́, ба́бушка, мой). 8. ...гость (моя́, твой, на́ши).
9. Они́... (студе́нт, мясники́, сын). 10. ...де́ти (наш, ба́ни, ва́ши).
11. Де́душка и дя́дя — на́ши... (го́сти, они́, зда́ния). 12. Где...
мать? (моя́, твой, ваш).

C *Traduisez en français :*
13. Кто вы? Я твой дя́дя. 14. Твоя́ мать и моя́ здесь. 15. Наш
де́душка там сего́дня и ваш то́же. 16. Где на́ши го́сти? Вот они́,
здесь.

D *Traduisez en russe :*
17. Le mari et la femme sont étudiants. 18. Elle est ici et lui là-bas.
19. Ils sont vos invités, mais pas moi. 20. Ils sont étudiants ? Oui,
mais ils ne sont pas ici. 21. Voici les nouvelles. 22. Ton fils est ici.
23. Les enfants ne sont pas étudiants. 24. Les édifices bleus sont des
magasins.

Corrigé

A 1. Мои́ кни́ги но́вые. 2. Мы мясники́, а вы студе́нтки. 3. О́кна
си́ние. 4. Ва́ши ба́бушки здесь. 5. На́ши го́сти там. 6. Си́ние зда́-
ния — магази́ны.

B *7. Мой. 8. Твой. 9. мясники́. 10. Ва́ши.*
11. го́сти. 12. моя́.

C 13. Qui êtes-vous ? Je suis ton oncle. 14. Ta mère et la mienne sont
ici. 15. Notre grand-père est là-bas aujourd'hui et le vôtre aussi.
16. Où sont nos invités ? Les voici, ici.

D 17. Муж и жена́ — студе́нты. 18. Она́ здесь, а он там. 19. Они́
ва́ши го́сти, а я нет. 20. Они́ студе́нты? Да, но они́ не здесь. 21.
Вот но́вости. 22. Твой сын здесь. 23. Де́ти не студе́нты. 24. Си́ние
зда́ния — магази́ны.

КАК НУ́ЖНО ГОВОРИ́ТЬ
kak noujna gavar'it'
ПО-РУ́ССКИ?
pa-roussk'i?

1 — Ну́жно говори́ть гро́мко, но не так бы́стро.
noujna gavar'it' gromka, no n'é tak büstra

— Куда́ мо́жно идти́? — мо́жно идти́ домо́й.
kouda mojna itt'i? mojna itt'i damoï

— Где вы рабо́таете? — Мы рабо́таем до́ма.
gd'é vü rabotayet'e? mü rabotayem doma

2 — Ты понима́ешь и говори́шь по-ру́сски?
tü pan'imayech i gavar'ich pa-roussk'i?

— Да, я уже́ немно́го понима́ю и говорю́.
da ya oujé n'imnoga pan'imayou i gavar'ou

Я мно́го рабо́таю.
ya mnoga rabotayou

3 — Кто здесь уме́ет говори́ть по-ру́сски?
kto zd'és' oum'éyet gavar'it' pa-roussk'i?

— Мы все уме́ем. Мы все ру́сские.
mü fs'e oum'éyem. mü fs'é roussk'iye

Здесь говоря́т и понима́ют по-ру́сски.
zd'és' gavar'at i pan'imayout pa-roussk'i

ЯЗЫ́К МОЙ — ВРАГ МОЙ

Traduction

Comment faut-il parler le russe?

1 — Il faut parler fort mais pas si vite. — Où peut-on aller? — On peut aller à la maison. — Où travaillez-vous? — Nous travaillons chez nous.

2 — Tu comprends et parles le russe? — Oui, je le comprends et le parle déjà un peu. Je travaille beaucoup.

3 — Qui sait parler russe ici? — Nous savons tous (parler russe). Nous sommes tous Russes. Ici on parle et on comprend le russe.

Prononciation

1 Le *p* se prononce comme le r roulé des bourguignons et des chanteurs d'opéra: *работать* [rabotat'].

2 Le *ю* se prononce you et indique la mouillure de la consonne précédente ou la présence d'un yod: *говорю* [gavar'**ou**], *работаю* [rabotayou].

3 Après les consonnes *ж* ou *ш*, toujours dures, *ь* n'a qu'une valeur orthographique—en particulier à la seconde personne du présent des verbes—et n'influe pas sur la prononciation: *понимаешь* [pan'imayech].

4 Devant une consonne sourde, comme devant une pause, *д* s'assourdit en t: *идти* [itt'**i**]; *в* en f: *все* [fs'é].

Ecriture

Русский. Юрий. Я умею говорить по-русски.

Vocabulaire

По-русски, русский.
По-русски est un adverbe, donc invariable: *он говорит по-русски,* il parle russe (m. à m.: en russe).

Русский est un adjectif qui s'accorde avec le nom: *русская книга*; et peut être substantivé: *он русский, она русская, они русские* (sans majuscule).

Ma langue, c'est mon ennemi.

Grammaire

■ *Говори́ть, идти́.* · Parler, aller.

La plupart des verbes se terminent à l'infinitif par *-ть* : *говори́ть*.
Quelques-uns se terminent par *-ти* : *идти́*, presque toujours accentué.

Le présent et les deux conjugaisons

On distingue deux conjugaisons dans les verbes réguliers, selon la
voyelle de base des terminaisons du présent : celle des 2e et 3e personnes du singulier, 1e et 2e personnes du pluriel.

1ère conj. en *-и* : *говори́ть.*   2e conj. en *-e* : *понима́ть.*

Я говор-ю́		*Я понима́-ю*
ты „ *-и́шь*		*ты* „ *-ешь*
он „ *-и́т*		*он* „ *-ет*
мы „ *-и́м*		*мы* „ *-ем*
вы „ *-и́те*		*вы* „ *-ете*
они́ „ *-я́т*		*они́* „ *-ют*

De nombreux verbes se conjuguent comme *понима́ть* : *рабо́тать*,
уме́ть, обе́дать (dîner), *игра́ть* (jouer), *ду́мать* (penser), etc.

■ *Как ну́жно гозори́ть?* Comment doit-on parler ?

Ну́жно (*на́до*), « il faut », *мо́жно*, « on peut, il est possible de »,
suivis de l'infinitif, servent à former des tournures impersonnelles.

■ *Где? Куда́?* Où ?

A l'adverbe interrogatif français « où » correspondent deux adverbes
russes :

Где? signifie « où ? », « à quel endroit ? », sans changement de lieu.

Куда́? signifie « où ? », « dans quelle direction ? ».

Les adverbes répondant à ces deux questions sont différents selon
qu'ils expriment le lieu où l'on est, ou bien le lieu vers lequel on se
dirige.

> *Где он? Он здесь; там; до́ма.*
> Où est-il ? Il est ici ; là-bas ; chez lui (à la maison).
>
> *Куда́ мо́жно идти́? Сюда́; туда́; домо́й.*
> Où peut-on aller ? Ici ; là-bas ; chez soi (à la maison).

■ *Там говоря́т и понима́ют по-ру́сски.*
Là-bas on parle et on comprend le russe

La 3e personne du pluriel employée sans sujet correspond au pronom
indéfini « on ».

Exercices

A *Conjuguez ces verbes de la première conjugaison :*
1. Рабо́тать. 2. Уме́ть. 3. Обе́дать (dîner).

B *Choisissez le mot qui convient :*
4. Де́ти... (понима́ет, говори́м, рабо́тают). 5. ...мо́жно рабо́тать? (где, домо́й, куда́). 6. Как на́до идти́...? (до́ма, домо́й, здесь). 7. Мо́жно...до́ма (уме́ть, идти́, обе́дать). 8. ...ну́жно идти́? (где, куда́, до́ма). 9. Кто...по-ру́сски? (уме́ть, понима́ешь, говори́т). 10. — Куда́ ну́жно идти́? — ... (до́ма, здесь, туда́). 11. Вы не говори́те...? (ру́сский, по-ру́сски, ру́сское).

C *Traduisez en français :*
12. Кто рабо́тает здесь? 13. Я не говорю́ по-ру́сски, но понима́ю. 14. Кто уме́ет рабо́тать бы́стро? 15. Где мо́жно говори́ть? 16. Мо́жно игра́ть? Нет, на́до рабо́тать. 17. Где мо́жно обе́дать? 18. Они́ рабо́тают, а ты нет.

D *Traduisez en russe:*
19. Il faut aller à la maison? 20. Je ne sais pas travailler. 21. Je ne suis pas Russe mais je parle russe. 22. Où faut-il travailler? 23. Tu comprends le russe mais tu ne le parles pas. 24. Comment doit-on travailler? 25. Là-bas on travaille beaucoup. 26. Où dînez-vous aujourd'hui?

Corrigé

A

1. Я рабо́таю		2. Я уме́ю		3. Я обе́даю	
ты	-ешь	ты	-ешь	ты	-ешь
он	-ет	он	-ет	он	-ет
мы	-ем	мы	-ем	мы	-ем
вы	-ете	вы	-ете	вы	-ете
они́	-ют	они́	-ют	они́	-ют

B 4. рабо́тают. 5. Где. 6. домо́й. 7. обе́дать. 8 Куда́. 9. говори́т. 10. Туда́. 11. по-ру́сски.

C 12. Qui travaille ici? 13. Je ne parle pas russe mais je le comprends. 14. Qui sait travailler vite? 15. Où peut-on parler? 16. Peut-on jouer? — Non, il faut travailler. 17. Où peut-on dîner? 18. Ils travaillent, mais pas toi.

D 19. Ну́жно (на́до) идти́ домо́й? 20. Я не уме́ю рабо́тать. 21. Я не ру́сский, но я говорю́ по-ру́сски. 22. Где ну́жно (на́до) рабо́тать? 23. Ты понима́ешь по-ру́сски, но не говори́шь. 24. Как ну́жно (на́до) рабо́тать? 25. Там мно́го рабо́тают. 26. Где вы обе́даете сего́дня?

КАКА́Я СЕГО́ДНЯ ПОГО́ДА?
kakaye s'ivodn'e pagoda?

1 — Сего́дня не тепло́. О́сень.
  s'ivodn'e n'é t'ipLo. os'en'.

— Моро́з? — Да, моро́з и ве́тер.
  maros? da maros i v'ét'er

— Мо́жно гуля́ть сего́дня? — Нет, нельзя́.
  mojna goul'at' s'ivodn'e? n'èt n'il'z'a

Сего́дня на́до рабо́тать.
s'ivodn'e nada rabotat'

2 — Кака́я бу́дет погода за́втра? — Я не зна́ю.
  kakaye boud'et pagoda zaftra? ya n'é znayou

— Ты бу́дешь рабо́тать за́втра? — Нет, я бу́ду гуля́ть.
  tü boud'ech rabotat' zaftra? n'èt ya boudou goul'at'

Тепе́рь я иду́ в го́род. Москва́ — большо́й го́род.
t'ip'ér' ya idou v gorat. maskva bal'choï gorat

3 — Идёт дождь? — Нет, сего́дня прекра́сная пого́да.
  id'ot docht'? n'èt s'ivodn'e pr'ikrasnaye pagoda

— Куда́ вы идёте? — На́ши жёны иду́т в кино́,
  kouda vü id'ot'e? nachü jonü idout f k'ino,

но тепе́рь сли́шком жа́рко : мы идём в лес.
no t'ip'ér' sl'ichkam jarka mü id'om v l'ès

Там есть река́.
tam yést' r'ika

ДЕ́ЛО В ШЛЯ́ПЕ

Quel temps (fait-il) aujourd'hui?

1 — Aujourd'hui (il ne fait) pas bon. (C'est) l'automne. — Il gèle? (m. à m.: le gel?) — Oui, il gèle et (il fait) du vent. — Peut-on se promener aujourd'hui? — Non, ce n'est pas possible. Aujourd'hui il faut travailler.

2 — Quel temps fera-t-il demain? — Je ne le sais pas. — Tu travailleras demain? — Non, je me promènerai. Maintenant je vais en ville. Moscou est une grande ville.

3 — Il pleut? (m. à m.: la pluie va?) — Non, aujourd'hui (il fait) un temps splendide. — Où allez-vous? — Nos femmes vont au cinéma mais maintenant (il fait) trop chaud: nous allons dans la forêt. Là-bas il y a un fleuve.

Prononciation

1 Devant le signe mou et les voyelles *e*, *и*, *ю*, *я*, la consonne *л* se prononce sensiblement comme le l du français «liesse»: *лес* [l'ès], *гулять* [goul'at']. Devant les voyelles *o*, *a*, *л* s'obtient en creusant la langue, dont seule la pointe doit venir toucher le haut des dents. On notera ce *л* dur [L]: *тепло* [t'ipLo].

2 Le *ë* se prononce yo et indique la mouillure de la consonne précédente: *идёт* [id'ot]. Cette voyelle porte toujours l'accent tonique.

3 Après *ш* et *ж*, *ë* se prononce o: *жёны* [jonü], et *и* ü: *наши* [nachü].

4 A la fin d'un mot, *з* s'assourdit en s: *мороз* [maros̡].

5 Au contact du *д* assourdi en *т*, le *ж* de *дождь* s'assourdit lui-même en ch: [docht'].

Ecriture

Ленин . Москва — большой город. Дождь идёт.

Vocabulaire

Весна le printemps *осень* l'automne
Лето l'été *зима* l'hiver
Знать, *уметь*. Il ne faut pas confondre *уметь* (savoir faire), toujours suivi de l'infinitif — exprimé ou sous-entendu — et *знать* (savoir, connaître), jamais suivi de l'infinitif.

L'affaire est dans le sac (m. à m.: dans le chapeau)

Grammaire

■ *Нельзя́* (on ne peut pas, il n'est pas possible de, il est interdit de).

Мо́жно ne s'emploie jamais avec la négation *не*. A la place, on utilise *нельзя́*: *Нельзя́ игра́ть здесь*. Il est interdit de jouer ici.

■ **Le présent du verbe *идти́*** (aller à pied).

Я иду́	je vais	мы идём	nous allons
ты идёшь	tu vas	вы идёте	vous allez
он идёт	il va	они́ иду́т	ils vont

Remarque: Dans la deuxième conjugaison, la voyelle de base des terminaisons du présent se modifie en *-ё* lorsqu'elle est accentuée et quelques verbes de cette conjugaison présentent les terminaisons *-у* et *-ут* au lieu de *-ю* et *-ют*.

■ **Le futur de *быть*** (être).

Au futur, le verbe *быть* présente les mêmes terminaisons que le présent des verbes de la 1ᵉ conjug. et s'emploie là où le présent restait sous-entendu: *За́втра я бу́ду до́ма*. Demain je serai à la maison.

Я бу́ду	Je serai...	мы бу́дем
ты бу́дешь		вы бу́дете
он бу́дет		они́ бу́дут

■ *Ты бу́дешь рабо́тать за́втра?* Tu travailleras demain?

Pour former le futur d'une bonne moitié des verbes russes, on utilise le futur de *быть* suivi de l'infinitif de ces verbes. C'est un futur composé dont on se sert pour exprimer une action qui se prolonge ou se répète dans l'avenir:

Я бу́ду рабо́тать, je travaillerai...	мы бу́дем рабо́тать
ты бу́дешь рабо́тать	вы бу́дете рабо́тать
он бу́дет рабо́тать	они́ бу́дут рабо́тать

■ *Там есть река́.* Là-bas il y a un fleuve.

Au présent, le verbe être n'est employé en russe qu'à la 3ᵉ pers. du sing. et au sens de « il y a », rendu au futur par *бу́дет* ou *бу́дут*:

Здесь есть заво́ды.   Ici il y a des usines
                       (m. à m.: est des usines).
Здесь бу́дут заво́ды. Ici il y aura des usines
                       (m. à m.: seront des usines).

Exercices

A *Choisissez le mot qui convient:*

1. За́втра мы бу́дем ... до́ма. (идти́, рабо́тать, уме́ть). 2. Мо́жно игра́ть здесь? Нет, ... (на́до, ну́жно, нельзя́). 3. Он ... рабо́тать до́ма. (обе́дает, бу́дет, ну́жно). 4. Я не ... игра́ть. (быть, зна́ю, уме́ю). 5. Я не ..., где Ива́н. (бу́ду, зна́ю, уме́ю). 6. Ты ..., кто э́то? (зна́ешь, уме́ешь).

B *Mettre au futur:*

7. Моя́ жена́ до́ма. 8. Вы не гуля́ете? 9. Когда́ ты гуля́ешь, я рабо́таю. Кто там игра́ет?

C *Traduisez en français:*

10. За́втра бу́дет жа́рко. 11. Сего́дня идёт дождь, нельзя́ гуля́ть. 12. Где ты бу́дешь рабо́тать за́втра? 13. Здесь бу́дет большо́й дом. 14. Все бу́дут гуля́ть за́втра. 15. Вы зна́ете, кто они́? 16. Когда́ вы бу́дете рабо́тать? 17. Тепе́рь я не рабо́таю.

D *Traduisez en russe:*

18. Où joueras-tu demain? Je jouerai chez moi. 19. Maintenant je vais dans la forêt. 20. Vous vous promènerez demain? 21. Quand je travaillerai, tu joueras. 22. Parlez, il comprend le russe. 23. Ici il y a une maison et un jardin. 24. Là-bas il y aura des fenêtres. 25. Il ne sait pas qui vous êtes.

Corrigé

A 1. рабо́тать. 2. нельзя́. 3. бу́дет. 4. уме́ю. 5. зна́ю. 6. зна́ешь.

B 7. Моя́ жена́ бу́дет до́ма. 8. Вы не бу́дете гуля́ть? 9. Когда́ ты бу́дешь гуля́ть, я бу́ду рабо́тать. Кто там бу́дет игра́ть?

C 10. Demain il fera chaud. 11. Aujourd'hui, il pleut, on ne peut pas se promener. 12. Où travailleras-tu demain? 13. Ici il y aura une grande maison. 14. Tous se promèneront demain. 15. Vous savez qui ils sont? 16. Quand travaillerez-vous? 17. Maintenant je ne travaille pas.

D 18. Где ты бу́дешь игра́ть за́втра? Я бу́ду игра́ть до́ма. 19. Тепе́рь я иду́ в лес. 20. Вы бу́дете гуля́ть за́втра? 21. Когда́ я бу́ду рабо́тать, ты бу́дешь игра́ть. 22. Говори́те, он понима́ет по-ру́сски. 23. Здесь есть дом и сад. 24. Там бу́дут о́кна. 25. Он не зна́ет, кто вы.

7

ЧТО ДÉЛАТЬ?
chto d'èLat'?

1 — Что ты дéлаешь? — Я сижý и пишý.
   chto tü d'èLayech? ya s'ijou i p'ichou

— Что э́то? — Э́то карандáш, рýчка и перó.
Моё перó золотóе.
   chto êta? êta karandach routchka i p'iro. mayo p'iro zaLatoye

— Что дéлает семья́?
— Сегóдня онá сиди́т дóма и рабóтает.
   chto d'èLayet s'im'ya? s'ivodne ana s'id'it doma i rabotayet

2 — Сейчáс мать читáет, а отéц пи́шет письмó.
   s'itch'as mat' tch'itayet a at'èts p'ichet p'is'mo

Мáльчик ýчит немéцкие словá.
   mal'tch'ik outch'it n'im'ètsk'iye sLava

Дéвочка изучáет англи́йский язы́к.
   d'èvatchka izoutch'ayet angl'iïsk'iï yezük

3 — Кто Вéра? — Никтó не знáет, кто онá.
   kto v'èra? n'ikto n'é znayet kto ana

— Что ты говори́шь?
— Я говорю́, что Вéра не мужчи́на.
   chto tü gavar'ich? ya gavar'ou chto v'èra n'é mouchch'ina

— Вы все понимáете, что я говорю́?
— Да, мы всё понимáем,
   vü fs'é pan'imayet'e chto ya gavar'ou? da mü fs'o pan'imayem

но я дýмаю, что онá ничегó не понимáет.
   no ya doumayou chto ana n'itch'ivo n'é pan'imayet

БУМÁГА ВСЁ ТÉРПИТ

Traduction

Que faire?

1 — Que fais-tu? — Je suis assis et j'écris. — Qu'est-ce que c'est?
— C'est un crayon, un porte-plume et une plume. Ma plume est
en or. — Que fait la famille? — Aujourd'hui elle reste à la maison et
travaille.

2 En ce moment, la mère lit et le père écrit une lettre. Le jeune garçon
apprend des mots allemands. La fillette étudie l'anglais (m.à m.: la
langue anglaise).

3 — Qui est Véra? — Personne ne sait qui elle est. — Qu'est-ce que tu
dis? — Je dis que Véra n'est pas un homme. — Vous comprenez tous
ce que je dis? — Oui, (nous) nous comprenons tout mais je pense
qu'(elle), elle ne comprend rien.

Prononciation

1 *Ч* se prononce habituellement *tch'*, comme dans « tchèque » (plus
mouillé cependant): *учит* [outch'it]; mais devant *m* la consonne se
réduit à *ch*: *что* [chto].

2 *Ц* se prononce comme le *ts* de « tsar »: *отец* [at'èts].

3 Le groupe *жч* se prononce *chch'* dans *мужчина* [mouchch'ina].

4 *Ц* n'est jamais mouillé ni suivi des sons *ya, ye, yi, yo, you* alors que
ч est mouillé, même devant les voyelles *a, o, y*: *сейчас* [s'itch'as].

5 Attention: *г* se prononce *v* dans *ничего* [n'itch'ivo].

6 Dans le mot *сейчас*, *й* ne se prononce pas: [s'itch'as].

Ecriture

Что это? Рурка. Царь. Отец читает.

Vocabulaire

Сегодня она сидит дома.
Associé à l'adverbe *дома*, le verbe *сидеть*, qui signifie « être assis »,
prend le sens de « rester chez soi ».

Le papier supporte tout

Grammaire

■ **Le pronom interrogatif** *что* (que, quoi).

Alors que *кто* s'emploie pour les êtres animés, on se sert de *что* pour les objets inanimés :

       Что э́то? Это да́ча. Qu'est-ce que c'est? C'est une villa.

● *Я говорю́, что Ве́ра не мужчи́на.* Je dis que Véra n'est pas un homme.

Что sert également à subordonner une proposition à une autre, comme *кто* :

       Я зна́ю, кто она́ и что она́ де́лает.
       Je sais qui elle est et ce qu'elle fait.

Note: La subordonnée est toujours séparée par une virgule de la proposition dont elle dépend.

■ *Никто́ не зна́ет, кто она́.* Personne ne sait qui elle est.

Никто́, « personne », s'oppose à *все*, « tous », et *ничего́*, « rien », à *всё*, « tout ».
Tous deux se construisent avec le verbe à la forme négative :

       Я ничего́ не говорю́. Je ne dis rien.

■ **Le présent des verbes** *сиде́ть* (1ʳᵉ conj.), « être assis », et *писа́ть* (2ᵉ conj.), « écrire » :

Я сижу́	мы сиди́м	Я пишу́	мы пи́шем
ты сиди́шь	вы сиди́те	ты пи́шешь	вы пи́шете
он сиди́т	они́ сидя́т	он пи́шет	они́ пи́шут

Attention au changement de -*с*- en -*ш*- dans la conjugaison du présent de *писа́ть*, dont l'accent se déplace à partir de la deuxième personne (comme dans *учи́ть*, « apprendre ») et au changement de -*д*- en -*ж*- à la première personne de *сиде́ть* (qui se conjugue comme *ви́деть* « voir »).

Remarque: Après les chuintantes *(ж, ш, ч)*, les terminaisons -*ю*, -*ют*, -*ят* sont remplacées par -*у*, -*ут* et -*ат: Я учу́, они́ у́чат.*

■ *Моё перо́ золото́е.* Ma plume est en or.

Le pronom possessif neutre est *моё, твоё, на́ше, ва́ше.*

Exercices

A *Choisissez le mot qui convient et transcrivez-le en lettres cursives:*
1. Вы зна́ете,... А́нна ру́сская? (что, кто, никто́). 2. Она́... чита́ть по-ру́сски (зна́ет, уме́ет, идёт). 3. Они́... не зна́ют (кто, ничего́, всё). 4. Вот... письмо́ (ваш, ва́ша, ва́ше). 5. Я... до́ма (иду́, сижу́, уме́ю). 6. Я пишу́... (письмо́, перо́, никто́).

B *Traduisez en francais:*
7. Я ду́маю, что ты не зна́ешь, кто они́. 8. Мы изуча́ем ру́сский язы́к. 9. Я ничего́ не понима́ю : ты говори́шь сли́шком бы́стро. 10. Я ви́жу, что они́ все иду́т туда́. 11. Я не зна́ю, что ты де́лаешь. 12. Никто́ ничего́ не понима́ет. 13. Кто сиди́т там?

C *Traduisez en russe:*
14. Il faut rester à la maison aujourd'hui. 15. Nous savons lire en russe mais nous ne comprenons pas tout. 16. Là-bas personne ne travaille. 17. J'étudie l'allemand. 18. J'écris vite. 19. Vous apprenez des mots russes. 20. Je sais que tu parles anglais. 21. Vous savez qu'il va en ville aujourd'hui?

Corrigé

A 1. что. 2. уме́ет. 3. ничего́. 4. ва́ше. 5. сижу́. 6. письмо́.

B 7. Je pense que tu ne sais pas qui ils sont. 8. Nous étudions le russe. 9. Je ne comprends rien : tu parles trop vite. 10. Je vois qu'ils vont tous là-bas. 11. Je ne sais pas ce que tu fais. 12. Personne ne comprend rien. 13. Qui est assis là-bas?

C 14. Сего́дня на́до сиде́ть до́ма. 15. Мы уме́ем чита́ть по-ру́сски, но не всё понима́ем. 16. Там никто́ не рабо́тает. 17. Я изуча́ю неме́цкий язы́к. 18. Я пишу́ бы́стро. 19. Вы у́чите ру́сские слова́. 20. Я зна́ю, что ты говори́шь по-англи́йски. 21. Вы зна́ете, что сего́дня он идёт в го́род?

КАК ТЫ ЖИВЁШЬ?
kak tü jüv'och?

1 Фили́пп — францу́з; он начина́ет изуча́ть
ру́сский язы́к.
fil'ipp frantsous; on natch'inayet izoutch'at' roussk'iï yezük

— Говори́, пожа́луйста, ме́дленно, и не чита́й так ти́хо!
gavar'i pajaLousta m'èd'l'ena, i n'é tch'itaï tak t'ikha!

— говори́т учи́тель. Ты зна́ешь, как на́до чита́ть
по-францу́зски.
gavar'it outch'it'el'. tü znayech kak nada tch'itat' pa-frantsoussk'i

2 — Ты зна́ешь, где и когда́ обе́дает твой брат?
tü znayech, gd'é i kagda ab'èdayet tvoï brat?

— Он обе́дает там, где он рабо́тает,
но я не зна́ю, когда́.
on ab'èdayet tam, gd'é on rabotayet, no ya n'é znayou kagda

— Ты зна́ешь, куда́ он идёт гуля́ть сего́дня?
tü znayech kouda on id'ot goul'at' s'ivodn'e?

— Нет, не зна́ю.
n'èt, n'é znayou

3 — Здра́вствуйте, дя́дя! Как вы пожива́ете?
zdrastvouït'e d'ad'e! kak vü pajüvayet'e?

— Здра́вствуй, Са́ша! Не пло́хо. А как ты?
zdrastvouï sacha! n'é pLokha. a kak tü?

— Спаси́бо, о́чень хорошо́. — Ну, до свида́нья.
spass'iba, otch'en' kharacho. nou, da sv'idan'ye

ПРЕ́ЖДЕ ДУ́МАЙ, А ПОТО́М ГОВОРИ́

Traduction

Comment vas-tu?

1 Philippe est Français; il commence à étudier le russe. — Parle lentement, s'il te plaît, et ne lis pas aussi doucement! dit le maître. Tu sais comment on doit lire en français.

2 — Tu sais où et quand dîne ton frère? — Il dîne là où il travaille mais je ne sais pas quand. — Tu sais où il va se promener aujourd'hui? — Non, je ne (le) sais pas.

3 — Bonjour, monsieur! Comment allez-vous? — Bonjour, Sacha! (Je ne vais) pas mal. Et (comment) toi? — Merci, (je vais) très bien. — Eh bien au revoir.

Prononciation

1 Devant une consonne sourde, comme devant une pause, *з* s'assourdit en s: *француз* [frantsous], *по-французски* [pa-frantsoussk'i].

2 *X* n'a pas d'équivalent en français. Il ressemble au ch allemand de « doch » en plus doux, ou au j espagnol de « jota ». On le prononce un peu comme un k mais en laissant passer l'air entre la langue et le palais: *хорошо* [kharacho]. On le représentera par [kh].

3 Dans *здравствуйте*, le premier *в* ne se prononce pas: [zdrast-vouït'e]. Ce mot s'abrège encore en [zdrast'e].

4 Dans *пожалуйста*, *й* ne se prononce pas et le mot s'abrège encore et se prononce souvent [pajaLste].

5 Une consonne double est souvent prononcée comme une consonne simple à l'intérieur d'un mot: *медленно* [m'éd'l'ena].
Remarque: *д* se mouille au contact du *л* mouillé dans *медленно*

Ecriture

Филипп хорошо говорит по-французски.

Pense d'abord, parle ensuite.

Vocabulaire

— Как ты живёшь? — Как вы поживаете?
— Comment vas-tu? — Comment allez-vous?
Ces deux expressions sont synonymes, mais la seconde est actuellement plus courante. Les verbes *жить, поживать*, « vivre, aller, se porter », ne se reprennent pas dans la réponse. On dit seulement:
(очень) хорошо; *неплохо*; *ничего* :
(très) bien; pas mal; pas trop bien, comme ci comme ça.

Дядя. Ce mot signifie « oncle », mais c'est aussi la façon dont les enfants peuvent s'adresser à une grande personne.

Филипп — француз. Philippe est Français.
Русский mis à part, le nom de nationalité diffère de l'adjectif:
Французский язык. La langue française.

Grammaire

■ **Le présent du verbe** *жить* (vivre):

Я живу	мы живём
ты живёшь	вы живёте
он живёт	они живут

■ **L'impératif** (Voir Mémento § 54)

Les deuxièmes personnes du singulier et du pluriel sont les formes les plus courantes de l'impératif. Pour former le singulier, on remplace la terminaison de la deuxième personne du présent par :

— *й* après une voyelle: *понимай, читай*;
— *и* après une consonne: *говори*.

Pour obtenir le pluriel, on ajoute *-те* à la terminaison du singulier:
понимайте, читайте, говорите.

L'accentuation reste celle de la première personne du singulier:
пишите, учите.

Note: *Здравствуйте*, qui correspond à « bonjour », est en fait un impératif et signifie littéralement: « Soyez en bonne santé, portez-vous bien ». Pour les personnes que l'on tutoie, on emploie donc le singulier: *здравствуй*.

Exercices

A *Mettez les verbes à l'impératif singulier:*
1. Сидéть дóма. 2. Писáть письмó. 3. Учи́ть языки́. 4. Идти́
домóй. 5. Обéдать бы́стро. 6. Гуля́ть.

B *Traduisez en français:*
7. Он óчень хорошó говори́т по-францу́зски, но плóхо понимáет
по-ру́сски. 8. Ты ви́дишь, как он рабóтает, когдá он сиди́т дóма.
9. Он плóхо читáет, но хорошó понимáет. 10. Я бу́ду гуля́ть,
когдá бу́дет теплó. 11. Не говори́те, пожáлуйста, когдá мы
пи́шем. 12. Я не знáю, где они́ обéдают. 13. Не говори́те, кудá
вы идёте. 14. Ты ви́дишь, он идёт в твой дом.

C *Traduisez en russe:*
15. Je ne comprends rien quand vous lisez vite. 16. Ecrivez lentement
et parlez fort. 17. Vous étudierez l'anglais quand vous parlerez bien
(le) français. 18. Ne jouez pas ici, s'il vous plaît. 19. Commence à
écrire la lettre. 20. Ne restez pas à la maison, allez en ville. 21. Tu
liras quand j'écrirai. 22. Il travaillera quand vous ne parlerez pas.
23. Ne te promène pas quand il pleut.

Corrigé

A 1. Сиди́ дóма. 2. Пиши́ письмó. 3. Учи́ языки́. 4. Иди́ домóй.
5. Обéдай быстро. 6. Гуля́й.

B 7. Il parle très bien le français mais comprend mal le russe. 8. Tu
vois comment il travaille quand il reste à la maison. 9. Il lit mal
mais il comprend bien. 10. Je me promènerai quand il fera bon. 11. Ne
parlez pas quand nous écrivons, s'il vous plaît. 12. Je ne sais pas
où ils dînent. 13. Ne dites pas où vous allez. 14. Tu vois, il va dans ta
maison.

C 15. Я ничегó не понимáю, когдá вы читáете бы́стро. 16. Пиши́те
мéдленно и говори́те грóмко. 17. Вы бу́дете изучáть англи́йский
язы́к, когдá вы бу́дете хорошó говори́ть по-францу́зски. 18. Не
игрáйте здесь, пожáлуйста. 19. Начинáй писáть письмó. 20. Не
сиди́те дóма, иди́те в гóрод. 21. Ты бу́дешь читáть, когдá я бу́ду
писáть. 22. Он бу́дет рабóтать, когдá вы не бу́дете говори́ть.
23. Не гуля́й, когдá идёт дождь.

ОДЕ́ЖДА И О́БУВЬ
ad'èjda i obouf'

1 — Э́та шля́па краси́ва, а та некраси́ва.
   êta chl'apa krass'iva, a ta n'ikrass'iva

— Я ду́маю, что э́то кра́сное пла́тье дешёвое,
   ya doumayou chto êta krasnaye plat'ye d'ichovaye;

а то бе́лое дорого́е.
a to b'èLaye daragoye.

Како́е краси́вое пла́тье!
kakoye krass'ivaye pLat'ye!

2 — Смотри́те, ско́лько сто́ит э́тот коро́ткий плащ.
   Э́то дёшево.
   smatr'it'e skol'ka stoy'it êtat karotk'iï plachtch'. êta d'ocheva

— А э́тот дли́нный сто́ит до́рого и тот чёрный то́же.
   a êtat dl'innüï sto-yit doraga i tot tch'ornüï toje

— Он так краси́в!
   on tak krass'if!

3 — Э́та молода́я же́нщина краси́ва.
   êta maLadaye jênchch'ina krass'iva

— Я ду́маю, что она́ о́чень молода́ и здоро́ва.
   ya doumayou chto ana otch'en' maLada i zdarova

— Я ви́жу, что э́ти ста́рые сапоги́ дёшевы;
   ya v'ijou chto êt'i starüye sapag'i d'ochevü;

а те но́вые о́чень дороги́е. Как они́ до́роги!
a t'é novüye otch'en' darag'iye. kak an'i dorag'i!

ДВА САПОГА́ — ПА́РА

Traduction

Le vêtement et la chaussure

1 — Ce chapeau est beau et celui-là est laid. — Je pense que cette robe rouge est bon marché, mais cette blanche-là est chère. Quelle belle robe!

2 — Regardez combien coûte cet imperméable court. C'est bon marché. — Mais ce long-ci coûte cher et ce noir-là aussi. — Il est si beau!

3 — Cette jeune femme est belle. — Je pense qu'elle est très jeune et en bonne santé. — Je vois que ces vieilles bottes sont bon marché; mais ces neuves-là sont très chères. Comme elles sont chères!

Prononciation

1 *Щ* équivaut à *ш* + *ч* : chtch', mais se prononce le plus souvent comme un ch très allongé, chch: *жёнщина* [jênchch'ina].

2 Comme *ч*, *щ* est toujours mouillé ; devant les voyelles *e*, *u* et un signe mou: *щи* [chtch'i], « la soupe au chou », *вещь* [v'échtch'], « la chose »; mais aussi devant les voyelles *a*, *o*, *y* : *пища* [p'ichtch'a], « la nourriture »; et même en finale de mot: *товáрищ* [tavar'ichtch'], « le camarade ».
Derrière cette consonne, le signe mou est donc purement orthographique.

3 En position finale, *вь* s'assourdit en f', comme *в* en f: *óбувь* [obouf'].

Ecriture

Плащ . Щи . Жéнщина . Шляпа .

Vocabulaire

Одéжда и óбувь.
Ces deux mots sont des noms collectifs du féminin singulier et peuvent se traduire par un pluriel: les vêtements et les chaussures.
Смотрéть, я смотрю, ты смóтришь..., voir, regarder.
Ce verbe se construit sans préposition au sens de regarder un spectacle:
Они смóтрят фильм. Ils regardent un film.
Mais il est le plus souvent suivi de la préposition *на* : *смотрéть на плащ*. Regarder un imperméable.

Les deux (bottes) font la paire

Grammaire

■ **Le pronom-adjectif démonstratif** *э́тот* (ce, celui-ci), *тот* (ce, celui-là).

Le pronom démonstratif, qui ne se distingue pas de l'adjectif, s'accorde en genre et en nombre avec le nom auquel il se rapporte.

Masculin	Neutre	Féminin	Pluriel
э́тот	*э́то*	*э́та*	*э́ти*
тот	*то*	*та*	*те*

On peut employer *э́тот... тот* en opposition l'un avec l'autre:

> *Э́та же́нщина молода́я, а та ста́рая.*
> Cette femme-ci est jeune et celle-là est âgée.

■ **Les adjectifs courts**

Certains adjectifs qualificatifs de type dur peuvent prendre une forme courte, mais seulement en fonction d'attribut:

> *Э́тот плащ краси́в.* Cet imperméable est beau.

Pour obtenir la forme courte d'un adjectif au masculin, il suffit de retrancher la terminaison de la forme longue (*-ый, -о́й, -ий*): *краси́вый — краси́в, молодо́й — мо́лод, хоро́ший — хоро́ш*.

Pour le féminin, on ajoute - *а* au radical; pour le neutre - *о* et pour le pluriel *-ы* (*-и* si la consonne précédente est *г, к, х, ж, ч, ш, щ*).

Note: La place de l'accent dans la forme courte est souvent différente de celle qu'il a dans la forme longue et varie même selon le genre ou le nombre; ainsi l'accent des féminins courts tombe souvent sur la terminaison: *молодо́й — мо́лод, молода́, мо́лодо, мо́лоды*; *дорого́й — до́рог, дорога́, до́рого, до́роги*.

■ *А э́тот дли́нный сто́ит до́рого.*

Le neutre de la forme courte donne l'adverbe correspondant à l'adjectif: (*э́то*) *хорошо́!* (*э́то*) *пло́хо!*: (c'est) bien! (c'est) mal! etc.

■ *Он так краси́в!* Il est si beau!

Après *как* et *так* exclamatifs, la forme courte de l'adjectif est obligatoire:

> *Как она́ краси́ва!* Qu'elle est belle!

Devant la forme longue on a *како́й, тако́й*:

> *Сего́дня така́я хоро́шая пого́да!* Aujourd'hui le temps est si beau!

Exercices

A *Mettez le démonstratif qui convient:*

1. ...дом но́вый, а... ста́рый. 2. ...кни́га моя́, а... твоя́. 3. ...перо́ хорошо́, а... пло́хо. 4. ...това́рищ молодо́й, а... ста́рый. 5. ...же́нщина ру́сская, а... францу́женка. 6. Как... пальто́ до́рого! 7. ...оде́жда так краси́ва!

B *Traduisez en français:*

8. Како́й краси́вый плащ! — Э́тот плащ некраси́в, а тот краси́в. 9. Кака́я хоро́шая пого́да и как тепло́ здесь! 10. Пого́да така́я плоха́я, что нельзя́ гуля́ть. 11. Как э́та кни́га дорога́! 12. Э́та газе́та твоя́, а та моя́. 13. Э́тот мужчи́на ста́рый, а тот молодо́й. 14. Э́тот това́рищ — мясни́к, тот — хи́мик, а тот — инжене́р. 15. Как э́та молода́я же́нщина краси́ва!

C *Traduisez en russe:*

16. Mon camarade est jeune. 17. Combien coûte ce chapeau? Il est trop cher. 18. Le temps est si beau que nous nous promènerons. 19. La nourriture est bon marché. 20. Cette robe longue est chère et cette courte-là est bon marché. 21. Comme ces jeunes femmes sont belles! 22. Le temps est si beau qu'on peut aller en forêt.

Corrigé

A 1. Э́тот, тот. 2. Э́та, та. 3. Э́то, то. 4. Э́тот, тот. 5. Э́та, та. 6. э́то. 7. Э́та.

B 8. Quel bel imperméable! — Cet imperméable-ci est laid mais celui-là est beau. 9. Quel beau temps et qu'il fait bon ici! 10. Le temps est si mauvais qu'il est impossible de se promener. 11. Que ce livre est cher! 12. Ce journal-ci est le tien et celui-là le mien. 13. Cet homme-ci est âgé et celui-là est jeune. 14. Ce camarade-ci est boucher, celui-là est chimiste et cet autre ingénieur. 15. Comme cette jeune femme est belle!

C 16. Мой това́рищ молодо́й (мо́лод). 17. Ско́лько сто́ит э́та шля́па? Она́ сли́шком дорога́я (дорога́). 18. Пого́да така́я хоро́шая, что мы бу́дем гуля́ть. 19. Пи́ща дешёвая (дешева́). 20. Э́то дли́нное пла́тье дорого́е (до́рого), а то коро́ткое дешёвое (дёшево). 21. Как э́ти молоды́е же́нщины краси́вы! 22. Пого́да така́я хоро́шая, что мо́жно идти́ в лес.

ВЧЕРÁ, СЕГÓДНЯ И ЗÁВТРА
ftch'ira s'ivodn'e i zaftra

1 Вчерá я был дóма и читáл. Былá плохáя погóда.
ſtch'ira ya büL doma i tch'itaL. büLa pLakhaye pagoda

Ýтром бы́ло хóлодно. Был морóз.
outram büLa khoLadna. büL maros.

Днём был вéтер; я рабóтал дóма.
dn'om büL v'ét'er; ya·rabotaL doma.

Нóчью былá бýря и мы плóхо спáли.
notch'you büLa bour'e i mü pLokha spal'i.

2 Сегóдня ýтром я гуля́л; бы́ло теплó.
s'ivodn'e outram ya goul'aL; büLa t'ipLo.

Днём бы́ло жáрко, погóда былá прекрáсная.
dn'om büLa jarka, pagoda büLa pr'ikrasnye

А вот вéчером идёт дождь
a vot v'étch'eram id'ot docht'

и я не поéду в гóрод, я бýду сидéть дóма.
i ya n'é payèdou v gorat, ya boudou sid'ét' doma.

3 Зáвтра, éсли погóда бýдет хорóшая,
zaſtra, yés'l'i pagoda boud'et kharochaye,

я пойдý в университéт.
ya païdou v oun'iv'ers'it'èt

Там бýдут объясня́ть, как нýжно изучáть
tam boudout ab-yesn'at', kak noujna izoutch'at'
инострáнные языки́.
inastrannüye yezük'i

Потóм я поéду домóй на метрó.
patom ya payèdou damoï na m'itro.

ГОРÁ РОДИЛÁ МЫШЬ

Hier, aujourd'hui et demain

1 — Hier j'étais à la maison et je lisais. Le temps était mauvais. — Dans la matinée, il faisait froid. Il gelait. — L'après-midi, il y a eu du vent; j'ai travaillé à la maison. — Pendant la nuit il y a eu une tempête et nous avons mal dormi.

2 — Ce matin je me suis promené; il faisait bon. Dans la journée il a fait chaud, le temps était splendide. Et voici (que) ce soir la pluie (m. à m.: va) et je n'irai pas en ville, je resterai chez moi.

3 — Demain, si le temps est beau, j'irai (à pied) à l'université. On y expliquera comment il faut étudier les langues étrangères. Ensuite j'irai à la maison en métro.

Prononciation

1 ъ est un signe de séparation qu'on appelle également « signe dur ». Il ne se prononce pas mais indique qu'une consonne suivie d'une voyelle telle que *e* ou *я* garde sa prononciation dure: *объяснять* [ab-yesn'at'], expliquer; *съезд* [s-yèst], le congrès.

En fait, il marque une pause négligeable et on peut prononcer le mot comme si ce signe de séparation n'existait pas. Il n'a guère qu'une importance orthographique, comme le signe mou après les chuintantes: *ночь* [notch'], *ночью* [notch'you].

2 En position finale ou devant une consonne, л est dur: *жёлтый* [joLtüï], « jaune »; *был* [büL].

3 Devant une pause ou une consonne sourde, les consonnes sonores s'assourdissent: *съезд* [s'yèst], *завтра* [zaftra], *вчера* [ftch'ira].

Ecriture

Сегодня мы объясняем слово "съезд"

Vocabulaire

Сегодня утром.
Pour traduire « ce matin », « ce soir », « hier matin », « hier soir », on fait suivre *сегодня*, *вчера*, des adverbes *утром*, *вечером*.

Вчера вечером: hier soir.

La montagne a accouché d'une souris.

Grammaire

■ **Le passé**

Il existe en russe une seule forme de passé qu'on obtient, pour la plupart des verbes, en remplaçant la terminaison de l'infinitif par

> **-л** au masculin singulier : *он говори́л.*
> **-ла** au féminin singulier : *она́ понима́ла.*
> **-ло** au neutre singulier : *перо́ бы́ло здесь.*
> **-ли** au pluriel des 3 genres : *мы чита́ли.*

Ainsi le passé varie selon le genre et non pas selon la personne — qu'il est donc nécessaire de préciser (alors qu'au présent et au futur les pronoms personnels peuvent parfois être omis puisqu'ils font double emploi avec les terminaisons, sauf à la troisième personne du singulier).

■ *Я был до́ма.* J'étais à la maison.

Le passé de *быть* (*был, была́, бы́ло, бы́ли*) s'emploie, comme le futur, là où le présent reste sous-entendu et peut aussi avoir le sens de « il y avait » :

> *Здесь бы́ли кни́ги.*
> Ici il y avait (m. à m.: étaient) des livres.

Les tournures impersonnelles se rendent au passé à l'aide du neutre : *Бы́ло жа́рко, хо́лодно; ну́жно, мо́жно, нельзя́, на́до бы́ло.*

■ *Е́сли пого́да бу́дет хоро́шая,...*Si le temps est beau,...

Е́сли peut être suivi du futur et non pas seulement du présent comme la conjonction si.

■ *Я пойду́... я пое́ду...* J'irai (à pied) ... j'irai (en voiture)...

Les verbes *идти́* et *е́хать* ne s'emploient pas couramment au futur. On a recours à d'autres verbes, *пойти́* et *пое́хать*, dont les formes, conjuguées comme le présent des deux premiers, ont une valeur de futur.

■ *Идти́ / пойти́* ont le sens de « aller à pied » alors que *е́хать/пое́хать* servent à exprimer l'emprunt d'un moyen de transport quelconque : cheval, voiture, etc.

- **Conjugaison de *éxamь* (aller en voiture).**

Я éду	*ты éдешь*	*он éдет*
мы éдем	*вы éдете*	*они éдут*

Exercices

A *Donnez la 3e pers. du masculin singulier du passé des verbes suivants:*
1. Дéлать. 2. Говори́ть. 3. Чита́ть. 4. Писа́ть. 5. Учи́ть. 6. Изуча́ть.
7. Понима́ть. 8. Ви́деть. 9. Начина́ть. 10. Сиде́ть.

B *Traduisez en français:*
11. Когда́ был вéтер, она́ сиде́ла до́ма. А когда́ пого́да была́
хоро́шая, она́ гуля́ла. 12. Вчера́ бы́ло о́чень хо́лодно. Ужé о́сень.
13. Éсли ночь бу́дет плоха́я, мы не бу́дем гуля́ть. 14. Éсли бу́дет
вéтер, бу́дет хо́лодно. 15. Она́ éхала домо́й на метро́. 16. Он
не пойдёт в лес за́втра. 17. Мы пое́дем в го́род на метро́. 18.
Иди́те домо́й!

C *Traduisez en russe:*
19. Le maître écrivait en russe. 20. Elle voyait ce que nous faisions.
21. Hier matin, elle est restée chez elle. 22. L'après-midi, nous
lisions des livres. 23. Le soir, ils allaient au cinéma en métro. 24. Vous
irez dans la forêt (à pied). 25. Tu iras en ville par le métro.

Corrigé

A 1. Он дéлал. 2. Он говори́л. 3. Он чита́л. 4. Он писа́л. 5. Он учи́л.
6. Он изуча́л. 7. Он понима́л. 8. Он ви́дел. 9. Он начина́л. 10. Он
сиде́л.

B 11. Quand il y avait du vent, elle restait à la maison. Et quand le
temps était beau, elle se promenait. 12. Il faisait très froid hier. C'est
déjà l'automne. 13. Si la nuit n'est pas belle, nous ne nous promènerons pas. 14. Il fera froid, s'il y a du vent. 15. Elle allait chez elle en
métro. 16. Il n'ira pas dans la forêt demain. 17. Nous irons en ville
par le métro. 18. Allez à la maison (à pied)!

C 19. Учи́тель писа́л по-ру́сски. 20. Она́ ви́дела, что́ мы дéлали.
21. Вчера́ у́тром она́ сиде́ла до́ма. 22. Днём мы чита́ли кни́ги.
23. Вéчером они́ éхали в кино́ на метро́. 24. Вы пойдёте в лес.
25. Ты пое́дешь в го́род на метро́.

A *Mettez au pluriel* (Voyez le Mémento § 4).

1. Эта молода́я же́нщина краси́ва. 2. Там была́ хоро́шая тетра́дь.
3. Он смо́трит на дли́нный каранда́ш. 4. Здесь бу́дет большо́й и
дорого́й рестора́н. 5. Я ви́жу ма́ленькое кре́сло.

B *Traduisez*

6. Voici une robe courte. 7. Quelle belle plume! 8. Elle écrit une longue
lettre. 9. Je vois là-bas un grand immeuble. 10. Vous étudiez la langue
russe. 11. Tu sais comment il faut lire le russe? 12. Ils ne savent pas
lire le français. 13. Elle ne sait pas qui est Jean. 14. Je sais écrire
très vite. 15. Aujourd'hui nous restons à la maison. 16. Vous parlez
bien le français. 17. Ici on apprend des mots russes. 18. Nous ne
voyons pas qui est assis là-bas.

C *Mettez: a) au futur* (leçon 6).

19. Я пишу́, но не чита́ю. 20. Они́ рабо́тают, а Ми́ша нет. 21.
Ты понима́ешь, но не говори́шь. 22. Вы ви́дите дом, а не сад.

b) au passé (leçon 10).

23. Он говори́т и читает о́чень бы́стро. 24. Éсли пого́да бу́дет
хоро́шая, я бу́ду гуля́ть. 25. Когда́ мы сиди́м до́ма, мы чита́ем.
26. Там есть газе́ты и журна́лы.

c) au présent (leçons 6 et 10).

27. Ты пойдёшь в го́род пешко́м? 28. Он бу́дет объясня́ть бы́стро.
29. Я бу́ду рабо́тать до́ма. 30. Она́ пое́дет в теа́тр на метро́.
31. Там бу́дут понима́ть по-францу́зски. 32. До́ма бу́дут го́сти.

D *Mettez à la forme négative:*

33. Говори́те бы́стро, пожа́луйста. 34. Мы зна́ем, где они́. 35.
Это пла́тье дорого́е. 36. Мо́жно чита́ть сего́дня ве́чером.

Corrigé

A 1. Э́ти молоды́е же́нщины краси́вы. 2. Там бы́ли хоро́шие тетра́ди. 3. Они́ смо́трят на дли́нные карандаши́. 4. Здесь бу́дут больши́е и дороги́е рестора́ны. 5. Мы ви́дим ма́ленькие кре́сла.

B 6. Вот коро́ткое пла́тье. 7. Како́е хоро́шее перо́! 8. Она́ пи́шет дли́нное письмо́. 9. Я ви́жу там большо́е зда́ние. 10. Вы изуча́ете ру́сский язы́к. 11. Ты зна́ешь, как на́до чита́ть по-ру́сски? 12. Они́ не уме́ют чита́ть по-францу́зски. 13. Она́ не зна́ет, кто Ива́н. 14. Я уме́ю писа́ть о́чень бы́стро. 15. Сего́дня мы сиди́м до́ма. 16. Вы хорошо́ говори́те по-францу́зски. 17. Здесь у́чат ру́сские слова́. 18. Мы не ви́дим, кто сиди́т там.

C 19. Я бу́ду писа́ть, но не бу́ду чита́ть. 20. Они́ бу́дут рабо́тать, а Ми́ша нет. 21. Ты бу́дешь понима́ть, но не бу́дешь говори́ть. 22. Вы бу́дете ви́деть дом, а не сад.

23. Он говори́л и чита́л о́чень бы́стро. 24. Е́сли пого́да была́ хоро́шая, я гуля́л. 25. Когда́ мы сиде́ли до́ма, мы чита́ли. 26. Там бы́ли газе́ты и журна́лы.

27. Ты идёшь в го́род пешко́м? 28. Он объясня́ет бы́стро. 29. Я рабо́таю до́ма. 30. Она́ е́дет в теа́тр на метро́. 31. Там понима́ют по-францу́зски. 32. До́ма есть го́сти.

D 33. Не говори́те бы́стро, пожа́луйста. 34. Мы не зна́ем, где они́. 35. Э́то пла́тье не дорого́е. 36. Нельзя́ чита́ть сего́дня ве́чером.

МЫ ЖИВЁМ В ХОРО́ШЕЙ НО́ВОЙ КВАРТИ́РЕ

1 Я живу́ в *Москве́ и рабо́таю на большо́м *заво́де.
Я инжене́р, а моя́ жена́ — врач.
Она́ рабо́тает в *большо́й больни́це.
На́ши *де́ти *ещё ма́ленькие.
И́горь уже́ шко́льник, а Бори́с ещё ма́ленький
*ребёнок.

2 — О ком вы говори́те? — Я говорю́ о на́шей семье́.
Моя́ *семья́ *живёт в но́вой кварти́ре.
На́ша кварти́ра не *больша́я, но хоро́шая.
В э́той кварти́ре есть спа́льня, ва́нная, столо́вая и
ку́хня.
В столо́вой есть большо́е окно́ и на э́том окне́ *вися́т
краси́вые занаве́ски.

3 В *ко́мнате, где я рабо́таю, есть большо́й стол.
На *столе́ *лежи́т кни́га о Москве́.
Напра́во стоя́т стул и кре́сло. Нале́во стои́т шкаф.
На *си́ней *стене́ вися́т ра́зные карти́ны.

---

1 ['é] Москве́ [maskv'é]   де́ти [d'ét'i]   ['e] заво́де [zavod'e]
['o] ещё [yich'ch'o]   ребёнок [r'ib'onak]   [o] большо́й [bal'choï]

2 ['o] живёт [jüv'ot]   [a] больша́я
                                                   [bal'chaye]

['a] вися́т [v'iss'at]   семья́ [s'im'ya]

3 ['é] столе́ [stal'é]   стене́ [st'in'é]   ['e] ко́мнате [komnat'e]

[ü] лежи́т [l'ijüt]   ['i] си́ней [s'in'eï]

НА ВО́РЕ ША́ПКА ГОРИ́Т

Traduction

Nous habitons dans un bel appartement neuf

1 Je vis à Moscou et je travaille dans une grande usine. Je suis ingénieur et ma femme est médecin. Elle travaille dans un grand hôpital. Nos enfants sont encore petits. Igor est déjà écolier, mais Boris est encore un jeune enfant.

2 — De qui parlez-vous? — Je parle de notre famille. Ma famille habite dans un appartement neuf. Notre appartement n'est pas grand mais il est beau. Dans cet appartement, il y une chambre à coucher, une salle de bains, une salle à manger et une cuisine. Dans la salle à manger, il y a une grande fenêtre et à cette fenêtre pendent de beaux rideaux.

3 Dans la pièce où je travaille, il y a une grande table. Sur la table est posé un livre sur Moscou. A droite se trouvent une chaise et un fauteuil. A gauche, il y a une armoire. Sur le mur bleu (sombre) sont accrochés différents tableaux.

Prononciation

1 Rappel: Une consonne sonore s'assourdit devant une consonne sourde. Cette règle vaut pour les prépositions. *B* placé devant un mot débutant par une consonne sourde se prononce donc f: *в столо́вой* [f staLovaï], *в ко́мнате* [f komnat'e].

2 Attention: *ж, ш* et *ц* ne sont jamais mouillées, quelle que soit la voyelle qui suit: *живём* [jüv'om], *хоро́шей* [kharocheï], *инжене́р* [injün'èr], *больши́е* [bal'chüye], *уже́* [oujê], *больни́це* [bal'n'itse], *жена́* [jüna], *на́шей* [nacheï].

Vocabulaire

больни́ца, l'hôpital
занаве́ска, le rideau
карти́на, le tableau (peinture)
ра́зный, divers, différent
лежа́ть, лежу́, лежи́шь..., être couché, être posé (en position horizontale)
висе́ть, вишу́, виси́шь..., être suspendu
стоя́ть, стою́, стои́шь..., être debout, être posé (en position verticale)
Ребёнок est le singulier qui correspond au pluriel *де́ти*. On trouve également le pluriel *ребя́та*, moins littéraire.

Qui se sent morveux se mouche (m. à m.: sur le voleur le chapeau brûle).

Grammaire

■ La déclinaison (Voir le Mémento § 5)

Aux différentes fonctions du nom, de l'adjectif et du pronom correspondent, dans la terminaison, des changements que l'on appelle des « cas » et dont l'ensemble constitue la « déclinaison ». La partie du mot qui ne subit pas de modification est appelée « radical ». La partie variable est la « désinence ».

Seuls quelques noms neutres d'origine étrangère échappent à la déclinaison : *метро́*, *кино́*, le cinéma, *пальто́*, le manteau, etc.

■ Le nominatif

Il y a six cas en russe. Jusqu'ici, nous avons donné les noms, pronoms et adjectifs sous la forme du nominatif, cas du sujet ou de l'attribut :

Моя́ жена́ — хоро́ший врач. Ma femme est un bon médecin.

■ Le prépositionnel

Au singulier, le prépositionnel se forme pour les trois genres en ajoutant -*e* au radical (-*и* pour les masculins en -*ий* : *ге́ний* — *ге́нии*; les neutres en -*ие* : *зда́ние* — *зда́нии*; et pour les féminins en -*ь* : *тетра́дь* — *тетра́ди*, « le cahier », et -*ия* : *Росси́я* — *Росси́и* « la Russie »).

Le prépositionnel ne s'emploie qu'avec des prépositions, en particulier *в*, « dans », et *на*, « sur » : *в го́роде* (dans la ville), *на столе́*. Note : *в* et *на* peuvent en outre s'employer au sens de « à » :

Я был на вокза́ле. J'étais à la gare.

■ *Я живу́ в Москве́.* Je vis à Moscou.

Suivies du prépositionnel, les prépositions *в* et *на* indiquent le lieu où l'on se trouve — ou bien dans lequel se produit l'action — et répondent à la question *где?*

Le prépositionnel s'emploie aussi avec la préposition *о* (*об* devant voyelle), qui signifie « au sujet de, à propos de » :

Мы говори́м о пого́де. Nous parlons du temps.

■ *О ком вы говори́те?*

Le prépositionnel de *кто* est *ком*, celui de *что* — *чём*.
О чём ты говори́шь?
De quoi parles-tu?

■ Le prépositionnel des adjectifs, démonstratifs et possessifs

M. (*на*) *э́том но́вом си́нем* (*столе́*). *Моём, твоём, на́шем, ва́шем.*
N. „ „ „ „ (*окне́*). „ „ „ „
F. „ *э́той но́вой си́ней* (*кни́ге*). *Моéй, твоéй, на́шей, ва́шей.*

Note: Après *ж, ч, ш, щ* et *ц, о* non accentué devient *e*: *хоро́шем,
хоро́шей.*

Exercices

A *Complétez les phrases par les verbes suivants au présent:*
Рабо́тать, идти́, обе́дать, изуча́ть, жить, сиде́ть, е́хать, стоя́ть,
лежа́ть.
1. Я... на сту́ле. 2. Вы... на дива́не. 3. Ла́мпа... на столе́. 4. Я... в
го́род на метро́. 5. Мы... в э́той кварти́ре. 6. Она́... в лес. 7. Они́
...на заво́де. 8. Мы... в столо́вой. 9. Они́... ру́сский язы́к в
шко́ле.

B *Traduisez en russe:*
10. Il est couché sur le divan et il lit. 11. Je suis debout et j'apprends
des mots russes. 12. Elle est assise sur une chaise et écrit une lettre.
13. A qui pensez-vous? Je pense à (mon) frère. 14. La planche est posée
sur la table. 15. De quoi parlez-vous? Je parle de ce livre bleu. 16. Des
rideaux sont accrochés à cette grande fenêtre. 17. Je ne vois rien sur
ce bel édifice. 18. Ils vivent en Russie mais ils étudient la langue
française.

Corrigé

A 1. сижу́. 2. лежи́те. 3. стои́т. 4. е́ду. 5. живём. 6. идёт. 7. рабо́тают.
8. обе́даем. 9. изуча́ют.

B 10. Он лежи́т на дива́не и чита́ет. 11. Я стою́ и учу́ ру́сские
слова́. 12. Она́ сиди́т на сту́ле и пи́шет письмо́. 13. О ком вы
ду́маете? Я ду́маю о бра́те. 14. Доска́ лежи́т на столе́. 15. О чём
вы говори́те? Я говорю́ об э́той си́ней кни́ге. 16. Занаве́ски вися́т
на э́том большо́м окне́. 17. Я ничего́ не ви́жу на э́том краси́вом
зда́нии. 18. Они́ живу́т в Росси́и, но изуча́ют францу́зский язы́к.

*ОБÉД

1 Мать *стáвит тарéлки и *стакáны на большóй стол.
*Напрáво *онá кладёт лóжку и нож, налéво — вúлку.
*Потóм онá идёт в кýхню и *подаёт *обéд.

2 — Úгорь, ты лю́бишь э́то вкýсное мя́со?

— Да, мáма, я *óчень люблю́ *э́то *мя́со.
Úгорь ест тáкже сыр и пьёт *вóду.
Борúс лю́бит ры́бу, фрýкты и *молокó.
*Отéц и мать пьют крáсное винó.

3 — Ты *ешь закýски и *пьёшь вóдку сегóдня?

— Да, я *ем пáюсную икрý и пью вóдку.
А вы что едúте и пьёте?

— Мы едúм пирожкú и пьём пúво.
В Россúи чáсто едя́т щи и пьют óчень горя́чий чай.

4 — Вы идёте на обéд?
— Да, мы *éдем в ресторáн на *машúне.

1	[a] стáвит [stav'it]	стакáны [stakanü]	напрáво [naprava]	онá [ana]
	[a] обéд [ab'èt]	потóм [patom]	подаёт [padayot]	
2	[o] óчень [otch'en']	вóду [vodou] mais водá [vada]		молокó [maLako]
	[a] э́то [êta]	мя́со [m'assa]	отéц [at'èts]	
3	[yè] ешь [yèch]	ем [yèm]	[yo] пьёшь [p'yoch]	
4	[yé] éдем [yéd'em]		[ü] машúне [machün'e]	

БОЛЬШÁЯ РЫ́БА МÁЛЕНЬКУЮ ЦЕЛИКÓМ ГЛОТÁЕТ

Le déjeuner (Repas pris vers 14 h.)

1 La mère met les assiettes et les verres sur la grande table. A droite, elle pose la cuillère et le couteau; à gauche la fourchette. Ensuite elle va à la cuisine et sert le dîner.

2 — Igor, tu aimes cette viande savoureuse? — Oui maman, j'aime beaucoup cette viande. Igor mange aussi du fromage et boit de l'eau. Boris aime le poisson, les fruits et le lait. Le père et la mère boivent du vin rouge.

3 — Tu manges des hors-d'œuvre et bois de la vodka aujourd'hui? — Oui, je mange du caviar pressé et bois de la vodka. Et vous, que mangez-vous et que buvez-vous? — Nous mangeons des petits pâtés et buvons de la bière. En Russie, on mange souvent de la soupe au chou et l'on boit du thé très chaud.

4 — Vous allez déjeuner? — Oui, nous allons au restaurant en voiture.

Prononciation

Les consonnes sonores s'assourdissent

— devant une consonne sourde: *вóдка* [votka];
пирожки [p'irachk'i] mais *одúн пирожóк* [ad'in pirajok];
— devant une pause: *нож* [noch], *обéд* [ab'èt].

Vocabulaire

Тóже et *тáкже* n'ont pas le même emploi:
Пáпа ест; Мáма тóже ест.
Пáпа ест фрýкт; он ест тáкже пирожкú.

тарéлка, l'assiette	*стакáн*, le verre
закýска, le hors-d'œuvre	*фрýкт*, le fruit
пирожóк, le petit pâté	*машúна*, la voiture (automobile)
стáвить, стáвлю, стáвишь…,	mettre, poser (dans une position verticale)
класть, кладý, кладёшь…,	mettre, poser (dans une position horizontale)
подавáть, подаю́, подаёшь…,	donner, servir, apporter

Un grand poisson en avale un petit (tout entier)

Grammaire

■ **L'accusatif**

L'accusatif sans préposition est le cas du complément d'objet direct. Lorsqu'ils désignent des objets (inanimés), les noms gardent à l'accusatif la forme du nominatif, à l'exception des féminins singuliers:

> *Здесь едя́т хлеб и пьют пи́во.*
> Ici on mange du pain et on boit de la bière.

A l'accusatif féminin singulier, le *-a* du nominatif est remplacé par *-у*, *-я* par *-ю* et les féminins terminés par *-ь* ne varient pas:

> *Я ви́жу кни́гу и тетра́дь.* Je vois un livre et un cahier.

■ ***Мать ста́вит таре́лки и стака́ны на большо́й стол.***
La mère met les assiettes et les verres sur la grande table.

Suivies de l'accusatif, les prépositions *в* et *на* indiquent un déplacement et répondent à la question *куда́?*

> *Мы идём на рабо́ту.* Nous allons au travail.
> *Мы идём на вокза́л.* Nous allons à la gare.

■ **L'accusatif des adjectifs, démonstratifs et possessifs**

Là encore, seul le féminin diffère du nominatif:

> *Ешь э́ту пе́рвую (после́днюю) конфе́ту.*
> Mange ce premier (dernier) bonbon!
> *Мою́, твою́, на́шу, ва́шу.*

■ **Conjugaison de *есть* « manger », et *пить* « boire »**

Я ем	*мы еди́м*	*Я пью*	*мы пьём*
ты ешь	*вы еди́те*	*ты пьёшь*	*вы пьёте*
он ест	*они́ едя́т*	*он пьёт*	*они́ пьют*

Note: L'infinitif *есть* a la même forme que la troisième personne du présent de *быть* : *есть*, « il y a ».

L'impératif de *есть* et de *пить* est irrégulier: *ешь, е́шьте; пей, пе́йте.*

■ **Conjugaison de *люби́ть*, « aimer », et *ста́вить*, « poser »**

Un *л* apparaît à la première personne du singulier entre le radical et la terminaison : *люби́ть, я люблю́, ты лю́бишь... они́ лю́бят;*
ста́вить, я ста́влю, мы ста́вишь... они́ ста́вят.

Exercices

A *Mettez les mots entre parenthèses au cas voulu:*
1. Мы чита́ем (сове́тская газе́та). 2. (Кака́я но́вая кни́га) ты ви́дишь тепе́рь? 3. Вы смо́трите на (э́та краси́вая оде́жда)? 4. Он пи́шет (но́вые слова́) на (доска́). 5. Ты ви́дишь (э́та но́вая чёрная маши́на)? 6. Иди́те бы́стро на (по́чта). 7. Вчера́ я был в (шко́ла), где ты изуча́ешь (ру́сский язы́к). 8. Они́ рабо́тают в (больша́я ко́мната). 9. Иди́ в (э́та ко́мната).

B *Traduisez en français:*
10. Сейча́с мы идём в шко́лу. 11. Сего́дня он е́дет на рабо́ту на маши́не. 12. Когда́ я хорошо́ ем, я рабо́таю бы́стро и хорошо́. 13. Они́ лю́бят есть горя́чий суп. 14. Я е́ду в Москву́ на авто́бусе. 15. Пе́йте на́шу во́дку. 16. Я ви́жу одну́ ры́бу на столе́. 17. Они́ у́чат ру́сские слова́. 18. Я смотрю́ на э́ту но́вую си́нюю сте́ну. 19. Я ви́жу мужчи́ну и же́нщину.

C *Traduisez en russe:*
20. Je lis un journal russe. 21. Il écrit un nouveau livre. 22. Je vois un livre bleu. 23. Au restaurant je mange ce que j'aime. 24. Sur la table, il y a du poisson et de la viande. 25. J'écris des mots nouveaux dans le cahier; 26. Nous aimons beaucoup notre petit chat. 27. Vous connaissez cette jeune femme? 28. Demain j'irai au travail en métro. 29. Aujourd'hui nous allons (à pied) dans une nouvelle usine.

Corrigé

A 1. сове́тскую газе́ту. 2. Каку́ю но́вую кни́гу. 3. э́ту краси́вую оде́жду. 4. но́вые слова́; доске́. 5. э́ту но́вую чёрную маши́ну. 6. по́чту. 7. шко́ле; ру́сский язы́к. 8. большо́й ко́мнате. 9. э́ту ко́мнату.

B 10. En ce moment nous allons à l'école (à pied). 11. Aujourd'hui il va au travail en voiture. 12. Quand je mange bien, je travaille vite et bien. 13. Ils aiment manger de la soupe chaude. 14. Je vais à Moscou en autobus. 15. Buvez notre vodka. 16. Je vois un seul poisson sur la table. 17. Ils apprennent des mots russes. 18. Je regarde ce nouveau mur bleu. 19. Je vois un homme et une femme.

C 20. Я чита́ю ру́сскую газе́ту. 21. Он пи́шет но́вую кни́гу. 22. Я ви́жу си́нюю кни́гу. 23. В рестора́не я ем, что я люблю́. 24. На столе́ ры́ба и мя́со. 25. Я пишу́ но́вые слова́ в тетра́ди. 26. Мы о́чень лю́бим на́шу ма́ленькую ко́шку. 27. Вы зна́ете э́ту молоду́ю же́нщину? 28. За́втра я пое́ду на рабо́ту на метро́. 29. Сего́дня мы идём на но́вый заво́д.

13 | ЦЕНТР МОСКВЫ́

1 — Отку́да ты идёшь?
— Я иду́ из библиоте́ки. А ты?
— Я со стадио́на.
— А куда́ ты идёшь?
— Я несу́ э́ти пи́сьма на *по́чту, пото́м с по́чты я *пое́ду в гастроно́м на *маши́не.

2 — Где *живёт ваш брат?
— В Москве́. Кварти́ра бра́та о́коло ста́нции метро́ «Арба́тская», в *це́нтре э́того краси́вого и большо́го *го́рода.
Москва́ — столи́ца Росси́и. Она́ стои́т на Москва́-реке́.

3 В це́нтре Москвы́ — Кремль. Ря́дом — Кра́сная *пло́-щадь. На Кра́сной пло́щади *нет са́да, а есть разли́чные па́мятники и прекра́сный собо́р : Храм Васи́лия Блаже́нного. Недалеко́ — Большо́й *Теа́тр.
В це́нтре го́рода *ещё *есть *музе́и изобрази́тельного иску́сства.

1	[уѐ] пое́ду [payѐdou]	[ü] маши́не [machün'e]	[o] по́чту [potchtou]
2	[ü] живёт [jüv'ot]	[è] це́нтре [tsèntr'e]	[o] го́рода [gorada]
3	['a] пло́щадь [pLochtch'at']	['è] нет [n'èt]	[yi] ещё [yichch'o]
	['i] теа́тр [t'i-atr]	['é] музе́и [mouz'éyi]	[yé] есть [yést']

ГЛАС НАРО́ДА — ГЛАС БО́ЖИЙ

Traduction

Le centre de Moscou

1 — D'où viens-tu? — Je viens de la bibliothèque. Et toi? — Moi, du stade. — Et où vas-tu? — Je porte ces lettres à la poste, ensuite de la poste j'irai dans un magasin d'alimentation en automobile.

2 — Où habite votre frère? — A Moscou. L'appartement de mon frère (est situé) près de la station de métro «Arbatskaya», dans le centre de cette belle et grande ville. Moscou est la capitale de la Russie. Elle se dresse sur la Moscova.

3 Au centre de Moscou (se trouve) le Kremlin. A côté, la Place Rouge. Sur la Place Rouge, il n'y a pas de jardin mais il y a divers monuments et une magnifique église: la Basilique de Basile le Bienheureux. Non loin, se trouve le Grand Théâtre. Dans le centre de la ville, il y a aussi des musées (m. à m.: d'art plastique).

Prononciation

1 Dans la terminaison des adjectifs et des pronoms au génitif, *-ого* ou *-его*, *г* se prononce **v** comme dans *сегодня* et *ничего*: *красивого* [krass'ivava], *большого* [bal'chova], *Блаженного* [bLajênnava].

2 *Л*, devant le signe mou ou devant les voyelles *е, и, ю, я*, se prononce sensiblement comme le **l** français: *Кремль* [kr'èml'], *столица* [stal'itsa].

3 Attention à la prononciation de *p* comme un **r** roulé.

Vocabulaire

библиотека, la bibliothèque	*различный*, divers, différent
центр, le centre	*стадион*, le stade
изобразительные искусства les arts plastiques	*памятник*, le monument

Я несу эти письма на почту
La répartition de *в* et de *на* n'est pas toujours conforme au sens de ces deux prépositions. On dit ainsi:

> *на почте* (m. à m.: « sur la poste »),
> *на улице* (m. à m.: « sur la rue »), etc.

Toutefois *в* s'emploie généralement pour un lieu fermé: *в комнате*.

Conjugaison de *нести* « porter à pied »: *Я несу, ты несёшь, он несёт, мы несём, вы несёте, они несут*.

Voix du peuple, voix de Dieu.

Grammaire

■ **Le génitif**

Le génitif sans préposition est le cas du complément de nom et on le traduit en français par la préposition « de » placée entre les deux noms :

> *Стена́ до́ма и ра́ма окна́.*
> Le mur de la maison et le cadre de la fenêtre.

Les masculins et les neutres durs prennent la terminaison *-a*.
Les masculins et les neutres mous prennent la terminaison *-я* :

> *Ба́шня Кремля́ и дверь зда́ния.*
> La tour du Kremlin et la porte de l'édifice.

Les génitifs féminins durs sont en *-ы* et les mous en *-и* :

> *Окно́ ко́мнаты и стена́ ба́шни.*
> La fenêtre de la pièce et le mur de la tour.

N.B. — Après *г, к, х, ж, ч, ш, щ, -ы* devient *-и*: *библиоте́ки*.

■ **Le génitif des adjectifs, démonstratifs et possessifs.**

> *Дверь э́того но́вого си́него до́ма.   Моего́, на́шего.*
> * „   „   „   „   зда́ния.   Моего́, на́шего.*
> *Дверь э́той но́вой си́ней   кваты́ры. Мое́й, на́шей.*

■ **L'accusatif-génitif**

Lorsqu'ils désignent des êtres animés, les noms masculins prennent à l'accusatif la forme du génitif ; il en est de même pour les pronoms et les adjectifs qui s'y rapportent :

> *Я зна́ю э́того челове́ка.* Je connais cette personne.

■ *На Кра́сной пло́щади нет са́да.* Sur la Place Rouge, il n'y a pas de jardin

Pour exprimer l'absence et traduire « il n'y a pas », on emploie *нет* (contraction de *не есть*) — *не́ было* au passé et *не бу́дет* au futur, tous deux invariables — suivi du génitif :

> *Там не́ было стола́.* Là-bas, il n'y avait pas de table.

De façon générale, on met au génitif le complément d'objet direct d'un verbe à la forme négative : *Я не ви́жу до́ма.* Je ne vois pas de maison.

■ *Я иду́ из библиоте́ки* Je viens de la bibliothèque

Les prépositions *из* et *с*, qui sont suivies du génitif, indiquent le mouvement inverse de *в* et *на*: *Он идёт на по́чту — он идёт с по́чты.*

Кварти́ра бра́та. L'appartement de (mon) frère

Lorsqu'il n'y a pas d'ambiguïté possible, on peut ne pas employer le possessif.

О́коло ста́нции метро́. Près de la station de métro

- La préposition *о́коло*, « près de », est suivie du génitif.
- Certains noms neutres d'origine étrangère (*метро́, кино́, кенгуру́, шимпанзе́*...) sont indéclinables, de même que la plupart des sigles : *в СССР* : en URSS.

Exercices

Mettez à la forme négative:
1. Там есть чёрная соба́ка. 2. Он зна́ет э́тот го́род. 3. Здесь есть бе́лая ко́шка. 4. Я чита́л после́днюю кни́гу. 5. В э́том го́роде есть краси́вый дом. 6. В ко́мнате есть большо́е окно́.

Mettez les mots entre parenthèses au cas voulu:
7. Я не чита́ю (газе́та) и не пишу́ (письмо́). 8. Вчера́ он не́ был в (го́род). 9. За́втра он не бу́дет на (Кра́сная пло́щадь). 10. В (Москва́) есть (прекра́сный) метро́. 11. На (карти́на) я ви́жу (челове́к), а не ви́жу (стул). 12. Я зна́ю (э́тот ма́льчик). 13. Я иду́ из (магази́н). 14. Я встаю́ из (кре́сло). 15. Мы идём на (по́чта).

Traduisez en russe:
16. Tu connais mon camarade? 17. Elle porte un livre dans la pièce. 18. D'où viennent-ils? 19. Voici les rideaux de la fenêtre. 20. J'aime beaucoup ton frère. 21. Elle porte cette lettre dans la maison.

Corrigé

1. Там нет чёрной соба́ки. 2. Он не зна́ет э́того го́рода. 3. Здесь нет бе́лой ко́шки. 4. Я не чита́л после́дней кни́ги. 5. В э́том го́роде нет краси́вого до́ма. 6. В ко́мнате нет большо́го окна́.

7. газе́ты, письма́. 8. го́роде. 9. Кра́сной пло́щади. 10. Москве́, прекра́сное. 11. карти́не, челове́ка, сту́ла. 12. э́того ма́льчика. 13. магази́на. 14. кре́сла. 15. по́чту.

16. Ты зна́ешь моего́ това́рища. 17. Она́ несёт кни́гу в ко́мнату. 18. Отку́да они иду́т? 19. Вот занаве́ски окна́. 20. Я о́чень люблю́ твоего́ бра́та. 21. Она́ несёт э́то письмо́ в дом.

У МЕНЯ́ ЕСТЬ БРАТ И СЕСТРА́

1 Мой брат — *хи́мик, его *жена́ — *учи́тельница. Их де́ти — шко́льники. Моя́ *сестра́ — студе́нтка, её муж — *фи́зик, а их дочь ещё ма́ленький ребёнок. Она́ зна́ет своё и́мя, но не уме́ет говори́ть.

2 — Я тебя́ люблю́, а ты меня́ не лю́бишь!

— Ива́н, когда́ ты ви́дишь *Серге́я и его́ сестру́?

— Я его́ *ре́дко ви́жу, а *её ви́жу ка́ждый *день.

— А́нна, вы лю́бите *Ве́ру и её бра́та?

— Я её о́чень люблю́, а его́ пло́хо зна́ю.

— На кого́ вы смо́трите?

— Мы смо́трим на *ученика́. Он у́чит уро́к.

3 У меня́ голубы́е глаза́, как у бра́та. Но у него́ во́лосы *тёмные, а мои́ све́тлые. У сестры́ *то́же тёмные во́лосы, но у неё глаза́ *зелёные. Она́ ни́зкого ро́ста, а её муж высо́кий. У них большо́й дом, но нет са́да.

1 ['i] хи́мик [kh'im'ik]   фи́зик [f'iz'ik]   [ü] жена́ [jüna]
['i] учи́тельница [outch'it'el'n'itsa]   ['i] сестра́ [s'istra]

2 ['é] Серге́я [s'irg'éya]   день [d'én']   [yi] её [yiyo]
['è] ре́дко [r'èdka]   Ве́ру [v'èrou]   ['i] ученика́ [outch'in'ika]

3 [ye] тёмные [t'omnüye]   [e] то́же [toje]   ['i] зелёные [z'il'onüye]

СВОЯ́ НО́ША НЕ ТЯ́НЕТ

Traduction

J'ai un frère et une sœur

Mon frère est chimiste, sa femme est institutrice. Leurs enfants sont écoliers. Ma sœur est étudiante, son mari est physicien et leur fille est encore un petit enfant. Elle sait son prénom mais ne sait pas parler.

— Je t'aime et toi tu ne m'aimes pas ! — Jean, quand vois-tu Serge et sa sœur? — Lui, je le vois rarement; mais elle, je la vois chaque jour. — Anne, aimez-vous Véra et son frère? — Elle, je l'aime beaucoup; quant à lui, je le connais mal. — Qui regardez-vous? — Nous regardons l'élève. Il apprend (sa) leçon.

J'ai les yeux bleu clair comme mon frère. Mais lui a les cheveux foncés et les miens sont clairs. Ma sœur aussi a les cheveux foncés mais elle a les yeux verts. Elle est petite (m. à m. : de basse taille) et son mari est grand. Ils ont une grande maison, mais ils n'ont pas de jardin.

Prononciation

Dans (*н*)*его́*, *кого́*, *г* se prononce **v** [yivo], [n'ivo], [kavo].

Rappelez-vous que le **e** non accentué, qui s'affaiblit en **ye** léger en position finale, se prononce presque comme un **i** avant l'accent: *меня́* [m'in'**a**], *тебя́* [t'ib'**a**].

З s'assourdit en **s** devant *к*: *ни́зкий* [n'isk'iï].

Vocabulaire

сестра́, pl. *сёстры*, la soeur	*голубо́й*, bleu clair
шко́льник, l'écolier	*зелёный*, vert
учени́к, l'élève	*тёмный*, sombre, foncé
глаз, l'œil	*све́тлый*, clair
рост, la taille (*он высо́кого ро́ста*, il est grand)	*ни́зкий*, petit, bas

У неё есть де́ньги. Elle a de l'argent (*де́ньги* est toujours pluriel).
У нас всё есть. Nous avons de tout.
У меня́ ничего́ нет. Je n'ai rien du tout.
У них нет ни гроша́. Ils n'ont pas un sou.
У него́ (нет) ни хле́ба ни вина́. Il n'a ni pain ni vin.

Il existe une dizaine de neutres terminés par **-мя**, comme *и́мя* : *вре́мя*, « le temps » (durée), *пла́мя*, » la flamme », etc.

Notre fardeau (qui nous appartient) ne pèse (m. à m.: tire) pas

Grammaire

■ **La préposition** *y* (chez, près de)

y gouverne le génitif:

> *Я у сестры́.* Je suis chez ma sœur.

Le génitif du pronom personnel ainsi que celui du pronom *кто* sont semblables à l'accusatif:

N.	я	ты	он онó онá	мы	вы	онú	кто
A.–G.	меня́	тебя́	*(н)егó (н)её* нас	вас	*(н)их*	когó

Remarque: Après une préposition, on fait précéder de *н* les troisièmes personnes si elles dépendent de cette préposition: *У негó, у неё, у них.* Chez lui, chez elle, chez eux.

Mais: *у егó брáта.* (M. à m.: chez le frère de lui.)

■ *Егó женá* (m. à m.: la femme de lui)

Le génitif de la troisième personne du pronom personnel sert de troisième personne du possessif, sauf si le possesseur est sujet de la proposition. Dans ce dernier cas, l'emploi du possessif réfléchi (*свой, своя́, своё, свои́*) est le seul possible à la troisième personne et il est très fréquent aux autres personnes:

> *Мы ви́дим свой дом.* Nous voyons notre maison.

Mais: > *Мы ви́дим её дом.* Nous voyons sa maison (à elle).

■ *У меня́ есть брат* (m. à m.: chez moi il y a un frère)

Nous avons vu qu'au présent la troisième personne de *быть*, *есть*, est employée au sens de la tournure impersonnelle « il y a ».

Pour exprimer la possession (verbe avoir en français), on se sert également de *есть* dans une tournure où le possesseur est un nom (ou pronom) au génitif, précédé de la préposition *y* et où l'objet possédé devient le sujet (au nominatif):

у меня́ (есть), j'ai	*у нас (есть)*, nous avons…
у тебя́ (есть), tu as…	*у вас (есть)*,
у негó (есть),	*у них (есть)*.
у неё (есть);	

Remarque: Il est possible de sous-entendre *есть*, en particulier lorsque le nom désignant l'objet possédé est accompagné d'un adjectif épithète:

> *У вас есть газета? Да, у нас русские газеты.*
> Vous avez un journal? Oui, nous avons des journaux russes.

■ *У них нет сада.* Ils n'ont pas de jardin.

A la forme négative, *нет* (contraction de *не есть*) est suivi du génitif.

У меня голубые глаза. J'ai les yeux bleu clair

Quelques noms masculins ont un nominatif pluriel en *-a* (*-я* quand ils sont mous). Les plus fréquents sont: *глаз, город, дом, берег, учитель,* (le maître), *снег,* (la neige), *вечер, лес*:

> *Берега Москвы-реки.* Les rives de la Moscova.

Exercices

A *Mettez les mots entre parenthèses au cas voulu:*
1. У (этот товарищ) есть (новый) книги. 2. Я смотрю на (учитель). 3. Здесь нет (горячая вода). 4. У неё нет (холодный чай). 5. У (этот мальчик) нет (кошка). 6. У (я) нет (новая книга). 7. У (он) нет (русский товарищ). 8. В (квартира) у (сестра) нет (телефон).

B *Traduisez en russe:*
9. Cette petite fille a un chien. 10. Il n'a pas de chat. 11. J'ai les yeux bleu foncé et ma sœur a les yeux noirs. 12. Dans la pièce il n'y a pas de table. 13. J'aime beaucoup la maison de ton frère, mais son jardin, je ne l'aime pas. 14. Cet homme n'a pas de chapeau. 15. Dans cette pièce il n'y a pas de fenêtre. 16. Ils écrivent leur lettre. 17. Je regarde au tableau. 18. Il ne mange pas de viande.

Corrigé

A 1. этого товарища; новые. 2. учителя. 3. горячей воды. 4. холодного чая. 5. этого мальчика; кошки. 6. меня; новой книги. 7. него; русского товарища. 8. квартире; сестры; телефона.

B 9. У этой маленькой девочки есть собака. 10. У него нет кошки. 11. У меня синие глаза, а у сестры чёрные глаза. 12. В комнате нет стола. 13. Я очень люблю дом твоего брата, а его сад не люблю. 14. У этого мужчины нет шляпы. 15. В этой комнате нет окна. 16. Они пишут своё письмо. 17. Я смотрю на доску. 18. Он не ест мяса.

15 У ОТЦА́ БОЛИ́Т ГОЛОВА́

1 *Сего́дня *оте́ц *лежи́т у меня́ в ко́мнате. У него́
плохо́й *вид. Он бо́лен. У него́ жар.
Стака́н воды́ стои́т у него́ на *столе́.
Он *хо́чет рабо́тать, но *не *мо́жет. Он *до́лжен
отдыха́ть до́ма.

2 Ва́ня *спра́шивает своего́ дру́га:
— Ты не рабо́таешь сего́дня?
— Нет, не могу́. Я о́чень хочу́ гуля́ть, но не могу́,
— *отвеча́ет друг. — *Почему́ ты не мо́жешь?
— Потому́ что я бо́лен.
— А что у тебя́? — У меня́ на́сморк и си́льный
*ка́шель.

3 — Что у вас боли́т? — спра́шивает врач.
— У меня́ боли́т голова́, — отвеча́ет оте́ц.
— И глаза́, *наве́рно, боля́т : они́ у вас кра́сные.
— Да, у меня́ боли́т всё *те́ло : лицо́, го́рло, *грудь и
спина́.

1	['i] сего́дня [s'ivodn'a]	['è] оте́ц [at'èts]	[ü] лежи́т [l'ijüt]
	['i] вид [v'it]	['é] столе́ [stal'é]	[e] до́лжен [doLjen]
	['e] хо́чет [khotch'et]	['é] не [n'é]	[e] мо́жет [mojet]
2	[ü] спра́шивает [sprachüvayet]	['a] отвеча́ет [atv'itch'ayet]	
	['i] почему́ [patch'imou]	[e] ка́шель [kachel']	
3	['è] наве́рно [nav'èrna]	те́ло [t'èLa]	[t'] грудь [grout']

У КОГО́ ЧТО БОЛИ́Т, ТОТ О ТОМ И ГОВОРИ́Т

Traduction

Mon père a mal à la tête

Aujourd'hui mon père est couché dans ma chambre. Il a mauvaise mine. Il est malade. Il a de la fièvre. Un verre d'eau se trouve sur sa table. Il veut travailler mais il ne peut pas. Il doit se reposer à la maison.

Vania (diminutif de Ivan) questionne son ami: — Tu ne travailles pas aujourd'hui? — Non, je ne peux pas. Je voudrais (m. à m.: je veux) bien me promener mais je ne peux pas, répond l'ami. — Pourquoi ne peux-tu pas? — Parce que je suis malade. — Et qu'est-ce que tu as? — J'ai un rhume et une forte toux.

— Où avez-vous mal? demande le médecin. — J'ai mal à la tête, répond mon père. — Et aux yeux vous avez certainement mal: ils sont rouges. — Oui, tout le corps me fait mal: le visage, la gorge, la poitrine et le dos.

Prononciation

De même que les consonnes sonores s'assourdissent devant les sourdes, celles-ci se sonorisent devant les consonnes sonores, sauf devant *в, л, р, м, н* : *отдыхáть* [addükhat'] mais *отвечáть* [atv'itchat'], *свой* [svoï].

Prenez garde au changement d'accentuation qui intervient dans la conjugaison, modifiant parfois la prononciation des voyelles du verbe:
я хочý [khatch'ou], *ты хóчешь* [khotch'ech];
я смотрю [smatr'ou], *ты смóтришь* [smotr'ich]; etc.

Vocabulaire

Ýхо, ýши, l'oreille, les oreilles	*нос*, le nez
подбородóк, le menton	*лоб*, le front
рукá, la main, le bras	*бровь*, le sourcil
ногá, le pied, la jambe	*щекá*, la joue
живóт, le ventre	*губá*, la lèvre
плечó, плéчи, l'épaule, les épaules	*зуб*, la dent
сéрдце, le cœur	*рот*, la bouche

отдыхáть, отдыхáю, отдыхáешь..., se reposer
спрáшивать, спрáшиваю, спрáшиваешь..., interroger, demander
отвечáть, отвечáю, отвечáешь..., répondre

La langue va où la dent fait mal (m. à m.: celui qui a mal parle de cela)

Grammaire

■ *Отéц лежúт у меня́ в ко́мнате.*

(M. à m.: Le père est couché chez moi dans la chambre.)

La tournure *у меня́...* peut s'employer comme possessif et remplacer *мой...*

■ *Что у вас болúт?*

(M. à m.: Qu'est-ce qui chez vous fait mal?)

Le verbe *болéть* s'accorde avec le nom auquel il se rapporte et qui en est le sujet.

    У меня́ боля́т зу́бы.

    J'ai mal aux dents. (M. à m.: Les dents chez moi font mal.)

■ *У отца́.* Chez (mon) père. La voyelle mobile.

Certains noms masculins durs ont au nominatif singulier, entre les deux consonnes finales, un *-e* ou un *-o* qu'ils perdent quand ils changent de terminaison:

Потоло́к — ла́мпа потолка́. Le plafond — la lampe du plafond.

■ *Бо́лен,* forme courte de *больно́й.*

Ce *-e* ou ce *-o* apparaît également au masculin singulier de certains adjectifs courts: *коро́ткий — ко́роток,* « court ».

La voyelle mobile disparaît aux féminin, neutre et pluriel:

    Больна́, больно́, больны́; коротка́, ко́ротко, ко́ротки.

■ *Он до́лжен отдыха́ть до́ма.* Il doit se reposer à la maison.

Pour exprimer l'obligation ou le devoir, on emploie le mot *до́лжен,* qui a la forme d'un adjectif court (avec une voyelle mobile) et varie en genre et en nombre:

Я до́лжен, должна́, je dois	*он до́лжен* *мы должны́*
ты до́лжен, должна́	*она́ должна́* *вы должны́*
	оно́ должно́ *они́ должны́*

■ Conjugaison de *хоте́ть,* « **vouloir** », et *мочь* « **pouvoir** » (inusité à l'infinitif).

Я хочу́	*мы хотúм*	*Я могу́*	*мы мо́жем*
ты хо́чешь	*вы хотúте*	*ты мо́жешь*	*вы мо́жете*
он хо́чет	*они́ хотя́т*	*он мо́жет*	*они́ мо́гут*

Remarque: Après le verbe *хотéть*, le complément se met le plus souvent au génitif:

> *Вы хотúте вóдки?* Vous voulez de la vodka?
> *Мы все хотúм мúра.* Nous voulons tous la paix.

Exercices

A *Mettez les mots entre parenthèses au cas voulu:*
1. Я не хочý (водá). 2. Он рабóтает на завóде (этот гóрод). 3. В Москвé он живёт у (мой отéц). 4. Вот дом (наш товáрищ). 5. Лáмпа висúт на (потолóк). 6. Онú хотя́т (водá) и (хлеб). 7. Тепéрь нет (дождь). 8. У (онá) болúт (спинá).

B *Traduisez en français:*
9. Когдá Кáтя больнá, онá не хóчет есть. 10. Не нáдо пить так мнóго, говорúт их мать. 11. У меня́ ничегó не болúт. 12. Я спрáшиваю дрýга, где он живёт. 13. Ты ужé был в Кремлé? 14. Я ничегó не знáю о Москвé. 15. Кто хóчет — мóжет.

C *Traduisez en russe:*
16. Anne est couchée sur ton divan. 17. Elle n'est pas malade mais elle a un peu mal à la tête. 18. Ils ne veulent rien manger. 19. Elle doit travailler aujourd'hui si elle veut se promener demain. 20. Ils doivent se reposer. 21. Il demande à ta sœur où elle va. 22. Que peut-on voir à Moscou? 23. Je vis chez mon frère.

Corrigé

A 1. водьú. 2. этого гóрода. 3. моегó отцá. 4. нáшего товáрища. 5. потолкé. 6. водьú; хлéба. 7. дождя́. 8. неё; спинá.

B 9. Quand Katia est malade, elle ne veut pas manger. 10. Il ne faut pas boire autant, dit leur mère. 11. Je n'ai mal nulle part (m. à m.: chez moi rien ne fait mal). 12. Je demande à mon ami où il habite. 13. Tu as déjà été au Kremlin? 14. Je ne connais rien de Moscou. 15. Vouloir, c'est pouvoir (m. à m.: qui veut, il peut).

C 16. Áнна лежúт у тебя́ на дивáне. 17. Онá не больнá, но у неё немнóго болúт головá. 18. Онú ничегó не хотя́т есть. 19. Онá должнá рабóтать сегóдня, éсли хóчет гуля́ть зáвтра. 20. Онú должньú отдыхáть. 21. Он спрáшивает твою́ сестрý, кудá онá идёт. 22. Что мóжно вúдеть в Москвé? 23. Я живý у брáта.

ДНИ НЕДЕ́ЛИ И МЕ́СЯЦЫ ГО́ДА

1 — Здра́вствуй, дорого́й Ва́ня. Како́й сего́дня день?

— До́брый день, Са́ша. Сего́дня у нас пя́тница.

— А како́й *тепе́рь *ме́сяц? — Тепе́рь у нас март.

В суббо́ту мы ра́но выхо́дим*с заво́да.

— В како́й день ты е́дешь в Москву́? — В сре́ду.

2 — Когда́ у тебя́ бу́дет *свобо́дный день?

— Послеза́втра.

— А послеза́втра бу́дет *понеде́льник, я не бу́ду свобо́ден. У меня́ был уже́ выходно́й позавчера́.

— Ну, *приходи́ в*воскресе́нье. На обе́д не бу́дет ры́бы.

3 — Како́й был про́шлый ме́сяц? — Про́шлый ме́сяц был *февра́ль. *Бу́дущий ме́сяц бу́дет апре́ль.

В про́шлом ме́сяце мы бы́ли вме́сте в *Санкт-Петербу́рге.

В январе́ бы́ло со́лнце и не́ было сне́га.

Мы е́дем в Москву́ на́ год.

---

1 ['é] тепе́рь [t'ip'ér] ме́сяц [m'éss'ets] [z] с заво́да
  [z zavoda]

2 [a] свобо́дный [svabodnüi] ['é] воскресе́нье [vaskr'iss'én'ye]
  ['i] понеде́льник
  [pan'id'él'n'ik] ['i] приходи́ [pr'ikhad'i]

3 ['i] февра́ль [f'ivral'] бу́дущий Петербу́рге
  [boudouch'ch'ii] ['p'it'irbourg'e]

ПО́СЛЕ ДО́ЖДИЧКА В ЧЕТВЕ́РГ

Les jours de la semaine et les mois de l'année

1 — Bonjour (mon) cher Vania. Quel jour est-ce aujourd'hui ? — Bonne journée, Sacha. Aujourd'hui nous sommes (m. à m.: chez nous) vendredi. — Et quel mois est-ce maintenant ? — Maintenant nous sommes en mars. Samedi, nous sortons tôt de l'usine. — Quel jour vas-tu à Moscou ? — Mercredi.

2 — Quand auras-tu un jour libre ? — Après-demain. — Mais après-demain ce sera lundi, moi je ne serai pas libre. J'ai déjà eu congé avant-hier. — Eh bien, viens dimanche. Il n'y aura pas de poisson pour le repas.

3 — Quel était le mois dernier ? — Le mois dernier était février. Le mois prochain sera avril. Le mois dernier, nous étions ensemble à Saint-Pétersbourg. En janvier il y eu du soleil et il n'y avait pas de neige. Nous allons à Moscou pour un an.

Prononciation

1 Après la préposition *в*, *и* se prononce dur : *в июне* [v üyoun'e]

2 Le *л* de *солнце* ne se prononce pas : [sontse].

Vocabulaire

Понедельник	lundi	*Январь*	janvier
вторник	mardi	*февраль*	février
среда	mercredi	*март*	mars
четверг	jeudi	*апрель*	avril
пятница	vendredi	*май*	mai
суббота	samedi	*июнь*	juin
воскресенье	dimanche	*июль*	juillet
		август	août
		сентябрь	septembre
		октябрь	octobre
		ноябрь	novembre
		декабрь	décembre

День présente une voyelle mobile au nominatif singulier.
Nominatif pluriel : *дни*.

выходить, выхожу, выходишь..., sortir, partir
приходить, прихожу, приходишь..., venir, arriver.

Dans la semaine des quatre jeudis (m. à m.: jeudi après la petite pluie)

Grammaire

В суббо́ту мы ра́но выхо́дим с заво́да. Samedi, nous sortons tôt de l'usine.

Pour indiquer le jour où se produit une action, on emploie *в* suivi de l'accusatif: *Во вто́рник я иду́ в го́род.* Mardi, je vais en ville.

Remarque: Afin de faciliter la prononciation, on ajoute *о* à la préposition devant les mots commençant par certains groupes de consonnes: *со стола́*, de table.

В про́шлом ме́сяце мы бы́ли вме́сте в Петербу́рге. Le mois dernier, nous étions ensemble à Pétersbourg.

Avec les noms de mois, le complément de temps se rend par *в* suivi du prépositionnel. Pour la semaine, on emploie *на*: *на э́той неде́ле.*

У меня́ был уже́ выходно́й позавчера́. (M. à m.: Chez moi c'était déjà sortie avant-hier.)

Au passé, dans la tournure équivalant au verbe avoir, le verbe *быть* s'accorde en genre et en nombre avec le nom désignant l'objet possédé, qui devient sujet (au nominatif) dans la phrase russe:

> *У него́ была́ кни́га.* Il avait un livre.

Au futur le verbe s'accorde seulement en nombre:

> *У неё бу́дут кни́ги.* Elle aura des livres.

На обе́д не бу́дет ры́бы. (M. à m.: Pour le repas il n'y aura pas de poisson.)

A la forme négative, le passé et le futur de la tournure sont impersonnels et invariables et l'objet possédé se met au génitif:

> *У врача́ не́ было сестры́.* Le médecin n'avait pas de sœur.

Remarque: Au passé, c'est la négation *не* qui est l'élément accentué de l'expression.

■ *Мы éдем в Москву нá год.* Nous allons à Moscou pour un an.

Pour préciser le temps qu'on a l'intention de passer quelque part, on emploie *на* suivi de l'accusatif.

Exercices

A *Mettez le verbe **быть** au temps et à la personne qui conviennent:*
1. Зáвтра... понедéльник. 2. Вчерá... суббóта. 3. Вчерá у нас... мя́со. 4. Зáвтра он... дóма. 5. Какóй день... послезáвтра? 6. У них не... сáда. 7. Бýдущий мéсяц... нойбрь. 8. Зáвтра у вас не... мя́са. 9. Позавчерá... воскресéнье. 10. Какóй день... вчерá?

B *Traduisez en français:*
11. В ию́ле погóда хорóшая. 12. Мы поéдем в Москву́ на недéлю. 13. Сейчáс у нас ию́нь. 14. Во втóрник он поéдет в Кúев на машúне. 15. На э́той недéле у вас бýдет выходнóй день. 16. Какóй день бýдет зáвтра? 17. Вчерá бы́ло воскресéнье, а послезáвтра бýдет средá.

C *Traduisez en russe:*
18. Avant-hier, c'était mercredi. 19. Vendredi, j'irai à la poste. 20. En mai, il faisait bon. 21. En décembre, il fera froid. 22. Samedi, nous irons au théâtre. 23. En août, il fait très chaud. 24. Ils avaient des journaux russes. 25. Elle n'avait pas de frère. 26. J'aurai un chien.

Corrigé

A 1. бýдет. 2. былá. 3. бы́ло. 4. бýдет. 5. бýдет. 6. бы́ло. 7. бýдет. 8. бýдет. 9. бы́ло. 10. был.

B 11. En juillet, le temps est beau. 12. Nous irons à Moscou pour une semaine. 13. En ce moment, nous sommes en juin. 14. Mardi, il ira à Kiev en voiture. 15. Cette semaine vous aurez un jour de congé. 16. Quel jour ce sera demain? 17. Hier c'était dimanche et après-demain ce sera mercredi.

C 18. Позавчерá былá средá. 19. В пя́тницу я пойдý на пóчту. 20. В мáе бы́ло теплó. 21. В декабрé бýдет хóлодно. 22. В суббóту мы пойдём в теáтр. 23. В áвгусте óчень жáрко. 24. У них бы́ли рýсские газéты. 25. У неё не́ было брáта. 26. У меня́ бýдет собáка.

17 НА *У́ЛИЦЕ

1 У́тром я е́зжу на рабо́ту на *авто́бусе.
А сего́дня я свобо́ден и гуля́ю пешко́м.
*Мужчи́на е́дет на грузовике́.
Он *везёт молоко́ и ма́сло.
Он ча́сто е́здит в го́род, во́зит проду́кты на ры́нок.

2 Э́тот *челове́к идёт в наш дом и *несёт туда́ пи́сьма и
*газе́ты. Э́то коне́чно почтальо́н.
Ка́ждый день он но́сит по́чту в дома́.
Я ча́сто хожу́ на по́чту смотре́ть краси́вые откры́тки.
Сего́дня я носи́л туда́ паке́т, но по́чта не рабо́тает :
сего́дня воскресе́нье.

3 *Лю́ди иду́т в магази́ны и́ли смо́трят на витри́ны.
Вдруг я ви́жу старика́. Я его́ о́чень хорошо́ зна́ю.
Сейча́с он *ведёт ма́льчика в шко́лу. *Обы́чно он
*во́дит туда́ *та́кже *де́вочку, но сего́дня она́ больна́.

---

1 [e] у́лице [oul'itse]   ['e] авто́бусе [aftobouss'e]
['i] мужчи́на [mouch'ch'ina]   ['i] везёт [v'iz'ot]

2 ['è] челове́к [tch'iLav'èk]   газе́ты [gaz'ètü]   ['i] несёт [n'iss'ot]

3 ['i] ведёт [v'id'ot]   во́дит [vod'it]   лю́ди [l'oud'i]
[e] та́кже [tagje]   ['è] де́вочку   [ü] обы́чно
                                 [d'èvatch'kou]   [abütchna]

ВОДИ́ТЬ ЗА́ НОС

Traduction

Dans la rue

1 Le matin, je vais au travail en autobus. Mais aujourd'hui je suis libre et je me promène à pied. Un homme passe en camion. Il transporte du lait et du beurre. Il va souvent en ville porter des produits alimentaires au marché.

2 Cette personne va dans notre maison et y porte des lettres et des journaux. C'est bien sûr le facteur. Chaque jour, il apporte le courrier dans les maisons. Je vais souvent à la poste regarder les belles cartes postales. Aujourd'hui, j'y ai porté un paquet mais la poste n'est pas ouverte (m. à m.: ne travaille pas): aujourd'hui (nous sommes) dimanche.

3 Des gens vont dans les magasins ou regardent les vitrines. Soudain, je vois un vieillard. Je le connais très bien. En ce moment, il conduit un jeune garçon à l'école. D'habitude, il y conduit également une fillette, mais aujourd'hui elle est malade.

Prononciation

1 Dans *конéчно*, *чн* se réduit à chn: [kan'éch'na].

2 *з* devant *ж* se confond avec cette consonne et l'ensemble se prononce comme un j prolongé: *éзжу* [yèjjou].

Vocabulaire

грузовик, le camion   *рынок*, le marché
продукт, le produit; au pluriel: les denrées alimentaires
открытка, la carte postale   *витрина*, la vitrine
старик, le vieillard   *автобус*, l'autobus
люди, les gens; ce mot ne s'emploie qu'au pluriel
человéк, l'homme; ce mot sert de singulier à *люди*

Люди... смóтрят на витрúну. Des gens regardent la vitrine.
Au sens de regarder, *смотрéть* est le plus souvent suivi de *на* + acc. Le verbe se construit directement avec l'accusatif lorsqu'il a la nuance d'examiner ou qu'il signifie regarder un spectacle (voir la leçon 9):
Смотрéть красúвые открытки. Regarder les belles cartes postales.
Я смотрю телевúзор. Je regarde la télévision.

Mener par le [bout du] nez.

Grammaire

■ *Ка́ждый день он но́сит по́чту.* Chaque jour, il porte le courrier. (Mémento § 59)

Dans les verbes de déplacement, on distingue l'action faite dans une direction précise, à un moment donné, qui est exprimée par les verbes dits « déterminés », comme, *идти́, нести́, éхать везти́*, et une action habituelle (ou un mouvement fait dans différentes directions) exprimée par les verbes « indéterminés » que sont par exemple *ходи́ть, носи́ть, éздить* et *вози́ть.*

Les verbes de déplacement les plus courants sont :

Идти́ (иду́, идёшь) — ходи́ть (хожу́, хо́дишь) : aller à pied.
Éхать (éду, éдешь) — éздить (éзжу, éздишь) : aller en voiture.
Нести́ (несу́, несёшь) — носи́ть (ношу́, но́сишь) : porter (à pied.)
Везти́ (везу́, везёшь) — вози́ть (вожу́, во́зишь) : transporter.
Вести́ (веду́, ведёшь) — води́ть (вожу́, во́дишь) : conduire (à pied).

Лете́ть (лечу́, лети́шь) — лета́ть (лета́ю, -ешь) : voler, aller en avion :

> *Пти́ца лета́ет в не́бе.* L'oiseau vole dans le ciel.
> *Самолёт лети́т в Москву́.* L'avion va [vole] à Moscou.

Плыть (плыву́, плывёшь) — пла́вать (пла́ваю, -ешь): nager, naviguer :
> *Он пла́вает как ры́ба.* Il nage comme un poisson.
> *Смотри́те, куда́ он плывёт.* Regardez où il va [à la nage].

Бежа́ть (бегу́, бежи́шь) — бе́гать (бе́гаю, -ешь) : courir :
> *Де́ти бе́гают во дворе́.* Les enfants courent dans la cour.
> *Ко́ля бежи́т игра́ть.* Kolia court jouer.

■ *Сего́дня я носи́л туда́ паке́т.* Aujourd'hui, j'y ai porté un paquet.

Au passé, le verbe indéterminé doit être utilisé quand il y a eu aller et retour :

> *Вчера́ я ходи́л в теа́тр.* Hier je suis allé au théâtre.

Exercices

A *Choisissez le verbe de déplacement qui convient et mettez-le au présent:*
1. Сего́дня я... на рабо́ту пешко́м. Я ча́сто... на рабо́ту пешко́м.
(идти́, ходи́ть). 2. Ка́ждый день он... в го́род на авто́бусе. За́втра
мы... в Москву́ на маши́не. (е́хать, е́здить). 3. Сего́дня я... кни́ги
в библиоте́ку. Он всегда́... э́ту оде́жду. (нести́, носи́ть). 4. Ка́ждый
день ба́бушка... де́вочку в шко́лу. Сего́дня она́... её в парк.
(вести́, води́ть).

B *Mettez à la forme voulue le verbe de déplacement qui convient:*
5. Сего́дня он... в го́род на маши́не. 6. Я ча́сто... сестру́ в Москву́
на автомоби́ле. 7. Вчера́ он... в шко́лу пешко́м. 8. Вы... в Ленин-
гра́д на авто́бусе? 9. Сейча́с мы... в парк и... кни́ги. 10. Куда́
ты... э́тот стол? 11. В четве́рг де́ти всегда́... в парк. 12. Самолёты ча́сто... в не́бе. Э́тот... в Москву́. 13. Мой друг..., как ры́ба.
14. Де́ти... во дворе́.

C *Traduisez en russe:*
15. Le lundi, les enfants vont à l'école. 16. Il conduit souvent sa
mère à Moscou en automobile. 17. Je vais chaque jour au travail à
pied. 18. Tout de suite, nous allons en ville en autobus. 19. Le soir,
vous portez toujours des lettres à la poste. 20. Je vous emmène en
voiture à Pétersbourg. 21. Cet avion va à Moscou. 22. Le garçon
court à l'école. 23. Nous allons souvent au cinéma, mais ce soir nous
allons au théâtre. 24. Les oiseaux volent et les poissons nagent.

Corrigé

A 1. иду́; хожу́. 2. е́здит; е́дем. 3. несу́; но́сит. 4. во́дит; ведёт.

B 5. е́дет. 6. вожу́. 7. ходи́л. 8. е́дете. 9. идём; несём. 10. везёшь (несёшь). 11. хо́дят. 12. лета́ют; лети́т; 13. пла́вает; 14. бе́гают.

C 15. В понеде́льник де́ти хо́дят в шко́лу. 16. Он ча́сто во́зит мать
в Москву́ на автомоби́ле. 17. Ка́ждый день я хожу́ на рабо́ту
пешко́м. 18. Сейча́с мы е́дем в го́род на авто́бусе. 19. Ве́чером
вы всегда́ но́сите пи́сьма на по́чту. 20. Я везу́ вас на автомоби́ле
в Петербу́рг. 21. Э́тот сомолёт лети́т в Москву́. 22. Ма́льчик
бежи́т в шко́лу. 23. Мы ча́сто хо́дим в кино́, а сего́дня ве́чером
мы идём в теа́тр. 24. Пти́цы лета́ют, а ры́бы пла́вают.

СÓНЯ ПОМОГÁЕТ СВОÉЙ МÁТЕРИ

1 Мѝша *пѝшет письмó своемý стáршему брáту. Кáтя хóдит по кóмнате.

— Комý ты пѝшешь? — *спрáшивает онá брáта.

— Я пишý Николáю, — *отвечáет Мѝша *сестрé.

— Я идý к дрýгу и *отнесý твоё письмó на пóчту, — говорѝт онá емý.

2 Сóня *готóвит *ýжин. Мать помогáет мáленькой дéвочке. Онá *покáзывает ей, как нáдо дéлать салáт.

— *Щи *готóвы. Я совéтую тебé подавáть их, когдá онѝ *горячие, — говорѝт мать дóчери.

3 Мѝша и Вáня *мáло едят.

— Что *мешáет вам есть? — спрáшивает их отéц.

— Нет *сóли, отвечáют онѝ отцý.

Сóня им ничегó не говорѝт, но онá *недовóльна. Онá даёт Мѝше соль.

---

1 ['i] пѝшет [p'ichet]	[ü] спрáшивает [sprachüvayet]	
['i] отвечáет [atv'itch'ayet]	отнесý [atn'issou]	['é] сестрé [s'istr'é]
2 ['i] готóвит [gatov'it]	[ü] ýжин [oujün]	покáзывает [pakazüvayet]
['i] щи [ch'chi']	[ü] готóвы [gatovü]	['i] горячие [gar'atch'iye]
3 [a] мáло [maLa]	['i] мешáет [m'ichayet]	сóли [sol'i]
['i] недовóльна [n'idavol'na]		

ГОЛÓДНОЙ КУМÉ ХЛЕБ НА УМÉ

Traduction

Sonia aide sa mère

1 Micha écrit une lettre à son frère aîné. Katia marche dans la pièce. —A qui écris-tu? demande-t-elle à son frère. — J'écris à Nicolas, répond Micha à sa sœur. — Je vais chez un ami et je porterai ta lettre à la poste, lui dit-elle.

2 Sonia prépare le souper. La mère aide la petite fille. Elle lui montre comment il faut faire la salade. — La soupe au chou est prête. Je te conseille de la servir quand elle est chaude, dit la mère à sa fille.

3 Micha et Vania mangent peu. — Qu'est-ce qui vous empêche de manger? leur demande le père. Il n'y a pas de sel, répondent-ils à leur père. Sonia ne leur dit rien mais elle est mécontente. Elle donne le sel à Micha.

Vocabulaire

щи, pl. la soupe au chou

ста́рший, aîné   *горя́чий*, chaud, brûlant

(не)дово́лен, (не)дово́льна, (не)дово́льны, est la forme courte, comportant une voyelle mobile, de *(не)дово́льный*, « satisfait » (mécontent). Attribut, cet adjectif est employé obligatoirement à la forme courte.

гото́в, forme courte de *гото́вый*, prêt.

гото́вить, гото́влю, гото́вишь..., préparer.

отнести́, отнесу́, отнесёшь..., porter, emporter.

N.B. — Pas plus que *идти́* et *éхать*, *нести́* ne s'emploie couramment au futur. Pour ce dernier, on a recours aux verbes *отнести́* et *понести́* : *Я понесу́ твой чемода́н* Je porterai ta valise.

пока́зывать, пока́зываю, пока́зываешь..., montrer.
(по)дава́ть, даю́, даёшь..., donner (servir, apporter).
Impér.: *(по)дава́й(те)*
сове́товать, сове́тую, сове́туешь..., conseiller.
меша́ть, меша́ю, меша́ешь..., + datif, gêner, empêcher.
помога́ть, помога́ю, помога́ешь..., + datif, aider.

Commère affamée pense à manger
(m. à m.: à commère affamée, le pain est dans l'esprit).

Grammaire

■ *Ми́ша пи́шет письмо́ своему́ ста́ршему бра́ту.* Micha écrit une lettre à son frère aîné.

Le datif sans préposition est le cas du complément d'attribution et se traduit souvent en français par la préposition *à* précédant le nom ou le pronom.

Remarque: on emploie le datif d'attribution avec *писа́ть, отвеча́ть, дава́ть, пока́зывать, сове́товать, объясня́ть*, « expliquer ». Mais aussi avec *помога́ть, меша́ть*, alors que les verbes français correspondants se construisent avec un complément d'objet direct. Inversement, *спра́шивать* se construit avec l'accusatif.

Les masculins et les neutres durs prennent au datif la terminaison *-у*; les masculins et les neutres mous la terminaison *-ю*.

Les féminins sont en *-e* au datif comme au prépositionnel, sauf les mous en *-ь*, qui ont leur datif en *-u*, comme leur prépositionnel. De même les noms en *-ия* sont en *-ии* au datif.

Remarque: *Мать* et *дочь* présentent un radical *матер-, дочер-* à tous les autres cas que le nominatif singulier: *ма́тери, до́чери*.

■ **Le datif des adjectifs**

M. *Я иду́ к э́тому но́вому и си́нему до́му.*
N. „ „ „ „ „ *окну́.*
F. *Я иду́ к э́той но́вой и си́ней две́ри.*

■ **Le datif des pronoms personnels et des possessifs**

M. — N. *Мне тебе́ (н)ему́ нам вам (н)им — Моему́ на́шему*
F. „ „ (н)ей „ „ „ — *Мое́й на́шей*

Note: Comme à l'accusatif-génitif, la 3e pers. est précédée de *н* si elle dépend d'une préposition: *к нему́, к ней, к ним*.

■ *Кому́ ты пи́шешь?* A qui écris-tu?

Кто a pour datif *кому́* (à qui) et *что, чему́* (à quoi).

■ *Я иду́ к дру́гу.* Je vais chez un ami.

La préposition *к* régit le datif et traduit un mouvement vers quelqu'un ou quelque chose: *Я иду́ к окну́.* Je vais à la fenêtre.

Я иду́ к нему́. Je vais vers (ou chez) lui.

■ **Ка́тя хо́дит по ко́мнате.** Katia marche dans la pièce.

La préposition *по*, qui gouverne le datif, indique généralement un déplacement à l'intérieur d'un lieu précis:

> *Он идёт по у́лице.* Il marche dans la rue.

Note: Dans *ходи́ть по ко́мнате*, on emploie le verbe indéterminé parce qu'il s'agit d'un « mouvement multiple », un va-et-vient.

Exercices

A *Mettez les mots entre parenthèses au cas voulu:*
1. Я отвеча́ю (врач), когда́ он спра́шивает (я). 2. Он даёт кни́ги (э́тот това́рищ). 3. Они́ иду́т по (тротуа́р). 4. Они́ спра́шивают (мать), почему́ она́ не даёт (они́) (молоко́). 5. Мы говори́м (оте́ц). 6. К (кто) ты идёшь? 7. Он объясня́ет уро́к (своя́ дочь) и (свой сын). 8. Я пишу́ пи́сьма (её брат). 9. Он пи́шет (францу́зский друг). 10. Дава́йте (он) стака́н (вода́).

B *Traduisez en russe:*
11. Des gens marchent dans la rue. 12. Je vous donne un crayon. 13. Elle aide beaucoup sa fille. 14. Qu'est-ce qui t'empêche de parler? 15. Allez vers cette maison. 16. Mardi, il doit aller chez son père. 17. Nous nous promenions dans la forêt. 18. Il écrit une lettre à son camarade russe. 19. Quand j'étais chez lui, j'aidais sa mère. 20. Donnez-moi une chaise, s'il vous plaît.

Corrigé

A 1. врачу́; меня́. 2. э́тому това́рищу. 3. тротуа́ру. 4. мать; им; молоко́. 5. отцу́. 6. кому́. 7. свое́й до́чери; своему́ сы́ну. 8. её бра́ту. 9. францу́зскому дру́гу. 10. ему́; воды́.

B 11. Лю́ди иду́т по у́лице. 12. Я даю́ вам каранда́ш. 13. Она́ мно́го помога́ет свое́й до́чери. 14. Что меша́ет тебе́ говори́ть? 15. Иди́те к э́тому до́му. 16. Во вто́рник он до́лжен идти́ к (своему́) отцу́. 17. Мы гуля́ли по́ лесу. 18. Он пи́шет письмо́ своему́ ру́сскому това́рищу. 19. Когда́ я был(-а́) у него́, я помога́л(-а) его́ ма́тери. 20. Да́йте мне стул, пожа́луйста.

МЫ ЧА́СТО ХО́ДИМ В ТЕА́ТР С НИ́МИ

1 Я *рису́ю чёрным *карандашо́м и пишу́ хоро́шей
*ру́чкой с золоты́м *перо́м.
*Нельзя́ хорошо́ *переводи́ть с плохи́м *словарём.
Пти́ца лета́ет и над *землёй и над мо́рем.
Охо́тник убива́ет *медве́дя свои́м больши́м ружьём.

2 Сего́дня ве́чером Воло́дя и Анна *у́жинают с *учи́-
телем и учи́тельницей.
Они́ говоря́т с ни́ми о шко́ле и о рабо́те.
Воло́дя игра́ет с ним в ша́хматы ка́ждый *четве́рг.
Весно́й А́нна иногда́ гуля́ет с ней за́ городом.
Они́ ча́сто все вме́сте хо́дят в теа́тр.

3 — *Хо́чешь *пое́хать со мной за́ город за́втра?
— Я не могу́ гуля́ть с тобо́й, я должна́ рабо́тать с
ма́терью.
— С кем ты пойдёшь в теа́тр за́втра?
— С тобо́й, *е́сли ты хо́чешь.

1 ['i] рису́ю [r'issouyou]	[o] карандашо́м [karandachom]	[a] ру́чкой [routchkaï]
['i] перо́м [p'irom]	нельзя́ [n'il'z'a]	переводи́ть [p'ir'ivad'it']
['o] словарём [sLavar'om]	землёй [z'iml'oï]	['é] медве́дя [m'idv'éd'a]
2 [ü] у́жинают [oujünayout]	['i] учи́телем [outch'it'el'em]	[k] четве́рг [tch'itv'èrk]
3 ['e] хо́чешь [khotch'ech]	[yé] пое́хать [payékhat']	е́сли [yéssl'i]

С СОБА́КОЙ ЛЯ́ЖЕШЬ, С БЛОХА́МИ ВСТА́НЕШЬ

Nous allons souvent au théâtre avec eux

1 Je dessine avec un crayon noir et j'écris avec un bon stylo à plume en or. On ne peut pas bien traduire avec un mauvais dictionnaire. L'oiseau vole (et) au-dessus de la terre et au-dessus de la mer. Le chasseur tue l'ours avec son grand fusil.

2 Ce soir, Volodia (diminutif de Vladimir) et Anne soupent avec l'instituteur et avec l'institutrice. Ils parlent avec eux de l'école et du travail. Volodia joue aux échecs avec lui chaque jeudi. Au printemps Anne se promène parfois avec elle à la campagne. Ils vont souvent au théâtre tous ensemble.

3 — Veux-tu aller à la campagne avec moi demain? — Je ne peux pas me promener avec toi, je dois travailler avec ma mère. — Avec qui iras-tu au théâtre demain? — Avec toi, si tu veux.

Prononciation

1 Rappel: Alors que les consonnes *ж*, *ш* et *ц* sont toujours dures, *ч* et *щ*, sont toujours mouillées: *женá* [jüna], *хорóшей* [kharocheï], *учúтельницей* [outch'it'el'nitseï], *чёрным* [tch'ornüm].

Remarque: Après *ж*, *ш*, *ч*, *щ*, on peut écrire soit *ё* soit *o* sans que cela influe sur la prononciation: *жёлтый* [joltüï], « jaune ».

2 Dans *ружьё*, *ь* indique que *ё* est mouillé bien qu'il soit précédé de *ж*: [rouj-yo].

3 Attention au déplacement de l'accent sur la préposition dans *зá город* [za garat], *зá городом* [za garadam].

Vocabulaire

перó, la plume	*словáрь*, le dictionnaire
земля́, la terre	*мóре*, la mer
медвéдь, l'ours	*ружьё*, le fusil
шáхматы, masc. les échecs	*золотóй*, d'or, en or
веснóй, au printemps	*лéтом*, en été
óсенью, en automne	*зимóй*, en hiver
ýтром, le matin (compl. de temps)	*днём*, dans la journée
вéчером, le soir (compl. de temps)	

N.B. — Ces formes adverbiales (anciens instrumentaux) sont formées à partir de *веснá*, *лéто*, *óсень*, *зимá*; *ýтро*, *день*, *вéчер*.

рисовáть, *рисýю*, *рисýешь*…, dessiner
переводúть, *перевожý*, *перевóдишь*…, traduire

Qui se couche avec le chien se lève avec des puces.

Grammaire

■ *Я рисую карандашóм и пишу рýчкой.* Je dessine avec un crayon et j'écris avec un stylo.

● Un grand nombre de verbes présentent à l'infinitif le suffixe *-ова-* et au présent le suffixe *-у-*

   рисовáть, я рисую, ты рисýешь

● L'instrumental sans préposition est le cas du complément de moyen.

Les masculins et les neutres durs ont l'instrumental singulier en *-ом* et les mous en *-ем* (-*ём* quand l'accent est final: *словáрь — словарём, ружьё — ружьём*).

Les féminíns en *-a* ont l'instrumental singulier en *-ой* (ou *-ою*); ceux en *-я* ont la désinence *-ей* (ou *-ею*) et *-ёй* si l'accent est final: *земля — землёй.*

Les féminins en *-ь* ont un instrumental en *-ью* : *óсень — óсенью.*

■ **L'instrumental des adjectifs**

   M. *Я пишý э́тим нóвым синим карандашóм.*
   N.   „   „   „   „ *перóм.*
   F. *Я пишý э́той нóвой (-ою) синей (-ею) рýчкой.*

Note: Après *ж, ш, ч, щ, ц,* *-o* inaccentué devient *-e* : *товáрищем учительницей, хорóшей.*

■ **L'instrumental des pronoms personnels et des possessifs**

   M. — N. *Мной тобóй (н)им нáми вáми (н)ими — моим нáшим.*
   F.   „   „ (н)ей „   „   „   — моéй нáшей.*

■ *Волóдя ýжинает с учителем и с учительницей.* Volodia soupe avec l'instituteur et l'institutrice

Lorsque l'instrumental est précédé de la préposition *c*, il traduit une idée d'accompagnement, et jamais de moyen.

■ *С кем ты пойдёшь в театр?* Avec qui iras-tu au théâtre?

Кто a pour instrumental *кем* et *что чем*:

   Чем вы пишете? Avec quoi écrivez-vous?

■ *Поéхать зá гóрод.* Aller à la campagne (m. à m.: derrière la ville).

Employé avec *за* (portant l'accent) *гóрод* forme une expression qui signifie « en dehors de la ville », « à la campagne ». La préposition gouverne l'instrumental lorsqu'il n'y a pas de déplacement vers un lieu: *гуля́ть зá гóродом*, et l'accusatif s'il y a un déplacement:

> *Они́ éдут зá гóрод.* Ils vont à la campagne.

Exercices

A *Mettez les mots entre parenthèses au cas voulu:*
1. (Что) ты ешь мя́со? Я ем мя́со (нож) и (ви́лка). 2. Они́ говори́ли о (ты) и о (мы), с (отéц) и с (дочь). 3. Ешь э́то яйцó (лóжка). 4. (У́тро) он рабóтает с (сестрá) и (брат). 5. На (стол) стои́т тарéлка с (мя́со). 6. Мы ви́дим самолёт над (гóрод). 7. Вы еди́те с (аппети́т). 8. (О́сень) пти́цы летáют над (водá). 9. Я гуля́ю с (друг) по (у́лица). 10. (Лéто) они́ живу́т зá (гóрод).

B *Traduisez en russe:*
11. Il dîne avec un camarade. 12. Il mange la soupe avec une cuillère. 13. Vous aimez le thé avec du citron ou avec du lait? 14. Hier soir, il était au théâtre avec un ami. 15. Quand je prépare une leçon, j'écris au crayon. 16. Je parle souvent avec elle. 17. Avec qui travaille-t-il à l'usine? 18. Elle écrit avec une plume en or. 19. En hiver, les oiseaux volent au-dessus de la rivière. 20. Il vit à la campagne avec sa fille.

Corrigé

A 1. Чем; ножóм; ви́лкой. 2. тебé; нас. отцóм; дóчерью; 3. лóжкой. 4. У́тром; сестрóй; брáтом. 5. столé; мя́сом. 6. гóродом. 7. аппети́том. 8. О́сенью; водóй. 9. дру́гом; у́лице. 10. Лéтом; гóродом.

B 11. Он обéдает с товáрищем. 12. Он ест суп лóжкой. 13. Вы лю́бите чай с лимóном и́ли с молокóм? 14. Вчерá вéчером он был в теáтре с дру́гом. 15. Когдá я готóвлю урóк, я пишу́ карандашóм. 16. Я чáсто говорю́ с ней. 17. С кем он рабóтает на завóде? 18. Онá пи́шет золоты́м перóм. 19. Зимóй пти́цы летáют над рекóй. 20. Он живёт зá гóродом с дóчерью.

20 | В КИОСКЕ МНОГО ГАЗЕТ

1 В *дере́вне *жи́тели *поле́й *встреча́ют ма́ло *люде́й.
В це́нтре *больши́х городо́в стои́т мно́го зда́ний и
музе́ев.
В Москве́ нема́ло прекра́сных мест, мно́го краси́вых
*вы́ставок и *ста́нций метро́.

2 Вчера́ ве́чером мы бы́ли в рестора́не. В за́ле рестора́на
бы́ло мно́го *двере́й, о́кон и столо́в. На на́шем столе́
лежа́ло *не́сколько *ноже́й и ви́лок.

3 Ма́льчики и де́вочки *беру́т не́сколько *цветны́х
карандаше́й и рису́ют свои́х *роди́телей и нянь в
тетра́ди.

4 В *кио́ске мно́го ру́сских книг и газе́т, не́сколько
краси́вых откры́ток, *паке́ты папиро́с и *сигаре́т.

---

1 ['é] дере́вне [d'ir'évn'e]   поле́й [pal'éï]   люде́й [l'oud'éï]
[ü] жи́тели [jüt'el'i]   больши́х [bal'chükh]   вы́ставок [vüstavak]
['i] встреча́ют   [ü] ста́нций [stantsüï]
   [fstr'itch'ayout]

2 ['é] двере́й [dv'ir'éï]   [é] ноже́й [najéï]   ['è] не́сколько
   [n'èskal'ka]

3 ['i] беру́т [b'irout]   [ü] цветны́х [tsv'itnükh]   ['i] роди́телей
   [rad'it'el'eï]

4 [o] кио́ске [k'i-osk'e]   ['è] паке́ты [pak'ètü]   сигаре́т [s'igar'èt]

СКО́ЛЬКО ГОЛО́В, СТО́ЛЬКО УМО́В

Traduction

Dans le kiosque il y a beaucoup de journaux

1 A la campagne, les habitants des plaines rencontrent peu de gens. Dans le centre des grandes villes, il y a beaucoup d'édifices et de musées. A Moscou, il y un bon nombre d'endroits magnifiques, beaucoup de belles expositions et de stations de métro.

2 Hier soir, nous étions dans un restaurant. Dans la salle du restaurant, il y avait beaucoup de portes, de fenêtres et de tables. Sur notre table se trouvaient quelques couteaux et fourchettes.

3 Les garçons et les fillettes prennent quelques crayons de couleur et dessinent leurs parents et les nourrices dans un cahier.

4 Dans le kiosque il y a beaucoup de livres et de journaux russes, quelques belles cartes postales, des paquets de cigarettes (russes) et de cigarettes (ordinaires).

Prononciation

Le *-в* final des génitifs en *-ов* et *-ев* s'assourdit en **f**: *городо́в* [garadof], *музе́ев* [mouz'éyef].

Vocabulaire

дере́вня, la campagne, le village	*жи́тель*, l'habitant
по́ле, le champ, la plaine	*вы́ставка*, l'exposition
ста́нция, la station	*зал*, la salle
дверь, la porte	*кио́ск*, le kiosque
роди́тели, pl., les parents (père et mère)	*ня́ня*, la nourrice, la bonne d'enfants
папиро́са, la cigarette (à bout cartonné)	*сигаре́та*, la cigarette
	паке́т, le paquet
цветно́й, en couleurs	*цветно́й каранда́ш*, le crayon de couleur

встреча́ть, встреча́ю, встреча́ешь..., rencontrer
брать, беру́, берёшь..., donner

Autant de têtes, autant d'avis (m. à m.: autant d'esprits).

Grammaire

■ ***В це́нтре городо́в.*** Dans le centre des villes

Au génitif pluriel, la terminaison des noms masculins durs est *-ов*, celle des mous terminés par *-й* : *-ев* : *ге́ний — ге́ниев* (le génie), *геро́й — геро́ев* (le héros); on a *-ей* après *ж, ш, ч, щ*: *това́рищ — това́рищей, врач — враче́й* (le médecin), comme pour les masculins et les féminins en *-ь* : *жи́тель — жи́телей, часть — часте́й* (la partie), et les neutres mous: *мо́ре — море́й.*

Note: Conformément à la règle, derrière *ц, -о* inaccentué passe à *-е*: *ме́сяц — ме́сяцев*, mais *оте́ц — отцо́в.*

La terminaison des féminins et des neutres durs est nulle : *ко́мната — ко́мнат, сло́во — слов*; celle des féminins en *-я* est *-ь* : *неде́ля — неде́ль*. La terminaison des féminins en *-ия* et des neutres en *-ие* : est *ий* : *фами́лия — фами́лий* (le nom de famille), *расте́ние — расте́ний* (la plante).

Note: La voyelle mobile. (Mémento § 9)

Lorsque le génitif pluriel des féminins en *-а* ou *-я* et des neutres durs, réduit au radical, se termine par deux consonnes ou plus, on intercale généralement un *-о-* ou un *-е-* (*-ё-*) entre elles:

откры́тка	— откры́ток	карти́нка	— карти́нок
сестра́	— сестёр	ко́шка	— ко́шек
окно́	— о́кон	дере́вня	— дереве́нь

Cette voyelle apparaît également au nominatif sing. de quelques noms masculins (leçon 15) : *оте́ц — отца́   ры́нок — ры́нка*
Elle sera indiquée dans le vocabulaire: от(е)ц

Стои́т мно́го зда́ний и музе́ев. Il y a beaucoup d'édifices et de musées

Après les adverbes de quantité : *мно́го, немно́го, ма́ло, нема́ло, ско́лько, не́сколько*, les noms se mettent au génitif : — pluriel s'il s'agit d'objets nombrables, sinon singulier. *немно́го мя́са* (un peu de viande) — et on emploie généralement le verbe au singulier. Au passé, on le met au neutre:

Бы́ло немно́го мя́са. Il y avait un peu de viande.

■ **Le génitif pluriel des adjectifs**

Две́ри э́тих (*мои́х, на́ших*) *но́вых и си́них домо́в* (*зда́ний, кварти́р*).

Note: Au pluriel, tous les noms qui désignent des êtres animés, et les adjectifs ou les pronoms qui s'y rapportent, ont l'accusatif semblable au génitif:

Я зна́ю ва́ших до́брых нянь. Je connais vos bonnes nourrices.

Exercices

A *Mettez au pluriel les phrases suivantes:*

1. Он лю́бит соба́ку свое́й сестры́. 2. У э́той де́вушки краси́вая шля́па. 3. У него́ нет соба́ки. 4. Я зна́ю э́ту же́нщину. 5. Он о́чень лю́бит э́того ма́льчика. 6. У меня́ нет ру́сской кни́ги. 7. У врача́ есть маши́на.

B *Mettez les mots entre parenthèses au cas voulu:*

8. В магази́не нет (но́вые газе́ты). 9. В (э́та кни́га) нет (карти́нки). 10. Э́ти столы́ стоя́т у (окно́). 11. У нас не́ было (уро́ки). 12. Я понима́ю не́сколько (но́вые слова́). 13. Я гуля́ю по (у́лица) и ви́жу мно́го (больши́е дома́) и (заво́ды). 14. Охо́тник убива́л (медве́ди). 15. Э́ти ры́бы живу́т в (мо́ре). 16. Вот фотогра́фии (ру́сские города́) и (дере́вни). 17. Вы зна́ете (э́ти това́рищи), (э́ти де́вочки) и (ма́льчики).

C *Traduisez en russe:*

18. Les oiseaux volent au-dessus de la plaine. 19. J'aime beaucoup marcher dans la forêt. 20. Je connais beaucoup de mots russes. 21. Je ne vois pas encore les terres. 22. Je connais peu de génies. 23. Je veux quelques petits poissons. 24. Il me donne un peu de pain et de beurre. 25. J'aime beaucoup les habitants de la campagne. 26. Chez vous il y a beaucoup de chats. 27. A Saint-Pétersbourg, il y a un bon nombre de beaux monuments.

Corrigé

A 1. Они́ лю́бят соба́к свои́х сестёр. 2. У э́тих де́вушек краси́вые шля́пы. 3. У них нет соба́к. 4. Мы зна́ем э́тих же́нщин. 5. Они́ о́чень лю́бят э́тих ма́льчиков. 6. У нас нет ру́сских книг. 7. У враче́й есть маши́ны.

B 8. но́вых газе́т. 9. э́той кни́ге; карти́нок. 10. о́кон. 11. уро́ков. 12. но́вых слов. 13. у́лице; больши́х домо́в; заво́дов. 14. Медве́дей. 15. мо́ре. 16. ру́сских городо́в; дереве́нь. 17. э́тих това́рищей; э́тих де́вочек; ма́льчиков.

C 18. Пти́цы лета́ют над по́лем. 19. Я о́чень люблю́ ходи́ть по́ лесу. 20. Я зна́ю мно́го ру́сских слов. 21. Я ещё не ви́жу земе́ль. 22. Я зна́ю ма́ло ге́ниев. 23. Я хочу́ не́сколько ма́леньких рыб. 24. Он даёт мне немно́го хле́ба и ма́сла. 25. Я о́чень люблю́ жи́телей дере́вни. 26. У вас мно́го ко́шек. 27. В Санкт-Петербу́рге нема́ло краси́вых па́мятников.

A *Mettez les mots entre parenthèses au cas qui convient* (Revoyez les leçons 11 et 12):
1. Я éзжу в (больни́ца) на (маши́на). 2. Вчера́ она́ была́ на (ры́нок). 3. Учи́тель рабо́тает в (шко́ла). 4. Он ча́сто хо́дит на (по́чта). 5. Он смо́трит но́вые ма́рки на (по́чта).

B *Traduisez* (leçon 13):
6. Elle vient du marché. 7. Ils iront de Moscou à Saint-Pétersbourg 8. Vous venez du théâtre en voiture? 9. Nous allons de ville en ville.

C *Traduisez*:
10. J'étais chez lui. 11. Nous allons chez lui. 12. Ils parlent souvent d'elle. 13. Il vit chez elle. 14. Nous jouons avec eux. 15. Vous la connaissez? 16. Je le vois souvent. 17. Il les aime beaucoup. 18. Elle les aide beaucoup.

D *Traduisez*:
19. Nous savons que vous nous regardez. 20. Tu me réponds toujours rapidement. 21. J'irai à Moscou avec toi. 22. Nous ne vous aimons pas. 23. Donnez-moi ce livre.

E *Traduisez* (leçon 14):
24. Je vis chez leurs parents. 25. Tu connais sa femme? 26. Nous nous promenons avec leur mère. 27. Je ne vois pas où est sa robe rouge. 28. Vous travaillez dans leur chambre? 29. Il dessine avec son crayon. 30. Ils aident leur camarade. 31. Nous lisons nos livres. 32. Je parle avec mon ami. 33. Tu écris à ta sœur? 34. J'ai une grande maison. 35. Le médecin avait un appartement. 36. L'élève aura des livres. 37. Nous n'avons pas de viande. 38. Le grand-père n'avait pas de journaux. 39. Ce petit garçon n'aura pas de camarades.

F *Traduisez* (verbes de déplacement):
40. Chaque jour il porte des fleurs là-bas. 41. Soudain il va à la fenêtre. 42. Des gens marchent dans la rue. 43. Tu apportes du thé? 44. D'habitude, je vais en ville en autobus. 45. Vous allez à Moscou en voiture aujourd'hui? 46. Nous conduisons (à pied) souvent les enfants à l'école. 47. En ce moment elle emmène (à pied) son fils chez le médecin. 48. Où transportes-tu ces produits alimentaires? (en voiture). 49. D'habitude je les porte au marché (en voiture).

Corrigé

A 1. Я éзжу в больни́цу на маши́не. 2. Вчера́ она́ была́ на ры́нке. 3. Учи́тель рабо́тает в шко́ле. 4. Он ча́сто хо́дит на по́чту. 5. Он смо́трит но́вые ма́рки на по́чте.

B 6. Она́ идёт с ры́нка. 7. Они́ пое́дут из Москвы́ в Петербу́рг. 8. Вы éдете из теа́тра на маши́не? 9. Мы éздим из го́рода в го́род.

C 10. Я был у него́. 11. Мы идём к нему́. 12. Они́ ча́сто говоря́т о ней. 13. Он живёт у неё. 14. Мы игра́ем с ни́ми. 15. Вы её зна́ете? 16. Я его́ ча́сто ви́жу. 17. Он их о́чень лю́бит. 18. Она́ им мно́го помога́ет.

D 19. Мы зна́ем, что вы смо́трите на нас. 20. Ты всегда́ отвеча́ешь мне бы́стро. 21. Я пое́ду в Москву́ с тобо́й. 22. Мы вас не лю́бим. 23. Да́йте мне э́ту кни́гу.

E 24. Я живу́ у их роди́телей. 25. Ты зна́ешь его́ жену́? 26. Мы гуля́ем с их ма́терью. 27. Я не ви́жу, где её кра́сное пла́тье. 28. Вы рабо́таете у них в ко́мнате. 29. Он рису́ет свои́м карандашо́м. 30. Они́ помога́ют своему́ това́рищу. 31. Мы чита́ем свои́ кни́ги. 32. Я говорю́ со свои́м дру́гом. 33. Ты пи́шешь свое́й сестре́? 34. У меня́ большо́й дом. 35. У врача́ была́ кварти́ра. 36. У ученика́ бу́дут кни́ги. 37. У нас нет мя́са. 38. У де́душки не́ было газе́т. 39. У э́того ма́льчика не бу́дет това́рищей.

F 40. Ка́ждый день он но́сит туда́ цветы́. 41. Вдруг он идёт к окну́. 42. Лю́ди хо́дят по у́лице. 43. Ты несёшь чай? 44. Обы́чно я éзжу в го́род на авто́бусе. 45. Вы éдете в Москву́ на маши́не сего́дня? 46. Мы ча́сто во́дим дете́й в шко́лу. 47. Сейча́с она́ ведёт сы́на к врачу́. 48. Куда́ ты везёшь э́ти проду́кты? 49. Обы́чно я их вожу́ на ры́нок.

21

О СОВРЕМЕ́ННЫХ ПИСА́ТЕЛЯХ

1 Я чита́ю кни́ги и газе́ты, *затем я говорю́ об э́тих кни́гах и газе́тах с това́рищами.

В ру́сских газе́тах пи́шут о *совреме́нных писа́телях.

2 Э́то *о́сень. *Ли́стья *па́дают с дере́вьев.

Ка́тя игра́ет в па́рке со свои́ми бра́тьями и друзья́ми.

3 Сего́дня пра́здник. Роди́тели *да́рят де́вочкам и ма́льчикам мно́го *игру́шек. А де́ти да́рят роди́телям *цветы́.

4 Оте́ц и мать сидя́т за столо́м со свои́ми *детьми́ на *высо́ких *сту́льях.

— *Почему́ вы не *ку́шаете? — спра́шивают роди́тели дете́й.

— Потому́ что мы не хоти́м э́тих *блюд.

— А у нас ничего́ нет друго́го.

---

1 ['è] зате́м [zat'em]   ['è] совреме́нных [savr'im'ènnükh]

2 [o] о́сень [oss'en']   ['i] ли́стья [l'ist'a]   [you] па́дают [padayout]

3 ['a] да́рят [dar'at]   [e] игру́шек [yigrouchek] [ü] цветы́ [tsv'itü]

4 ['i] детьми́ [d'it'm'i]   [ü] высо́ких [vüssok'ikh] ['a] сту́льях [stoul'akh]

    ['i] почему́ [patch'imou]   [a] ку́шаете [kouchayet'e] [t] блюд [bl'out]

ЧУЖИ́МИ РУКА́МИ ЖАР ЗАГРЕБА́ТЬ

Traduction

A propos des écrivains contemporains

1 Je lis des livres et des journaux, ensuite je parle de ces livres et journaux avec des camarades. Dans les journaux russes, on parle des écrivains comtemporains.

2 C'est l'automne. Les feuilles tombent des arbres. Katia joue au parc avec ses frères et ses amis.

3 Aujourd'hui (c'est) fête. Les parents offrent aux fillettes et aux garçons beaucoup de jouets. Et les enfants offrent des fleurs aux parents.

4 Le père et la mère sont assis à table avec leurs enfants sur de hautes chaises. — Pourquoi ne mangez-vous pas? demandent les parents aux enfants. — Parce que nous ne voulons pas de ces plats. — Mais nous n'avons rien d'autre.

Prononciation

2 Dans *пра́здник*, le *д* ne se prononce pas: [prazn'ik].

Vocabulaire

писа́тель, l'écrivain
лист, la feuille   *де́рево*, l'arbre
игру́шка, le jouet   *цвет(о́)к, цветы́, цвето́в, цвета́м...*, la fleur
стул, la chaise   *блю́до*, le plat
совреме́нный, contemporain
высо́кий, haut (de taille élevée)
па́дать, па́даю, па́даешь..., tomber
дари́ть, дарю́, да́ришь..., offrir, faire cadeau
ку́шать, manger. Ce verbe s'emploie très rarement à la première personne et on l'utilise surtout à l'impératif:
ку́шайте, пожа́луйста mangez, je vous en prie.
Au présent, on lui préfère généralement *есть*.

Tirer les marrons du feu
(m. à m.: ramasser la braise avec les mains d'autrui).

Grammaire

■ **Les terminaisons du datif, de l'instrumental et du prépositionnel pluriel.**

Le datif, l'instrumental et le prépositionnel pluriels des noms durs sont en *-ам, ами, ах*. Ceux des noms mous sont en *-ям, -ями, -ях*, à l'exclusion des féminins terminés par *-жь, -шь, -чь* et *-щь* qui sont en *- ам, -ами, -ах* : *ночь ночáм, ночáми, ночáх*.

A ces trois cas, les adjectifs durs sont en *-ым, -ыми, -ых*; les adjectifs mous, les démonstratifs et possessifs en *-им, -ими, -их*.

Note: Quelques noms ont leur instrumental pluriel en *-ьмú* : *дéти — детьмú, лю́ди — людьмú, дочь, дóчери — дочерьмú*.

■ *Лúстья пáдают с дерéвьев.* Les feuilles tombent des arbres

Quelques noms masculins et neutres font leur nominatif pluriel en *-ья* et leur génitif pluriel en *-ьев* (en *-ей* s'ils sont accentués sur la terminaison):

Лист, лúстья — лúстьев   *Муж, мужья́ — мужéй*
Брат, брáтья — брáтьев *Князь, князья́ — князéй*
Стул, стýлья — стýльев   (le prince)
Дéрево, дерéвья — дерéвьев *Друг, друзья́ — друзéй*
Перó, пéрья — пéрьев   *Сын, сыновья́ — сыновéй*
Крылó, крúлья — крúльев (l'aile)

■ *Я говорю́ об э́тих кнúгах.* Je parle de ces livres

La préposition *о* devient *об* devant une voyelle et *обо* devant certains groupes de consonnes: *о нас, об отцé, обо мнé*.

D'autres prépositions terminées par une consonne ou réduites à une seule consonne, comme *с*, sont suivies d'un *о* devant certains groupes de consonnes: *со свои́м брáтом, со свои́ми дочерьмú; ко мне; во Фрáнции*.

Exercices

A *Mettez au pluriel:*

1. Он пи́шет хоро́шей ру́чкой и рису́ет кра́сным карандашо́м. 2. Газе́та лежи́т на столе́. 3. Пти́ца лета́ет над го́родом и над дере́вней, над по́лем и над мо́рем. 4. Я гуля́ю по у́лице. 5. Он пи́шет письмо́ сестре́ и бра́ту. 6. Сын помога́ет отцу́. 7. Я иду́ к дру́гу. 8. Он рабо́тает в больни́це э́того го́рода. 9. Я говорю́ о дру́ге своего́ бра́та. 10. Ты не хо́чешь э́того но́вого блю́да?

B *Traduisez en russe:*

11. Ils écrivent à leurs parents. 12. Dans ces livres, on parle des princes russes. 13. Nous nous promenons dans les rues de la ville. 14. Elle aide ses frères à écrire des lettres. 15. Nous jouons dans le parc avec des camarades. 16. Les oiseaux volent au-dessus des fleuves. 17. Ils vont à pied chez leurs parents. 18. Dans ces journaux, on parle des génies français. 19. Ils ne parlent jamais de moi. 20. Je vis en France.

Corrigé

A 1. Они́ пи́шут хоро́шими ру́чками и рису́ют кра́сными каранда́шами. 2. Газе́ты лежа́т на стола́х. 3. Пти́цы лета́ют над города́ми и над деревня́ми, над поля́ми и над моря́ми. 4. Мы гуля́ем по у́лицам. 5. Они́ пи́шут пи́сьма сёстрам и бра́тьям. 6. Сыновья́ помога́ют отца́м. 7. Мы идём к друзья́м. 8. Они́ рабо́тают в больни́цах э́тих городо́в. 9. Мы говори́м о друзья́х свои́х бра́тьев. 10. Вы не хоти́те э́тих но́вых блюд?

B 11. Они́ пи́шут свои́м роди́телям. 12. В э́тих кни́гах пи́шут о ру́сских князья́х. 13. Мы гуля́ем по у́лицам го́рода. 14. Она́ помога́ет свои́м бра́тьям писа́ть пи́сьма. 15. Мы игра́ем в па́рке с това́рищами. 16. Пти́цы лета́ют над река́ми. 17. Они́ иду́т пешко́м к свои́м роди́телям. 18. В э́тих газе́тах пи́шут о францу́зских ге́ниях. 19. Они́ никогда́ не говоря́т обо мне. 20. Я живу́ во Фра́нции.

ВЫ ЧИТА́ЛИ
« ВОЙНУ́ И МИР »?

1 — Кто гото́вит *обе́д до́ма?
— Обы́чно э́то ма́ма. Но я то́же люблю́ гото́вить.
Вчера́ э́то я *пригото́вила обе́д, я пригото́влю его́ ещё
за́втра, и ле́том я бу́ду гото́вить обе́д ка́ждый день.

2 — Ты чита́л " Войну́ и Мир "?
— Я *на́чал чита́ть э́тот рома́н, но я его́ ещё не *прочита́л. Когда́ я его́ прочита́ю, ты *смо́жешь его́
чита́ть.
— Спаси́бо, но я не могу́ чита́ть сего́дня : я до́лжен
написа́ть письмо́ роди́телям.

3 — *Скажи́те мне, что я тепе́рь бу́ду дела́ть.
— Да́йте мне э́ти газе́ты и иди́те погуля́ть.
Не говори́те мне, куда́ вы *пойдёте. А скажи́те, ско́лько
*вре́мени вы проведёте на дворе́.

---

1 [t] обе́д [ab'èt]	[o] пригото́вила [pr'igatov'iLa]	
2 ['a] на́чал [natch'aL]	['i] прочита́л [pratch'itaL]	[e] смо́жешь [smojech]
3 [ü] скажи́те [skajüt'e]	[ĭ] пойдёте [païd'ot'e]	['é] вре́мени [vr'ém'en'i]

СКАЖИ́ МНЕ, КТО ТВОЙ ДРУГ, И Я СКАЖУ́, КТО ТЫ

Traduction

Avez-vous lu *Guerre et Paix* ?

1 — Qui prépare le dîner à la maison? — D'habitude, c'est maman. Mais j'aime aussi (le) préparer. Hier, c'est moi (qui) ai préparé le dîner, je le préparerai encore demain, et pendant l'été, je préparerai le dîner chaque jour.

2 — Tu as lu *Guerre et Paix*? — J'ai commencé à lire ce roman mais je ne l'ai pas encore lu en entier. Quand je l'aurai lu entièrement, tu pourras le lire. — Merci, mais je ne peux pas lire aujourd'hui: je dois écrire une lettre à mes parents.

3 — Dites-moi ce que je vais faire maintenent. — Donnez-moi ces journaux et allez faire un tour. Ne me dites pas où vous irez. Mais dites-moi combien de temps vous passerez dehors.

Prononciation

Le déplacement de l'accent sur la voyelle finale modifie la prononciation de la voyelle initiale au féminin, au neutre et au pluriel de

до́лжен : должна́ — должно́ — должны́
[doLjen] — [daLjna] — [daLjno] — [daLjnü].

Vocabulaire

les verbes seront désormais présentés dans l'ordre imperfectif / perfectif

гото́вить / пригото́вить, пригото́влю, пригото́вишь…, préparer
начина́ть / нача́ть, начну́, начнёшь…, commencer
чита́ть / прочита́ть, прочита́ю, прочита́ешь…, lire
мочь (inusité à l'infinitif) / смочь, смогу́, смо́жешь…, pouvoir
писа́ть / написа́ть, напишу́, напи́шешь…, écrire
говори́ть / сказа́ть, скажу́, ска́жешь…, dire
дава́ть / дать, дам, дашь, даст, дади́м, дади́те, даду́т, donner
гуля́ть / погуля́ть, погуля́ю, погуля́ешь…, se promener
идти́ / пойти́, пойду́, пойдёшь…, aller à pied
проводи́ть / провести́, проведу́, проведёшь…; провёл, провела́…, passer (le temps)
вре́мя, neutre irrég. gén. dat. prép. вре́мени, intsr. вре́менем, le temps (durée). Voyez mémento § 15.

Dis-moi qui tu fréquentes (m. à m.: qui est ton ami), je te dirai qui tu es.

Grammaire

■ **Вы чита́ли « Войну́ и Мир »?** Vous avez lu *Guerre et Paix*?

Nous n'avons guère employé jusqu'ici que des verbes exprimant une action envisagée dans son déroulement — dans le passé, le présent ou le futur — ou une action répétée. On dit que ces verbes sont « imperfectifs » ou d'aspect imperfectif: *Вчера́ я чита́л весь день.* Hier je lisais (j'ai lu) toute la journée (action « ligne »: ——).

■ **Я его́ ещё не прочита́л.** Je ne l'ai pas encore lu en entier

Lorsqu'on veut insister sur l'achèvement de l'action ou son résultat — dans le passé ou le futur — on emploie des verbes dits « perfectifs » ou d'aspect perfectif. Ils expriment une action concentrée en un point dans le temps (action « point »). Ils n'ont pas de présent puisque toute action présente est envisagée dans sa durée. Ainsi, à presque tout verbe imperfectif correspond un perfectif, souvent formé par l'adjonction d'un préverbe: *идти́ — пойти́, е́хать — пое́хать, нести́ — понести́, мочь — смочь.*

■ **Я до́лжен написа́ть письмо́ роди́телям.** Je dois écrire une lettre à (mes) parents

L'infinitif des verbes perfectifs exprime une action accomplie une seule fois et dont on envisage l'achèvement. Cependant, après *начина́ть, конча́ть* (finir) et les perfectifs correspondants *(нача́ть, ко́нчить),* on n'emploie que les infinitifs imperfectifs:

> *Вчера́ он о́чень ра́но ко́нчил гото́вить свои́ уро́ки.*
> Hier, il a fini très tôt de préparer ses leçons.

■ **Я пригото́влю его́ ещё за́втра.** Je le préparerai encore demain

Le futur des perfectifs, qui exprime également une action dont on envisage l'achèvement ou le résultat, a les terminaisons d'un présent imperfectif:

> *Я ско́ро пое́ду в Москву́ на маши́не.*
> J'irai bientôt à Moscou en voiture.

◀ _Дайте мне э́ти газе́ты._ Donnez-moi ces journaux

On retrouve la même distinction à l'impératif, mais à la forme négative on emploie presque toujours l'imperfectif

> _Не говори́те, что вы де́лаете._
> Ne dites pas ce que vous faites.

Exercices

A _Mettez le verbe qui convient au passé:_
1. Он всегда́... мне не́сколько рубле́й, но вчера́... то́лько оди́н
рубль (дава́ть, дать). 2. Ка́ждый день он... газе́ты (чита́ть, про-
чита́ть). 3. Он ча́сто... рабо́тать ра́но у́тром, но сего́дня он...
рабо́тать днём (начина́ть, нача́ть). 4. У́тром она́... письмо́
ба́бушке (писа́ть, написа́ть). 5. Они́... э́ти кни́ги о́чень бы́стро
(чита́ть, прочита́ть). 6. Обы́чно она́... свои́ уро́ки до́ма (гото́вить,
пригото́вить).

B _Traduisez en français:_
7. За́втра у́тром я скажу́ бра́ту, что Ко́ля пойдёт на стадио́н в
четве́рг. 8. Весь день она́ чита́ла журна́лы. 9. За́втра я пое́ду в
шко́лу на метро́, е́сли пого́да бу́дет плоха́я. 10. Если у тебя́
бу́дет вре́мя, ты ко́нчишь чита́ть э́тот рома́н сего́дня ве́чером.
11. Он чита́л ме́дленно, но он прочита́л э́тот рома́н о́чень
бы́стро.

C _Traduire en russe:_
12. Demain, j'irai chez mon père en autobus. 13. Je lui dirai que nous
avons écrit cette lettre hier. 14. J'ai déjà commencé à lire ce livre.
15. Elle a commencé son travail ce matin. 16. J'irai me promener
demain si j'ai (en russe: j'aurai) le temps.

Corrigé

A 1. дава́л; дал. 2. чита́л. 3. начина́л; на́чал. 4. написа́ла. 5. про-
чита́ли. 6. гото́вила.

B 7. Demain matin, je dirai à mon frère que Nicolas ira au stade
jeudi. 8. Toute la journée, elle a lu des revues. 9. Demain, j'irai à
l'école en métro si le temps est mauvais. 10. Si tu as le temps, tu
auras fini de lire ce roman ce soir. 11. Il lisait lentement, mais il a lu
ce roman très vite.

C 12. За́втра я пое́ду к отцу́ на авто́бусе. 13. Я скажу́ ему́, что мы
написа́ли э́то письмо́ вчера́. 14. Я уже́ на́чал чита́ть э́ту кни́гу.
15. Она́ начала́ свою́ рабо́ту у́тром. 16. Я пойду́ гуля́ть за́втра,
е́сли у меня́ бу́дет вре́мя.

23 КАК ВЫ СЕБЯ ЧУ́ВСТВУЕТЕ?

1 Когда́ я рабо́таю, я *просыпа́юсь ра́но у́тром; я встаю́, умыва́юсь и бы́стро одева́юсь.
Моя́ жена́ умыва́ет и одева́ет ма́ленького сы́на.
Когда́ всё гото́во, мы сади́мся за́втракать.
Пото́м ста́рший сын отправля́ется в шко́лу. Он хорошо́ *у́чится.

2 Вчера́ у нас был пра́здник. Мы вста́ли по́здно, *умы́-лись и аккура́тно оде́лись. Зате́м отпра́вились в дере́в-ню к дру́гу.
Мы *верну́лись домо́й по́здно ве́чером.

3 Когда́ Со́ня и Бори́с встреча́ются, они́ всегда́ здоро́ва-ются.
Они́ разгова́ривают и ча́сто смею́тся вме́сте.
— Почему́ ты не *смеёшься сего́дня? Ты пло́хо чу́вству-ешь *себя́? — спра́шивает Бори́с.
Они́ ре́дко ссо́рятся.

---

1 [ü] просыпа́юсь   [’i] у́чится [outch’itsa]
       [prassüpayous’]

2 [ü] умы́лись [oumül’is’]   [’i] верну́лись [v’irnoul’is’]

3 [’i] смеёшься [sm’iyochs’a]   [’ou] чу́вствуешь   [’i] себя́ [s’ib’a]
                                 [tch’oustvouyech]

МИ́ЛЫЕ БРАНЯ́ТСЯ, ТО́ЛЬКО ТЕ́ШАТСЯ

Traduction

Comment vous sentez-vous?

1 Quand je travaille, je me réveille tôt le matin; je me lève, me lave et m'habille vite. Ma femme lave et habille (notre) jeune fils. Quand tout est prêt, nous nous asseyons pour déjeuner. Ensuite, notre fils aîné se rend à l'école. Il étudie bien.

2 Hier, c'était jour de fête. Nous nous sommes levés tard; nous nous sommes lavés et habillés soigneusement. Ensuite nous nous sommes rendus à la campagne chez un ami. Nous sommes rentrés à la maison tard dans la soirée.

3 Quand Sonia et Boris se rencontrent, ils se saluent toujours. Ils parlent et rient souvent ensemble. — Pourquoi ne ris-tu pas aujourd'hui? Tu te sens mal? demande Boris. Ils se querellent rarement.

Prononciation

1 Dans le groupe *вств*, le premier *в* ne se prononce pas, comme nous l'avons vu pour *здра́вствуйте*: *чу́вствуете* [tch'oustvouyet'e].

2 Les terminaisons, *ться*, *тся* des verbes pronominaux se prononcent **tsa**: *отправля́ется* [atpravl'ayetsa].

Vocabulaire

чу́вствовать, чу́вствую, чу́вствуешь…, sentir, ressentir
встава́ть, встаю́, встаёшь… / встать, вста́ну, вста́нешь…, se lever
умыва́ть(ся) / умы́ть(ся), умо́ю(сь), умо́ешь(ся)…, (se) laver
одева́ть(ся) / оде́ть(ся), оде́ну(сь), оде́нешь(ся)…, (s') habiller
сади́ться, сажу́сь, сади́шься… садя́тся, s'asseoir
отправля́ться / отпра́виться, отпра́влюсь, отпра́вишься…, partir,
    se rendre qq. part
учи́ться, учу́сь, учи́шься… у́чатся, apprendre, étudier
возвраща́ться / верну́ться, верну́сь, вернёшься…, revenir
встреча́ть(ся), встреча́ю(сь), встреча́ешь(ся)…, (se) rencontrer
смея́ться, смею́сь, смеёшься…, rire
ссо́риться, ссо́рюсь, ссо́ришься… ссо́рятся, se quereller

Amants (qui) se disputent s'amusent seulement.

Grammaire

■ *Вы хорошо́ чу́вствуете себя́?* Vous vous sentez bien?

Le pronom réfléchi *себя́* renvoie au sujet du verbe dont il dépend, quelle que soit la personne. Il n'a pas de nominatif, puisqu'il est toujours complément, et se décline aux autres cas comme *тебя́*.

■ *Я просыпа́юсь.* Je me réveille.

Les verbes pronominaux se terminent par -*ся* ou -*сь* (formes contractées de *себя́*): -*ся* lorsque la lettre précédente est une consonne, -*ь* ou -*й*: *просыпа́ется, просыпа́ться, просыпа́йся*; -*сь* lorsque c'est une voyelle.

■ *Я умыва́юсь и одева́юсь.* Je me lave et je m'habille

Certains pronominaux sont des verbes réfléchis, où le sujet est en même temps objet de l'action, et sont formés sur des verbes transitifs simples: *умыва́ть, одева́ть*, etc.

■ *Со́ня и Бори́с встреча́ются.* Sonia et Boris se rencontrent

D'autres pronominaux sont des verbes réciproques, où chacun des sujets est en même temps objet de l'action des autres sujets. Ils sont formés sur des verbes transitifs (*встреча́ть*) — ou bien n'ont pas de correspondant simple, comme c'est le cas pour *здоро́ваться*.

■ *Он хорошо́ у́чится.* Il étudie bien

Les verbes pronominaux qui ne sont ni réfléchis ni réciproques n'ont pas le même sens que leur correspondant simple (*учи́ть* signifie « enseigner » ou « apprendre par coeur ») — ou bien n'ont pas de correspondant simple, comme c'est le cas pour *смея́ться*.

Remarque: On voit que certains pronominaux russes ne le sont pas en français. L'inverse est également vrai: *гуля́ть, отдыха́ть, встава́ть* (dont le perfectif est *встать*), etc.

■ *Мы умы́лись и оде́лись.* Nous nous sommes lavés et habillés

Aux verbes pronominaux imperfectifs correspondent naturellement des pronominaux perfectifs (Voyez la leçon 22)

Exercices

Mettez le verbe qui convient au passé:

1. Обы́чно мы... рабо́тать по́здно, а в суббо́ту... ра́но (конча́ть, ко́нчить). 2. Они́ никогда́ ничего́ не... мне (дава́ть, дать). 3. Она́ ча́сто... ра́но (встава́ть, встать). 4. Ка́ждый день они́... слова́ в тетра́дях (писа́ть, написа́ть). 5. Сего́дня она́... мне но́вую кни́гу (дава́ть, дать). 6. Ма́ма всегда́... обе́д : в воскресе́нье она́... вку́сное блю́до (гото́вить, пригото́вить).

Mettez les verbes entre parenthèses au présent, puis au passé:

7. Когда́ мы (просыпа́ться), мы (встава́ть, умыва́ться и одева́ться). 8. Вы (здоро́ваться), когда́ вы (встреча́ться). 9. Я (смея́ться). 10. Я (чу́вствовать) себя́ о́чень хорошо́.

Mettez les verbes entre parenthèses au passé, puis au futur:

11. Я (встать, умы́ться и оде́ться). 12. Я (отпра́виться) на заво́д и зате́м я (верну́ться) домо́й.

Traduisez en russe:

13. Etudiez bien ! 14. Asseyez-vous, je vous prie. 15. Tu te lèveras tôt demain matin et tu rentreras vite à la maison. 16. Ecrivez une lettre aux parents mais n'écrivez pas si vite! 17. Ils se levaient toujours tôt. 18. Aujourd'hui, elle m'a donné un nouveau livre. 19. Hier elle s'est rendue à l'école très tôt. 20. Pourquoi est-il rentré si tard hier soir ?

Corrigé

1. конча́ли; ко́нчили. 2. дава́ли. 3. встава́ла. 4. писа́ли. 5. дала́. 6. гото́вила; пригото́вила.

7. просыпа́емся, просыпа́лись; встаём, встава́ли; умыва́емся, умыва́лись; одева́емся, одева́лись. 8. здоро́ваетесь, здоро́вались; встреча́етесь, встреча́лись. 9. смею́сь, смея́лся (смея́лась). 10. чу́вствую, чу́вствовал(а).

11. Встал(а), вста́ну; умы́лся (умы́лась), умо́юсь; оде́лся (оде́лась), оде́нусь. 12. отпра́вился (отпра́вилась), отпра́влюсь; верну́лся (верну́лась), верну́сь.

13. Учи́тесь хорошо́! 14. Сади́тесь, пожа́луйста. 15. Ты вста́нешь за́втра ра́но у́тром и вернёшься бы́стро домо́й. 16. Напиши́те письмо́ роди́телям, но не пиши́те так бы́стро! 17. Они́ всегда́ встава́ли ра́но. 18. Сего́дня она́ дала́ мне но́вую кни́гу. 19. Вчера́ она́ отпра́вилась в шко́лу о́чень ра́но. 20. Почему́ он верну́лся так по́здно вчера́ ве́чером?

CÁMAЯ ÝМНАЯ УЧЕНИ́ЦА В КЛА́ССЕ

1 Мы в Петербу́рге на *кани́кулах. Это ещё бо́лее краси́вый го́род, чем Москва́; но он *ме́ньше.
Я живу́ у дру́га в краси́вом до́ме. И́горь живёт в ещё бо́лее краси́вом до́ме, но мой бо́льше и *вы́ше.
Моя́ ко́мната гора́здо бо́льше, *чем его́. Это са́мая больша́я ко́мната в до́ме.

2 Ва́ня умне́е, чем Ма́ша, но она́ *моло́же его́.
Со́ня у́чится *лу́чше, чем Никола́й. Он ме́нее *у́мный шко́льник, чем Со́ня, и он рабо́тает *ху́же свое́й *сестры́. Она́ са́мая у́мная из *учени́ц кла́сса.
Я не зна́ю де́вочки умне́е её.
Она́ *интересу́ется ру́сским *языко́м *бо́льше, чем исто́рией.
Она́ умне́е всех в шко́ле.

---

1 ['i] кани́кулах   [e] ме́ньше [m'**én**'che]   вы́ше [vüche]
     [kan'ikouLakh]

['è] чем   [tch'èm]

2 [e] моло́же [maLoje] лу́чше [Loutch'che] ху́же [khouje] бо́льше [bol'che]

['i] учени́ц [outch'in'its]   интересу́ется [int'ir'issouyetsa]

[ü] у́мный [oumnüï]   языко́м [yazükom]   ['i] сестры́ [s'istrü]

В ГОСТЯ́Х ХОРОШО́, А ДО́МА ЛУ́ЧШЕ

Traduction

L'élève la plus intelligente de la classe

1   Nous sommes à Saint-Pétersbourg en vacances. C'est une ville encore plus belle que Moscou; mais elle est plus petite. J'habite chez un ami dans une belle maison. Igor habite dans une maison encore plus belle, mais la mienne est plus grande et plus haute. Ma chambre est beaucoup plus grande que la sienne. C'est la pièce la plus grande de la maison.

2   Vania est plus intelligent que Macha, mais elle est plus jeune que lui. Sonia étudie mieux que Nicolas. C'est un écolier moins intelligent que Sonia, et il travaille plus mal que sa soeur. Elle est la plus intelligente des élèves de la classe. Je ne connais pas de fillette plus intelligente qu'elle. Elle s'intéresse à la langue russe plus qu'à l'histoire. Elle est la plus intelligente de toute l'école.

Prononciation

Le -*e* final des comparatifs en -*ee* s'affaiblit et s'abrège en un son proche de celui de *й* : *бо́лее* [bol'eï], *умне́е* [oumn'éï].

Vocabulaire

Comparatifs irréguliers employés surtout comme adverbes

большо́й / *мно́го* — *бо́льше*,	*ма́ленкий* / *ма́ло* — *ме́ньше*,
хоро́ший / *хорошо́* — *лу́чше*,	*плохо́й* / *пло́хо* — *ху́же*,

Comparatifs irréguliers en -*e* (avec transformation de la consonne du radical) ou en -(*ь*)*ше* (voir mémento § 20)

высо́кий — *вы́ше*, haut, grand	*ни́зкий* — *ни́же*, bas, petit
ста́рый — *ста́рше*, vieux, âgé	*молодо́й* — *моло́же*, jeune
широ́кий — *ши́ре*, large, vaste	*лёгкий* — *ле́гче*, léger, facile
ти́хий — *ти́ше*, doux, paisible	*богáтый* — *богáче*, riche
далёкий — *да́льше*, loin	*я́ркий* — *я́рче*, éclatant
ча́стый — *ча́ще*, fréquent	*ре́дкий* — *ре́же*, rare
дешёвый — *деше́вле*, bon marché	*дорого́й* — *доро́же*, cher

кани́кулы, pl., gén. : *кани́кул*, les vacances	
учени́к, fém. *учени́ца*, l'élève	*исто́рия*, l'histoire
сáмый, même, le plus	*у́мный*, intelligent
интересовáться, *интересу́юсь*, *интересу́ешься*, s'intéresser	

En visite (on est) bien, mais chez soi (on est) mieux.

Grammaire

■ *Это ещё бо́лее краси́вый го́род, чем Москва́.* C'est une ville encore plus belle que Moscou.

Le comparatif composé de *бо́лее* (plus) ou de *ме́нее* (moins) et de l'adjectif long s'emploie surtout comme épithète et se place devant le nom, avec lequel il s'accorde en genre, en nombre et en cas. Le second terme de la comparaison ainsi construite est toujours introduit par la conjonction *чем.*

■ *Ва́ня умне́е, чем Ма́ша.* Vania est plus intelligent que Macha.

Le comparatif de supériorité possède en outre une forme simple. Elle s'obtient en remplaçant la terminaison de l'adjectif par *-ее* (ou *-ей*): *краси́вый — краси́вее, у́мный — умне́е, но́вый — нове́е.* Ce comparatif est invariable et s'emploie presque toujours comme attribut ou comme adverbe:

> *Он говори́т быстре́е.* Il parle plus vite.

On ne peut que très rarement l'employer comme épithète, et il suit alors le nom.

Avec ce comparatif simple, le second terme se réduit souvent à un génitif: *он вы́ше меня́,* il est plus grand que moi.

■ *Моя́ ко́мната гора́здо бо́льше, чем его́.* Ma chambre est beaucoup plus grande que la sienne.

Si le second terme de la comparaison est *его, её* ou *их* employés comme possessifs, il faut obligatoirement l'introduire par *чем* (*моя́ ко́мната ши́ре его́* signifierait: «ma chambre est plus vaste que lui»...).

N.B. — Devant un comparatif, «beaucoup» se rend par *гора́здо.*

■ *Она́ умне́е всех в шко́ле* (m. à m.: elle est plus intelligente que tous...)

Le comparatif suivi du génitif de *все, всех,* ou de *всё, всего́,* est une façon courante de rendre le superlatif:

> *Он бо́льше всего́ интересу́ется кни́гами.*
> Il s'intéresse par dessus tout aux livres.

■ *Это самая большая комната в доме.* C'est la plus grande pièce de la maison.

Le superlatif le plus courant est composé de *самый* et de l'adjectif long. Les deux éléments s'accordent avec le nom auquel ils se rapportent et le complément est généralement introduit par *в* suivi du prépositionnel, ou par *из* suivi du génitif pluriel:

> *самая широкая из комнат.*

Exercices

A *Mettez les adjectifs ou les adverbes au comparatif de supériorité puis au superlatif:*
1. Он живёт в красивом доме. 2. Мы пойдём быстро. 3. Вот дешёвое масло. 4. Ты работаешь хорошо.

Traduisez en russe

B 5. Je m'intéresse plus au théâtre qu'au cinéma. 6. Il parle plus lentement qu'elle. 7. Elle est plus intelligente que je ne pensais. 8. Je connais un endroit plus beau. 9. Cette maison est plus neuve que la leur. 10. Anne est la plus belle femme de la ville. 11. Il joue plus mal que moi aux échecs. 12. C'est la plus neuve des maisons de la rue. 13. Elle s'intéresse par-dessus tout à l'histoire. 14. Cet élève est le plus intelligent de la classe. 15. Le Don est un fleuve moins long que la Volga. 16. C'est un des plus grands magasins du centre de Moscou.

Corrigé

A 1. более красивом; самом красивом. 2. быстрее; быстрее всех. 3. более дешёвое; самое дешёвое. 4. лучше; лучше всех.

B 5. Я больше интересуюсь театром, чем кино. 6. Он говорит медленнее её. 7. Она умнее, чем я думал. 8. Я знаю более красивое место. 9. Этот дом новее, чем их. 10. Анна самая красивая женщина в городе. 11. Он играет в шахматы хуже меня. 12. Это самый новый из домов улицы. 13. Она больше всего интересуется историей. 14. Этот ученик умнее всех в классе. 15. Дон менее длинная река, чем Волга. 16. Это один из самых больших магазинов в центре Москвы.

25 СЧЁТ, ДЕ́НЬГИ И ВРЕ́МЯ

1 У меня́ оди́н дом и два са́да. В до́ме пять ко́мнат и в одно́й из ко́мнат *две карти́ны. В шкафу́ стои́т сто два́дцать одна́ кни́га.

Здесь есть то́лько одно́ окно́, *де́сять столо́в и со́рок книг.

Говоря́т, что у *Серге́я три сестры́ и *четы́ре бра́та.

2 — Ско́лько сто́ит *ветчина́?
— Три́ста рубле́й кило́.
— А ско́лько сто́ит э́та колбаса́?
— То́лько сто четы́ре рубля́.
— Икра́, кото́рую я здесь ви́жу, сли́шком дорога́. Да́йте мне мя́са, пожа́луйста. — Ско́лько ?
— Шестьсо́т *пятьдеся́т гра́мм.

3 — Кото́рый *час? — Во́семь часо́в утра́.
— В кото́ром часу́ *открыва́ется э́тот магази́н?
— В *де́вять часо́в три́дцать мину́т. — А во ско́лько он закрыва́ется? — В *семь часо́в *ве́чера.

1 ['é] две [dv'é]   де́сять [d'éss'et']   ['i] Серге́я   четы́ре [tch'itür'e]
                                                        [s'irg'éye]

2 ['i] ветчина́ [v'ittch'ina]   пятьдеся́т [p'it'd'iss'at]

3 ['a] час [tch'as]   [a] открыва́ется [atkrüvayetsa]
   ['é] де́вять   семь [s'ém']   ве́чера [v'étch'era]
       [d'év'et']

НА ДЕ́НЬГИ УМА́ НЕ КУ́ПИШЬ

Traduction

Le calcul, l'argent et le temps

1 J'ai une maison et deux jardins. Dans la maison, il y a cinq pièces et dans l'une des pièces il y a deux tableaux. Dans l'armoire, il y a 121 livres. Ici, il y a une fenêtre seulement, dix tables et quarante livres. On dit que Serge a trois sœurs et quatre frères.

2 — Combien coûte le jambon? — Trois cents roubles le kilo. — Et combien coûte ce saucisson? — Cent quatre roubles seulement. — Le caviar que je vois ici est trop cher. Donnez-moi de la viande, je vous prie. — Combien? — 650 grammes.

3 — Quelle heure est-il? — 8 heures du matin. — A quelle heure ouvre ce magasin? — A 9 heures 30 minutes. — Et quand (m. à m.: à combien) ferme-t-il? — A 7 heures du soir.

Prononciation

1 c devant *ч* se prononce *ch*: *счёт* [chtch'ot].

2 Attention à l'assourdissement de la finale dans *столо́в* [staLof], *книг* [knik], *гра́ммов* [grammaf], *часо́в* [tch'assof].

3 д devant *ц* s'assourdit en *т*: *два́дцать* [dvattsat']; *двена́дцать* [dv'inattsat']; *три́дцать* [trittsat'].

Vocabulaire

(Pour les nombres, voir Mémento § 37)
рубль, le rouble
грамм, le gramme; génitif pluriel: *гра́ммов* ou *грамм*
кило́(грамм), le kilo(gramme)
мину́та, la minute
час, l'heure; gén. *ча́са* (*че́тверть ча́са*: un quart d'heure) mais *два*, *три*, *четы́ре часа́* (accent final)
кото́рый, inter.-relat., qui, que, quel
в кото́ром часу́ (*в* + prépositionnel) mais *в пять часо́в* (*в* + acc.)
открыва́ть, ouvrir — *открыва́ться*, (s')ouvrir (sens passif)
закрыва́ть, fermer — *закрыва́ться*, (se) fermer (sens passif)

On n'achète pas l'intelligence avec de l'argent

Grammaire

■ **У меня́ оди́н дом, два са́да ... две карти́ны.** J'ai une (seule) maison...   (Voir Mémento §§ 37, 38 et 39)

Оди́н s'accorde en genre avec le nom auquel il se rapporte: *одна́ кни́га, одно́ де́рево.*

Два (au masculin et au neutre), *две* (au féminin) sont suivis du génitif singulier, ainsi que *три* et *четы́ре* (pour les trois genres).

■ **Пять ко́мнат.** Cinq pièces

Пять et les nombres suivants gouvernent le génitif pluriel.

■ **Сто два́дцать одна́ кни́га.** Cent vingt-et-un livres

Dans les nombres composés, c'est le dernier qui régit le cas du nom:

> *два́дцать оди́н рубль, три́дцать два рубля́, со́рок пять рубле́й.*

■ **Да́йте мне мя́са.** Donnez-moi de la viande

Pour traduire le partitif, exprimé en français par « du », « de la », « des », on emploie le génitif, comme après les adverbes de quantité:

> *ско́лько гра́ммов?* Combien de grammes?

■ **В шкафу́.**

Apres *в* et *на*, quelques noms masculins durs ont au prépositionnel la terminaison -*ý* (toujours accentuée): *час, год, сад, мост, пол, глаз, шкаф, бе́рег, у́гол* (l'angle, le coin); -*ю́* s'ils sont mous: *край* le bord, la région, *на краю́*.

■ **Икра́, кото́рую я ви́жу, сли́шком дорога́.** Le caviar que je vois est trop cher

Le pronom relatif *кото́рый* s'accorde en genre et en nombre avec son antécédent; il se décline comme un adjectif dur et son cas est déterminé par sa fonction dans la proposition relative:

> *Же́нщина, о кото́рой я говорю́...* La femme dont je parle...

Exercices

A *Ecrivez les nombres suivants en toutes lettres:*
1. 287. 2. 163. 3. 444. 4. 79. 5. 321. 6. 35. 7. 4 592. 8. 1 036. 9. 7 908.
10. 6 242 492.

B *Mettez les mots entre parenthèses au cas voulu:*

11. Одиннадцать (час). 12. Сорок два (рубль). 13. Семьдесят один
(день). 14. В (год) двенадцать (месяц). 15. Пятьдесят (минута).
16. Есть тринадцать (книга) в (шкаф). 17. Двести (рубль). 18.
Четырнадцать (карандаш). 19. В (час) шестьдесят (минута).
20. Триста девяносто (километр).

C *Traduisez en russe:*
21. A neuf heures nous irons au cinéma. 22. Elle a trois porte-plumes.
23. Combien coûte cette viande? — Six cents roubles le kilo. — C'est
trop cher. Donnez-moi du saucisson. 24. J'avais quarante et un
roubles ce matin et maintenant j'ai seulement deux roubles. 25.
Donnez-moi cent grammes de jambon. 26. A deux heures de
l'après-midi, nous étions à Moscou. 27. Mon oncle habite dans la
maisonnette que vous voyez là-bas. 28. Qui est le garçon avec lequel
tu t'es promené hier? 29. J'ai vu aujourd'hui la femme à qui vous
avez donné un livre.

Corrigé

A 1. Двести восемьдесят семь. 2. Сто шестьдесят три. 3. Четыреста
сорок четыре. 4. Семьдесят девять. 5. Триста двадцать один.
6. Тридцать пять. 7. Четыре тысячи пятьсот девяносто два.
8. Тысяча тридцать шесть. 9. Семь тысяч девятьсот восемь.
10. Шесть миллионов двести сорок две тысячи четыреста девяносто два.

B 11. часов. 12. рубля. 13. день. 14. году; месяцев. 15. минут. 16. книг;
шкафу. 17. рублей. 18. карандашей. 19. часу; минут. 20. кило-
метров.

C 21. В девять часов мы пойдём в кино. 22. У неё три ручки. 23.
Сколько стоит это мясо? — Шестьсот рублей кило. — Это
слишком дорого. Дайте мне колбасы. 24. У меня был сорок
один рубль сегодня утром, а теперь у меня только два рубля.
25. Дайте мне сто граммов ветчины. 26. В два часа дня мы
были в Москве. 27. Мой дядя живёт в избе, которую вы видите
там. 28. Кто мальчик, с которым ты вчера гулял? 29. Я видел
сегодня женщину, которой вы дали книгу.

26   МАШИ́НА

1 — Сади́тесь за руль! Вста́вьте ключ от зажига́ния! Поверни́те его́! Потяни́те на себя́ стартёр!

— Вот. Но почему́ маши́на не тро́гается с ме́ста?

— Потому́ что маши́на на нейтра́льном положе́нии. Тепе́рь вам на́до переключи́ть переда́чу на пе́рвую ско́рость. По́няли?... Так и есть. Ну тепе́рь отпусти́те ручно́й *то́рмоз, сними́те *ме́дленно но́гу с педа́ли сцепле́ния, нажми́те на акселера́тор!

2 — Мне ка́жется, что мото́р рабо́тает сли́шком ме́дленно.

— Вы *пра́вы. Посмотри́те : стре́лка спидо́метра пока́зывает со́рок киломе́тров *в час. Мо́жно переключи́ть на тре́тью ско́рость.

— А на четвёртую нельзя́?

— Нет, осторо́жно, там кра́сный светофо́р. Затормози́те! Вы́ключите сцепле́ние! Останови́тесь!

— Да, сейча́с. Не кричи́те, пожа́луйста!

3 — Всё э́то о́чень сло́жно. Я уста́л.

— Нет, пра́вить маши́ной нетру́дно. За́втра всё пока́жется вам *ле́гче. А сего́дня уро́к конча́ется.

— Спаси́бо. До свида́ния. До за́втра.

1	ме́дленно [m'éd'l'enna]	то́рмоз pl. тормоза́ —— ▔
2	в час [f tch'as]	прав, права́, пра́во, пра́вы ⌃
3	ле́гче [l'èkhtch'e]	

МАШИ́НУ ПОЙМЁШЬ — ДАЛЕКО́ ПОЙДЁШЬ

La voiture

1 — Asseyez-vous au volant! Mettez la clef de contact. Tournez-la! Tirez vers vous le starter! — Voilà. Mais pourquoi la voiture ne démarre-t-elle pas? (m. à m.: ne bouge pas de place) — Parce que la voiture est au point mort. Maintenant il vous faut mettre le levier de vitesse en première (vitesse). Vous avez compris? C'est cela. Eh bien, maintenant, desserrez (m. à m.: relâchez) le frein à main, levez doucement le pied de la pédale d'embrayage, appuyez sur l'accélérateur!

2 — Il me semble que le moteur tourne trop lentement. — Vous avez raison. Regardez: l'aiguille du compteur indique quarante kilomètres à l'heure. On peut passer en troisième (vitesse). — Et en quatrième, ce n'est pas possible? — Non, attention, là-bas (il y a) un feu rouge. Freinez! Débrayez! (m. à m.: enlevez l'embrayage). Arrêtez-vous! — Oui, tout de suite. Ne criez pas, s'il vous plaît!

4 — Tout cela est très compliqué. Je suis fatigué. — Non, conduire une voiture n'est pas difficile. Demain tout vous semblera plus facile. Mais aujourd'hui la leçon prend fin. — Merci. Au revoir. A demain.

Prononciation

Les verbes perfectifs comportant le préverbe **вы-** sont toujours accentués sur ce préverbe.

Vocabulaire

колесо́, pl. *колёса*, la roue   *фа́ра*, le phare   *две́рца*, la portière
сади́ться / сесть, ся́ду, ся́дешь… ся́дут; *сел, се́ла, се́ли*, s'asseoir
включа́ть / включи́ть (ра́дио, мото́р …), brancher, mettre en marche
выключа́ть / вы́ключить (ра́дио, мото́р …), débrancher
пра́вить маши́ной (instr.), conduire une auto
начина́ться / нача́ться, commencer (intr.)
конча́ться / ко́нчиться se terminer
крича́ть / закрича́ть et *кри́кнуть*, crier
остана́вливать(ся) / останови́ть(ся), (s') arrêter
до + gén., à, jusqu'à   *100 км. в час* (acc.), 100 km. à l'heure

---

Si tu comprends ta voiture, tu iras loin.

Grammaire

■ *Встáвьте ключ.* Mettez la clef

Comme cela a déjà été vu (leçon 8) l'impératif se forme à partir du radical du présent (2ᵉ personne singulier) et l'accent est celui de la 1ᵉ personne du singulier.

La terminaison est *-u* ou *-ь* si le radical est terminé par une consonne.

La terminaison est *-u*(*те*):

1°/ quand l'accent de la 1ᵉ personne du présent (présent-futur) est final: *Я остановлю → остановú*(*те*); de même (pronominal): *остановúсь (остановúтесь)*

2°/ quand l'accent, qui devrait être final, est déplacé sur le préverbe *вы-* (obligatoirement accentué): *вы́ключи*(*те*), comme *включú*(*те*).

3°/ quand le radical est terminé par un groupe de consonnes: *крú-кни*(*те*) *кóнчи*(*те*).

La terminaison est- *ь*(*те*) quand l'accent de la 1ᵉ personne du présent est sur la base: *Я готóвлю → готóвь*(*те*). *Я ся́ду → ся́дь*(*те*).

■ *Мне кáжется…* Il me semble…

Le russe a souvent recours à des tournures impersonnelles quand la personne subit l'action plus qu'elle n'agit. Cette personne se met au datif. On trouve ces tournures:

1°/ avec les mots *мóжно* (on peut), *нáдо*, *ну́жно* (il faut), *нельзя́* (on ne doit pas): *мóжно курúть*, on peut fumer.

2°/ avec des adverbes tels que *жáрко* (chaud), *хóлодно* (froid), *тру́дно* (difficile)

3°/ avec des verbes impersonnels: *кáжется* (il semble), *хóчется* (avoir envie): *Мне хóчется гуля́ть*, j'ai envie de me promener.

■ *Мóжно переключúть на трéтью скóрость*

Les nombres ordinaux (*пéрвый, вторóй, трéтий, четвёртый* etc.) suivent la déclinaison des adjectifs durs, sauf *трéтий* qui a une déclinaison mouillée sur la base *треть-* et des désinences courtes au nom. acc. (Voyez Mémento § 40)

■ *Снимúте нóгу с педáли*

Certains verbes en **-ять** (*ать* après chuintante) ont une conjugaison particulière de type IB. (Mémento § 49)

снять, снимý, снúмешь…; снял, снялá, сня́ли / impf. *снимáть*, enlever
обня́ть, обнимý, обнúмешь… / impf. *обнимáть*, embrasser
подня́ть, поднимý, поднúмешь… / impf. *поднимáть*, ramasser
приня́ть, примý, прúмешь… / impf. *принимáть*, recevoir
поня́ть, поймý, поймёшь… / impf. *понимáть*, comprendre
заня́ть, займý, займёшь… / impf. *занимáть*, occuper

Exercices

A *Terminez les phrases suivantes selon le modèle:*
Ты не прочитáл газéту? Прочитáй газéту

1. Ты не написáл письмó? 2. Вы не показáли емý картúну? 3. Ты не закры́л окнó? 4. Вы не приготóвили обéд? 5. Ты не принёс кнúгу? 6. Вы не постáвили вáзу сюдá? 7. Ты не вы́учил урóк?

B *Mettez au cas voulu le pronom entre parenthèses:*
8. (Ты) жáрко, а (он) хóлодно. 9. (Онá) нáдо затормозúть. 10. (Я) кáжется, что (вы) не понимáете. 11. (Вы) нельзя́ гуля́ть. 12. (Мы) мóжно прáвить машúной. 13. (Онú) трýдно поня́ть.

C *Mettez au présent-futur (perfectif) les verbes des phrases suivantes:*
14. Я обнимáю бáбушку. 15. Ученúк всё понимáет. 16. Вы снимáете пальтó. 17. Мои́ друзья́ садя́тся в креслá. 18. Дирéктор принимáет Борúса.

D *Mettez au cas voulu le nombre ordinal:*
19. На (пéрвый) этажé. 20. О (трéтий) тóме (tome). 21. К (четвёртая) машúне. 22. Кнúги (вторóй) ученикá.

Corrigé

A 1. Напишú письмó! 2. Покажúте емý картúну! 3. Закрóй окнó! 4. Приготóвьте обéд! 5. Принесú кнúгу! 6. Постáвьте вáзу сюдá! 7. Вы́учи урóк!

B 8. Тебé; емý. 9. Ей. 10. Мне; вы. 11. Вам. 12. Нам. 13. Им.

C 14. обнимý. 15. поймёт. 16. снúмете. 17. ся́дут. 18. прúмет.

D 19. пéрвом. 20. трéтьем. 21. четвёртой. 22. вторóго.

27 В ГАРАЖЕ́

1 (*На запра́вочной*)

— *Запра́вьте маши́ну бензи́ном, пожа́луйста.

— Да́йте мне ключ от ба́ка!

— Пожа́луйста.

— Ма́сло на́до прове́рить?

— Да, и ещё давле́ние шин. Прошу́ вас почи́стить ветрово́е стекло́.

— *Сейча́с… С вас четы́реста рубле́й два́дцать копе́ек.

— Пожа́луйста. Извини́те, у меня́ нет ме́лочи.

— Ну, тогда́ подожди́те мину́точку. Я сейча́с верну́сь… Возьми́те сда́чу!

2 (*В *гараже́*)

— Что вам ну́жно?

— Мо́жно ли сма́зать маши́ну, вы́лить и смени́ть ма́сло? На́до ещё смени́ть *све́чи и прове́рить тормоза́ пе́ред мои́м отъе́здом из Москвы́.

— На како́й день вы хоти́те маши́ну?

— На за́втра мо́жно? Я прие́хал в э́тот го́род *всего́ на три дня.

— Тру́дно всё сде́лать за оди́н день, но постара́емся.

---

1 запра́вьте [zapraf't'e] сейча́с [s'iïtch'as] et même [ch'ch'as]

2 гара́ж [garach] mais в гараже́ [v garajé]
всего́ [fs'ivo] свеча́ — __

ЛЮ́БИШЬ КАТА́ТЬСЯ, ЛЮБИ́ И СА́НОЧКИ ВОЗИ́ТЬ

Traduction

Au garage

1 (Au poste à essence — m. à m.: de ravitaillement)
— Mettez-moi de l'essence (m. à m.: approvisionnez la voiture en
essence), s'il vous plaît. — Donnez-moi la clef du réservoir. — Voici
(m. à m.: s'il vous plaît). — Faut-il vérifier l'huile ? — Oui, et aussi
la pression des pneus. Je vous prie de nettoyer le pare-brise. — Tout
de suite... Ça vous fait (m. à m.: de vous) 400 roubles 20 kopeks.
— Voici. Excusez (-moi), je n'ai pas de monnaie. — Eh bien alors
attendez une petite minute, je reviens tout de suite... Prenez votre
monnaie !

2 (Au garage) — Que vous faut-il ? — Est il possible de graisser la
voiture, de vidanger et de changer l'huile ? Il faut aussi changer les
bougies et vérifier les freins avant mon départ de Moscou. — Pour
quel jour voulez-vous la voiture ? — Pour demain, c'est possible ? Je
suis venu dans cette ville pour trois jours seulement. — C'est difficile
de tout faire en une journée mais nous essaierons.

Prononciation

L'accent d'intensité passe parfois sur les prépositions *на* et *за* devant
certains substantifs :

на́ зиму, за́ зиму; на́ год, за́ год.

Vocabulaire

ши́на, le pneu   *стекло́*, plur. *стёкла*, la vitre
проверя́ть / *прове́рить*, vérifier, contrôler
проси́ть / *попроси́ть*, demander, prier
ждать IIВ / *подожда́ть*, attendre
брать, беру́, берёшь... беру́т / *взять, возьму́, возьмёшь, ...возьму́т*,
prendre
возвраща́ться / *верну́ться*, revenir, rentrer
налива́ть / *нали́ть* IIА, *налью́, нальёшь...*, remplir, verser
вылива́ть / *вы́лить* IIА, *вы́лью, вы́льешь...*, vider
сменя́ть / *смени́ть*, remplacer
стара́ться / *постара́ться*, essayer, s'efforcer
он уста́л, она́ уста́ла, они́ уста́ли, il est fatigué...
пе́ред + instr. (*пе́редо* devant deux consonnes: *пе́редо мной*), devant
всего́, en tout, seulement

Qui monte la mule la ferre
(m. à m.: Si tu aimes faire de la luge, aime aussi la porter).

Grammaire

■ *Я сейчáс вернýсь*

Le futur immédiat se rend en russe par le futur perfectif précédé de l'adverbe *сейчас* (tout de suite).

> *Он сейчáс придёт* : il va arriver

■ *Я приéхал на три дня*

La préposition « pour » se traduit par **на** + acc. (ou + adv.) pour indiquer le terme d'un délai :

> *урóки на пя́тницу, на зáвтра*

la durée (leçon 16) :

> *он приéхал на недéлю, навсегдá* (pour toujours)
> *надóлго* (pour longtemps)

■ *Всегó на три дня*

всегó peut être employé comme adverbe signifiant « en tout, seulement », mais c'est aussi le génitif du pronom *весь*, « tout », dont la déclinaison est :

	M.	N.	F.	Pl.
N. A.	*весь*	*всё*	*вся*	*все*
G.	*всегó*		*всей*	*всех*
D.	*всемý*		*всей*	*всем*
I.	*всем*		*всей*	*всéми*
P.	*всём*		*всей*	*всех*

■ *Трýдно всё кóнчить за одúн день*

Pour exprimer la durée nécessaire à une action, on utilise **за** + acc. qui correspond au français « en ».

> *Он прочитáл э́тот ромáн за недéлю*
> Il a lu ce roman en une semaine

■ *Возьмúте сдáчу!*

Le verbe *взять, возьмý, возьмёшь...* se rattache aux verbes en **-ять** étudiés dans la leçon 26. Il offre de plus une alternance *вз / воз* à l'intérieur du radical, de même que l'imperfectif *брать* alterne au présent avec un radical *бер.* : *берý, берёшь...*

Exercices

Répondez aux questions suivantes selon le modèle:
Он вернулся? Нет, он сейчас вернётся
1. Коля приехал? 2. Вы проверили масло? 3. Продавщица взяла сдачу? 4. Вы ему сказали всё это? 5. Они дали Борису книгу?

Traduisez:
6. Pour combien de temps êtes-vous venu? 7. Kolia est venu ici pour deux mois, mais moi seulement pour une semaine. 8. Nous avons beaucoup de travail pour lundi. 9. Achetez du pain avant le repas. 10. La mère a préparé le repas en vingt minutes.

Corrigé

1. Нет, он сейчас приедет. 2. Нет, я сейчас проверю. 3. Нет, она сейчас её возьмёт. 4. Нет, я сейчас скажу. 5. Нет, они её сейчас дадут.

6. На сколько времени вы приехали? 7. Коля приехал сюда на два месяца, а я только на неделю. 8. У нас много работы на понедельник. 9. Купите хлеба перед обедом! 10. Мать приготовила обед за двадцать минут.

Lecture

Христофор Колумб открывает Америку[1]

Американцы чрезвычайно медлительны. Даже хождение пешком кажется им чрезмерно быстрым способом передвижения. Чтобы замедлить этот процесс, они завели огромное количество так называемых автомобилей. Теперь они передвигаются со скоростью черепахи, и это им чрезвычайно нравится.

Ильф и Петров — *Колумб причаливает к берегу* — 1936

Christophe Colomb découvre l'Amérique

Les Américains sont extraordinairement lents. Même la marche à pied leur semble un moyen de déplacement extrêmement rapide. Pour ralentir ce mouvement, ils se sont équipés d'une énorme quantité d' « automobiles » (c'est ainsi que cela s'appelle). Maintenant ils se déplacent à la vitesse d'une tortue et cela leur plaît beaucoup.

Ilf et Pétrov, *Colomb aborde*, 1936

[1] Les textes russes se présentent normalement sans indication d'accent tonique, nous ne le noterons plus systématiquement.

САМОЛЁТ

1 На огро́мной террито́рии Росси́йской Федера́ции возду́шная сеть составля́ет не́сколько сот ты́сяч киломе́тров. Самолёт — удо́бный, бы́стрый и не о́чень дорого́й *вид тра́нспорта, кото́рым вы мо́жете по́льзоваться, что́бы пое́хать в отдалённые города́.

2 Для путеше́ствия по Росси́йской Федера́ции вы мо́жете задо́лго до отъе́зда купи́ть биле́ты и заброни́ровать *ме́сто в самолёте в аге́нтствах Аэрофло́та в Росси́и и́ли за грани́цей. На междунаро́дных ли́ниях три кла́сса : экономи́ческий, би́знес-класс и пе́рвый класс. В аэропорту́ вы должны́ офо́рмить свой *бага́ж. Вы мо́жете провезти́ беспла́тно два́дцать килогра́ммов в экономи́ческом кла́ссе, три́дцать килогра́ммов в би́знес-кла́ссе и со́рок килогра́ммов в пе́рвом кла́ссе.

3 На борту́ самолёта вас встреча́ет бортпроводни́ца. Она́ расса́живает пассажи́ров по места́м, предлага́ет им большо́й вы́бор напи́тков и та́кже прино́сит обе́д. Она́ даёт им интере́сные све́дения о самолёте и о стра́нах, над кото́рыми прохо́дит маршру́т. Она́ стара́ется, что́бы пассажи́рам бы́ло удо́бно.

---

1 вид [v'it]
2 бага́ж [bagach] ме́сто ⎯⎯ ⌄⎯ страна́ ⎯⎯ ⎯⎯
туристский [tour'issk'ii]

ВИДНА́ ПТИ́ЦА ПО ПОЛЁТУ

Traduction

L'avion

1 Sur l'immense territoire de la Fédération de Russie, le réseau aérien comprend quelques centaines de milliers de kilomètres. L'avion est un moyen de transport commode, rapide et pas très cher, que vous pouvez utiliser pour vous rendre dans des villes éloignées.

2 Pour voyager (m. à m.: le voyage) dans la Fédération de Russie, vous pouvez, longtemps avant le départ, acheter des billets et retenir (votre) place dans un avion auprès des agences d'Aéroflot en Russie ou à l'étranger. Sur les lignes internationales il existe trois classes : la classe économique, la classe « affaires » et la première classe. A l'aéroport, vous devez faire enregistrer vos bagages. Vous pouvez transporter vingt kilos en franchise en classe économique, trente kilos en classe « affaires » et quarante kilos en première classe.

3 Une hôtesse de l'air vous accueille à bord de l'avion. Elle indique (m. à m.: fait asseoir) leur place aux passagers, leur propose un grand choix de boissons et apporte aussi le repas. Elle leur donne des renseignements intéressants sur l'avion et les pays au-dessus desquels passe la ligne (m. à m. l'itinéraire). Elle fait en sorte que les passagers soient bien (à l'aise).

Vocabulaire

багáж, les bagages (collectif)

конфéта, le bonbon

гранúца, la frontière; *за гранúцей* (sans déplacement), *за гранúцу* (avec dépl.), à l'étranger (m. à m. derrière la frontière) *из-за гранúцы,* de l'étranger.

удóбный, confortable *мне удóбно,* je suis bien

составля́ть / составить, composer

пóльзоваться, пóльзуюсь... / воспóльзоваться + instr., se servir de, utiliser (Voyez Mémento § 50: conj. *рисовáть*)

пóльзоваться слýчаем, profiter de l'occasion

бронúровать, бронúрую... / забронúровать, réserver

предлагáть / предложúть, proposer

Au vol on connaît l'oiseau

Grammaire

■ *Росси́йская Федера́ция*

L'adjectif *росси́йский*, « russe », n'est pas synonyme de *ру́сский* :

росси́йская террито́рия, le territoire de la Fédération de Russie (qui englobe des ethnies non russes).

росси́йское аге́нство, une agence russe (= de la Fédération de Russie).

ру́сский язы́к, la langue russe.

■ *...Что́бы пое́хать, ... для путеше́ствия*

● La conjonction « pour » se traduit en russe par *что́бы*.
Le verbe se met :

à l'infinitif si le sujet de la subordonnée est le même que celui de la principale :

Ма́ма идёт в магази́н, что́бы купи́ть проду́кты
Maman va au magasin pour acheter des produits

au passé s'il s'agit de deux sujets distincts :

Он дал мне э́ту кни́гу, что́бы я её прочита́л
Il m'a donné ce livre pour que je le lise

● Il ne faut pas confondre « pour » conjonction et « pour » préposition, qui se traduit, lorsqu'il y a une idée de destination par *для* + génitif :

Он купи́л э́ту кни́гу для вас, il a acheté ce livre pour vous.

■ *Вас встреча́ет бортпроводни́ца*

Le rejet du sujet à la fin de la proposition sert à le mettre en relief (tournure française : c'est ... qui) :

Биле́ты ку́пит Ко́ля. C'est Kolia qui achètera les billets.

■ *... стра́нах, над кото́рыми прохо́дит маршру́т*

L'une des notions exprimées par le préverbe *про-* est la traversée, le parcours :

он пробежа́л че́рез лес, il a traversé la forêt en courant.
мы прошли́ пять киломе́тров, nous avons parcouru cinq kilomètres.

Exercices

A *Traduisez:*

1. Mes parents sont allés à l'aéroport pour acheter les billets. 2. Nous avons pris pour vous des billets de première classe, pour que vous soyez bien. 3. Katia est allée au magasin pour acheter un livre pour son père. 4. Il crie pour que vous compreniez. 5. Nous t'avons offert (подари́ть) cette auto pour que tu l'utilises.

B *Dans les phrases suivantes remplacez le nom de pays par le mot* грани́ца *accompagné de la préposition qui convient:*

6. Ко́ля уже́ верну́лся из Англии. 7. Ка́тя до́лго жила́ в Испа́нии. 8. Мы ско́ро пое́дем в Герма́нию. 9. Вы уже́ бы́ли в Ита́лии?

Corrigé

A 1. Мои́ роди́тели пое́хали в аэропо́рт, чтобы купи́ть биле́ты. 2. Мы взя́ли для вас биле́ты пе́рвого кла́сса, чтобы вам бы́ло удо́бно. 3. Ка́тя пошла́ в магази́н, чтобы купи́ть кни́гу для отца́. 4. Он кричи́т, чтобы вы по́няли. 5. Мы подари́ли тебе́ э́ту маши́ну, чтобы ты по́льзовался ей.

B 6. из-за грани́цы. 7. за грани́цей. 8. за грани́цу. 9. за грани́цей.

Lecture

В самолёте

В самолёте засте́нчивый ю́ноша ника́к не мог реши́ться заговори́ть со свое́й сосе́дкой, очарова́тельной де́вушкой. Наконе́ц он отва́жился заговори́ть :

— Прости́те, вы то́же лети́те э́тим самолётом ?

En avion

Dans un avion un jeune homme timide ne pouvait absolument pas se décider à engager la conversation avec sa voisine, une charmante jeune fille. A la fin, il s'enhardit à dire:

— Pardon, vous aussi vous voyagez par cet avion ?

МЫ ПУТЕШЕ́СТВУЕМ НА САМОЛЁТЕ

1 — Мне ну́жно лете́ть в Волгогра́д. *Бу́дьте добры́, скажи́те, пожа́луйста, вре́мя вы́лета самолётов в Волгогра́д.

— Когда́ вы хоти́те вы́лететь?

— Трина́дцатого ноября́, в понеде́льник.

— Самолёты в Волгогра́д лета́ют три ра́за в день. Вам на како́й рейс?

— На у́тренний.

— Отлёт из Москвы́: 9 часо́в 10. Прилёт в Волгогра́д 11 часо́в. В самолёте подаду́т за́втрак.

— С како́го аэропо́рта вылета́ет самолёт?

— С Шереме́тьевского.

2 — И ещё скажи́те, пожа́луйста, ско́лько сто́ит биле́т до Волгогра́да?

— Сто́имость биле́та до Волгогра́да: 4 500 р.

— Ско́лько килогра́ммов багажа́ мо́жно провезти́ беспла́тно?

— Два́дцать килогра́ммов.

— Когда́ я до́лжен прибы́ть в аэропо́рт?

— В семь часо́в три́дцать мину́т.

3 Объявля́ется *поса́дка на самолёт, вылета́ющий ре́й-сом 701 в Волгогра́д в де́вять часо́в, де́сять мину́т. Про́сьба предъяви́ть поса́дочные тало́ны.

1 бу́дьте [bout'te]
3 поса́дка [pasatka]

НУЖДА́ ЗАКО́НА НЕ ЗНА́ЕТ

Traduction

Nous voyageons par avion

1 — Je dois aller (m. à m. : voler) à Volgograd. Veuillez me dire s.v.p. (m. à m.: soyez bon, dites) l'heure de départ (m. à m.: d'envol) des avions pour Volgograd. — Quand voulez-vous partir ? (m. à m. : vous envoler) — Le treize novembre, lundi. — Les avions pour Volgograd volent trois fois par jour. Sur quel vol (m. à m.: traversée) désirez-vous partir ? — Sur un (vol) du matin. — Départ de Moscou : 9 heures 10. Arrivée à Volgograd : 11 heures. On servira un petit déjeuner dans l'avion. — De quel aéroport s'envole l'avion ? — De (l'aéroport de) Chérémiétiévo.

2 — Et dites-moi encore, s'il vous plaît, combien coûte le billet pour Volgograd. — Le prix du billet pour Volgograd est de 4 500 roubles. — Combien de kilos de bagages peut-on emporter en franchise ? — Vingt kilos. — Quand dois-je être à l'aéroport ? — A 7 heures trente.

3 On annonce l'embarquement dans l'avion, vol 701, partant pour Volgograd à 9 heures 10 minutes. Prière de présenter les tickets d'embarquement.

Vocabulaire

посáдка, l'embarquement, l'atterrissage, l'escale
дóбрый, bon, *он добр, она добрá, они дóбры*, mais *бýдьте добры́* (accent final)
ýтренний, matinal, du matin *вечéрний*, du soir
прибывáть / прибы́ть, прибýду, прибýдешь…, arriver
объявля́ть / объяви́ть, déclarer, annoncer
объявля́ется, impers., on annonce, on fait savoir
предъявля́ть / предъяви́ть, présenter
раз, une fois, *раз в мéсяц* (acc.), une fois par mois, *два рáза в недéлю*, deux fois par semaine

---

Nécessité n'a pas de loi (m. à m.: ne connaît pas).

Grammaire

■ *Вы хотúте вы́лететь*

Les verbes de déplacement préverbés

● On forme l'aspect perfectif des verbes de déplacement (leçon 17) par l'adjonction du préverbe, *no-* au verbe d'aspect déterminé. On a donc un seul perfectif (*поéхать*) pour deux imperfectifs (*éздить — éхать*), la notion de déterminé et d'indéterminé étant perdue lorsqu'il y a préverbation.

● A côté de ce préverbe *no-*, vide de sens, les verbes de déplacement se prêtent à l'adjonction de nombreux autres préverbes (Mémento § 59).

C'est ainsi qu'avec les verbes de déplacement, *в-* indique le mouvement vers l'intérieur, *вы-* le mouvement vers l'extérieur, *при-* l'arrivée, *у-* le départ, *под-* l'approche, *от-* l'éloignement, *про-* le passage, *пере-* la traversée.

● L'aspect perfectif se forme à partir du verbe déterminé, l'aspect imperfectif à partir de l'indéterminé :

приходúть / прийтú	*прибегáть / прибежáть*
прилетáть / прилетéть	*приносúть / принестú*
приводúть / привестú	*привозúть / привезтú*

éздить et *плáвать* font exception : dans les verbes préverbés imperfectifs ils sont remplacés par *-езжáть* et *-плывáть* :

> *приезжáть / приéхать*
> *приплывáть / приплы́ть*

Notons que l'accent de *-бегáть* (avec préverbe) diffère de celui du verbe simple *бéгать*.

■ *Самолёт, вылетáющий*

Le participe présent actif se forme sur le radical du présent des verbes imperfectifs par le remplacement du *-т* final de la 3e personne par *-щий*. Il est plus couramment employé qu'en français et peut remplacer une relative :

> *Человéк, лю́бящий свою́ рабóту, всегдá весёлый*
> L'homme qui aime son travail est toujours gai.

Exercices

A *Remplacez les pointillés par le verbe de déplacement qui convient, au passé perfectif:*
1. Сегодня утром мы... из дому в семь часов,... улицу, сели на такси и... в аэропорт. 2. Мы... в аэропорт в 8 часов и... в зал ожидания (salle d'attente). 3. К нам... бортпроводница и сказала, что надо ждать два часа.

B *Mettez au présent (imperfectif) les verbes des phrases suivantes:*
5. Коля вышел из дому в 7 часов. 6. Дети прибежали к нам. 7. Кто переплыл реку? 8. Почтальон уже принёс письма.

C *Remplacez les propositions subordonnées relatives par le participe présent actif:*
9. Я смотрю через окно на листья, которые падают с деревьев, и на птиц, которые летают с ветки (branche) на ветку, и весело поют. 10. Я думаю о своей подруге, которая живёт так далеко.

Corrigé

A 1. вышли; перешли; поехали. 2. приехали; вошли. 3. подошла.

B 5. выходит. 6. прибегают. 7. переплывает. 8. приносит.

C 9. Я смотрю через окно на листья, падающие с деревьев, и на птиц, летающих с ветки на ветку, и весело поющих. 10. Я думаю о своей подруге, живущей так далеко.

Lecture

На полпути к луне

Наконец, захлопнули люк, и зажглась красная надпись: «Не курить, пристегнуть ремни» и что-то по-английски, может, то же самое, а может, и другое. Может, наоборот: «Пожалуйста, курите. Ремни можно не пристёгивать». Кирпиченко не знал английского.

Аксёнов — *На полпути к луне* — 1965

A mi-chemin de la lune

On a finalement fait claquer la porte et un signal (m. à m.: une inscription) rouge s'est allumé: « Ne fumez pas, attachez vos ceintures ». Et encore quelque chose en anglais, peut-être la même chose, peut-être autre chose. Peut-être le contraire: «Veuillez fumer. On peut ne pas attacher les ceintures.» Kirpitchenko ne savait pas l'anglais.

Aksionov, *A mi-chemin de la lune*, 1965

1 Вы можете купить билет на вокзале в день *отъезда или заранее в кассе предварительной продажи билетов. Вы можете также из дому заказать билет по телефону за десять дней до отъезда, с доставкой на дом. Билеты приносят вам за несколько дней до отъезда. Билеты туда и обратно обычно действительны около двадцати дней.

2 *Поезда бывают скорые и пассажирские. Стоимость билета на скором поезде немного дороже, чем на пассажирском. В спальных вагонах есть две или четыре полки : верхние и нижние.

3 В поездах дальнего следования можно завтракать, обедать или ужинать в вагоне-ресторане. Там можно вкусно поесть. В вашем распоряжении вкусные блюда национальной кухни. Надо спросить заранее, имеет ли поезд вагон-ресторан. На дальних линиях есть спальные вагоны.

---

1 отъезд [at-yèst]

2 поезд [poyèst] , plur. поезда — ‾

С ГЛАЗ ДОЛОЙ — ИЗ СЕРДЦА ВОН

Traduction

Le chemin de fer

1 Vous pouvez acheter votre billet à la gare le jour du départ ou à l'avance au guichet de location (m. à m.: de vente préalable des billets). Vous pouvez aussi commander de chez vous un billet par téléphone, dix jours avant le départ, avec livraison à domicile. On vous apporte les billets quelques jours avant le départ. Les billets aller et retour sont habituellement valables environ vingt jours.

2 Les trains sont des rapides ou des omnibus. Le prix du billet sur un rapide est un peu plus élevé (m. à m.: cher) que sur un omnibus. Dans les wagons-lits, il y a deux ou quatre couchettes: celles du haut (m. à m.: les supérieures) et celles du bas (les inférieures).

3 Dans les trains longue distance, on peut prendre le petit déjeuner, le déjeuner ou le dîner au wagon-restaurant. On peut y manger bien. Des mets savoureux de la cuisine nationale sont à votre disposition. Il faut demander à l'avance s'il y a un wagon-restaurant. Sur les grandes lignes, il y a des wagons-lits.

Prononciation

Attention à l'accent tonique dans les expressions *из дому*, *на дом*.

Dans le mot *обычно* le groupe **чн** peut se prononcer [chn] ou [tch'n].

Vocabulaire

поезд (plur. *поезда*), le train
касса, la caisse
полка, l'étagère, la banquette
паровоз, la locomotive
спрашивать / спросить (+ acc. ou *у* + gén), demander, interroger
иметь, IIА, avoir, posséder
отъезжать / отъехать, s'éloigner
уезжать / уехать, partir

из дому, de chez soi, ancien génitif masculin en -*у* conservé dans deux ou trois expressions: cf. *ни разу*, pas une seule fois

Loin des yeux, loin du coeur (m. à m.: bas des yeux, hors du coeur)

Grammaire

■ *Óколо двадцатú дней*

● Les nombres cardinaux terminés par **-ь** se déclinent comme les substantifs féminins en **-ь**. Leur accent est final:

N. *пять* G.D.P. *пятú* I. *пятью*

Aux autres cas que le nom. acc. ils s'accordent avec le substantif en genre, nombre et cas: *на десятú столáх*, sur dix tables

● *óколо* près de, comme *к*, peut avoir un sens temporel aussi bien que local: *к пятú часáм* vers cinq heures.

■ *Имéет ли пóезд вагóн-ресторáн?*

● La particule *ли* sert à marquer l'interrogation quand la proposition ne comporte pas d'autre mot interrogatif. Elle se place immédiatement après le mot sur lequel porte l'interrogation, qui se trouve en tête de la phrase:

à côté de: *ты купúл билéты?* on peut avoir:

купúл ли ты билéты? as-tu acheté les billets?

ou: *ты ли купúл билéты?* est-ce toi qui as acheté les billets?

● Cette tournure est obligatoire dans le style indirect:

Я спрáшиваю, купúл ли он билéты. Je demande s'il a acheté les billets.

■ *Вéрхний, нúжний, срéдний*

La plupart des adjectifs de type mouillé comportent le suffixe **-н-** et se rapportent au lieu ou au temps: *верх* le haut → *вéрхний*; *низ* le bas → *нúжний*; *средá* le milieu → *срéдний*

■ *За дéсять днéй до отъéзда*

Pour exprimer le temps écoulé avant un événement on a recours à la tournure *за* + acc. ... *до* + gén.

Он пришёл за пять минýт до звонкá
Il est arrivé cinq minutes avant la sonnerie

Inversement on a *чéрез* + acc. ... *пóсле* + gén.

Он вернётся чéрез недéлю пóсле Рождествá
Il reviendra une semaine après Noël

Exercices

Ecrivez les chiffres en toutes lettres au cas voulu:
1. Он верну́лся с 10 пирожка́ми. 2. Там бы́ло о́коло 25 ма́льчиков. 3. Он прие́хал за 12 мину́т до отъе́зда. 4. Мы принесём чемода́н к 9 часа́м. 5. Мы поговори́м об э́тих 6 кни́гах.

Mettez les phrases suivantes au style indirect:
6. Он спроси́л меня́ : « Вы пое́дете в Ки́ев?» 7. Я спрошу́ её : « Ты была́ вчера́ в теа́тре?» 8. Мы спроси́ли Ва́ню : « Мно́го ученико́в в кла́ссе?» 9. Ка́тя спроси́ла Бори́са : « Ты по́нял?» 10. Вы его́ спро́сите : « Мо́жно кури́ть?» 11. Ты спро́сишь Ва́ню : « Ко́ля здесь?»

Corrigé

1. десятью́. 2. двадцати́ пяти́. 3. двена́дцать. 4. девяти́. 5. шести́.

6. Он спроси́л меня́, пое́ду ли я в Ки́ев. 7. Я спрошу́ её, была́ ли она́ вчера́ в теа́тре. 8. Мы спроси́ли Ва́ню, мно́го ли ученико́в в кла́ссе. 9. Ка́тя спроси́ла Бори́са, по́нял ли он. 10. Вы его́ спро́сите, мо́жно ли кури́ть. 11. Ты спро́сишь Ва́ню, здесь ли Ко́ля.

Lecture

Приезжайте в Россию поездом!

В ваго́нах, обслу́живаемых росси́йскими желе́зными доро́гами, Вас ждёт не то́лько увлека́тельное путеше́ствие, но и прия́тное времяпровожде́ние. В зи́мнее вре́мя ваго́ны отопля́ются, вентиля́ция постоя́нно нагнета́ет во́здух. В по́езде к Ва́шим услу́гам ваго́ны-рестора́ны с больши́м вы́бором блюд и напи́тков. На спа́льные места́ по устано́вленному тари́фу предоставля́ются посте́льные принадле́жности, кото́рыми пассажи́р име́ет пра́во по́льзоваться в любо́е вре́мя су́ток.

Venez en Russie par le train!

Les wagons des chemins de fer russes sont équipés pour vous assurer un voyage non seulement passionnant mais plein d'agréments. En hiver ils sont chauffés et la ventilation renouvelle constamment l'air. Le wagon-restaurant vous réserve un grand choix de mets et de boissons. La literie est à la disposition des voyageurs, selon le tarif fixé, à n'importe quel moment du jour et de la nuit.

A **Mettez au futur simple (perfectif) les verbes au présent (Revoyez les verbes des leçons 21 à 30):**

1. Мы начина́ем рабо́ту сего́дня. 2. Ско́лько рубле́й ты мне даёшь? 3. Он говори́т вам, где гара́ж. 4. Куда́ вы сади́тесь? 5. В кото́ром часу́ ты возвраща́ешься? 6. Я встаю́ в семь часо́в. 7. Я налива́ю вам стака́н ча́ю. 8. Он проверя́ет тормоза́. 9. Он спра́шивает милиционе́ра, как дое́хать до вокза́ла. 10. Кто предлага́ет нам пойти́ в кино́? 11. Кто берёт биле́ты?

B **Mettez au cas voulu les substantifs entre parenthèses (Revoyez la leçon 25 et le Mémento § 39: syntaxe des nombres. Revoyez les substantifs des leçons 21 à 30 — leçon 21: masculins et neutres irréguliers):**

12. Пять (по́лка). 13. Пять (стул). 14. Три (стекло́). 15. Шесть (брат). 16. Два (сын). 17. Два́дцать оди́н (киломе́тр).

C **Reliez les deux propositions en faisant de la seconde une subordonnée (Revoyez la leçon 25 et le Mémento § 33: *кото́рый*):**

18. Спаси́бо за письмо́; я его́ получи́ла вчера́. 19. « Война́ и Мир » — рома́н Толсто́го; я его́ о́чень люблю́. 20. Как называ́ется э́та маши́на? Бори́с е́ю пра́вит. 21. В середи́не ко́мнаты стои́т стол; за столо́м сиде́ло пять ма́льчиков.

D **Traduisez:**

22. Comment irons-nous à Marseille? 23. Par le train? En avion? En auto? 24. Je vous conseille d'y aller par le train: sur les routes il y a trop d'autos et conduire maintenant n'est pas chose (де́ло) facile. 25. L'avion est un mode de transport rapide mais coûteux. 26. De plus (впро́чем) vous mettrez (потра́тить) près de deux heures pour vous rendre à l'aéroport. 27. Vous arriverez à Marseille très rapidement par le train et vous dormirez dans un confortable wagon-lits.

Corrigé

A 1. начнём. 2. дашь. 3. скажет. 4. сядете. 5. вернёшься. 6. встану. 7. налью. 8. проверит. 9. спросит. 10. предложит. 11. возьмёт.

B 12. полок. 13. стульев. 14. стекла. 15. братьев. 16. сына. 17. километр.

C 18. Спасибо за письмо, которое я получила вчера. 19. « Война и Мир » — роман Толстого, который я очень люблю. 20. Как называется машина, которой правит Борис? 21. В середине комнаты стоит стол, за которым сидело пять мальчиков.

D 22. Как мы поедем в Марсель? 23. На поезде? на самолёте? на машине? 24. Я вам советую ехать туда на поезде: на дорогах слишком много машин, и править машиной теперь нелёгкое дело. 25. Самолёт — быстрый, но дорогой вид транспорта; 26. Впрочем, вы потратите около двух часов, чтобы доехать до аэропорта. 27. Вы приедете в Марсель очень быстро на поезде и будете спать в удобном спальном вагоне.

31 ВЫ УЕЗЖА́ЕТЕ НА ПО́ЕЗДЕ

1 — Могу́ ли я заказа́ть биле́ты до Санкт-Петербу́рга на «Кра́сную *Стрелу́»? Я собира́юсь е́хать* пе́рвого *декабря́. В кото́ром часу́ отправля́ется по́езд из Москвы́?
— В 0 (ноль) часо́в 5 мину́т. Ско́лько мест вам ну́жно?
— Два ни́жних ме́ста в спа́льном ваго́не.
— О́чень сожале́ю: оста́лись то́лько ве́рхние места́.
— Ну, ничего́, я их возьму́.

2 — Да́йте мне, пожа́луйста, биле́т до Костромы́.
— Туда́ и обра́тно?
— Нет, то́лько туда́.
— Обрати́тесь в биле́тную ка́ссу № 6.

3 (*Носи́льщику*)
— Отнеси́те, пожа́луйста, мой бага́ж к Ки́евскому по́езду, ваго́н но́мер 8, ме́сто но́мер 15. Ско́лько я вам до́лжен?

4 — До Каза́ни есть по́езд прямо́го сообще́ния?
— Нет, вам придётся сде́лать переса́дку в Сара́тове.

5 — С како́й платфо́рмы отхо́дит по́езд в Тверь?
— *С четвёртой платфо́рмы. Он опа́здывает на час. Вы мо́жете подожда́ть в за́ле ожида́ния и́ли в буфе́те.

---

1 стрела́——— ___   декабрь /—— пе́рвого [p'èrvava]
5 с четвёртой [ch'ch'itv'ortaï]

НА ТО́РНОЙ ДОРО́ГЕ ТРАВА́ НЕ РАСТЁТ

Traduction

Vous partez par le train

1 — Puis-je avoir (m. à m.: commander) des billets pour Saint-Pétersbourg sur « La Flèche Rouge »? J'ai l'intention de partir le 1er décembre. A quelle heure le train quitte-t-il Moscou ? — A O heure 5 minutes. Combien de places vous faut-il ? — Deux places du bas en wagon-lit. — Je regrette beaucoup: il reste seulement des places en haut. — Eh bien! Ça ne fait rien, je les prends.

2 — Donnez-moi, s'il vous plaît, un billet pour Kostroma. — Aller et retour ? — Non, aller simple. — Adressez-vous au guichet (de billets) 6.

3 (Au porteur) — Portez, s'il vous plaît, mes bagages dans le train pour Kiev, wagon n° 8, place n° 15. Combien vous dois-je ?

4 — Pour Kazan, il y a un train direct? (m. à m.: de communication directe) — Non, vous devez changer (m. à m.: faire un changement) à Saratov.

5 — De quel quai part le train pour Tver? — Du quai quatre. Il a un retard (m. à m.: retardé) d'une heure. Vous pouvez attendre dans la salle d'attente ou au buffet.

Prononciation

Le groupe *сч* se prononce comme *щ* : *с чем* [ch'ch'èm], *с четвёртой* [ch'ch'itv'ortaï].

Vocabulaire

ноль, (+ gén. plur.), zéro   *ноль градусов*, zéro degré
купе, (indéclinable), le compartiment   *платформа*, le quai
заказывать / заказать IIA (comme *сказать*), commander
собираться / собраться, IIB (comme *брать*) + infinitif, se préparer (à aller, à partir)
отправляться / отправиться, partir
сожалеть, regretter
оставаться, остаюсь, остаёшься... / остаться, останусь, останешься..., rester
обращаться / обратиться к + datif, *в* + acc., s'adresser à
опаздывать / опоздать, avoir du retard, arriver en retard

Sur un chemin battu, l'herbe ne pousse pas.

Grammaire

■ *Пéрвого декабря́*

La date est exprimée en russe par l'ordinal au génitif sans préposition: *Како́го числа́?* A quelle date?

> *тринáдцатого* (sous entendu *числа́*) *ноября́*
> le 13e jour de novembre, le 13 novembre.

■ *Два вéрхних мéста*

Après *два, три, четы́ре* le substantif se met, on le sait, au gén. sing. L'adjectif se met, lui, au gén. pl. s'il accompagne un substantif masculin ou neutre, au nom. pl. s'il accompagne un féminin.

> *четы́ре высо́кие берёзы*, quatre grands bouleaux

Avec les autres nombres l'adjectif s'accorde avec le substantif.

■ *Ско́лько мест вам ну́жно?*

Quand le sujet est accompagné d'un adverbe de quantité ou d'un nombre, le verbe (ou l'adjectif attribut) se met en général au singulier:

> *У нас остáлось мáло мест.* Il nous est resté peu de places.

■ *Он опáздывает на час*

Pour mesurer une différence on emploie la préposition **на** suivie de l'accusatif.

> *Он на два го́да моло́же вас.*
> Il est de deux ans plus jeune que vous.

■ *Носи́льщик*

Le suffixe *-ик (-чик, -щик, -льщик, -ник)* sert fréquemment à former des noms de métiers à partir de noms ou de verbes:

носи́ть	*носи́льщик*	le porteur
летáть	*лётчик*	l'aviateur
колхо́з	*колхо́зник*	le kolkhosien

Exercices

A *Ecrivez la date en toutes lettres:*
1. Мы вернёмся из Москвы 23/8; 2. 12/4; 3. 2/7; 4. 31/10; 5. 27/2; 6. 4/11; 7. 25/1.

B *Mettez au cas voulu les mots entre parenthèses:*
8. Пять (удобное кресло). 9. Одна (новая станция). 10. Два (дорогой ресторан). 11. Четыре (интересный журнал). 12. Три (умная девочка).

C *Traduisez:*
13. Anne est de deux ans votre ainée. 14. Il est arrivé deux heures plus tôt que vous. 15. Cette maison est de deux mètres plus haute que la vôtre. 16. Kolia est arrivé cinq minutes en retard.

Corrigé

A 1. двадцать третьего августа. 2. двенадцатого апреля. 3. второго июля. 4. тридцать первого октября. 5. двадцать седьмого февраля. 6. четвёртого ноября. 7. двадцать пятого января.

B 8. Пять удобных кресел. 9. Одна новая станция. 10. Два дорогих ресторана. 11. Четыре интересных журнала. 12. Три умные девочки.

C 13. Анна на два года старше вас. 14. Он приехал на два часа раньше вас. 15. Этот дом на два метра выше вашего. 16. Коля опоздал на пять минут.

Lecture

В вагоне

Проводник: Здесь курить запрещено.
Пассажир: Почему?
Проводник: Вагон для некурящих. Вон же написано.
Пассажир: В вагоне так дымно, что нельзя прочесть.

Dans le wagon

Le chef de voiture: — Ici, il est interdit de fumer.
Le voyageur: — Pourquoi? *Le chef de voiture:* — C'est un wagon de non-fumeurs. C'est écrit là. *Le voyageur:* — Il y a tant de fumée dans le wagon qu'on ne peut pas lire.

1 На парохо́де мо́жно соверши́ть прия́тные путеше́ствия по мо́рю. Те, кто боя́тся ка́чки, мо́гут приня́ть пилю́ли от морско́й боле́зни.

2 На трёхпа́лубном парохо́де пе́рвый класс нахо́дится в центра́льной ча́сти *су́дна. Там есть сало́ны, бар, чита́льный зал и просто́рный рестора́н. Второ́й класс и́ли *тури́стский класс нахо́дится позади́, в кормово́й ча́сти. Са́мые удо́бные каю́ты выхо́дят на па́лубу.

3 *Жить на борту́ о́чень прия́тно. Одни́ пассажи́ры гуля́ют по па́лубе, други́е занима́ются спо́ртом на спортплоща́дке и́ли купа́ются в бассе́йне. Не ну́жно боя́ться ску́ки, так как на парохо́де име́ются многочи́сленные развлече́ния : конце́рты, ле́кции, фи́льмы, и т. д. (и так да́лее). В после́дний ве́чер путеше́ствия капита́н устра́ивает для люби́телей та́нцев бал, зака́нчивающийся обы́чно о́коло трёх часо́в но́чи.

---

1 парохо́д [parakhot]

2 су́дно —— тури́стский [tour'issk'ïi]

3 жить [jüt']

ДОБРО́ ТОМУ́ ВРАТЬ, КТО ЗА́ МОРЕМ БЫВА́Л

Traduction

Le bateau (*à vapeur*)

1   Par bateau, on peut faire d'agréables voyages en mer. Ceux qui craignent le roulis peuvent prendre des pilules contre le mal de mer.

2   Sur un bateau à trois ponts, la première classe se trouve dans la partie centrale du navire. Il y a là des salons, un bar, une salle de lecture et une vaste salle à manger. La seconde classe, ou classe touriste, se trouve à l'arrière, à la poupe. Les cabines les plus confortables donnent sur le pont.

3   Vivre à bord est très agréable. Des passagers se promènent sur le pont, d'autres s'adonnent au sport dans la salle de sport ou se baignent dans la piscine. Il ne faut pas craindre de s'ennuyer (m. à m.: l'ennui) car, sur un bateau, s'offrent de nombreuses distractions: des concerts, des conférences, des films, etc. Le dernier soir du voyage, le capitaine organise pour les amateurs de danse (m. à m.: danses) un bal qui s'achève habituellement vers trois heures du matin (m. à m.: de la nuit).

Vocabulaire

боле́знь fém., la maladie
бассе́йн, la piscine
та́н(е)ц gén. *та́нца*, la danse
спорти́вная площа́дка ou *спортплоща́дка*, le terrain de sport
соверша́ть / соверши́ть, accomplir, faire
име́ться, exister, se trouver
боя́ться, бою́сь, бои́шься… / побоя́ться (+ gén.), craindre
принима́ть / приня́ть, ПВ *приму́, при́мешь…*, accueillir, prendre (une douche, un cachet)
занима́ться (+ instr.), s'occuper de, faire, s'adonner à
устра́ивать / устро́ить, organiser
сле́дует, passé *сле́довало*, il faut, il convient
так как, conj., comme, puisque
оди́н… друго́й, l'un… l'autre

часть fém. une partie
развлече́ние, une distraction
люби́тель, l'amateur

A beau mentir qui vient de loin
(m. à m.: qui était au-delà de la mer).

Grammaire

■ *Те, кто бойтся ка́чки…*

● Le pronom relatif est habituellement *кото́рый* (leçon 25) mais lorsque l'antécédent est un pronom (*тот, всё, все*), exprimé ou sous-entendu, il faut employer *кто* pour les êtres animés, *что* pour les objets :

> *Вот тот, о ком я вам говори́л,*
> voilà celui dont je vous ai parlé.
> *Это всё, что я зна́ю,* c'est tout ce que je sais.

● Le verbe de la subordonnée peut être au singulier, même si l'antécédent est au pluriel : *те, кто смотре́л* (ou *смотре́ли*) *фи́льмы.*

■ *Други́е занима́ются спо́ртом*

Des verbes marquant l'attention, l'intérêt que l'on porte à un objet se construisent avec l'instrumental :

> *интересова́ться исто́рией,* s'intéresser à l'histoire.
> *любова́ться приро́дой,* admirer la nature.
> *увлека́ться му́зыкой,* se passionner pour la musique.

■ *Зака́нчивающийся*

Le participe présent d'un verbe pronominal se termine par *-ся* même après voyelle : *конча́ющаяся, конча́ющееся…*

■ *О́коло трёх часо́в но́чи*

Les cardinaux *два, три, четы́ре* se déclinent (Mémento § 38).

■ *Трёхпа́лубный, многочи́сленный*

On forme de nombreux adjectifs composés à l'aide d'un substantif et d'un numéral (au génitif) ou d'un adverbe :

> *шестиэта́жный дом,* une maison de six étages.

■ *Пилю́ли от морско́й боле́зни*

La préposition *от* dont le sens général est l'éloignement est ici synonyme de *про́тив,* contre :

> *лека́рство от гри́ппа,* un remède contre la grippe.

Exercices

A *Traduisez en utilisant des propositions relatives:*
1. Tout ce que vous dites est vrai. 2. Les gens qui aiment la mer peuvent aller en Russie en bateau. 3. Tous ceux qui habitent ici me connaissent. 4. Ceux qui font du sport sont toujours en bonne santé. 5. Avez-vous déjà nagé dans la piscine qui se trouve près du pont?

B *Mettez les verbes entre parenthèses au participe présent actif:*
6. Мы ча́сто игра́ем в футбо́л на спортплоща́дке (находи́ться) на э́той у́лице. 7. Ко́ля ча́сто хо́дит на конце́рт с де́вушкой (занима́ться) му́зыкой. 8. Ле́кции (начина́ться) в 9 часо́в, не конча́ются ра́ньше 12 часо́в.

Corrigé

A 1. Всё, что вы говори́те, — пра́вда. 2. Лю́ди, кото́рые лю́бят мо́ре, мо́гут пое́хать в Росси́ю на парохо́де. 3. Все, кто тут живёт (живу́т), меня́ зна́ют. 4. Те, кто занима́ется (занима́ются) спо́ртом, всегда́ здоро́вы. 5. Вы уже́ пла́вали в бассе́йне, кото́рый нахо́дится у (о́коло) моста́?

B 6. находя́щейся. 7. занима́ющейся. 8. начина́ющиеся.

Lecture

Вас ожида́ет радушие черноморских моряков!

В музыка́льных сало́нах — выступле́ния эстра́дных орке́стров, демонстра́ция кинофи́льмов и телепереда́ч. В рестора́нах и ба́рах — большо́й вы́бор ру́сских блюд и напи́тков ми́ра.

Для всех — беспла́тное медици́нское обслу́живание.

L'hospitalité des marins de la Mer Noire vous attend!

Dans les salons de musique, présentations d'orchestres de variétés, projection de films et retransmissions télévisées. Dans les restaurants et les bars, grand choix de plats russes et de boissons du monde entier.

Pour tous, un service médical gratuit.

33 ПОСА́ДКА НА *ТЕПЛОХО́Д

1 Предъяви́те биле́т, пожа́луйста! Како́й но́мер ва́шей каю́ты? *Оста́вьте здесь ваш бага́ж, вам принесёт его́ стюа́рд. Прошу́ идти́ за мной.

2 — Войди́те, пожа́луйста. Вот свет для ве́рхней кушётки. А э́то кно́пка вы́зова дежу́рного. Спаса́тельные *круги́ под кушёткой. *Насчёт обе́да обраща́йтесь к стюа́рду. Он же пока́жет вам ме́сто в столо́вой. Э́то челове́к, каю́та кото́рого нахо́дится у ле́стницы.

3 — Да́йте, пожа́луйста, папиро́сы.
— Прода́жа начина́ется то́лько по́сле отплы́тия.
— Ско́лько папиро́с разреша́ется везти́?
— Тамо́женники допуска́ют о́коло двухсо́т папиро́с.
— Продаю́тся ли здесь това́ры свобо́дные от по́шлин?

4 — Бу́дьте любе́зны, два шезло́нга.
— На ле́вом и́ли на пра́вом борту́?
— На ле́вом, пожа́луйста. Я хочу́ быть на *со́лнце.

5 — Мо́жно ли дать мне каю́ту побо́льше?
— Ка́жется, это бу́дет возмо́жно.
— Вы о́чень любе́зны. Благодарю́ вас.

---

1 теплохо́д [t'ipLakhot) оста́вьте [astaf'te]
2 круг [krouk] mais круги́ [kroug'i]
насчёт [nach'ch'ot]
4 со́лнце [sontse]

РАЗБИ́ТОМУ КОРАБЛЮ́ НЕТ ПОПУ́ТНОГО ВЕ́ТРА

Traduction

L'embarquement sur un bateau (*à moteur Diesel*)

1 — Présentez (votre) billet, s'il vous plaît. Quel est le numéro de votre cabine? Laissez ici vos bagages, c'est le steward qui vous les portera. Veuillez me suivre (m. à m.: je prie d'aller derrière moi).

2 — Entrez, s'il vous plaît. Voici la lumière pour la couchette du haut. Et ceci est un bouton pour appeler (m. à m.: d'appel) l'homme de service. Les bouées de sauvetage sont sous la couchette. Pour ce qui est des repas, adressez-vous au steward, c'est lui qui vous placera dans la salle à manger. C'est un homme dont la cabine se trouve près de l'escalier.

3 — Donnez-moi, s'il vous plaît, des cigarettes. — La vente commence seulement après le départ. — Combien de cigarettes est-il permis d'emporter? — Les douaniers tolèrent environ deux cents cigarettes. — Est-ce qu'on vend ici des marchandises exemptes de droits?

4 — Je voudrais (m. à m.: soyez aimable) deux chaises longues. — A bâbord ou à tribord (m. à m.: sur le bord gauche ou droit)? — A bâbord, s'il vous plaît. Je veux être au soleil.

5 — Peut-on me donner une cabine un peu plus grande? — Il me semble que ce sera possible. — Vous êtes très aimable. Je vous remercie.

Vocabulaire

товáр, la marchandise   *пóшлина*, la taxe
оставлять / остáвить, laisser
звать, зовý, зовёшь… / позвáть, appeler
покáзывать / показáть (comme *сказáть*), montrer
разрешáть / разрешить, permettre
допускáть / допустить, admettre
продавáть, продаю́, продаёшь… (comme *давáть*) / *продáть, продáм*
… (comme *дать*), vendre
благодарить / поблагодарить, remercier
пóсле (+ gén.), après

A navire brisé, tous vents sont contraires.

Grammaire

■ *Челове́к, каю́та кото́рого*

Le pronom relatif *кото́рый*, employé au génitif comme complément de nom se place après le nom dont il est complément:

> *Фи́льмы, сцена́рии кото́рых вы прочита́ли...*
> les films dont vous avez lu le scénario...

■ *Продаю́тся други́е това́ры*

Les verbes pronominaux sont souvent utilisés pour traduire le passif lorsqu'il s'agit d'une action en cours. L'agent se met à l'instrumental:

> *Рабо́та выполня́ется инжене́рами,*
> le travail est exécuté par les ingénieurs

On peut également les traduire par une tournure impersonnelle: *разреша́ется* il est permis.

■ *О́коло двухсо́т*

Dans les numéraux *две́сти, три́ста, четы́реста*, les deux éléments se déclinent:

N.A.	*две́сти*	*три́ста*	*четы́реста*
G.	*двухсо́т*	*трёхсо́т*	*четырёхсо́т*
D.	*двумста́м*	*трёмста́м*	*четырёмста́м*
I.	*двумяста́ми*	*тремяста́ми*	*четырьмяста́ми*
P.	*двухста́х*	*трёхста́х*	*четырёхста́х*

■ *Дать мне каю́ту побо́льше*

La forme suffixale du comparatif (leçon 24) peut, quoique rarement, être employée comme épithète.
Le préfixe *по-* devant le comparatif a une valeur atténuative *повы́ше*, un peu plus haut.

■ *Он же*

La particule *же* sert à renforcer le mot qui précède:

> *где же Ко́ля?* où donc est Kolia?
> *сего́дня же*, aujourd'hui même

Exercices

A *Traduisez:*

1. Nous approchions (en avion) d'une ville dont nous voyions déjà les toits. 2. Les voyageurs dont les bagages sont à bord peuvent embarquer. 3. N'achetez pas les marchandises dont les taxes sont élevées.

B *Ecrivez le numéral en toutes lettres au cas voulu:*

4. В аудито́рии бо́лее (четы́реста) студе́нтов. 5. К (три́ста) приба́вьте (ajoutez) (две́сти). 6. Он уе́хал с (четы́реста) рубля́ми.

C *Tournez au passif les phrases suivantes:*

7. Где продаю́т э́ти проду́кты? 8. В э́том клу́бе ча́сто устра́ивают вечера́. 9. Архите́кторы уже́ гото́вят прое́кты. 10. Там ча́сто встреча́ют интере́сных люде́й.

Corrigé

A 1. Мы подлета́ли к го́роду, кры́ши кото́рого мы уже́ ви́дели. 2. Пассажи́ры, бага́ж кото́рых на борту́, мо́гут сесть на парохо́д. 3. Не покупа́йте това́ров, по́шлины кото́рых высоки́!

B 4. четырёхсо́т. 5. трёмста́м; две́сти. 6. четырьмяста́ми.

C 7. Где продаю́тся э́ти проду́кты? 8. В э́том клу́бе ча́сто устра́иваются вечера́. 9. Прое́кты уже́ гото́вятся архите́кторами. 10. Там ча́сто встреча́ются интере́сные лю́ди.

Lecture

На борту́ парохо́да

Пассажиров было много, пароход — знаменитая « Атлантида » — был похож на огромный отель со всеми удобствами, — с ночным баром, с восточными банями, с собственной газетой, — и жизнь протекала на нём весьма размеренно.

Бунин — Господин из Сан-Франциско — 1915

A bord d'un paquebot

Il y avait beaucoup de passagers, le paquebot — le célèbre «Atlantide» — ressemblait à un énorme hôtel, avec tout le confort, — bar de nuit, bains orientaux, son propre journal, — et la vie s'écoulait à bord, tout à fait régulière.

Bounine, Le monsieur de San-Francisco, 1915

34 ПА́СПОРТ

1 Ка́ждый челове́к име́ет гражда́нство. Пьер Дюмо́н — францу́з. А вы кто? — не́мец, англича́нин, испа́нец, италья́нец? В па́спорте ука́зано ва́ше гражда́нство. Па́спорт — докуме́нт. В докуме́нте ука́заны ва́ша фами́лия, и́мя, год, ме́сяц, число́ и ме́сто рожде́ния, профе́ссия, а́дрес ва́шего постоя́нного местожи́тельства. Тут же ука́заны и ва́ши осо́бые приме́ты. На одно́й из пе́рвых страни́ц *прикреплена́ ваша фотока́рточка.

2 Когда́ пересека́ешь грани́цу, на́до запо́лнить тамо́женную деклара́цию и предъяви́ть докуме́нты. На *въезд в Росси́йскую Федера́цию *нужна́ ви́за. Но пое́здки из одно́й страны́ в другу́ю стано́вятся всё ле́гче и ле́гче и паспорта́ отпра́вят когда́-нибудь в музе́и.

3 Для полице́йских по́исков всё бо́льше испо́льзуются электро́нные маши́ны. На земле́ ско́ро не бу́дет ни одгого́ уголка́, где мо́жно бу́дет жить без докуме́нта.

---

1 прикреплён, прикреплена́... ⟋—

2 въезд [v-yèst] ну́жен, нужна́... ⌃—

НЕ ГОВОРИ́ «ГОП», ПОКА́ НЕ ПЕРЕСКО́ЧИШЬ

Traduction

Le passeport

Chaque individu possède une nationalité. Pierre Dumont est français. Et vous, qu'est-ce que vous êtes? — Allemand, Anglais, Espagnol, Italien? Votre nationalité est indiquée sur le passeport. Le passeport est une pièce d'identité. Sur une pièce d'identité sont inscrits votre nom de famille, votre prénom, l'année, le mois, la date et le lieu de votre naissance, votre profession, l'adresse de votre domicile habituel. Y sont également indiqués vos signes particuliers. Sur l'une des premières pages est collée votre photographie.

Quand on franchit une frontière, il faut remplir une fiche de douane et présenter ses pièces d'identité. Pour entrer (m. à m.: pour l'entrée) dans la Fédération de Russie, un visa est nécessaire. Mais les voyages d'un pays à l'autre deviennent de plus en plus faciles et on enverra un jour les passeports au musée (dans les musées).

Pour les recherches policières, on utilise de plus en plus les ordinateurs. Sur terre, il n'y aura bientôt plus un seul coin où l'on pourra vivre sans pièce d'identité.

Prononciation

La participe passé passif en -ённый a un accent final à la forme courte: *принесён, принесена́, принесено́, принесены́*.

Vocabulaire

францу́з, fém. *францу́женка*, un Français
англича́нин, fém. *англича́нка*, un Anglais
не́м(е)ц, fém. *не́мка*, un Allemand
италья́н(е)ц, fém. *италья́нка*, un Italien
испа́н(е)ц, fém. *испа́нка*, un Espagnol
рожде́ние, la naissance   *день рожде́ния*, l'anniversaire
пое́здка, le voyage.   *свет*, 1. la lumière; 2. le monde
у́гол, le coin   *угол(о́)к*, un coin retiré
ука́зывать / указа́ть (comme *сказа́ть*), indiquer
заполня́ть / запо́лнить, remplir.
испо́льзовать impf. et pf., *испо́льзую*...utiliser
станови́ться `⟍` / *стать*, IIC, *ста́ну, ста́нешь*, devenir

Il ne faut pas se moquer des chiens qu'on ne soit hors du village
(m. à m.: ne dis pas « hop » tant que tu n'as pas sauté)

Grammaire

■ *В докуме́нте ука́заны фами́лия, и́мя*

Le participe passé passif se forme sur le radical de l'infinitif des verbes perfectifs transitifs:

Le suffixe *-нн-* caractérise le participe passé de verbes de la première conjugaison en *-ать, -ять* (à quelques exceptions près, que nous verrons plus loin — leçon 43 —), en *-ти, -чь,* et ceux de la deuxième conjugaison en *-ить* et *-еть.*

● Pour les verbes en *-ать / -ять* et *-еть,* on remplace la terminaison *-ть* de l'infinitif par le suffixe *-нн-* suivi d'une désinence adjectivale.

> *сде́лать* — *сде́ланный*
> *потеря́ть* — *поте́рянный* (perdre)
> *уви́деть* — *уви́денный*

La terminaison est atone.

● Pour les verbes en *-ти, -чь, -ить* il faut en outre ajouter *-е- (-ё-)*

> *принести́* → *принесённый*

après chute du *-и* des verbes en *-ить* et transformation de la consonne comme à la première personne du présent:

> *прикрепи́ть* (*прикреплю́*) → *прикреплённый*

La terminaison est accentuée (*-ё-*) si le verbe a un accent final au présent.

Lorsque le participe est employé comme attribut, la forme courte est obligatoire.

A la forme courte, le suffixe se réduit à un seul *-н : сде́лан, сде́лана, сде́лано, сде́ланы*

■ *Пое́здки всё ле́гче и ле́гче*

Pour traduire l'expression française « de plus en plus » on utilise le comparatif (répété ou non) précédé de *всё :*

> *Дни стано́вятся всё коро́че* (*и коро́че*)
> les jours deviennent de plus en plus courts

■ *На одно́й из пе́рвых страни́ц*

Один se décline comme le pronom *э́тот* (Mémento § 38).

■ *Когда́ пересека́ешь грани́цу*

La deuxième personne du singulier sans sujet exprimé sert couramment à traduire le « on » français, lorsque la personne qui parle est impliquée dans ce « on ». Cette tournure est très courante dans les proverbes et dictons :

> *На весь мир не угоди́шь,* on ne peut contenter tout le monde

■ *англича́нин*

Ce mot perd le suffixe *-ин* au pluriel, comme tous les autres mots en *-я́нин* (*-а́нин* après chuintante) qui désignent des personnes appartenant à un groupe administratif, social, ethnique, religeux. Le nom. plur. est en *-е* et le gén. plur. a la désinence zéro :

> *россия́нин,* le Russe (citoyen de la Fédération de Russie)
> (pl. *россия́не, россия́н*)
> *крестья́нин,* le paysan (pl. *крестья́не, крестья́н*)

Exercices

A *Mettez les verbes entre parenthèses au participe passé passif:*
1. Ско́лько оши́бок (fautes) бы́ло (сде́лать)? 2. В магази́н бы́ли (привезти́) но́вые проду́кты. 3. Всё (ко́нчить). 4. Интере́сна те́ма (испо́льзовать) э́тим писа́телем. 5. Ка́тя предъяви́ла тамо́женнику деклара́цию (запо́лнить) отцо́м. 6. Война́ была́ уже́ (объяви́ть).

B *Mettez au cas et au genre voulus le mot оди́н:*
7. Мы ко́нчили рабо́ту за (оди́н) неде́лю. 8. Он не говори́т ни (оди́н) сло́ва. 9. Они́ все живу́т в (оди́н) до́ме. 10. Я был там с (оди́н) това́рищем. 11. У (оди́н) сли́шком мно́го де́нег, у други́х нет ни копе́йки.

Corrigé

A 1. сде́лано. 2. привезены́. 3. ко́нчено. 4. испо́льзованная. 5. запо́лненную. 6. объя́влена.

B 7. одну́. 8. одного́. 9. одно́м. 10. одни́м. 11. одни́х.

ТАМО́ЖНЯ.
ОБМЕ́ННЫЙ ПУНКТ

1 На грани́це ну́жно запо́лнить тамо́женную деклара́цию
и тамо́женники мо́гут осмотре́ть ваш бага́ж. Вам
ну́жно предъяви́ть ве́щи, облага́емые по́шлиной.
По́шлины быва́ют о́чень ра́зные. Обы́чно допуска́ют
како́е-то определённое коли́чество сигаре́т на ли́чные
*ну́жды.

2 — Разреши́те ва́ши паспорта́! Како́й у вас бага́ж?
— Вот он : вот там чемода́нчик, са́мый ма́ленький,
э́тот портфе́ль и паке́т. Вот и всё.
— Что вы ещё везёте с собо́й? Есть ли сигаре́ты?
Алкого́льные напи́тки? Ору́жие ?
— Нет, у меня́ с собо́й то́лько ве́щи для ли́чного по́ль-
зования, ко́е-каки́е сувени́ры и не́сколько *книг. Ни-
чего́ друго́го нет.
— Откро́йте, пожа́луйста, э́тот чемода́н. Хорошо́.
(*Тамо́женник де́лает отме́тку ме́лом на багаже́.*)

3 — Где нахо́дится обме́нный пункт?
— За мосто́м, сле́ва.
— Я хочу́ обменя́ть де́ньги. У меня́ одни́ то́лько
е́вро, а рубле́й нет.

---

1 нужда́
2 кни́га [kn'iga], mais книг [kn'ik]

ПО́СЛЕ НАС ХОТЬ ПОТО́П

La douane. Le bureau de change

A la frontière, il faut remplir une fiche de douane et les douaniers peuvent examiner vos bagages. Il vous faut déclarer les objets soumis à un droit. Les droits sont très variables. Habituellement, on tolère une certaine quantité de cigarettes pour les besoins personnels.

— Vos passeports, s'il vous plaît! (m. à m.: Permettez!) Quels sont vos bagages? — Les voici: là-bas cette petite valise, la plus petite, cette serviette et ce paquet-ci. Et c'est tout. — Que transportez-vous encore (avec vous)? Y a-t-il des cigarettes? Des boissons alcoolisées? Des armes ? — Non, j'ai seulement (avec moi) des objets d'usage personnel, divers souvenirs et quelques livres. Rien d'autre. — Ouvrez s'il vous plaît cette valise. Bien.
(Le douanier fait une marque à la craie sur les bagages.)

— Où se trouve le bureau de change? — Au-delà du pont, à gauche.
— Je voudrais changer de l'argent. Je n'ai que des euros, pas de roubles.

Vocabulaire

напи́т(о)к, la boisson
ору́жие, neutre sing., les armes
вещь (fém.), une chose, un objet
осма́тривать / осмотре́ть, _ examiner
меня́ть / обменя́ть, changer, échanger

Après nous le déluge.

Grammaire

■ *...предъявить вéщи, облагáемые пóшлиной*

Le participe présent passif se forme sur le radical du présent des verbes imperfectifs transitifs: on ajoute simplement la désinence adjectivale à la première personne du pluriel.

> *Мы повторя́ем* (nous répétons) → *повторя́емый*
> *Мы лю́бим* (nous aimons) → *люби́мый* (préféré)

Ce participe est employé de façon très limitée, pour exprimer la durée ou la répétition.

L'attribut est à la forme courte.

■ *Каκóе-то коли́чество, кóе-каки́е сувени́ры, чтó-либо*

Les particules *-то, -либо* et *кóе-* accompagnant un pronom ou adverbe interrogatif servent à former des pronoms (ou adverbes) indéterminés:

> *Ктó-то вам звони́л*, quelqu'un (une personne que je ne connais pas) vous a téléphoné.

> *Иди́те куда́-либо*, allez n'importe où (où vous voudrez)

> *Кóе-кто* (désigne souvent un pluriel) *говори́л мне о вас*, certaines personnes (que je connais mais dont je ne dis pas le nom) m'ont parlé de vous.

S'il y a une préposition, elle se place entre *кое* et le pronom:

> *мы кóе с кем гуля́ли*, nous nous sommes promenés avec certaines personnes.

> *кóе-как*, tant bien que mal,
> *кóе-где*, çà et là.

■ *Оди́н тóлько еврó*

Оди́н est un nombre, mais aussi un pronom-adjectif: un, un seul, seul, seulement. Souvent il est renforcé par *тóлько*:

> *Тóлько он оди́н знáет, где Мáша,*
> lui seul sait où est Macha.

Exercices

A *Mettez les verbes entre parenthèses au participe présent passif:*
1. Наконе́ц почтальо́н принёс пи́сьма (ожида́ть : attendre) солда́тами уже́ три дня. 2. Там ви́дно по́ле (пересека́ть) желе́зной доро́гой. 3. Маши́ны (испо́льзовать) на э́том заво́де хорошо́ рабо́тают.

B *Traduisez en employant les particules: -то, -либо ou кое-*
4. J'ai déjà vu cette personne quelque part. 5. Achète le manteau que tu veux. 6. Hier j'ai rencontré certaines personnes au théâtre. 7. Il pleure (пла́кать, я пла́чу) je ne sais pourquoi. 8. Je veux te parler (рассказа́ть) de certaines choses. 9. Kolia lit un journal.

Corrigé

A 1. ожида́емые. 2. пересека́емое. 3. испо́льзуемые.

B 4. Я уже́ где́-то ви́дел э́того челове́ка. 5. Купи́ како́е-либо пальто́. 6. Вчера́ я встре́тил в теа́тре ко́е-каких люде́й (ко́е-кого́). 7. Он почему́-то пла́чет. 8. Я хочу́ рассказа́ть тебе́ ко́е о чём. 9. Ко́ля чита́ет каку́ю-то газе́ту.

Lecture

Ваши документы, гражданин

Я о́чень неспоко́йно спал. Вдру́г кто́-то толкну́л меня́ в плечо́. Я до́лго не мог просну́ться. И сно́ва кто́-то толкну́л меня́ в плечо́. Я откры́л глаза́ и уви́дел милиционе́ра, кото́рый наклони́лся на́до мной. Я удивлённо смотре́л и не понима́л, отку́да и заче́м он.
— Просни́тесь, граждани́н, говори́л милиционе́р. — Ва́ши докуме́нты, граждани́н.
Я вы́нул из карма́на па́спорт и други́е докуме́нты и всё это протяну́л милиционе́ру.

Евге́ний Рысс, *Пётр и Пётр*, 1972

Vos papiers, monsieur

J'eus un sommeil très agité. Tout à coup quelqu'un me tapa sur l'épaule. Je fus long à pouvoir me réveiller. Et de nouveau quelqu'un me tapa sur l'épaule. J'ouvris les yeux et vis un agent, qui était penché au-dessus de moi. Je le regardais avec étonnement et ne comprenais pas d'où il sortait et pourquoi il était là.
— Réveillez-vous, monsieur, dit l'agent. Vos papiers, monsieur.
Je sortis de ma poche mon passeport et d'autres papiers et je tendis tout cela à l'agent.

Eugène Ryss, *Pierre et Pierre*, 1972

36 ГОСТИНИЦА

1 Перед отъездом в Россию можно обратиться в туристическую компанию, чтобы выбрать гостиницу. Вам предлагают список гостиниц, где можно остановиться. Служащие крупных гостиниц (отелей), как правило, говорят на иностранных *языках.

2 В гостиницах имеются одноместные, двухместные и *трёхместные номера, с удобствами : обычно с ванной или с душем, и с телефоном. В *цену номера входит обслуживание. Вы можете заказать завтрак, обед или ужин в номер; тогда вы заплатите 10% (десять процентов) надбавки к стоимости еды.

3 За *справками можно обратиться в бюро обслуживания или к администратору гостиницы. Там же можно заказать любые услуги, как например экскурсии по городу, билеты в театр, телефонные разговоры, и пр. (и прочее). Уходя из номера, следует отдавать ключ дежурной. Бельё сдают постирать горничной.

---

1 язык ⟋‾‾ ⟋

2 трёхместный [tr'okhm'èsnüï] цена ⟍⟋‾ ‾‾

3 справка [sprafka]

У НЕГО НЕ ВСЕ ДОМА

Traduction

L'hôtel

1 Avant de partir (m. à m.: le départ) en Russie, on peut s'adresser à une agence de voyages pour choisir un hôtel. On vous propose la liste des hôtels où l'on peut descendre (m. à m.: s'arrêter). Le personnel (m. à m.: les employés) des grands hôtels, en règle générale, parle les langues étrangères.

2 Dans les hôtels, il y a des chambres à un lit, à deux lits et à trois lits, avec tout le confort: habituellement avec salle de bains ou douche et avec téléphone. Dans le prix de la chambre, le service est compris. Vous pouvez commander le petit déjeuner, le déjeuner ou le dîner dans la chambre; vous payerez alors 10% de supplément sur le prix du repas.

3 Pour les renseignements, on peut s'adresser à l'office du tourisme (m. à m.: de service) ou au directeur de l'hôtel. On peut aussi y requérir (m. à m.: commander) toutes sortes de services, comme les excursions en ville, les billets de théâtre, les appels (m. à m.: conversations) téléphoniques, etc. Lorsqu'on sort de (m. à m.: en sortant) la chambre, il est d'usage de remettre la clef à la personne de service. Le linge se donne à laver à la femme de chambre.

Vocabulaire

отéль, masc. (mot récent), le grand hôtel
прáвило, la règle   *как прáвило*, en principe
удóбство, la commodité   *все удóбства*, tout le confort
нóмер, pl. *номерá*, le numéro, la chambre d'hôtel
услýга, le service rendu
дежýрный, fém. *дежýрная*, la personne de service
разговóр, la conversation
выбирáть / выбрать, выберу, выберешь…, choisir
предлагáть / предложúть. ____ proposer
платúть, плачý, плáтить ____ / *заплатúть*, payer
сдавáть, сдаю́… (comme *давáть*) / *сдать, сдам…*, (comme *дать*), remettre
стирáть / постирáть, laver (le linge), faire la lessive

Il a des chambres à louer
(m. à m.: il n'a pas tout le monde chez lui).

Grammaire

■ *Ва́нная, дежу́рный, слу́жащий*

Certains adjectifs peuvent être substantivés.

> *Ва́нная* pour *ва́нная ко́мната*: la salle de bains.
> *Дежу́рный* pour *дежу́рный челове́к*: la personne de service
> *Рабо́чий* pour *рабо́чий челове́к*: l'ouvrier

Quelques participes sont également devenus substantifs:
Слу́жащий (l'employé) est, à l'origine, le participe présent actif de *служи́ть*: servir.

Tous ces substantifs ont une déclinaison adjectivale.

■ *Уходя́ из но́мера*

Le gérondif présent se forme sur le radical du présent des verbes imperfectifs. On remplace la terminaison de la 3ᵉ personne du pluriel (*-ют* ou *-ят*) par *-я* (*-а* après chuintante).

> *Чита́ют* → *чита́я*, en lisant
> *Несу́т* → *неся́*, en portant
> *Говоря́т* → *говоря́*, en parlant

L'accent est celui de l'infinitif.
Не + gérondif se traduit par "sans" + infinitif.

■ *Любы́е услу́ги*

Le pronom-adjectif *любо́й* signifie n'importe qui, quel, celui que vous voudrez (proche de *како́й-либо*)

> *Он гуля́ет в па́рке в любу́ю пого́ду,*
> il se promène dans le parc par n'importe quel temps.

> *Любо́й ска́жет вам, что э́то зна́чит,*
> n'importe qui vous dira ce que cela signifie.

■ *Но́мер с ду́шем*

Rappel: après *ж, ч, ш, щ, ц, о* inaccentué est remplacé à l'instrumental par *е*:
> *с това́рищем.*

■ *Плати́ть, пла́кать*

Attention de ne pas confondre ces deux verbes: à la 1e personne du présent seul l'accent les différencie:

> *Когда́ я плачу́, я пла́чу.* Quand je paie, je pleure.

■ *Биле́т в теа́тр*

On traduit « un billet de théâtre, de cinéma, pour le concert »: *биле́т в теа́тр, в кино́, на конце́рт* (sous-entendu *что́бы идти́ в теа́тр, в кино́, на конце́рт*); de même *доро́га в лес*: le chemin de la forêt (*кото́рая ведёт в лес*).

Exercices

A *Formez le gérondif présent des verbes suivants:*
1. Оставля́ть. 2. держа́ть. 3. по́льзоваться. 4. входи́ть. 5. лете́ть.
6. пла́кать. 7. плати́ть. 8. возвраща́ться

B *Mettez les verbes entre parenthèses au gérondif présent:*
9. Он чита́ет, (слу́шать) ра́дио. 10. Дире́ктор смо́трит на вас, (смея́ться). 11. Он идёт по магази́ну, (выбира́ть) са́мые вку́сные проду́кты. 12. Де́вочки гуля́ют, всё (осма́тривать).

C *Traduisez:*
13. Vous venez toujours à n'importe quel moment. 14. Vous trouverez (найти́, найду́) ce journal dans n'importe quel kiosque. 15. Tout étudiant peut comprendre cela. 16. Vous pouvez descendre dans n'importe quel hôtel.

Corrigé

A 1. оставля́я. 2. держа́. 3. по́льзуясь. 4. входя́. 5. летя́. 6. пла́ча.
7. платя́. 8. возвраща́ясь.

B 9. слу́шая. 10. смея́сь. 11. выбира́я. 12. осма́тривая.

C 13. Вы всегда́ прихо́дите в любо́е вре́мя. 14. Вы найдёте э́ту газе́ту в любо́м кио́ске. 15. Любо́й студе́нт мо́жет э́то поня́ть.
16. Вы мо́жете останови́ться в любо́й гости́нице.

МЫ БРОНИ́РУЕМ НО́МЕР В ГОСТИ́НИЦЕ

37

А Письмо́м :

*Пари́ж, 3-его *января́ 20 . .

Уважа́емый господи́н администра́тор,
Прошу́ вас заброни́ровать для меня́ но́мер на одного́
челове́ка (на двои́х, с де́тской крова́тью) с ва́нной, на
23-ье теку́щего ме́сяца. Мне *ну́жен споко́йный но́мер,
выходя́щий окно́м на ю́жную сто́рону. Я прие́ду к семи́
часа́м ве́чера и я уе́ду у́тром 27-ого. Наде́юсь получи́ть
от Вас отве́т в ближа́йшем бу́дущем. С уваже́нием.

Пьер Дюмо́н.

Б По телефо́ну :

— Алло́! Скажи́те, пожа́луйста, у вас есть свобо́дный
но́мер на 6-ое число́ бу́дущего ме́сяца?
— Есть. Ва́ша фами́лия?
— Петро́в.
— А и́мя и о́тчество?
— *Бори́с Ива́нович.
— В кото́ром часу́ вы прибу́дете к нам?
— *По́здно ве́чером. Скажи́те, пожа́луйста, кака́я
цена́ но́мера?
— 2 000 (две ты́сячи) рубле́й.

А Пари́ж [par'ich]   янва́рь ╱‾‾‾
  ну́жен, нужна́... ╲‾╱ юг [youk]

Б по́здно [pozna]
  Бори́с Ива́нович [bar'is üvanav'itch'] ou [üvanütch']

КТО РА́НО ВСТАЁТ, ТОМУ́ БОГ ПОДАЁТ

Traduction

Nous réservons une chambre à l'hôtel

A Par lettre: Paris, le 3 janvier 20...
Monsieur (m. à m.: honoré Monsieur l'administrateur),
Je vous prie de me réserver une chambre pour une personne (pour
deux, avec un lit d'enfant) avec salle de bains pour le 23 courant. Il
me faut une chambre calme, avec une fenêtre donnant au sud (m. à
m.: donnant par une fenêtre du côté du sud). J'arriverai vers sept
heures du soir et je repartirai le 27 au matin. J'espère recevoir sous
peu (m. à m.: dans un avenir très prochain) une réponse de vous. Avec
ma considération, Pierre Dumont.

B Par téléphone:
— Allo! Dites-moi, s'il vous plaît: avez-vous une chambre libre pour
le 6 (m. à m.: pour la date du 6) du mois prochain? — Oui (m. à m.:
il y en a). Votre nom? — Pétrov. Et vos prénom et patronyme?
— Boris Ivanovitch. — A quelle heure arriverez-vous (chez nous)?
— Tard dans la soirée. Dites-moi, s'il vous plaît, quel est le prix
de la chambre? — 2 000 roubles.

Prononciation

L'accent du mot *ýтро* est initial sauf dans certaines expressions et
après l'indication de l'heure: *два часá утрá*.

Le mot *алло́* se prononce souvent adouci: [al'o]

Au contact de la consonne dure *с* du mot *Бори́с*, le *и* de *Ива́нович* se
durcit [baris üvanavitch]. *Ива́нович* est parfois réduit à [ivanütch']

Dans le groupe de consonnes *-здн-* du mot *по́здно* le *д* ne se
prononce pas: [pozna]

Vocabulaire

крова́ть fém. le lit
зави́симость fém., la dépendance   *в зави́симости от*..., selon
в незави́симости от..., indépendamment de
уваже́ние, le respect   *уважа́ть*, respecter
наде́яться, IIA, *наде́юсь, наде́ешься*, espérer
ме́жду + instr., entre

A qui se lève matin, Dieu prête main.

Grammaire

■ *Но́мер на двои́х*

Les nombres collectifs *дво́е*, deux et *тро́е*, trois, qui se déclinent, doivent être employés à la place de *два* et *три* dans certains cas (Mémento § 41)

■ *ближа́йший*

A côté du superlatif *са́мый* + adjectif, il existe un superlatif, plus rare, formé avec le suffixe *-ейший* (*-айший* après *ж, ч, ш, щ*) :

> *э́то сильне́йший футболи́ст в ми́ре* (*си́льный* fort), c'est le footballer le plus fort du monde.

Le suffixe *-к-* de l'adjectif simple se transforme en *ч* : *вели́кий, велича́йший*. Deux exceptions : *ни́зкий* devient *нижа́йший, бли́зкий* devient *ближа́йший* (chute de *к* et transformation de *з* en *ж*.)

L'accent est celui de la forme courte du féminin (souvent final).
Le superlatif en *-айший* est toujours accentué sur le *а*.

■ *Бори́с Ива́нович*

En Russie les personnes sont désignées non seulement par leur prénom et leur nom de famille, mais aussi par le patronyme (*о́тчество*) : on ajoute au prénom du père *-ович* (fém *-овна*) s'il se termine par une consonne dure, *-евич* (*-евна*) s'il se termine par une consonne molle ou une voyelle, *-ьевич* (*-ьевна*) s'il se termine par *-ий*

La déclinaison est celle d'un substantif.

Les personnes que l'on tutoie sont appelées par leur prénom seul, celles que l'on vouvoie par le prénom et le patronyme.

■ *уважа́емый; теку́щий; бу́дущий*

Certains participes sont devenus des adjectifs.

● Le participe présent passif du verbe *уважа́ть* a donné *уважа́емый* (respecté, honoré), utilisé surtout en tête d'une lettre.

● *Теку́щий*, courant (qui est en cours), est le participe présent actif du verbe *течь, теку́, течёшь* couler, s'écouler.

● *Бу́дущий* : futur, est le participe de *быть, бу́ду*.
Il peut être substantivé : *бу́дущее* le futur, l'avenir.

Exercices

A *Traduisez en employant les collectifs двóе, трóе* :
1. Nous avons trois enfants. 2. Il faut manger pour deux. 3. Katia se
promène souvent avec nous trois. 4. Grand-père a trois paires de
lunettes.

B *Formez le superlatif des adjectifs suivants:*
5. дóбрый. 6. глубóкий (profond). 7. богáтый. 8. ширóкий. 9.
нóвый. 10. ýмный.

C *Dites quel sera le patronyme d'un garçon et d'une fille si le prénom du
père est:*
11. Пётр. 12. Филúпп. 13. Григóрий. 14. Алексáндр. 15. Андрéй.
16. Владúмир. 17. Николáй. 18. Úгорь.

Corrigé

A 1. У нас трóе детéй. 2. Нáдо есть за двоúх. 3. Кáтя чáсто гуля́ет
с нáми троúми. 4. У дéдушки трóе очкóв.

B 5. добрéйший. 6. глубочáйший. 7. богатéйший. 8. широчáйший.
9. новéйший. 10. умнéйший.

C 11. Петрóвич; Петрóвна. 12. Филúппович; Филúпповна. 13.
Григóрьевич; Григóрьевна. 14. Алексáндрович; Алексáндровна.
15. Андрéевич; Андрéевна. 16. Владúмирович; Владúмировна.
17. Николáевич; Николáевна. 18. Úгоревич; Úгоревна

Lecture

Уважаемые гости!

Правила пользования и внутреннего распорядка в гостиницах
предусматривают, что посторонние лица могут находиться в
номерах по просьбе проживающих и только с ведома админи-
страции гостиницы.

Просим Вас соблюдать установленный порядок.

Администрация гостиницы

Chers clients

Le règlement intérieur en usage dans les hôtels prévoit que les
personnes extérieures à l'hôtel peuvent rendre visite aux clients sur
leur demande et seulement avec l'autorisation du directeur de
l'hôtel. Nous vous prions d'observer le règlement en vigueur.

La Direction de l'hôtel

38 ПРИБЫ́ТИЕ В ГОСТИ́НИЦУ

1 — Я заброни́ровал себе́ но́мер во́семь дней тому́
назад на и́мя Пье́ра Дюмо́на.
(*Служащий ищет в свое́й кни́ге.*)
— Ах да. У вас но́мер пятидеся́тый. Э́то больша́я
ко́мната с ва́нной на пя́том *этаже́.

2 — Запо́лните, пожа́луйста, э́ту анке́ту, и оста́вьте ваш
па́спорт.
— Есть ли пи́сьма для меня́?
— Сейча́с посмотрю́, но, ка́жется, нет. Нет, для вас
ничего́ нет.

3 (*Портье́ прово́дит клие́нта до ли́фта.*)
— Да́йте мне ва́ши чемода́ны, входи́те, пожа́луйста.
— Кака́я чуде́сная пого́да сего́дня! Баро́метр пока́зы-
вает хоро́шую пого́ду. Говоря́т, э́та пого́да бу́дет
стоя́ть всю неде́лю.
— Ну и прекра́сно!

4 Вот ваш но́мер. (*Портье́ зажига́ет свет и кладёт
чемода́ны. Пьер даёт ему́ моне́ту в 50 рубле́й.*)
— Спаси́бо большо́е. Е́сли вам что́-нибудь ну́жно,
пожа́луйста, обрати́тесь к дежу́рной по этажу́.

---

1 эта́ж [êtach] ⁀‾‾‾‾ , mais   на этаже́ [na êtajê]

СО́ННЫЙ ХЛЕ́БА НЕ ПРО́СИТ

L'arrivée à l'hôtel

1 — J'ai réservé (pour moi) une chambre, il y a huit jours, au nom de Pierre Dumont. (*L'employé cherche dans son registre*). — Ah! oui. Vous avez le numéro 50. C'est une grande chambre avec salle de bains au quatrième (m. à m. cinquième) étage:

2 — Remplissez, s'il vous plaît, cette fiche et laissez-moi votre passeport. — Y a-t-il du courrier pour moi? — Je vais regarder, mais il semble que non. Non, il n'y a rien pour vous.

3 (*Le portier conduit le client à l'ascenseur*). — Donnez-moi vos valises, veuillez entrer. — Quel temps merveilleux, aujourd'hui! Le baromètre indique le beau temps. On dit que ce temps va durer toute la semaine. — Eh bien, c'est parfait!

4 — Voici votre chambre. (*Le portier allume la lumière et dépose les valises. Pierre lui donne une pièce de 50 roubles*). — Merci beaucoup. Si vous avez besoin de quelque chose, veuillez vous adresser à la personne de service de votre étage.

Vocabulaire

лифт, l'ascenseur
пе́рвый эта́ж, le rez-de-chaussée   *второ́й эта́ж*, le premier étage
чуде́сный, merveilleux
иска́ть, IIA, *ищу́, и́щешь*..., chercher
проводи́ть | провести́, IIB, *проведу́, проведёшь*, conduire
зажига́ть | заже́чь IIB, *зажгу́, зажжёшь*..., *зажёг, зажгла́, зажгли́*, allumer
класть, IIB, *кладу́, кладёшь*..., *клал, кла́ла*... | *положи́ть* \‗‗ poser à plat
моне́та в пять рубле́й, une pièce de cinq roubles.
ба́шня в три́ста ме́тров, une tour de trois cents mètres (*в* + acc. peut exprimer un poids, une mesure, une taille, etc.)

Qui dort dîne (m. à m.: l'endormi ne demande pas de pain).

Grammaire

■ *Погóда бýдет стоя́ть всю недéлю*

La durée est exprimée par l'accusatif sans préposition.

> *Я рабóтал на э́том завóде тóлько недéлю,*
> j'ai travaillé dans cette usine une semaine seulement.

> *Я живý в Москвé ужé два гóда,*
> j'habite à Moscou depuis deux ans déjà.

■ *Вóсемь дней томý назáд*

L'accusatif suivi de *томý назáд* exprime le laps de temps écoulé depuis qu'un événement a eu lieu et se traduit par « il y a ... »

> *Я смотрéл э́тот фильм недéлю томý назáд,*
> j'ai vu ce film il y a une semaine.

■ *Чтó-нибудь*

La particule *-нибудь*, comme *-то*, *-либо*, *-кóе*, (leçon 35) sert à former des pronoms ou des adverbes indéterminés. Elle désigne une personne, un objet, un lieu, un moment etc. dont l'existence n'est que virtuelle, alors que *-то* désigne un objet, une personne, etc. existant réellement mais qu'on n'a pas identifiés.

> *Иди́те кудá-нибудь,* allez n'importe où.

> *Я егó когдá-то встречáл,* je l'ai rencontré un jour, autrefois (je ne sais plus bien quand).

■ *Нóмер пятидеся́тый*

Dans les nombres ordinaux composés, le premier élément prend la forme du génitif du nombre cardinal:

шесть, génitif *шести́*; *шестьдеся́т* → *шестидеся́тый*
два, génitif *двух*; *двéсти* → *двухсóтый*

Exercices

A *Traduisez:*
1. Attendez un instant. 2. Kolia a toussé (кашлять) toute la nuit.
3. Nous nous sommes promenés trois heures. 4. Vania est parti il y a
trois mois. 5. Le temps est merveilleux depuis deux semaines déjà.

B *Remplacez les pointillés par les particules -то ou -нибудь*
6. Мы уже где... виделись. 7. Я ищу какую... интересную работу.
8. Кто... звонил? Да кто... звонил. 9. Не читай как..., а с чувством
(чувство = sentiment).

C *Ecrivez en toutes lettres:*
10. 300-ый. 11. 12-ый. 12. 80-ый.

Corrigé

A 1. Подождите минуточку. 2. Коля кашлял всю ночь. 3. Мы
гуляли три часа. 4. Ваня уехал три месяца тому назад. 5. Погода
стоит прекрасная уже две недели.

B 6. -то. 7. -нибудь. 8. -нибудь, -то. 9. -нибудь.

C 10. трёхсотый. 11. двенадцатый. 12. восьмидесятый.

Lecture

Здесь говорят на всех языках

Один русский турист путешествовал по Франции. На дверях
крупной гостиницы было написано: «Здесь говорят на всех
языках». Он спросил администратора по-русски: «У вас есть
свободный номер?» Администратор ничего не ответил. Русский человек спросил по-английски, потом по-немецки, но администратор всё ещё ничего не понимал. Наконец турист
спросил по-французски: «Кто здесь говорит на всех языках?»
Администратор спокойно ответил: «Путешественники».

Ici on parle toutes les langues

Un touriste russe voyageait en France. A la porte d'un grand
hôtel était écrit: «Ici on parle toutes les langues». Il demanda en
russe au directeur de l'hôtel: «Avez-vous une chambre libre?» Le
directeur ne répondit pas. Le Russe interrogea en anglais, puis
en allemand, mais le directeur ne comprenait toujours pas. A la fin
le touriste demanda en français: «Qui parle toutes les langues ici?»
Le directeur répondit tranquillement: «Les voyageurs».

39 — ЗА СТОЛО́М

1 Поза́втракать всегда́ мо́жно в гости́нице. Мо́жно заказа́ть за́втрак в но́мер, заплати́в де́сять проце́нтов надба́вки. В не́которых гости́ницах сто́имость за́втрака *включена́ в сто́имость но́мера.

2 Во мно́гих гости́ницах нельзя́ пообе́дать. Тогда́ ну́жно пойти́ в рестора́н. Если вы хоти́те бы́стро пое́сть, вы найдёте в больши́х города́х не́сколько столо́вых, бистро́, кафе́, кафете́риев и́ли заку́сочных, где *распространено́ самообслу́живание.

3 Мы еди́м с таре́лки, а пьём из стака́на. Мы еди́м суп и компо́т *ло́жкой, а други́е блю́да ви́лкой. Мы ре́жем мя́со *ножо́м. В рестора́нах таре́лки из фая́нса и́ли из фарфо́ра; салфе́тки и ска́терть из полотна́. Неда́вно Пье́ра пригласи́ли на пикни́к. Там по́льзовались карто́нными таре́лками и стака́нами и бума́жными салфе́тками.

---

1 включён, включена́... ⌐‾

2 распространён, распространена́... ⌐‾

3 нож [noch], mais ножо́м [najom] ‾‾ ⌐‾ ло́жка [Lochka]

ГО́ЛОД — ЛУ́ЧШИЙ ПО́ВАР

Traduction

A table

1 Le petit déjeuner peut toujours se prendre à l'hôtel. On peut commander le petit déjeuner dans sa chambre en payant (m. à m.: en ayant payé) 10 pour cent de supplément. Dans certains hôtels, le prix du petit déjeuner est compris dans le prix de la chambre.

2 Dans de nombreux hôtels, il n'est pas possible de déjeuner. Alors il faut aller au restaurant. Si vous voulez manger vite, vous trouverez dans les grandes villes quelques selfs, bistrots, cafés, cafétérias, buvettes, où le libre-service est courant.

3 Nous mangeons dans une assiette et nous buvons dans un verre. Nous mangeons le potage et les fruits au sirop avec une cuillère et les autres plats avec une fourchette. Nous coupons la viande à l'aide d'un couteau. Dans les restaurants, les assiettes sont en faïence ou en porcelaine; les serviettes et la nappe en toile. Dernièrement, Pierre a été invité à un pique-nique. On y a utilisé des assiettes et des verres en carton et des serviettes en papier.

Prononciation

Devant une consonne sourde, *из* est prononcé [is]: *из стака́на* [is stakana], *из полотна́* [is paLatna].
Attention à l'accent de *неда́вно* (alors qu'on a *давно́*)

Vocabulaire

столо́вая, le restaurant (bon marché), le self
кафе́, le restaurant moyen, mais *ко́фе*, le café (la boisson)
рестора́н, le restaurant (trois étoiles)
заку́сочная, la buvette
кафете́рий, masc. la cafétéria
включа́ть / включи́ть ⟍___ inclure
распространя́ть / распространи́ть, diffuser, répandre
ре́зать, ре́жу, ре́жешь / поре́зать, couper
приглаша́ть / пригласи́ть, inviter
возмо́жно, il est possible *невозмо́жно*, il est impossible
есть, conj. leçon 12 / *съесть*, manger
пить, IIА, *я пью, ты пьёшь... они пьют / вы́пить*, boire
из, de, hors de (origine, matière)
шкаф из де́рева, une armoire en bois

La faim est le meilleur cuisinier.

Grammaire

■ *заплати́в де́сять проце́нтов*

Le gérondif passé se forme à partir du radical du passé des verbes perfectifs en remplaçant *-л* par *-в* : *прочита́л → прочита́в*.
Les verbes pronominaux ont la terminaison *-вшись* : *верну́вшись*.

Le gérondif passé exprime une action antérieure à celle de la principale.

> *Пообе́дав, он пошёл гуля́ть*, ayant déjeuné (après avoir déjeuné), il partit se promener.

■ *Нельзя́ пообе́дать; мо́жно вку́сно пое́сть*

Мо́жно, на́до, ну́жно sont souvent suivis de l'infinitif perfectif; la forme négative *нельзя́* est suivie du perfectif si elle exprime une impossibilité mais de l'imperfectif si elle exprime une interdiction.

> *Мо́жно мне откры́ть окно́?* Puis-je ouvrir la fenêtre ?
> *Нет, хо́лодно, нельзя́ открыва́ть окно́ и на́до оде́ться потепле́е*, non, il fait froid, on ne peut pas ouvrir la fenêtre et il faut s'habiller plus chaudement.

■ *В не́которых гости́ницах; не́сколько столо́вых*

Les pronoms adjectifs *не́который* et *не́сколько* se déclinent comme des adjectifs en dehors de la forme adverbiale au nom. acc. *не́сколько*, suivie du génitif pluriel. *Не́который* est qualitatif, *не́сколько* quantitatif :

> *В не́скольких кни́гах э́той се́рии. . .*
> Dans quelques (un certain nombre de) livres de cette série...

> *Мы поговори́ли о не́которых кни́гах,*
> nous avons parlé de certains livres.

Exercices

A *Reliez les deux propositions indépendantes en utilisant le gérondif passé dans l'une des deux:*
1. Ма́ша пригласи́ла свои́х друзе́й. Она́ ста́ла гото́вить вку́сный обе́д. 2. Вы не мо́жете вы́йти. Вы не заплати́ли за обе́д. 3. Воло́дя о́тдал ключ дежу́рной. Он вы́шел. 4. Ка́тя умы́лась и оде́лась. Она́ пошла́ за́втракать. 5. О́ля сняла́ пальто́. Она́ се́ла.

B *Choisissez l'aspect qui convient:*

6. Мо́жно мне...? нет, нельзя́... на э́тот стул. (сади́ться / сесть.)
7. Мо́жно...? Нет, нельзя́... из кла́сса. (выходи́ть / вы́йти.) 8.
На́до... мя́со на обе́д. (покупа́ть / купи́ть.) 9. Нельзя́... конфе́ты
пе́ред обе́дом. (есть / съесть.)

Corrigé

A 1. Пригласи́в свои́х друзе́й, Ма́ша ста́ла гото́вить вку́сный обе́д.
2. Вы не мо́жете вы́йти, не заплати́в за обе́д. 3. Отда́в ключ
дежу́рной, Воло́дя вы́шел. 4. Умы́вшись и оде́вшись, Ка́тя
пошла́ за́втракать. 5. Сняв пальто́, Оля се́ла.

B 6. сесть; сади́ться. 7. вы́йти; выходи́ть. 8. купи́ть. 9. есть.

Lecture

В рестора́не, кафе́, столо́вой

В отли́чие от други́х стран, рестора́ном у нас называ́ется бо́лее
дорого́е и шика́рное заведе́ние, чем кафе́. По сравне́нию с
рестора́ном еда́ в кафе́ деше́вле на 20–30%, в столо́вой — ещё
деше́вле. В рестора́нах всегда́ бога́тый вы́бор блюд и большо́й
ассортиме́нт напи́тков; там по вечера́м игра́ет орке́стр и тан-
цу́ют. В столо́вых же и не́которых кафе́, напро́тив, обы́чно
предлага́ются « дежу́рные блю́да » (они́ сравни́тельно дёшевы, и
вы́бор их ограни́чен) и́ли це́лый « гото́вый обе́д ».

Au restaurant, au café, au self

A la différence des autres pays, chez nous on appelle restaurant un
établissement plus cher et élégant que le café. Par rapport au restaurant, dans un café la nourriture est moins chère de 20 à 30%, et encore
moins chère dans un self. Dans les restaurants, il y a toujours
un grand choix de plats et de boissons; le soir un orchestre y joue et
on y danse. Dans les selfs et dans certains cafés, par contre, on
propose habituellement des « plats du jour » (ils sont relativement bon
marché et leur choix est limité) ou bien un menu (m. à m. tout un
repas prêt).

40 ЗА́ВТРАК

1 — Вчера́ ве́чером я попроси́ла, что́бы принесли́ нам за́втрак к восьми́ часа́м, но уже́ два́дцать девя́того и нам ещё ничего́ не принесли́.

— Мину́точку, я сейча́с соединю́ вас с рестора́ном.

— Здра́вствуйте, гражда́нка. Что вам уго́дно?

— Бу́дьте добры́, принеси́те нам за́втрак поскоре́е. Я его́ заказа́ла на во́семь часо́в, так как мы должны́ вы́йти *без десяти́ де́вять, а вот уже́ два́дцать мину́т, как мы его́ ждём.

— Ах, извини́те, прошу́ вас, меня́ не предупреди́ли.

2 — Что вам уго́дно?

— Два лимо́нных со́ка и чай с хле́бом, ма́слом и варе́ньем.

— Чай с молоко́м и́ли с лимо́ном?

— С лимо́ном. Принеси́те ещё *я́йца.

— Я́йца каки́е: всмя́тку, круты́е, яи́чницу, омле́т?

— Пожа́луйста всмя́тку.

— Мы всё э́то вам сейча́с принесём.

1 без десяти́ [b'iz d'is'et'i]

2 яйцо́, (pl. я́йца, яи́ц, я́йцам...) ‾‾ ⌃‿

ГОЛО́ДНОЕ БРЮ́ХО К УЧЕ́НИЮ ГЛУХО́

Traduction

Le petit déjeuner

1 — Hier soir, j'avais demandé qu'on nous apporte le petit déjeuner vers huit heures, mais il est déjà huit heures vingt et on ne nous a encore rien apporté. — Un instant, je vous mets tout de suite en communication (m. à m.: je vous relie) avec le restaurant. — Bonjour Madame. Que désirez-vous? — Ayez la bonté de nous apporter le petit déjeuner au plus vite. Je l'ai commandé pour huit heures car nous devons partir à neuf heures moins dix et voilà déjà vingt minutes que nous l'attendons. — Ah! Excusez, je vous prie, on ne m'a pas prévenu.

2 — Que désirez-vous? — Deux jus de citron et du thé avec du pain, du beurre et de la confiture. — Du thé au lait ou au citron? — Au citron. Apportez aussi des œufs. — Des œufs comment: à la coque, durs, brouillés, en omelette? — A la coque, s'il vous plaît. — Nous vous apporterons tout cela dans un instant.

Vocabulaire

На за́втрак, pour le petit déjeuner:

ветчина́, le jambon	*ка́ша,* la bouillie
колбаса́, le saucisson	*ма́сло,* le beurre
соси́ска, la saucisse	*хлеб,* le pain
яйцо́, l'oeuf	*сок,* le jus de fruit
блины́ (m.), les crêpes	*чай,* le thé
смета́на, la crème aigre	*ко́фе* (indécl.), le café
компо́т, les fruits au sirop	*кефи́р,* le kéfir (yogourt aigre)
лимо́н, le citron	

получа́ть / получи́ть `\___` recevoir
соединя́ть / соедини́ть, unir, relier
предупрежда́ть / предупреди́ть, предупрежду́, предупреди́шь..., prévenir

Ordinaux (de 5 à 10)

пя́тый, cinquième *шесто́й,* sixième *седьмо́й,* septième
восьмо́й, huitième *девя́тый,* neuvième *деся́тый,* dixième

Ventre affamé n'a pas d'oreilles (m. à m.: est sourd aux belles paroles)

Grammaire

■ *Ужé двáдцать девя́того*

L'heure

● A la question:

котóрый час? quelle heure est-il?
on répond

> *час, два часá, пять часóв...*
> *пять минýт вторóго,* 1 h. 5 (m. à m.: 5 minutes de la deuxième)
> *дéсять (минýт) одиннадцатого,* 10 h. 10
> *чéтверть (15 минýт) пя́того,* 4 heures et quart
> *половúна (30 минýт) девя́того,* 8 heures et demie
> *без пяти́ два,* 2 heures moins 5 (m. à m.: sans cinq deux)
> *без десяти́ три,* 3 heures moins dix
> *без чéтверти шесть,* 6 heures moins le quart
> *без двадцати́ пяти́ дéвять,* 9 heures moins 25

● A la question:

> *в котóром часý?* à quelle heure?

on répond

> *в час, в два часá, в пять часóв*
> *в дéсять (минýт) трéтьего,* à deux heures dix
> *в чéтверть седьмóго,* à six heures et quart
> *в половúне одиннадцатого,* à 10 heures 1/2
> *без пяти́ два,* à 2 heures moins 5
> *без чéтверти семь,* à 7 heures moins le quart

> *Мы зáвтракаем без десяти́ вóсемь,*
> nous prenons le petit déjeuner à 8h. moins 10.

Rappel : attention à l'accent final des nombres én **-ь** :
> *без двадцати́ пяти́.*

■ *Я попросúл, чтóбы принеслú зáвтрак*

La proposition subordonnée complétive est introduite par la conjonction *чтóбы* (et non par *что*) lorsqu'elle dépend de verbes exprimant un souhait, un désir, un ordre (après lesquels on utilise en français le subjonctif). Exemple : après *хотéть, просúть, прикáзывать* (ordonner)

> *Он приказáл, чтóбы вы пришлú,*
> il a ordonné que vous veniez.

Exercices

A *Transcrivez l'heure:*
1. 3h 5 — 2. 2h 55 — 3. 6h 1/4 — 4. 8h 1/2 — 5. 5h 45 — 6. 1h 25 — 7. 10h 35.

B *Traduisez*
8. Je me lève à 7h et je prends le petit déjeuner à 8h moins 20. 9. Je sors de la maison à 8h 10. 10. Je commence le travail à l'usine à 8h 1/2. 11. Je déjeune à 1h 1/4. 12. Je rentre de l'usine à 5h 1/2.

C *Remplacez les pointillés par* что *ou* чтобы.
13. Я знаю,... вы поняли. 14. Я хочу́,... вы по́няли. 15. Мы попроси́ли,... Ко́ля слу́шал ра́дио за́втра. 16. Ко́ля сказа́л нам,... он слу́шал ра́дио вчера́.

Corrigé

A 1. Пять мину́т четвёртого. 2. Без пяти́ три. 3. Че́тверть седьмо́го. 4. Полови́на девя́того. 5. Без че́тверти шесть. 6. Два́дцать пять мину́т второ́го. 7. Без двадцати́ пяти́ оди́ннадцать.

B 8. Я встаю́ в семь часо́в и за́втракаю без двадцати́ во́семь. 9. Я выхожу́ и́з дому в де́сять мину́т девя́того. 10. Я начина́ю рабо́ту на заво́де в полови́не девя́того. 11. Я обе́даю в че́тверть второ́го. 12. Я возвраща́юсь с заво́да в полови́не шесто́го.

C 13. что. 14. чтобы. 15. чтобы. 16. что.

Lecture

Примерное меню обеда	Menu type pour le déjeuner
Воскресенье	*Dimanche*
Студень рыбный с хреном	Gelée de poisson au raifort
Салат из свежей капусты с яблоками, со сметаной	Salade de chou frais aux pommes, avec de la crème
Суп из сушеных грибов	Soupe de champignons séchés
Утка жареная с яблоками и картофелем	Canard rôti aux pommes et pommes de terre
Компот из сухих фруктов	Fruits secs au sirop

A Reliez les deux propositions en mettant le verbe en italiques selon le cas
au gérondif présent ou passé (Revoyez les leçons 36 et 39 et le Mémento
§ 60 et § 61):

1. Мы за́втракали; мы *слу́шали* ра́дио. 2. Он *пообе́дал*; он пошёл
в теа́тр. 3. Ка́тя *обрати́лась* ко мне; она объясни́ла, в чём де́ло.
4. Мы *возвраща́лись* домо́й; мы пе́ли. 5. Они́ шли на вокза́л;
они́ *несли́* чемода́ны. 6. Бори́с *сел* в кре́сло; он стал кури́ть.
7. Я *вы́ключил* телеви́зор; я засну́л.

B Tournez les phrases suivantes au passif en utilisant le participe passé
passif ou le verbe pronominal (leçons 33 et 34; Mémento § 65 et § 55):

8. Мы включи́ли ра́дио. 9. В э́том магази́не продаю́т все
проду́кты. 10. Они́ устро́или пра́здник в шко́ле. 11. Тамо́жен-
ники осмотре́ли все чемода́ны. 12. В аэропорту́ обменя́ют
фра́нки.

C Exprimez en toutes lettres l'heure et la date (leçons 31 et 40; Mémento
§ 45):

13. Мы вернёмся (31/8). 14. я встаю́ (7 ч. 30). 15. Он прие́хал
(5 ч. 40). 16. Я его встре́тил (10/1). 17. Мы уви́димся (4 ч. 10).
18. Он вернётся (20/6).

D *Traduisez:*

19. Nous sommes allés à Pétersbourg en bateau. 20. J'aime beaucoup
la vie à bord d'un grand paquebot. 21. Nous avions une grande
cabine à deux places, avec tout le confort, dans laquelle nous pouvions
prendre notre petit-déjeuner, comme dans un hôtel. 22. Tous les
jours étaient organisées différentes distractions.

Corrigé

A 1. Мы за́втракали, слу́шая ра́дио. 2. Пообе́дав, он пошёл в теа́тр. 3. Обрати́вшись ко мне, Ка́тя объясни́ла, в чём де́ло. 4. Возвраща́ясь домо́й, мы пе́ли. 5. Они шли на вокза́л, неся́ чемода́ны. 6. Сев в кре́сло, Бори́с стал кури́ть. 7. Вы́ключив телеви́зор, я засну́л.

B 8. Ра́дио включено́. 9. В э́том магази́не продаю́тся все проду́кты. 10. В шко́ле был устро́ен пра́здник. 11. Все чемода́ны бы́ли осмо́трены тамо́женниками. 12. В аэропорту́ обменя́ются фра́нки.

C 13. Мы вернёмся три́дцать пе́рвого а́вгуста. 14. Я встаю́ в полови́не восьмо́го. 15. Он прие́хал без двадцати́ шесть. 16. Я его́ встре́тил деся́того января́. 17. Мы уви́димся в де́сять (мину́т) пя́того. 18. Он вернётся двадца́того ию́ня.

D 19. Мы е́здили в Петербу́рг на теплохо́де. 20. Я о́чень люблю́ жизнь (жить) на борту́ большо́го парохо́да. 21. У нас была́ больша́я двухме́стная каю́та со все́ми удо́бствами, в кото́рой мы могли́ поза́втракать, как в гости́нице. 22. Ка́ждый день устра́ивались ра́зные развлече́ния.

41 ОБЕ́Д НА́СПЕХ

(*Бори́с Ива́нович; Со́фья Фёдоровна; касси́рша*)

1 С.Ф. — Зна́ете ли вы, где здесь мо́жно бы́стро пообе́дать? Мы торо́пимся.

Б.И. — Да, недалеко́ отсю́да есть столо́вая. Пойдёмте!

С.Ф. — Дава́йте займём тот сто́лик.

Б.И. — Подожди́те : *входи́ть в пальто́ запрещено́. Сда́йте его́ в *гардеро́б и не *забу́дьте взять но́мер.

2 С.Ф. — Так. А тепе́рь мо́жно сесть?

Б.И. — Нет, на́до снача́ла заплати́ть в ка́ссу. Вста́немте в о́чередь! Посмотри́те : тут виси́т меню́. Что вы вы́берете?

С.Ф. — Мне не́когда выбира́ть : выбира́йте вы за меня́.

Б.И. — (*касси́рше*) Вы́бейте, пожа́луйста, одну́ по́рцию *борща́ и одну́ соля́нку, по́рцию беф-стро́ганова и одну́ отбивну́ю котле́ту, а на десе́рт одно́ пиро́жное и одно́ моро́женое.

— (*Со́фье Фёдоровне*) Что вы бу́дете пить?

С.Ф. — Минера́льную *во́ду.

Б.И. — (*касси́рше*) И ещё буты́лку минера́льной воды́ и буты́лку вина́.

Касси́рша — С вас 273 рубля́. Вот че́ки. Да́йте их официа́нту.

---

1 входи́ть [f'khad'it'] гардеро́б [gard'irop] забу́дьте [zabout'te]

2 борщ ╱—— вода́ ╲

БЕЗ ОБЕ́ДА НЕ КРАСНА́ БЕСЕ́ДА

Un déjeuner expédié (m. à m.: à la hâte)

1 (*Boris Ivanovitch; Sofia Fiodorovna; la caissière*)
S.F. — Savez-vous où l'on peut dîner rapidement par ici? Nous sommes pressés. *B.I.* — Oui, pas loin d'ici il y a un self. Allons-y !
S.F. — Prenons cette petite table. *B.I.* — Attendez: il est interdit d'entrer en manteau. Donnez-le au vestiaire et n'oubliez pas de prendre un jeton.

2 *S.F.* — Voilà. Et maintenant on peut s'asseoir? *B.I.* — Non, il faut d'abord payer à la caisse. Mettons-nous à la queue. Regardez: le menu est accroché ici. Qu'est-ce que vous choisissez? *S.F.* — Je n'ai pas le temps de choisir: choisissez vous-même pour moi. *B.I.* — (*A la caissière*) Enregistrez, s'il vous plaît, une part de borchtch et une soupe « solianka », une part de boeuf Stroganov et des boulettes de viande, et comme dessert un gâteau et une glace. — (*A Sofia Fiodorovna*) Que boirez-vous? *S.F.* — De l'eau minérale. *B.I.* — (*A la caissière*) Et aussi une bouteille d'eau minérale et une bouteille de vin. *La caissière* — Ça vous fait deux cent soixante-treize roubles. Voici les tickets. Donnez-les au garçon.

Prononciation

Attention à l'accent initial de *не́когда, не́чего, не́кого*, etc.
En face de *куда́, сюда́, туда́* (accent final), on a *отсю́да, отку́да, отту́да*.

Vocabulaire

сто́лик, diminutif de *стол*
торопи́ться, ＼___ se hâter, être pressé
запреща́ть / запрети́ть, запрещу́, запрети́шь..., interdire
забыва́ть / забы́ть, забу́ду, забу́дешь...(comme *быть*), oublier
встава́ть, встаю́, встаёшь... / встать, IIC, *встану, вста́нешь...*, se lever; ici: se placer
о́чередь fém., tour, file d'attente; *стоя́ть в о́череди*, faire la queue
стать (ou *встать*) *в о́чередь*, se mettre à la queue
бить, IIA, *бью, бьёшь...*, impér. *бей(те) / поби́ть*, frapper
выбива́ть / вы́бить faire sortir (en frappant); ici: frapper une somme

---

Pas de grand discours sans déjeuner
(m. à m.: sans déjeuner, la conversation n'est pas belle).

Grammaire

■ *Встанемте в очередь*

Il existe, surtout dans le langage courant, une forme d'impératif de la première personne du pluriel, qui se confond morphologiquement avec la première personne du pluriel de l'indicatif présent (ou présent futur): *пойдём!* allons!

Lorsqu'on s'adresse à une personne que l'on vouvoie ou à plusieurs personnes on ajoute *-те: пойдёмте!*

■ *Давайте займём этот столик*

L'impératif à nuance exhortative de la première personne du pluriel est également rendu par l'élément *давай* (*давайте*), impératif de *давать*, suivi de la première personne du pluriel du futur imperfectif ou perfectif ou de l'infinitif:

давай(те) будем играть
давай(те) прочитаем этот диалог
давай(те) работать

■ *Встанем в очередь*

Le verbe *встать* (de même que le simple *стать* devenir, se mettre à) appartient au groupe IIC (voir Mémento § 48), bien que ne présentant pas le suffixe *-ну-* à l'infinitif:

présent futur: *я встану, ты встанешь... они встанут.*

■ *Мне некогда выбирать*

La particule *не* (accentuée) accolée à un adverbe ou un pronom interrogatif (*негде, некого*) donne des adverbes ou pronoms employés dans des tournures impersonnelles avec verbe à l'infinitif et agent (s'il est exprimé) au datif, qui se traduisent: il n'y a personne pour... on n'a pas le temps de, etc.

Пете негде играть, Piétia n'a pas d'endroit où jouer.

Exercices

A *Répondez aux questions suivantes selon le modèle:*
Где ты гуля́ешь? Я нигде́ не гуля́ю, потому́ что мне не́где гуля́ть.
1. Куда́ он е́дет? 2. Что чита́ет Ко́ля? 3. Что вы взя́ли?

B *Formez l'impératif 1ère personne du pluriel des verbes:*
4. Пое́хать. 5. Вы́брать. 6. Пообе́дать. 7. Вы́пить. 8. Войти́.

Corrigé

A 1. Он никуда́ не е́дет, потому́ что ему́ не́куда е́хать. 2. Ко́ля ничего́ не чита́ет, потому́ что ему́ не́чего чита́ть. 3. Я ничего́ не взя́л(а), потому́ что мне не́чего взять.

B 4. Пое́дем! 5. Вы́берем! 6. Пообе́даем! 7. Вы́пьем! 8. Войдём!

Lecture

В рестора́не

Чем у Кисляко́ва бы́ло вне́шне веселе́е лицо́, тем се́рдце стуча́ло всё трево́жнее и трево́жнее.

Когда́ официа́нт по́дал сту́лья, смахну́в салфе́ткой со стола́, и положи́л две больши́х ка́рты ку́шаний и вин, Кисляко́в ве́жливо пододви́нул ка́рточки да́ме и да́же сам с весёлым и беззабо́тным ви́дом наклони́лся, но глаза́ его́ про́тив во́ли следи́ли, на каки́х ку́шаньях и ви́нах остана́вливается Тама́ра и ско́лько они́ сто́ят.

(*Продолже́ние сле́дует*)

Au restaurant

Plus Kisliakov avait en apparence le visage gai, plus son coeur battait fort d'inquétude.

Lorsque le garçon eut présenté les chaises, donné un coup de serviette sur la table et remis les deux grandes cartes des mets et des vins, Kisliakov avança poliment les cartes vers la dame et s'inclina même avec un air gai et insouciant mais ses yeux surveillaient malgré lui (m. à m.: contre sa volonté) sur quels mets et quels vins s'arrêtait Tamara et sur leur prix (m. à m.: combien ils coûtent).
(*A suivre*)

42 ÚЖИН

(Борúс Ивáнович; Сóфья Фёдоровна; официáнт)

1 Б.И. — Официáнт, меню́, пожáлуйста.

О. — Вот меню́, выбирáйте.

Б.И. — Что вы возьмёте на закýску?

С.Ф. — Не знáю. Что такóе салáт столúчный?

О. — Это салáт с мя́сом.

С.Ф. — Ну, я егó возьмý.

Б.И. — А я возьмý икрý зернúстую. Дáйте нам к за-
кýске коньякá и вóдочки.

О. — Скóлько?

Б.И. — Коньякý — трúдцать грамм, вóдки — не мéнь-
ше ста пятúдесяти грамм.

2 О. — Что вы вы́берете на пéрвое?

С.Ф. — Рассóльник.

Б.И. — А для меня́ суп грибнóй. Перехóдим ко
вторóму : сосúски с капýстой, барáнина, шашлы́к...

С.Ф. — Что э́то?

Б.И. — Это мя́со жáренное на вéртеле, óчень вкýсное
грузúнское блю́до. Возьмёте?

С.Ф. — Возьмý.

Б.И. — А я попрóбую судáк по-пóльски, и дáйте
нам буты́лку сухóго бéлого винá.

О. — А что на десéрт?

С.Ф. — Мне кусóчек тóрта.

Б.И. — А мне пéрсик и стакáн чáю.

Б.И. — Принесúте *счёт, пожáлуйста. Вот, получúте.

О. — Спасúбо. *Всегó хорóшего. Спокóйной нóчи.

2 счёт [ch'ch'ot] всегó хорóшего [vs'ivo kharocheva]

АППЕТУ́Т ПРИХÓДИТ ВО ВРÉМЯ ЕДЫ́

Traduction

Le dîner

(*Boris Ivanovitch; Sofia Fiodorovna; le garçon*)

B.I. — Garçon, s'il vous plaît, le menu. G. — Voici le menu, choisissez.
B.I. — Que prendrez-vous comme hors-d'oeuvre? S.F. — Je ne sais
pas. Qu'est-ce que c'est que la salade de la capitale? G. — C'est de la
salade à la viande. S.F. — Eh bien, j'en prendrai. B.I. — Et moi je
prendrai du caviar grenu. Donnez-nous avec le hors-d'oeuvre du
cognac et de la vodka. G. — Combien? B.I. — 30 grammes de cognac
et pas moins de 150 grammes de vodka.

G. — Que choisirez-vous comme premier plat? S.F. — Un rassolnik
(potage aux concombres salés et à la viande). B.I. — Et pour moi
une soupe de champignons. Passons au deuxième plat: saucisses
au chou, mouton, chachlyk... S.F. — Qu'est-ce que c'est? B.I.
— C'est de la viande rôtie à la broche, un très savoureux plat
géorgien. Vous en prendrez? S.F. — Oui. B.I. — Et moi, je vais
goûter le sandre à la polonaise, et donnez-nous une bouteille de
vin blanc sec. G. — Et comme dessert? S.F. — Pour moi, un morceau
de gâteau. B.I. — Et pour moi une pêche et un verre de thé. B.I.
— Apportez l'addition, s'il vous plaît. Voilà (recevez). G. — Merci.
Au plaisir. Bonne nuit.

Vocabulaire

зерно́ (pl. *зёрна*), _____ le grain   *дичь* (fém.), le gibier
Гру́зия, la Géorgie   *грузи́нский*, géorgien
кус(о́)к, le morceau, dimin. *кусо́чек*
пе́рсик, la pêche
торт, le gâteau
гриб, le champignon   → *грибно́й*, adj.
сухо́й sec; *сухо́е вино́ сла́дкий* doux, sucré; *сла́дкое вино́*
переходи́ть ＼____ / *перейти́, перейду́, перейдёшь...*, traverser, passer
про́бовать, про́бую, про́буешь... / *попро́бовать*, essayer, goûter
приноси́ть ＼____ / *принести́*, apporter

L'appétit vient en mangeant (m. à m.: au moment du repas).

Grammaire

■ *Стака́н ча́ю*

A côté du génitif régulier en *-a / -я* quelques rares substantifs masculins ont un génitif en *-y / -ю* (jamais accentué sur la désinence) utilisé dans certaines expressions (leçon 30) ou comme complément de nom à valeur partitive: *кусо́к са́хару*, un morceau de sucre: *сы́ру*, de fromage, mais *нет ча́я; без са́хара*.

■ *По́рция пяти́десяти грамм*

A côté du génitif pluriel régulier *гра́ммов*, on emploie couramment un génitif à désinence zéro.

Les nombres composés terminés par *-деся́т*, se déclinent comme *пять* mais présentent une flexion des deux éléments (voir déclinaison, leçon 30) avec accent sur le désinence du premier:

> *С шестью́десятью*

■ *Всего́ хоро́шего; споко́йной но́чи*

Les expressions *всего́ хоро́шего*, *споко́йной но́чи*, *прия́тного аппети́та* (bon appétit), *счастли́вого пути́* (bonne route) sont au génitif parce qu'elles sous-entendent le verbe *жела́ть*, souhaiter, qui se construit avec le génitif:

> *жела́ю вам успе́ха и здоро́вья*
> je vous souhaite succès et santé.

■ *Да́йте нам во́дочки*

Le suffixe *-чк-* (*-очек, -очка, -ечка*) est un suffixe diminutif courant.

вода́, l'eau; *во́дка*, l'eau-de-vie; *во́дочка*, « la petite eau-de-vie » (diminutif tendre)

кусо́к	*кусо́чек*	
кни́га	*кни́жка*	*кни́жечка*
Со́ня	*Со́нечка*	

Le génitif (*во́дочки*) a ici une valeur partitive.

■ *Суда́к по-по́льски*

L'adverbe *по-по́льски*, à la (manière) polonaise, est formé sur l'adjectif *по́льский* de la même façon que *по-ру́сски*, *по-грузи́нски*, etc.

Exercices

Traduisez:

1. Donnez moi un verre de thé avec deux morceaux de sucre. 2. Il veut de l'eau, moi je veux du vin. 3. Je vous souhaite des vacances (кани́кулы) agréables. 4. Goûtez ce vin de Géorgie.

Corrigé

1. Да́йте мне стака́н ча́ю с двумя́ куска́ми са́хару. 2. Он хо́чет воды́, а я хочу́ вина́. 3. Я жела́ю вам прия́тных кани́кул. 4. По-про́буйте э́то грузи́нское вино́.

Lecture

В рестора́не (продолже́ние)

Он всё ещё был ве́сел, но с каким-то уже не́рвным отте́нком, уже ча́ще снима́л и опя́ть надева́л пенсне́, а оди́н раз в рассе́янности ско́мкал салфе́тку и хоте́л вме́сто платка́ положи́ть в карма́н.

Когда́ по́дали обе́д, и го́сти оживлённо заняли́сь едо́й, он про́тив во́ли мы́сленно счита́л, ско́лько на са́мый худо́й коне́ц оста́нется у него́ де́нег, и как он просуществу́ет до конца́ ме́сяца.

П. Рома́нов. *Това́рищ Кисляко́в* (1930).

Au restaurant (suite)

Il était bien encore gai mais, déjà avec une certaine nuance de nervosité, il enlevait et remettait plus souvent son pince-nez, et une fois il chiffonna par distraction sa serviette et voulut la mettre dans sa poche à la place du mouchoir.

Lorsqu'on eut servi le déjeuner, et que ses hôtes se furent mis à manger avec animation, malgré lui il compta mentalement combien il lui resterait d'argent au pire et se demanda comment il vivrait jusqu'à la fin du mois.

P. Romanov, *Le Camarade Kisliakov*, 1930.

43 ДВИЖЕ́НИЕ В ГО́РОДЕ

1 Доро́ги (магистра́ли и́ли шоссе́) в города́х называ́ются у́лицами, бульва́рами и́ли проспе́ктами. На перекрё-стках не́которых у́лиц есть пло́щади. На гла́вные у́лицы выхо́дят бо́лее *у́зкие у́лицы и́ли переу́лки. В ста́рых кварта́лах есть и *тупики́.

2 На не́которых доро́гах движе́ние автомоби́лей воз-мо́жно то́лько в одно́м направле́нии. Че́рез *ре́ки переки́нуты широ́кие *мосты́. Что́бы избежа́ть зато́-ров в у́личном движе́нии, на не́которых перекрёстках автомоби́ли должны́ по́льзоваться тунне́лем.

3 Пешехо́ды хо́дят по тротуа́ру. Они́ перехо́дят у́лицу в *места́х, где име́ются ли́нии и́ли указа́тели перехо́да, и́ли они́ по́льзуются тунне́лями для пешехо́дов. Движе́ние регули́руется светофо́рами : светофо́р име́ет зелёный, жёлтый и́ли кра́сный сигна́л. На опа́сных перекрёстках стои́т регулиро́вщик.

1 у́зкий [ousk'ii] тупи́к ⟋ ‾‾ ‾‾

2 река́ ‾‾ __ мост ⟋ ‾‾ ‾‾

3 ме́сто __ ∨ ‾

ЛУ́ЧШЕ ПО́ЗДНО, ЧЕМ НИКОГДА́

Traduction

La circulation en ville

1 Les routes (grandes artères ou grand-routes) s'appellent, dans les villes, rues, boulevards ou avenues. Au croisement de certaines rues, il y a des places. Sur les rues principales débouchent des rues plus étroites ou des ruelles. Dans les vieux quartiers il y a aussi des impasses.

2 Sur certaines voies, la circulation des voitures est possible seulement à sens unique. De larges ponts franchissent (m. à m. : sont jetés par dessus les rivières. Pour éviter les encombrements dans la circulation (des rues), à certains carrefours les automobiles doivent emprunter un tunnel.

3 Les piétons marchent sur le trottoir. Ils traversent la rue aux endroits où il y a des clous (m. à m. : des bandes ou des indicateurs de traversée) ou bien ils empruntent des tunnels pour piétons. La circulation est réglée par des feux : un feu peut donner un signal vert, jaune ou rouge. Aux carrefours dangereux il y a un agent de la circulation.

Vocabulaire

переу́л(о)к, la petite rue, la ruelle,
направле́ние, la direction
перекрёст(о)к, le carrefour
кварта́л, le quartier
тунне́ль, masc., le tunnel
опа́сный, dangereux
у́зкий, étroit ≠ *широ́кий*, large
избега́ть / *избежа́ть*, *избегу́*, *избежи́шь*... (comme *бежа́ть*) ou *избе́гнуть*, IIC, + gén., éviter
называ́ться, s'appeler (villes, monuments, rues, etc.) mais *как его́ зову́т?* (*звать*) comment s'appelle-t-il? (pour un être animé), m. à m. comment l'appelle-t-on?

Mieux vaut tard que jamais.

Grammaire

■ *Че́рез ре́ки переки́нуты мосты́*

Nous avons vu (leçon 34) la façon dont on forme le participe passé passif de la plupart des verbes. Pour un nombre plus restreint on a recours au suffixe *-т* et non au suffixe *-нн-*. Ce sont:

● les verbes perfectifs dont l'infinitif se termine par *-нуть, -ыть, -оть, -ереть* :

переки́нуть → переки́нутый   откры́ть → откры́тый

● les verbes monosyllabiques et leurs composés, dissyllabiques, en *-ить* (type IA), *-еть, -ять* (*-ать* après chuintante):

вы́пить → вы́питый спеть → спе́тый взять → взя́тый

L'attribut est obligatoirement à la forme courte.

■ *Доро́ги в города́х называ́ются у́лицами*

L'attribut se met le plus souvent à l'instrumental quand le verbe est exprimé, c'est-à-dire:

● quand le verbe être se trouve à un autre temps que le présent:

> *он мо́лод*, il est jeune

mais   *он был тогда́ молоды́м*, il était jeune alors.

● avec des verbes tels que: *каза́ться*, paraître, *станови́ться*, devenir, *остава́ться*, rester, *называ́ться*, s'appeler.

> *Э́тот рома́н ка́жется интере́сным,*
> ce roman paraît intéressant.

Exercices

A   *Mettez au participe passé passif les verbes entre parenthèses:*
1. Окно́ (закры́ть). 2. Опа́сность была́ (избе́гнуть). 3. Письмо́ (получи́ть) Са́ше́й принесло́ ему́ неприя́тные но́вости. 4. Бори́с был (приня́ть) вчера́ у́тром. 5. Все биле́ты (потеря́ть). 6. Стекло́ (разби́ть = briser). 7. Мы (заня́ть).

B *Mettez à la forme voulue l'adjectif entre parenthèses:*
8. Движéние в больши́х города́х стано́вится о́чень (тру́дный).
9. Этот перекрёсток ка́жется (опа́сный). 10. Ли́стья стано́вятся
(кра́сный). 11. Как (прекра́сный) э́тот проспéкт!

Corrigé

A 1. закры́то. 2. избéгнута. 3. полу́ченное. 4. при́нят. 5. потéряны.
6. разби́то. 7. за́няты.

B 8. тру́дным. 9. опа́сным. 10. кра́сными. 11. прекра́сен.

Lecture

Пешехо́дов на́до люби́ть

Пешехо́ды созда́ли мир [...] Это они́ распространи́ли культу́ру
по всему́ све́ту, изобрели́ книгопеча́тание, вы́думали по́рох,
перебро́сили мосты́ че́рез ре́ки, расшифрова́ли еги́петские
иеро́глифы, ввели́ в употребле́ние безопа́сную бри́тву, уничто́-
жили торго́влю раба́ми [...]

И когда́ всё бы́ло гото́во, когда́ родна́я плане́та приняла́
сравни́тельно благоустро́енный вид, появи́лись автомобили́сты.

На́до заме́тить, что автомоби́ль то́же был изобретён пеше-
хо́дами. Но автомобили́сты об э́том ка́к-то сра́зу забы́ли.
Кро́тких и у́мных пешехо́дов ста́ли дави́ть. У́лицы, со́зданные
пешехо́дами, перешли́ во власть автомобили́стов. Мостовы́е
ста́ли вдво́е ши́ре, тротуа́ры сузи́лись до разме́ра таба́чной
бандеро́ли. И пешехо́ды ста́ли испу́ганно жа́ться к сте́нам
домо́в.   (*Продолже́ние сле́дует*)

Il faut aimer les piétons

Les piétons ont créé le monde [...] C'est eux qui ont diffusé la culture
dans le monde entier, inventé l'imprimerie, inventé la poudre, jeté
des ponts sur les fleuves, déchiffré les hiéroglyphes égyptiens, introduit l'emploi du rasoir de sûreté, supprimé le commerce des esclaves
[...]
Et lorsque tout fut prêt, lorsque la planète natale eut l'air relativement bien aménagée, les automobilistes sont apparus.
Il faut remarquer que l'automobile fut aussi inventée par les piétons.
Mais cela, les automobilistes l'ont oublié tout de suite. Ils se sont mis
à écraser les piétons doux et intelligents. Les rues, créées par les
piétons, sont passées au pouvoir des automobilistes. Les chaussées
sont devenues deux fois plus larges, les trottoirs ont rétréci jusqu'à
la dimension d'une bande pour paquet de tabac. Et les piétons ont
commencé à se serrer peureusement contre les murs des maisons.

(*A suivre*)

44 ГОРОДСКОЙ ТРА́НСПОРТ

Мне в моём метро́ никогда́ не те́сно,
Потому́ что с де́тства оно́ как пе́сня,
Где вме́сто припе́ва, вме́сто припе́ва:
Сто́йте спра́ва — проходи́те сле́ва!

Поря́док ве́чен, поря́док свят:
Те, что спра́ва стоя́т, стоя́т,
Но те, что иду́т, всегда́ должны́
Держа́ться ле́вой стороны́!

Була́т Окуджа́ва

1 В больши́х города́х са́мый бы́стрый и удо́бный *вид тра́нспорта — метро́. Что́бы пое́хать на метро́, ну́жно вста́вить в турнике́т ка́рточку, пройти́ ми́мо него́, а пото́м спусти́ться по дли́нному эскала́тору.

2 Тролле́йбус, авто́бус и трамва́й рабо́тают без конду́ктора. На́до прокомпости́ровать тало́н в компо́стере. Опла́та за прое́зд незави́сима от расстоя́ния.

3 Такси́ — то́же удо́бный и не о́чень дорого́й вид тра́нспорта. На́до ждать такси́ на стоя́нке и́ли останови́ть его́ на у́лице. Мо́жно *легко́ отличи́ть такси́ : по обо́им борта́м проведена́ поло́ска *из све́тлых и тёмных квадра́тов и когда́ такси́ свобо́дно, за ветровы́м стекло́м гори́т зелёный огонёк.

---

2 вид [v'it] mais ви́ды [v'idü]

3 легко́ [l'ikhko] из све́тлых [is sv'ètLükh]

МНО́ГО ШУ́МА ИЗ НИЧЕГО́

Les transports urbains

Dans mon métro, je ne suis jamais à l'étroit
Parce que, dès l'enfance, c'est comme une chanson
Où, en guise de refrain, il y a:
Ne bougez pas à droite — avancez à gauche.

L'ordre est éternel, l'ordre est sacré:
Ceux qui sont à droite ne bougent pas.
Mais ceux qui vont en avant toujours
Doivent rester du côte gauche.

Boulat Okoúdjava.

1 Dans les grandes villes, le moyen de transport le plus rapide et le plus commode est le métro. Pour prendre le métro, il faut introduire une carte dans le tourniquet, passer devant et puis descendre par un grand escalier mécanique.

2 Le trolleybus, l'autobus et le tramway fonctionnent sans receveur. Il faut composter le billet dans un composteur. Le prix du voyage est indépendant de la distance.

3 Le taxi est un autre moyen de transport commode et pas très cher. On doit attendre le taxi à la station ou l'arrêter dans la rue. On peut facilement distinguer un taxi: sur les deux côtés est disposé un damier de carrés clairs et foncés et quand le taxi est libre, sur (m. à m.: derrière) le pare-brise brille une lumière verte.

Vocabulaire

расстояние, la distance   метро́ indécl., le métro
такси́ indécl., le taxi   стоя́нка такси́, le station de taxi
остано́вка авто́буса, l'arrêt d'autobus
ого́нь gén. огня́, le feu   огонёк gén. огонька́, la petite lumière
проходи́ть / пройти́, пройду́, пройдёшь... passer
отлича́ть / отличи́ть, distinguer
спуска́ться / спусти́тья ⟍___ descendre
горе́ть I / сгоре́ть (intr.) brûler
рвать, IIВ, рву́, рвёшь / порва́ть, déchirer
отрыва́ть / оторва́ть, arracher   ми́мо (+gén.), devant

Beaucoup de bruit pour rien.

Grammaire

■ *по обо́им борта́м*

« Les deux » se traduit par *óба* (masc. et neutre), *óбе* (fém.) dont la déclinaison est pronominale (Mémento § 41)
La construction est la même que celle de *два*, *две* (leçon 31):
óба нóвых (adj. au gén. pl.) *ученика́* (subst. au gén. sing.),
les deux nouveaux élèves.

On utilise *óба*, *óбе* lorsqu'il est question d'objets se limitant à deux.

■ *на́до прокомпости́ровать тало́н*

De nombreux verbes récents, présentant à l'infinitif le suffixe *-ова-*
(*-у-* au présent), sont empruntés au français:

фотографи́ровать, photographier
приватизи́ровать, privatiser
дезавуи́ровать, désavouer
узурпи́ровать, usurper

■ *ми́мо контролёра*

« Devant » se traduit par *пéред* + instr. lorsqu'il n'y a pas de mouvement, par *ми́мо* + gén. dans le cas contraire:

> *Пéред дóмом стои́т такси́*,
> devant la maison est stationné un taxi

> *Мы ча́сто прохóдим ми́мо дóма Бори́са*,
> nous passons souvent devant la maison de Boris.

Exercice

Traduisez:

1. Les deux filles de Pierre sont déjà allées en Russie. 2. Prends ce livre à deux mains. 3. Les deux taxis sont occupés. 4. Tu as les deux yeux rouges. 5. Cet autobus passe devant le musée. 6. Kolia est là-bas debout devant le monument.

Corrigé

1. Обе дóчери Петра́ ужé éздили в Росси́ю. 2. Возьми́ э́ту кни́гу обéими рука́ми. 3. Оба такси́ за́няты. 4. У тебя́ óба гла́за кра́сны. 5. Э́тот авто́бус прохо́дит ми́мо музéя. 6. Ко́ля стои́т там перед па́мятником.

Lecture

Пешехо́дов на́до люби́ть (продолже́ние)

В большом городе пешеходы ведут мученическую жизнь. Для них ввели некое транспортное гетто. Им разрешают переходить улицу только на перекрестках, то есть именно в тех местах, где движение сильнее всего и где волосок, на котором обычно висит жизнь пешехода, легче всего оборвать.

В нашей обширной стране обыкновенный автомобиль, предназначенный, по мысли пешеходов, для мирной перевозки людей и грузов, принял грозные очертания братоубийственного снаряда. Он выводит из строя целые шеренги членов профсоюзов и их семей. Если пешеходу иной раз удается выпорхнуть из-под серебряного носа машины — его штрафует милиция за нарушение правил уличного катехизиса.

Ильф и Петро́в — *Золото́й телёнок* — 1929

Il faut aimer les piétons (suite)

Dans une grande ville, les piétons mènent une vie de martyr. On a établi pour eux une espèce de ghetto du transport. On leur permet de traverser la rue seulement aux carrefours, c'est-à-dire précisément aux endroits où la circulation est la plus intense et où le fil, au bout duquel pend généralement la vie du piéton, est le plus facile à couper.

Dans notre immense pays, une automobile ordinaire, qui est destinée, comme le pensent les piétons, à un transport pacifique de gens et de charges, a pris la configuration terrifiante d'un obus fratricide. Elle met hors de service des rangs entiers de membres des syndicats et leur famille. Et si le piéton réussit parfois à échapper à (m. à m.: s'envoler de) la gueule argentée de la voiture, la milice lui inflige une amende pour infraction aux règles du catéchisme routier.

Ilf et Pétrov, *Le veau d'or*, 1929

45 КАК СПРОСИ́ТЬ ДОРО́ГУ

1 — Скажи́те, пожа́луйста, как дойти́ до ба́нка?
— Банк *совсе́м бли́зко. Вы́йдя из гости́ницы, иди́те
нале́во, пото́м поверни́те опя́ть нале́во; зна́чит вы
бу́дете всё вре́мя идти́ по тротуа́ру с э́той стороны́.
Банк — тре́тий и́ли четвёртый дом с угла́.

2 — Я хочу́ посети́ть музе́й Достое́вского. Как мне
лу́чше всего́ пое́хать туда́? Я пе́рвый раз в Петербу́рге.
— Отсю́да три че́тверти ча́са пешко́м. Но мо́жно по-
е́хать туда́ на авто́бусе, ведь пешко́м э́то не́сколько
сло́жно, когда́ не зна́ешь го́рода. Вы зна́ете, где на-
хо́дится Садо́вая у́лица?
— Нет.
— Ви́дите там светофо́р? Поверни́те там напра́во,
пото́м иди́те пря́мо. Дойдёте до у́лицы, где нахо́дит-
ся остано́вка авто́буса но́мер 25. До музе́я не бо́льше
десяти́ мину́т езды́.

3 — Прости́те, мо́жно дое́хать до Мане́жной на мет-
ро́?
— Да, но вам придётся е́хать с переса́дкой. Сади́тесь
лу́чше на тролле́йбус но́мер 5. Вы сойдёте на четвёртой остано́вке : Мане́жная пло́щадь как *раз напро́тив.
— Спаси́бо большо́е.

---

1 совсе́м [safs'èm]

2 раз [ras]

ОДИ́Н УМ ХОРОШО́, А ДВА ЛУ́ЧШЕ

Comment demander son chemin

1 — Dites-moi, s'il vous plaît, comment aller à la banque. — La banque est tout près. En sortant de l'hôtel, allez à gauche, ensuite tournez de nouveau à gauche; vous resterez (m. à m.: irez tout le temps) donc sur le trottoir de ce côté-ci. La banque est la troisième ou quatrième maison à partir du coin.

2 — Je voudrais visiter le musée Dostoïevski. Quelle serait la meilleure façon de m'y rendre? (m. à m.: Comment le mieux pour moi d'aller là-bas?) C'est la première fois que je me trouve à (Saint-) Pétersbourg. — D'ici, il faut trois quarts d'heure à pied. Mais on peut y aller en autobus car, à pied, c'est un peu difficile quand on ne connaît pas la ville. Vous savez où se trouve la rue des Jardins? — Non. — Vous voyez, là-bas, le feu? Tournez là-bas à droite, puis allez tout droit. Vous arriverez dans la rue où se trouve l'arrêt de l'autobus numéro 25. Jusqu'au musée, il n'y a pas plus de dix minutes de trajet.

3 — Pardon, peut-on se rendre place du Manège en métro? — Oui, mais il vous faudra faire (m. à m.: aller avec) un changement. Prenez plutôt (m. à m.: asseyez-vous dans) le trolleybus numéro 5. Vous descendrez au quatrième arrêt. La place du Manège est juste en face. — Merci beaucoup.

Prononciation

La particule *ведь* est toujours prononcée reliée au mot qui la suit, sans accent d'intensité: *ведь пешко́м*…[v'it' p'ichkom]

Vocabulaire

доходи́ть / дойти́, arriver, parvenir (à pied)
сходи́ть / сойти́, descendre
доезжа́ть / дое́хать, дое́ду, дое́дешь…, arriver, parvenir (autrement qu'à pied)
посеща́ть / посети́ть, посещу́, посети́шь…, visiter
проща́ть / прости́ть, pardonner
прихо́дится / придётся; пришло́сь (impers.), il est nécessaire
напро́тив adv., en face; prép. + gén., en face de

Deux avis valent mieux qu'un
(m. à m.: un esprit, c'est bien, mais deux, c'est mieux).

Grammaire

■ *Вы́йдя из гости́ницы...*

Le gérondif passé en *-я*.

Les verbes perfectifs composés de *идти́* ainsi que ceux dont le radical de l'infinitif est terminé par une consonne (*принести́*) ont un gérondif passé irrégulier: on le forme comme un gérondif présent, en ajoutant *я* au radical du présent-futur: *уйдя́, придя́, унеся́, принеся́*.

On reconnaît qu'il s'agit d'un gérondif passé au fait qu'il est formé sur l'aspect perfectif.

Les gérondifs présents correspondants sont: *уходя́, приходя́, унося́, принося́*.

■ *Как мне пое́хать туда́?*

Dans des propositions interrogatives comportant un mot interrogatif le verbe peut se mettre à l'infinitif, l'agent au datif:

> *Куда́ мне идти́?* Où puis-je aller?
>
> *С кем ему́ гуля́ть?* Avec qui peut-il se promener?

■ *Ведь пешко́м э́то сло́жно*

La particule *ведь* sert à introduire un argument qui justifie ce que l'on vient de dire:

> *Расскажи́ мне о нём, ведь ты его́ хорошо́ зна́ешь.*
> Parle-moi de lui puisque tu le connais bien.
>
> *Ведь е́сли звёзды зажига́ют,*
> *Зна́чит они кому́-нибудь ну́жны...* (*Маяко́вский*)
>
> Si on allume les étoiles,
> C'est qu'elles sont utiles à quelqu'un...

■ *Музе́й Досто́евского*

Les noms propres en *-ский* se déclinent comme des adjectifs:

> *Мы говори́м о Досто́евском*, nous parlons de Dostoïevski.

Exercices

A *Traduisez en employant des propositions infinitives:*

1. Quand puis-je vous rencontrer? 2. Que peut-elle faire? 3. Comment pouvons-nous arriver au musée Pouchkine? 4. Où peuvent-ils traverser le boulevard? 5. A qui puis-je m'adresser? 6. Que pouvez-vous offrir à Olia?

B *Reliez les phrases suivantes en mettant le verbe en italiques au gérondif présent ou passé.*

7. Он *перешёл* у́лицу, он уви́дел милиционе́ра. 8. Я *перехожу́* у́лицу, я всегда́ смотрю́ напра́во и нале́во. 9. Он *пришёл* домо́й, он сел. 10. Мы *сошли́* с авто́буса, мы встре́тили Ва́ню. 11. Молоды́е лю́ди *унесли́* все сту́лья в сосе́днюю (voisin) ко́мнату, они ста́ли танцева́ть. 12. Я *дошла́* до пло́щади, я осмотре́ла па́мятник.

Corrigé

A 1. Когда́ мне вас встре́тить? 2. Что ей де́лать? 3. Как нам дойти́ (дое́хать) до музе́я Пу́шкина? 4. Где им перейти́ бульва́р? 5. К кому́ мне обрати́ться? 6. Что вам подари́ть Оле?

B 7. Перейдя́ у́лицу, он уви́дел милиционе́ра. 8. Переходя́ у́лицу, я всегда́ смотрю́ напра́во и нале́во. 9. Придя́ домо́й, он сел. 10. Сойдя́ с авто́буса, мы встре́тили Ва́ню. 11. Унеся́ все сту́лья в сосе́днюю ко́мнату, молоды́е лю́ди ста́ли танцева́ть. 12. Дойдя́ до пло́щади, я осмотре́л па́мятник.

Lecture

То́чный а́дрес

Мой друг лю́бит отвеча́ть о́чень то́чно.

— Где нахо́дится магази́н? — спроси́л его́ оди́н челове́к.

— Магази́н? На́до пройти́ мост и пото́м поверну́ть напра́во.

— А мост дли́нный?

— О́коло двадцати́ ме́тров.

Челове́к сказа́л «спаси́бо» и пошёл к мосту́. Вдруг он услы́шал, что кто́-то бежи́т за ним.

— Сто́йте! — крича́л мой друг. — Я вспо́мнил, что длина́ моста́ со́рок ме́тров. Останови́тесь: вы пройдёте два́дцать ме́тров, поверни́те напра́во, как я вам сказа́л, и упадёте в ре́ку.

Une adresse exacte

Mon ami aime répondre avec une extrême précision.

— Où se trouve le magasin? lui demanda quelqu'un.

— Le magasin? Il faut prendre le pont et ensuite tourner à droite.

— Et le pont est long?

— Environ vingt mètres.

L'homme lui dit « merci » et se dirigea vers le pont. Soudain il entendit quelqu'un courir derrière lui.

— Attendez! criait mon ami. Je me suis rappelé que la longueur du pont était de 40 mètres. Arrêtez-vous: vous parcourrez vingt mètres, tournerez à droite, comme je vous l'ai dit, et tomberez dans le fleuve.

46 НА ОБМЕ́ННОМ ПУ́НКТЕ

1 — Где мо́жно обменя́ть е́вро на рубли́?

— На у́лице и́ли в любо́й большо́й гости́нице есть обме́нные пу́нкты и́ли банкома́ты.

— Вы зна́ете, како́й сего́дня курс?

— Е́вро сто́ит три́дцать рубле́й, но не меня́йте все е́вро, ведь тепе́рь в магази́нах мо́жно купи́ть сувени́ры с креди́тной ка́рточкой.

— Спаси́бо за сове́т. Я не бу́ду меня́ть всё.

2 — Обменя́йте, пожа́луйста, 50 (пятьдеся́т) е́вро.

— Разреши́те ваш па́спорт и тамо́женную деклара́цию.

— Пожа́луйста.

— 1 500 (ты́сяча пятьсо́т) рубле́й. Распиши́тесь здесь. Пожа́луйста ва́шу квита́нцию. Не потеря́йте её. Она́ бу́дет вам *необходи́ма, е́сли вы захоти́те обменя́ть на иностра́нную валю́ту неизрасхо́дованные рубли́.

3 — У меня́ нет ме́лочи. Где мо́жно разменя́ть де́ньги?

— Там, в ка́ссе.

— Каки́е купю́ры вам нужны́?

— Да́йте мне, пожа́луйста, три купю́ры по 50 рубле́й и одну́ в 10 .

— 160 рубле́й. Пересчита́йте.

— Пра́вильно. Спаси́бо большо́е.

— Пожа́луйста.

---

2 необходи́мый [n'i-apkhad'imüï]

ДЕНЬГА́ ДЕНЬГУ́ РОДИ́Т

Traduction

Au bureau de change

— Où peut-on changer des euros contre des roubles? — Dans la rue ou dans n'importe quel grand hôtel il y a des bureaux de change ou des distributeurs automatiques. — Vous savez quel est le cours aujourd'hui? — L'euro vaut trente roubles, mais ne changez pas tous vos euros, puisque maintenant dans les magasins on peut acheter des souvenirs avec une carte de crédit. — Merci du conseil. Je ne changerai pas tout.

— Changez-moi, s'il vous plaît, 50 euros. — Permettez, votre passeport et la fiche de douane. — Voici (m. à m.: s'il vous plaît). — 1 500 roubles. Signez ici. Voici votre quittance. Ne la perdez pas. Elle vous sera nécessaire si vous voulez changer en devises étrangères les roubles non dépensés.

— Je n'ai pas de monnaie. Où peut-on en faire? — Là-bas, à la caisse. — Quelles sortes de coupures vous faut-il? — Donnez-moi, s'il vous plaît, 3 coupures de 50 roubles et une de 10. — 160 roubles. Recomptez. — C'est juste. Merci beaucoup. — Je vous en prie.

Vocabulaire

банкома́т, le distributeur automatique
креди́тная ка́рточка, la carte de crédit
меня́ть / обменя́ть, changer (de l'argent)
меня́ть / разменя́ть, faire de la monnaie
распи́сываться / расписа́ться, IIA (comme *писа́ть*), signer, émarger
расхо́довать / израсхо́довать, dépenser
счита́ть / сосчита́ть, 1. compter. 2. considérer
пересчи́тывать / пересчита́ть, recompter

L'argent attire (m. à m.: engendre) l'argent.

Grammaire

■ *Не меня́йте все́ евро́; не потеря́йте её*

L'impératif accompagné d'une négation est d'aspect imperfectif lorsqu'il exprime une défense ou un conseil :
откро́йте окно́, mais *не открыва́йте окна́*.
Il est d'aspect perfectif lorsqu'il exprime une mise en garde:

> *смотри́, не уро́ни стака́н,*
> attention, ne laisse pas tomber le verre.

■ *Три купю́ры по пятьдеся́т рубле́й*

La préposition **по** suivie d'un nom de nombre à l'accusatif exprime une idée de distribution:

> *де́ти получи́ли по две игру́шки,*
> les enfants ont reçu chacun deux jouets.

Suivie du nombre *оди́н* (exprimé ou sous-entendu), elle gouverne le datif :

> *Мы чита́ли по (одно́й) кни́ге,* nous avons lu chacun un livre.

■ *Пожа́луйста вашу́ квита́нцию*

Dans cette phrase le groupe *ва́шу квита́нцию* est c.o.d. du verbe *брать* sous entendu.
De même:

> *на, кни́гу = на, бери́ кни́гу,* tiens, prends le livre.

■ *Е́сли вы захоти́те обменя́ть рубли́...*

Rappel (leçon 10): contrairement au français, *е́сли* peut, en russe, être suivi du futur.

■ *Пересчита́йте*

L'un des sens du préverbe *пере-* est la répétition

> *перечи́тывать / перечита́ть,* relire
> *переиздава́ть / переизда́ть,* rééditer

Exercices

A *Remplacez les pointillés par le verbe d'aspect voulu à l'impératif:*

1. a. Не… ваш па́спорт. b. Пиши́те мне ча́сто, не… меня́ (забыва́ть / забы́ть). 2. Осторо́жно, не… (па́дать / упа́сть, удаду́, упадёшь… tomber). 3. Не…, э́то то́чно (пересчи́тывать / пересчита́ть). 4. Не… э́ту ва́зу, она це́нная (разбива́ть / разби́ть, разобью́, разобьёшь…, casser). 5. По́езд отхо́дит в 9 часо́в, смотри́, не… (опа́здывать / опозда́ть). 6. Не… её, она ничего́ не зна́ет (спра́шивать / спроси́ть).

B *Traduisez:*

7. Les voyageurs peuvent changer 200 euros chacun. 8. Nous donnerons un kopek à chaque enfant. 9. Les élèves recopieront chacun quatre leçons. 10. Nous avons déjà bu chacun un verre de thé.

Corrigé

A 1. a. забу́дьте. b. забыва́йте. 2. упади́. 3. пересчи́тывайте. 4. разбе́й. 5. опозда́й. 6. спра́шивай(те).

B 7. Пассажи́ры мо́гут обменя́ть по две́сти е́вро. 8. Мы дади́м де́тям по (одно́й) копе́йке. 9. Ученики́ перепи́шут по четы́ре уро́ка. 10. Мы уже́ вы́пили по стака́ну ча́ю.

Lecture

Полезная справка

Проходя́ таможенный досмотр при въе́зде в Росси́йскую Федера́цию, не забу́дьте заяви́ть о нали́чии у Вас иностра́нной валю́ты и других предметов, подлежа́щих деклара́ции. Это даст Вам возможность беспрепя́тственно вы́везти из Росси́йской Федера́ции неизрасхо́дованную иностра́нную валю́ту и други́е предме́ты, которые были деклари́рованы. Обменя́ть иностра́нную валю́ту на рубли́ Вы сможете в обме́нных пунктах, в аэропо́ртах, морски́х вокза́лах и в гости́ницах.

Un renseignement utile

En passant la douane à l'entrée dans la Fédération de Russie, n'oubliez pas de déclarer si vous avez (m. à m.: la présence) sur vous des devises étrangères et autres objets soumis à la déclaration. Cela vous donnera la possibilité de faire ressortir de la Fédération de Russie sans difficulté les devises étrangères non dépensées et les autres objets déclarés. Vous pourrez changer les devises étrangères contre des roubles dans les bureaux de change, les aéroports, les gares maritimes et les hôtels.

47 НА ПÓЧТЕ

1 — Скажи́те, пожа́луйста, где здесь выдаю́т *пи́сьма до востре́бования.
— В тре́тьем окне́.
— Посмотри́те, пожа́луйста, есть ли письмо́ на и́мя Дюра́на.
— Ваш докуме́нт... Нет, для вас ничего́ нет.

2 — Каки́е ма́рки нужны́ для авиаписьма́ во Фра́нцию?
— Ма́рки по 16 рубле́й.
— Да́йте, пожа́луйста, три конве́рта без ма́рок для авиаписьма́, две ма́рки по 16 рубле́й и одну́ ма́рку за 4 рубля́.
— Пожа́луйста. 39 рубле́й.

3 — Мне на́до посла́ть телегра́мму во Фра́нцию.
— Запо́лните э́тот бланк для междунаро́дной телегра́ммы.
— Пожа́луйста.
— Вы забы́ли написа́ть фами́лию и а́дрес отправи́теля.
— Ой, извини́те! Ну, вот. Когда́ придёт э́та телегра́мма в Пари́ж?
— Че́рез четы́ре часа́.
— Скажи́те ещё, пожа́луйста, где мо́жно отпра́вить заказно́е письмо́?
— В сосе́днем *окне́.

1 письмо́ —— ____

3 окно́ —— ____

ХУДЫ́Е ВЕ́СТИ НЕ ЛЕЖА́Т НА МЕ́СТЕ

Traduction

A la poste

1 — Dites-moi, s'il vous plaît, où l'on délivre ici le courrier en poste restante. — Au troisième guichet. — Regardez, je vous prie, s'il y a une lettre au nom de Durand. — Votre carte d'identité... Non, pour vous il n'y a rien du tout.

2 — Quels timbres faut-il pour une lettre par avion à destination de la France ? — Des timbres à 16 roubles. — Donnez-moi, s'il vous plaît, trois enveloppes sans timbre pour lettre par avion, deux timbres à 16 roubles et un timbre à 4 roubles. — Voici. (Cela fait) 39 roubles.

3 — Je dois envoyer un télégramme en France. — Remplissez ce formulaire pour télégramme international. — Voici. — Vous avez oublié d'inscrire le nom et l'adresse de l'expéditeur. — Oh! Excusez-moi! Eh bien, voilà! Quand ce télégramme arrivera-t-il à Paris? — Dans quatre heures. — Dites-moi encore, s'il vous plaît, où l'on peut envoyer une lettre recommandée. — Au guichet voisin.

Prononciation

Le groupe *чт* dans *по́чта* doit se prononcer distinctement [tch't] et non [cht] comme dans *что, чтобы*.

Vocabulaire

ма́рка, gén. plur. *ма́рок*, le timbre   *конве́рт*, l'enveloppe
сосе́д, le voisin   *сосе́дний* (adj.) voisin
почто́вый я́щик, la boîte à lettres
выдава́ть, выдаю́, выдаёшь...(comme *дава́ть*) | *вы́дать, вы́дам, вы́дашь*...(comme *дать*), délivrer
посыла́ть | посла́ть, IIA, *пошлю́, пошлёшь*..., envoyer
отправля́ть | отпра́вить, expédier
ничего́ нет, il n'y a rien   *никого́ нет*, il n'y a personne

---

Les mauvaises nouvelles ont des ailes
(m. à m.: ne restent pas sur place).

Grammaire

■ *Через четы́ре часа́*

La préposition *че́рез* suivie de l'accusatif, exprime le laps de temps qui doit s'écouler ou qui s'est écoulé avant qu'un événement ait lieu.

> *Он вернётся че́рез два ме́сяца*, il reviendra dans deux mois.
> *Мы полете́ли в 7 часо́в, а че́рез три часа́ мы се́ли на Вну́ковский аэропо́рт*, nous avons décollé à 7 heures et, trois heures plus tard, nous avons atterri sur l'aérodrome de Vnoukovo.

■ *На́до посла́ть телегра́мму во Фра́нцию*

De nombreux noms de pays se terminent par *-ия*

Англия : l'Angleterre	*Финля́ндия* : la Finlande
Герма́ния : l'Allemagne	*Норве́гия* : la Norvège
Росси́я : la Russie	*Шве́ция* : la Suède
Ита́лия : l'Italie	*Да́ния* : le Danemark
Испа́ния : l'Espagne	*Швейца́рия* : la Suisse

Le locatif est en *и* : *в Испа́нии*

■ *Modèle d'adresse en russe:*

> г. МОСКВА В — 92
> *Тверска́я ул. д. 76 кв. 6*
> *Петро́ву Бори́су Ива́новичу*
>
> ---
>
> *А́дрес отправи́теля*
> *г. Ки́ев. Пу́шкина ул.*
> *д. 26 кв. 9*
> *Попо́ва Е. В.*

Comme on le voit, le nom (au datif) de la personne à qui l'on adresse la lettre se place à la fin ; le nom de la ville se met en tête.

Abréviations: : *ул.: у́лица*   *д.: дом*   *кв.: кварти́ра*

Exercices

Traduisez:
1. Dans trois jours nous irons au théâtre. 2. Le train part dans une minute. 3. Nous avons envoyé un télégramme à 8 heures; deux heures plus tard il était déjà arrivé à Paris. 4. Nous partirons en Allemagne dans un mois.

Corrigé

1. Че́рез три дня мы пойдём в теа́тр. 2. По́езд отхо́дит че́рез мину́ту. 3. Мы посла́ли телегра́мму в во́семь часо́в, а че́рез два часа́ она́ уже́ пришла́ в Пари́ж. 4. Мы уе́дем в Герма́нию че́рез ме́сяц.

Lecture

По́чта

Гла́вный почта́мт (Мясницкая ул., 26) принима́ет телегра́ммы, де́нежные перево́ды, выдаёт пи́сьма до востре́бования кру́глые су́тки, а остальны́е опера́ции произво́дит до 22 часо́в.

Центра́льный почта́мт (Тверская ул., 7) принима́ет и отправля́ет во все стра́ны пи́сьма, бандеро́ли, ме́лкие паке́ты с сувени́рами, телегра́ммы, фа́ксы. Здесь же мо́жно связа́ться по телефо́ну с любы́м го́родом ми́ра. Рабо́тает с 9 до 21 часа́.

La poste

La poste principale (26, rue de la Boucherie) reçoit les télégrammes, les mandats, délivre le courrier en poste restante jour et nuit et effectue les autres opérations jusqu'à 22 heures.

La poste centrale (7, rue de Tver) reçoit et expédie dans tous les pays des lettres, imprimés, petits paquets-souvenirs, télégrammes, fax. On peut aussi y entrer en liaison téléphonique avec n'importe quelle ville du monde. Est ouverte (m. à m.: travaille) de 9 à 21 heures.

48 | ТЕЛЕФÓН

1 — Скажи́те, пожа́луйста, отку́да мо́жно позвони́ть?
— Éсли у вас нет моби́льного телефо́на, мо́жно из
автома́та, при по́мощи телефо́нной ка́рточки и́ли
жето́на. Но вы мо́жете получи́ть *связь с го́родом
беспла́тно из ва́шего но́мера.

2 — Бюро́ нахо́док.
— Скажи́те, пожа́луйста, вам случа́йно не сдава́ли
мой па́спорт?
— Вы не оди́н теря́ете па́спорт. Как ва́ша фами́лия?
— Дюпо́н.
— И́мя?
— Пьер.
— Когда́ потеря́ли?
— В про́шлую пя́тницу.
— Не отходи́те от телефо́на... Нам пока́ ничего́ не
поступа́ло. Звони́те че́рез два дня.
— Спаси́бо.

3 — Алло́! Попроси́те, пожа́луйста, Бори́са *Никола́е-
вича к телефо́ну.
— Его́ нет. Ну́жно ли что́-нибудь ему́ переда́ть?
— Нет, спаси́бо. Вы не ска́жете, когда́ он бу́дет до́ма?
— Он тепе́рь у Ма́ши. Они́ ча́сто хо́дят друг к дру́гу.
Он вернётся домо́й часо́в в шесть ве́чера.
— Спаси́бо. Я позвоню́ ещё раз. До свида́ния.

---

1 связь [sv'as']

2 Никола́евич [n'ikaLayev'itch'] ou [n'ikaLayitch']

ЛИ́ШНЕЕ ГОВОРИ́ТЬ — СЕБЕ́ ВРЕДИ́ТЬ

Le téléphone

1 — Dites-moi, s'il vous plaît, d'où est-il possible de téléphoner?
— Si vous n'avez pas de téléphone portable, c'est possible d'un
téléphone automatique, avec (m. à m.: à l'aide de) une carte de
téléphone ou un jeton. Mais vous pouvez obtenir gratuitement une
communication urbaine (m. à m.: liaison avec la ville), de votre
chambre.

2 — Le bureau des objets trouvés. — Dites-moi, s'il vous plaît, ne
vous aurait-on pas remis mon passeport, par hasard? — Vous n'êtes
pas le seul à perdre un passeport. Quel est votre nom? — Dupont.
— Prénom? — Pierre. — Quand l'avez-vous perdu? — Vendredi
dernier. — Ne quittez pas (m. à m.: ne vous éloignez pas du
téléphone). Jusqu'à présent, nous n'avons rien (m. à m.: il ne nous
est rien arrivé). Téléphonez dans deux jours. — Merci.

3 — Allo! Pourrais-je parler à (m. à m.: demandez, s'il vous plaît,)
Boris Nicolaïevitch (au téléphone)? — Il n'est pas là. Faut-il lui
transmettre quelque chose? — Non, merci. Vous ne savez (m. à m.:
direz) pas quand il sera chez lui? — Il est en ce moment chez Macha.
Ils vont souvent l'un chez l'autre. Il rentrera à la maison vers six
heures du soir. — Merci. Je rappellerai (m. à m.: téléphonerai encore
une fois). Au revoir.

Vocabulaire

связь fém. le lien, la liaison
нахо́дка, l'objet trouvé
тру́бка, la pipe; l'écouteur (de téléphone)
по́мощь, fém. l'aide
снима́ть / снять, IIB, *сниму́, сни́мешь...*, ôter (un vêtement)
снима́ть / снять тру́бку, décrocher l'écouteur
ве́шать / пове́сить тру́бку, raccrocher l'écouteur
отходи́ть / отойти́, отойду́, отойдёшь... s'éloigner
теря́ть / потеря́ть, perdre

Trop parler nuit (m. à m.: c'est se nuire).

Grammaire

■ *Они́ ча́сто хо́дят друг к дру́гу*

Le pronom réciproque « l'un l'autre » est composé de deux éléments dont le premier est invariable tandis que le second se décline comme un substantif masculin singulier, même s'il se rapporte à un féminin. Le sujet peut comprendre deux personnes ou plus :

> *Они́ лю́бят друг дру́га*, ils s'aiment

S'il y a une préposition, elle se place entre les deux éléments :

> *Они́ гуля́ют друг с дру́гом*,
> ils se promènent (l'un avec l'autre).

■ *Его́ нет*

Pour traduire « il n'est pas là » on utilise *нет*, (qui est la contraction de *не есть* : il n'y a pas) accompagné du génitif de *он* (mot à mot : il n'y a pas de lui). On a la même tournure avec un substantif :

> *Ка́ти нет*, Katia n'est pas là

■ *Часо́в в шесть*

Quand on veut exprimer l'approximation, on place le numéral *après* le substantif dont il dépend :

> *Че́рез де́сять лет*, dans dix ans
> *Лет че́рез де́сять*, dans une dizaine d'années

Exercices

A *Traduisez* :

1. Nous marchions l'un derrière l'autre. 2. Vous pensez souvent l'un à l'autre. 3. Ils se téléphonent deux fois par semaine. 4. Ils habitent loin l'un de l'autre. 5. Regardez-vous (l'un l'autre) ! 6. Vous êtes satisfaits l'un de l'autre. 7. Nous nous entr'aidons.

B *Répondez par la négative aux phrases suivantes selon le modèle :*
Бори́с до́ма? Нет, Бори́са нет.

8. Ка́тя до́ма? 9. Де́ти до́ма? 10. Сестра́ до́ма?

A 1. Мы шли друг за дру́гом. 2. Вы ча́сто ду́маете друг о дру́ге. 3. Они звоня́т друг дру́гу два ра́за в неде́лю. 4. Они́ живу́т далеко́ друг от дру́га. 5. Посмотри́те друг на дру́га! 6. Вы дово́льны друг дру́гом. 7. Мы помога́ем друг дру́гу.

B 8. Нет, Ка́ти нет. 9. Нет, детей нет. 10. Нет, сестры́ нет.

Lecture

Это космети́ческий институ́т?

— Это косметический институт? Попросите, пожалуйста, к телефону доктора Дулькина.

— Это не косметический институт. Доктора здесь нет.

— Как это « здесь нет доктора »?. Обход кончился, доктор Дулькин должен быть у себя. Позовите его.

— Вы меня не слушаете. Я сказал, что это не косметический институт.

— А что это? Амбулатория? Голубчик, но вы же рядом! Пошлите санитара за доктором Дулькиным. Это говорит жена члена коллегии Мухолобова.

— Даже если бы вы были женой министра, я бы этого не сделал!

— Почему?

— Потому, что вы попали не в косметический институт, и не в косметическую амбулаторию, а в частную квартиру.

По Ленчу — *Сборник рассказов*

C'est l'institut de beauté?

— C'est l'institut de beauté? Veuillez me passer le docteur Doulkine.

— Ce n'est pas l'institut de beauté. Il n'y a pas de docteur ici.

— Comment « il n'y a pas de docteur ici »? Les visites sont finies, le docteur Doulkine doit être chez lui. Appelez-le.

— Vous ne m'écoutez pas. Je vous ai dit que ce n'est pas un institut de beauté.

— Et qu'est-ce que c'est? Le dispensaire? Mais, mon cher, vous êtes tout à côté. Envoyez un infirmier chercher le docteur Doulkine. C'est la femme du membre de collège Moukholobov à l'appareil.

— Même si vous étiez la femme d'un ministre je ne le ferais pas.

— Pourquoi?

— Parce que vous n'êtes pas tombé sur un institut de beauté, ni sur un dispensaire de beauté mais sur un appartement privé.

D'après Lientch, *Recueil de récits*

49   ВРАЧ

1 Когда Борис плохо себя *чувствует, он чаще всего лечится сам. От головной боли он принимает таблетку. Если он простудился и кашляет, он покупает конфеты от кашля. Во всех аптеках продаются лекарства от гриппа и насморка и термометры для измерения температуры. От ревматических болей можно натираться мазью или жидкостью. Когда у Бориса болит желудок, ему помогают порошки, растворяемые в воде.

2 Когда Борис считает себя серьёзно больным, он обращается к врачу. Он идёт в поликлинику в часы приёма или вызывает врача на дом. Врач осматривает его: выслушивает лёгкие, щупает пульс, измеряет давление. Наконец он выписывает лекарства, которые надо принимать. Аптекарь выполняет рецепт. Иногда ему приходится делать уколы. Борис умирает со страху, когда видит, что к нему подходит медсестра со своей иглой.

3 Борис обычно поправляется за несколько дней и может снова начать свою работу, прерванную болезнью.

---

1. чувствует [tch'oustvouyet,]

УМЕРЕННОСТЬ — МАТЬ ЗДОРОВЬЯ

Traduction

Le médecin

1 Quand Boris ne se sent pas bien (m. à m.: se sent mal), il se soigne le plus souvent lui-même. Contre le mal de tête, il prend un comprimé. S'il a pris froid et qu'il tousse, il achète des pastilles contre la toux. Dans toutes les pharmacies, on vend des remèdes contre la grippe et le rhume, et des thermomètres pour prendre (m. à m.: la mesure de) la température. Contre les douleurs rhumatismales, on peut se frictionner avec une pommade ou un liquide. Quand Boris a mal à l'estomac, des poudres dissoutes dans l'eau le soulagent.

2 Quand Boris se considère gravement malade, il s'adresse au médecin. Il va au dispensaire aux heures de consultation ou il l'appelle à la maison. Le médecin l'examine: il l'ausculte, lui tâte le pouls, mesure sa tension. Finalement, il prescrit les médicaments qu'il faut prendre. Le pharmacien exécute l'ordonnance. Parfois, il convient de faire des piqûres. Boris meurt de peur quand il voit l'infirmière s'approcher de lui avec son aiguille.

3 Boris se rétablit habituellement en quelques jours et il peut reprendre (m. à m.: commencer à nouveau) son travail interrompu par la maladie.

Vocabulaire

боль, fém., la douleur   *порош(о́)к*, la poudre
апте́ка, la pharmacie   *уко́л*, la piqûre
лёгкие, adj. subst., les poumons
лечи́ть(ся), ╲___ (se) soigner / *вы́лечить(ся)*, (se) guérir
измеря́ть / *изме́рить*, mesurer
натира́ть / *натере́ть*, *натру́*, *натрёшь*; *натёр*, *натёрла* frotter
слу́шать / *послу́шать*, écouter
выслу́шивать / *вы́слушать*, ausculter
выпи́сывать / *вы́писать*, commander, prescrire
выполня́ть / *вы́полнить*, exécuter, accomplir
прерыва́ть / *прерва́ть*, *прерву́*, *прервёшь*…, interrompre
поправля́ться / *попра́виться*, se rétablir
терпе́ть, *терплю́*, *те́рпишь*… / *вы́терпеть*, supporter
умира́ть / *умере́ть*, IIB, *умру́*, *умрёшь*…; *у́мер*, *умерла́*, *у́мерли*, mourir
подходи́ть / *подойти́*, *подойду́*, *подойдёшь*…, (*к* + datif), se rapprocher

Sobriété est mère de santé.

Grammaire

■ *Бори́с счита́ет себя́ серьёзно больны́м*

L'attribut du complément d'objet direct se met obligatoirement à l'instrumental :

> *Мы зна́ли её молодо́й,*
> nous l'avons connue jeune.

■ *Он ле́чится сам*

Le pronom *сам*, lui-même, a la même déclinaison que *э́тот*, mais avec accent final (sauf au nominatif pluriel *са́ми*).

	M.	F.	Pl.
N.	*сам*	*сама́*	*са́ми*
A.	*самого́*	*саму́*	*сами́х*
G.	*самого́*	*само́й*	*сами́х...*

Ce pronom s'emploie avec un nom ou un pronom désignant des personnes :

> *Воло́дя идёт к самому́ дире́ктору.*
> Volodia va chez le directeur en personne.

■ *Он умира́ет со стра́ху*

La préposition *с* suivie du génitif, exprime la cause avec certains mots désignant des sentiments ou des sensations. Dans cette expression *страх* présente un génitif en *-у* (leçon 30) comme: *го́лод*, la faim, *смех*, le rire.

> *Мы умира́ли с го́лоду, со сме́ху...*
> nous mourions de faim, de rire...

■ *Он ви́дит, что к нему́ подхо́дит медсестра́*

La tournure infinitive française (par exemple: je la vois s'approcher, je les entends crier, etc) n'existe pas en russe. La proposition complétive qui dépend de *ви́деть*, II, voir, *слы́шать*, II, entendre, etc, est introduite par les conjonctions *как* ou *что*:

> *Вы слы́шите, как пою́т пти́цы?*
> Vous entendez les oiseaux chanter ?

Exercices

A *Mettez au cas et au genre voulus le pronom* сам:
1. Не объясня́йте ей : она́ хо́чет (сам) поня́ть. 2. Пошли́те письмо́ (сам) администра́тору. 3. Мы говори́ли о нём (сам). 4. Они́ разгова́ривали с (сам) мини́стром. 5. Мы ви́дели (сам) арти́стку.

B *Traduisez:*

6. Nous avons trouvé Katia malade. 7. Nous regardons les feuilles tomber. 8. Les enfants aiment les bonbons plus que tout. 9. Nous mourons de peur quand nous entendons Kolia crier.

Corrigé

A 1. сама́. 2. самому́. 3. само́м. 4. сами́м. 5. саму́.

B 6. Мы нашли́ Ка́тю больно́й. 7. Мы смо́трим, как па́дают ли́стья. 8. Де́ти лю́бят бо́льше всего́ конфе́ты. 9. Мы умира́ем со стра́ху, когда́ слы́шим, как кричи́т Ко́ля.

Lecture

Сове́т врача́

Стари́к пришёл к врачу́. Врач вы́слушал его́ и сказа́л:

— Вам на́до пое́хать отдохну́ть в дере́вню. Там вы должны́ ра́но ложи́ться спать, есть мя́со и пить молоко́, мно́го гуля́ть. Вы мо́жете кури́ть то́лько одну́ папиро́су в день.

Че́рез ме́сяц стари́к пришёл к врачу́ опя́ть и сказа́л:

— Ваш сове́т о́чень помо́г мне. Я пое́хал в дере́вню, ра́но ложи́лся спать, ел мя́со, пил молоко́ — де́лал всё, что вы мне сказа́ли. То́лько снача́ла мне бы́ло тру́дно кури́ть одну́ папиро́су в день. Это не про́сто — нача́ть кури́ть в моём во́зрасте.

Le conseil du médecin

Un vieillard vient chez un médecin. Le médecin l'ausculte et lui dit:
— Il faut aller vous reposer à la campagne. Vous devez vous coucher (dormir) de bonne heure, manger de la viande et boire du lait, beaucoup vous promener. Vous pouvez fumer une cigarette par jour seulement.

Au bout d'un mois, le vieillard revient chez le médecin et dit:
— Votre conseil m'a bien réussi. (m. à m.: beaucoup aidé). Je suis allé à la campagne, me suis couché tôt, j'ai mangé de la viande, bu du lait: j'ai fait tout ce que vous m'aviez dit. Seulement, au début, il m'a été difficile de fumer une cigarette par jour. Il n'est pas si simple de commencer à fumer à mon âge.

У ВРАЧА.
У ЗУБНОГО ВРАЧА

1 — Что с вами? Что у вас болит?

— У меня болит желудок; мне хочется спать после обеда; я с трудом работаю; я часто страдаю мигренью.

— Сколько вам лет?

— Мне сорок лет.

— Вы занимаетесь спортом?

— Нет, у меня нет времени.

— Вы хорошо спите?

— Да, восемь часов в сутки.

2 — Ну, раздевайтесь, я сейчас вас осмотрю. Лягте на диван. Здесь больно?

— Да, немножко.

— Так, так. Дышите. У вас хорошее сердце. Кровяное давление нормальное. Но похоже, что печень и жёлчный пузырь вялые. Надо сделать анализ крови и анализ мочи. А пока надо есть лёгкую пищу. Избегайте тяжёлой жирной пищи. Это наверно не опасно, но всё-таки будьте осторожны.

3 (*У зубного врача*)

— Сядьте в кресло! Откройте рот! Какой зуб вас беспокоит?

— Вот этот. Ой! Придётся его удалить?

— Нет, я поставлю временную пломбу.

— Когда мне прийти к вам в следующий раз?

— В следующий вторник, в четыре часа.

— Спасибо. До свидания, доктор.

БОЛЕЗНЬ ВХОДИТ ПУДАМИ, А ВЫХОДИТ ЗОЛОТНИКАМИ

Traduction

Chez le médecin. Chez le dentiste

1. — Qu'avez-vous? (m. à m.: quoi avec vous?) Où avez-mous mal?
— J'ai mal à l'estomac; j'ai envie de dormir après le déjeuner; je travaille difficilement; je souffre souvent de migraine. — Quel âge avez-vous? — J'ai quarante ans. — Vous pratiquez un sport? — Non, je n'ai pas le temps. — Vous dormez bien? — Oui, huit heures par jour (m. à m.: par vingt-quatre heures).

2. — Bien, déshabillez-vous, je vais vous examiner tout de suite. Allongez-vous sur le divan. Ici, c'est douloureux? — Oui, un peu. — Bien, bien. Respirez. Vous avez un coeur en bon état. La tension artérielle est normale. Mais on dirait que le foie et la vésicule biliaire sont paresseux. Il faut faire une analyse de sang et une analyse d'urine. Mais pour le moment, il faut (manger) une nourriture légère. Evitez les aliments lourds et gras. Ce n'est sûrement pas grave, mais soyez tout de même prudent.

3. (*Chez le dentiste*) — Asseyez-vous dans le fauteuil! Ouvrez la bouche! Quelle dent vous gêne? — Celle-ci. Aïe! Il va falloir l'arracher? — Non, je vais vous poser un plombage provisoire. — Quand dois-je venir la prochaine fois? — Mardi prochain, à quatre heures. — Merci. Au revoir, docteur.

Vocabulaire

су́тки, су́ток, су́ткам, un jour et une nuit: 24 heures
дво́е су́ток, deux jours, 48 heures
похо́жий, ressemblant   *он похо́ж на отца́*, il ressemble à son père
тяжёлый, lourd, difficile
страда́ть / пострада́ть, souffrir
раздева́ть(ся) / разде́ть(ся) IIC, *разде́ну(сь), разде́нешь(ся)...*, (se) déshabiller
ложи́ться / лечь, IIB, *ля́гу, ля́жешь...; лёг, легла́...*; impér. irrég. *ляг, ля́гте*, se coucher
дыша́ть / подыша́ть ＼___ (*во́здухом*), instr., respirer (l'air)
беспоко́ить(ся) / побеспоко́ить(ся), (s')inquiéter, (se) déranger
ста́вить / поста́вить, mettre, poser (debout)
немно́жко, un petit peu, dim. de *немно́го*.
всё-таки, tout de même

La maladie entre par pouds (env. 15 kg) mais sort par zolotniks (env. 4 g).

Grammaire

■ *Ско́лько вам лет?*

L'âge est exprimé par une tournure impersonnelle, le nom ou le pronom étant mis au datif.
Лет est le génitif pluriel du mot *ле́то*, l'été, qui signifiait autrefois l'année.

> *оди́н год,*
> *два, три, четы́ре го́да,*
> *пять, шесть... лет,*
> *два́дцать оди́н год, два́дцать два го́да...*
> *Мне три́дцать лет,* j'ai trente ans
> *И́горю бы́ло два го́да,* Igor avait deux ans

■ *Что с ва́ми?*

L'expression *что с...* suivie d'un nom ou d'un pronom à l'instrumental est l'équivalent du français: Qu'avez-vous?
> *Что со мной?* Qu'est-ce que j'ai?
> *Что с тобо́й? Что с ним? Что с Ко́лей?*
> Qu'as-tu? Qu'a-t-il? Qu'a Kolia?

■ *Что у вас боли́т?*

Le verbe *боле́ть* (leçon 15), faire mal, s'emploie surtout dans cette expression, qui signifie littéralement: « Quoi chez vous fait mal? »
> *У меня́ боле́л желу́док,* j'avais mal à l'estomac.

Il ne faut pas confondre ce verbe avec l'adverbe *бо́льно,* employé dans des tournures impersonnelles:
> *мне бо́льно,* j'ai mal.

■ *Пока́ на́до есть лёгкую пи́щу*

Le mot *пока́,* ici adverbe (en attendant), est également conjonction: pendant que, tant que:
> *Пока́ я гото́влю у́жин, раздева́йся,*
> pendant que je prépare le dîner, déshabille-toi.
> *Пока́ он бо́лен, он не мо́жет выходи́ть,*
> tant qu'il est malade, il ne peut pas sortir.

■ *Ся́дьте в кре́сло. Откро́йте рот*

A l'impératif, on emploie l'aspect imperfectif pour exprimer l'invitation à faire une action et, de préférence, le perfectif pour exprimer un ordre ou une prière:

> *Приходи́те ко мне за́втра*, venez chez moi demain.
> *Вы́ключите телеви́зор, пожа́луйста*,
> éteignez le poste de télévision, s'il vous plaît.

Exercices

A *Remplacez les pointillés par l'impératif d'aspect imperfectif ou perfectif des verbes entre parenthèses:*

1. ...в столо́вую (проходи́ть / пройти́). 2. ...мне соль (передава́ть / переда́ть), пожа́луйста. 3. ...(входи́ть / войти́),... (раздева́ться / разде́ться) и... (сади́ться / сесть) : мы бу́дем пить чай. 4. ...мне, пожа́луйста, где нахо́дится по́чта (говори́ть / сказа́ть). 5. ...к нам в дере́вню (приезжа́ть / прие́хать).

B *Traduisez:*

6. Quel âge a Vania? 7. Qu'avez-vous? 8. J'ai mal à la tête. 9. Grand-mère a quatre-vingt-deux ans. 10. Kolia a dix ans; tant qu'il va à l'école, il ne peut pas nous aider à la maison. 11. J'ai envie d'aller au cinéma.

Corrigé

A 1. проходи́те. 2. переда́йте. 3. входи́те; раздева́йтесь; сади́тесь. 4. скажи́те. 5. приезжа́йте.

B 6. Ско́лько лет Ва́не? 7. Что с ва́ми? 8. У меня́ боли́т голова́. 9. Ба́бушке во́семьдесят два го́да. 10. Ко́ле де́сять лет; пока́ он хо́дит в шко́лу, он не мо́жет помога́ть нам до́ма. 11. Мне хо́чется пойти́ в кино́.

A Choisissez le verbe d'aspect voulu et mettez-le à l'impératif (Revoyez les leçons 46 et 50) :

1. Не (уходи́ть / уйти́) : (помога́ть / помо́чь) мне. 2. (входи́ть / войти́) : не (стесня́ться / постесня́ться : être gêné). 3. Осторо́жно! Не (па́дать / упа́сть, упаду́). 4. (Снима́ть / снять) тру́бку. 5. Не (рвать / порва́ть) э́тот биле́т : он поле́зен (поле́зный : utile). 6. Хо́лодно сего́дня! Не (простужа́ться / простуди́ться). 7. Не (прерыва́ть / прерва́ть) меня́.

B Tournez les phrases suivantes au futur selon le modèle (leçon 47 et verbes des leçons 41 à 50) :

Он пришёл два часа́ тому́ наза́д — Он придёт че́рез два часа́.

8. Ему́ вы́дали письмо́ пять мину́т тому́ наза́д. 9. Ники́тины уе́хали три ме́сяца тому́ наза́д. 10. Вас вы́звали де́сять мину́т тому́ наза́д. 11. Де́ти легли́ спать час тому́ наза́д. 12. Ему́ пришло́сь уе́хать неде́лю тому́ наза́д. 13. Я встал три часа́ тому́ наза́д.

C Remplacez les tournures suivantes selon le modèle: *Что у тебя́ боли́т? — Что с тобо́й?* (leçon 50 et Mémento § 28)

14. Что у вас боли́т? 15. Что у неё боли́т? 16. Что у меня́ боли́т? 17. Что у Бори́са боли́т? 18. Что у Ка́ти боли́т? 19. Что у них боли́т? 20. Что у дете́й боли́т?

D Traduisez:

21. Dis-moi, s'il te plaît, comment me rendre à l'Hôtel Central. 22. On m'a dit qu'on pouvait y manger bien. 23. L'Hôtel Central se trouve loin d'ici, rue de Tver. 24. Tu peux y aller par le métro sans changement. 25. Tu descendras à la station « Okhotnyï riad ». 26. De là jusqu'à l'hôtel il y a dix minutes à pied. 27. Ne bois pas trop de vodka au restaurant! 28. N'oublie pas que tu as souvent mal à l'estomac!

Corrigé

A 1. уходи́те; помоги́те. 2. входи́те; стесня́йтесь. 3. упади́те. 4. сними́те. 5. порви́те. 6. простуди́тесь. 7. прерыва́йте.

B 8. Ему́ вы́дадут письмо́ че́рез пять мину́т. 9. Ники́тины уе́дут че́рез три ме́сяца. 10. Вас вы́зовут че́рез де́сять мину́т. 11. Де́ти ля́гут спать че́рез час. 12. Ему́ придётся уе́хать че́рез неде́лю. 13. Я вста́ну че́рез три часа́.

C 14. Что с ва́ми? 15. Что с ней? 16. Что со мной? 17. Что с Бори́сом? 18. Что с Ка́тей? 19. Что с ни́ми? 20. Что с детьми́?

D 21. Скажи́ мне, пожа́луйста, как мне дое́хать до « Центра́льной » гости́ницы. 22. Мне сказа́ли, что там мо́жно вку́сно пое́сть. 23. Гости́ница « Центра́льная » нахо́дится далеко́ отсю́да, на Тверско́й у́лице. 24. Ты мо́жешь пое́хать туда́ на метро́ без переса́дки. 25. Ты сойдёшь на ста́нции « Охо́тный ряд ». 26. Отту́да до гости́ницы де́сять мину́т пешко́м. 27. Не пей сли́шком мно́го во́дки в рестора́не! 28. Не забу́дь, что у тебя́ ча́сто боли́т желу́док.

51 СТОЛИ́ЦА

Москва́, Москва́!... люблю́ тебя́ как сын,
Как ру́сский — си́льно, пла́менно и не́жно.
Ле́рмонтов

1 Москва́ — о́чень краси́вый совреме́нный го́род, насчи́-
тывающий двена́дцать миллио́нов жи́телей. За пос-
ле́дние десятиле́тия на окра́ине Москвы́, на ме́сте
ста́рых дереве́нь, бы́ли постро́ены но́вые кварта́лы
с высо́кими жилы́ми дома́ми, а в са́мом це́нтре
бы́ли со́зданы но́вые прекра́сные у́лицы, как напри-
ме́р Но́вый Арба́т.

2 В це́нтре столи́цы нахо́дятся истори́ческие па́мятники,
зда́ния министе́рств и други́х прави́тельственных
учрежде́ний, универма́ги, больши́е гости́ницы. Архи-
те́кторы соедини́ли со ста́рой Москво́й Москву́ но́вую.
Огро́мные совреме́нные зда́ния, как напри́мер гости́-
ница Росси́я, и́ли краси́вый дворе́ц Съе́здов в *Кремле́
хорошо́ сочета́ются со ста́рыми зда́ниями.

3 Ле́том тури́сты знако́мятся с худо́жественными про-
изведе́ниями, па́мятниками, церква́ми, дворца́ми, а
та́кже с дома́ми знамени́тых люде́й, превращён-
ными в музе́и.

4 Крупне́йшая Росси́йская Госуда́рственная Библиоте́-
ка (бы́вшая Библиоте́ка и́мени Ле́нина), Моско́вский
Госуда́рственный Университе́т (МГУ), шко́лы, теа́тры
(среди́ них знамени́тый во всём ми́ре Большо́й) де́лают
Москву́ кру́пным культу́рным це́нтром.

1 Москва́ [maskva] et non pas [maksva] (faute fréquente)

2 Кремль ⟋——— —— (masc.)

НЕ СРА́ЗУ МОСКВА́ СТРО́ИЛАСЬ

Traduction

La capitale

> Moscou, Moscou!... Je t'aime comme un fils,
> Comme un Russe — avec force, passion et tendresse.
>> Lermontov

Moscou est une très belle ville moderne qui compte douze millions d'habitants. Au cours des dernières décennies, dans la banlieue de Moscou, à l'emplacement des anciens villages, on a construit des quartiers nouveaux avec de grands immeubles, tandis que, dans le centre même, furent créées de splendides rues nouvelles, comme le Nouvel Arbat.

Dans le centre de la capitale, se trouvent des monuments historiques, les bâtiments des ministères et des autres institutions gouvernementales, les grands magasins, les grands hôtels. Les architectes ont uni le nouveau Moscou au Moscou ancien. D'immenses bâtiments modernes, comme par exemple, l'hôtel « Russie » ou le beau Palais des Congrès au Kremlin s'accordent harmonieusement (m. à m.: se combinent bien) avec les édifices anciens.

L'été, les touristes découvrent (m. à m.: font connaissance avec) les œuvres d'art, les monuments, les églises, les palais, et aussi les maisons d'hommes célèbres, transformées en musées.

La très importante Bibliothèque nationale russe (l'ancienne bibliothèque Lénine), l'Université d'Etat de Moscou (MGOU), les écoles, les théâtres (parmi eux, le Bolchoï, connu dans le monde entier) font de Moscou un important centre culturel.

Vocabulaire

дерéвня, la campagne, le village
госудáрство, l'Etat
министéрство, le ministère
правúтельство, le gouvernement
правúтельственный, gouvernemental
универмáг (abréviation de *универсáльный магазúн*), le grand magasin
дворéц, gén. *дворцá*, le palais   *цéрковь*, gén. *цéркви*, l'église
худóжник, l'artiste peintre   *худóжественный*, d'art
произведéние, une oeuvre
стрóить / пострóить, construire
создавáть, создаю́, создаёшь (comme *давáть*) / *создáть, создáм, создáшь* (comme *дать*), former
знакóмиться / познакóмиться, faire connaissance
превращáть(ся) / преврати́ть(ся) в + acc., (se) transformer en.

Moscou ne s'est pas fait (m. à m.: construit) en un jour.

Grammaire

■ *В са́мом це́нтре*

En dehors de son rôle dans la formation du superlatif (leçon 24), *са́мый* — qui se décline comme un adjectif — peut servir à renforcer le nom ou le pronom devant lequel il est placé.

> *Дом стои́т на са́мом краю́ обры́ва,*
> la maison se trouve juste au bord du ravin.
> *Вот та са́мая река́, о кото́рой я тебе́ расска́зывал,*
> voilà justement la rivière dont je t'ai parlé.

Dans cet emploi *са́мый* a un sens proche de *сам* (leçon 49), dont la déclinaison et l'accent sont cependant différents et qui n'est employé qu'avec des noms désignant des personnes.

■ *С церква́ми*

Le substantif féminin *це́рковь*, génitif *це́ркви*, instrumental *це́рковью* a un pluriel irrégulier (datif, instrumental et prépositionnel de type dur): *це́ркви, церкве́й, церква́м, церква́ми, церква́х*

■ *Министе́рство*

Le suffixe *-ство* fournit un grand nombre de noms abstraits (qualité, profession, organisation sociale, occupation, etc....) *иску́сство*, l'art, *де́тство*, l'enfance

■ *Зда́ния прави́тельственных учрежде́ний*

Rappel: les noms terminés en *-ие* ont un génitif pluriel *-ий*
> *мно́го произведе́ний*, beaucoup d'oeuvres.

Exercices

Traduisez (en utilisant са́мый):
1. Les musées ouvrent dès le matin. 2. Ils ont fait connaissance dès l'enfance. 3. Nous nous sommes arrêtés juste au bord de la rivière. 4. J'ai rencontré Boris juste à l'entrée (вход) du théâtre. 5. Hier il a travaillé jusqu'à la nuit (même).

Corrigé

1. Музе́и откры́ты с са́мого утра́. 2. Они́ познако́мились с са́мого де́тства. 3. Мы останови́лись на са́мом берегу́ реки́. 4. Я встре́тил Бори́са у са́мого вхо́да в теа́тр. 5. Вчера́ он рабо́тал до са́мой но́чи.

Lecture

Кремль

Кто видел Кремль в час утра золотой,
Когда лежит над городом туман,
Когда меж храмов, с гордой простотой,
Как царь, белеет башня-великан?

Лермонтов.

Le Kremlin

Qui a vu le Kremlin à l'heure dorée du matin,
Où la brume recouvre la ville,
Où, entre les temples à la fière simplicité,
Comme un tsar, se détache la blanche tour géante?

Lermontov.

52 | В МУЗЕЕ

1 — Музей открыт сегодня?
— Да, музей открыт ежедневно, кроме понедельника.
— В какие часы можно его посетить?
— С 10 часов утра до 8 часов вечера.

2 — Скажите, какая плата за вход?
— 30 рублей.
— Я студент. Могу ли я воспользоваться скидкой на билет?
— *Конечно, для вас это будет 15 рублей, как для групп экскурсантов.
— Скажите, пожалуйста, где выставлены иконы Рублёва?
— Спуститесь по этой *лестнице. Иконы собраны в первом зале внизу.

3 — Где можно купить репродукции?
— На первом этаже, в киоске.
— Я хотела бы купить репродукцию картины Левитана «Март». Я никак не могу её найти. У вас есть чёрно-белая репродукция, а мне нужна цветная.
— К сожалению, её цветной у нас нет, и ни у кого нету, но есть диапозитивы.

2 конечно [kan'èchna] лестница [l'èsn'itsa]

НА ВКУС И ЦВЕТ ТОВАРИЩЕЙ НЕТ

Traduction

Au musée

1 — Le musée est ouvert aujourd'hui? — Oui, le musée est ouvert tous les jours sauf le lundi. — Quelles sont les heures de visite? (m. à m.: à quelles heures peut-on le visiter?) — De 10 heures du matin à 8 heures du soir.

2 — Dites-moi, quel est le prix d'entrée? — 30 roubles. — Je suis étudiant. Puis-je bénéficier d'une réduction (sur le billet)? — Naturellement, pour vous ce sera 15 roubles comme pour les groupes (de visiteurs). — Dites-moi, s'il vous plaît, où sont présentées les icônes de Roubliev? — Descendez par cet escalier. Les icônes sont réunies dans la première salle du bas.

3 — Où peut-on acheter des reproductions? — Au rez-de-chaussée, dans le kiosque. — Je voudrais acheter une reproduction du tableau de Lévitan, « Mars ». Je ne peux pas réussir à la trouver. Vous avez une reproduction en noir et blanc mais j'en voudrais une (m. à m.: il me faut) en couleurs. — Malheureusement (m. à m.: à regret), nous n'en avons pas en couleurs et personne n'en a, mais il y a des diapositives.

Prononciation

Dans le groupe *стн* le *т* ne se prononce pas: *лéстница* [l'èsn'itsa].

Vocabulaire

студéнт, l'étudiant   *студéнтка*, l'étudiante
грýппа, le groupe   *икóна*, l'icône
цвет (pl. *цветá*), _____ la couleur *цветнóй*, en couleurs
представля́ть / *предстáвить*, présenter
собирáть(ся) / *собрáть(ся)*, *соберý(сь)*, *соберёшь(ся)*; *собрáл(ся)*, *собралá(сь)*, *собрáли (собралúсь)*, (se) rassembler
вниз, en bas (avec déplacement) *внизý*, en bas (sans déplacement)
навéрх, en haut (avec déplacement) *наверхý*, en haut (sans déplacement)
ежеднéвный, quotidien
ежемéсячный, mensuel
ежеминýтный, de chaque instant

On ne discute pas des goûts et des couleurs
(m. à m.: pour le goût et la couleur il n'y a pas de camarades).

Grammaire

■ *Я хотéла бы*

Le conditionnel est exprimé, en russe, par le passé perfectif ou imperfectif accompagné de la particule d'irréalité *бы*, placée indifféremment avant ou après le verbe.

> *Я читáл бы, я бы читáл*, je lirais *ou* j'aurais lu.

■ *С 10 часóв утрá до 8 часóв вéчера*

Les limites dans le temps, exprimées en français, par « de...à », sont exprimées, en russe, par les prépositions *с* + génitif... *до* + génitif.

> *С 1964-ого гóда до 1974-ого гóда*, de 1964 à 1974.

Les limites, dans l'espace, sont rendues par les prépositions *от* + génitif... *до* + génitif:

> *От Ленингрáда до Москвы*, de Léningrad à Moscou

■ *цветнóй ни у когó нéту*

Quand les pronoms *никтó, ничегó* sont employés avec une préposition, celle-ci se place entre les deux éléments formant le pronom.

> *Он ни с кем не гуляет*, il ne se promène avec personne.
>
> *Мы ни о чём не говорúли*, nous n'avons parlé de rien.

нéту est l'équivalent familier de *нет*.

Exercices

A *Mettez au conditionnel les verbes des phrases suivantes.*

1. Кóля гуляет. 2. Мы пойдём в теáтр. 3. Мы найдём репродýкцию в музéе. 4. Я воспóльзуюсь слýчаем. 5. Вы познакóмитесь с Мúшей. 6. Он скáжет вам, где музéй.

B *Répondez négativement aux questions suivantes selon le modèle:*
Что он вúдит? Он ничегó не вúдит.

7. На что смóтрит Кáтя? 8. О ком вы дýмаете? 9. С кем вы пойдёте в музéй? 10. У когó был Волóдя вчерá?

C *Traduisez:*

11. Nous travaillons tous les jours, du lundi au vendredi. 12. De Paris à Moscou, il y a trois mille kilomètres. 13. Les enfants jouent du matin au soir. 14. La bibliothèque est ouverte de deux à six.

Corrigé

A 1. Ко́ля гуля́л бы. 2. Мы бы пошли́ в теа́тр. 3. Мы бы нашли́ репроду́кцию в музе́е. 4. Я воспо́льзовался бы слу́чаем. 5. Вы бы познако́мились с Ми́шей. 6. Он сказа́л бы вам, где музе́й.

B 7. Ка́тя ни на что не смо́трит. 8. Я ни о ком не ду́маю. 9. Я ни с кем не пойду́ в музе́й. 10. Он ни у кого́ не́ был.

C 11. Мы рабо́таем ка́ждый день (ежедне́вно), с понеде́льника до пя́тницы. 12. От Пари́жа до Москвы́ три ты́сячи киломе́тров. 13. Де́ти игра́ют с утра́ до ве́чера. 14. Библиоте́ка рабо́тает (откры́та) с двух до шести́ (часо́в).

Lecture

Ру́сские музе́и

В Росси́йской Федера́ции о́чень мно́го госуда́рственных худо́жественных музе́ев и карти́нных галере́й.
Крупне́йшими явля́ются : Третьяко́вская галере́я в Москве́, облада́ющая са́мой большо́й колле́кцией произведе́ний ру́сского иску́сства с XI ве́ка до на́ших дней (37 000 карти́н и скульпту́р); Эрмита́ж в Санкт-Петербу́рге с его́ знамени́тым собра́нием анти́чных скульпту́р, карти́н италья́нских, испа́нских, францу́з-ских, флама́ндских и други́х мастеро́в жи́вописи, колле́кциями фарфо́ра, моне́т и меда́лей (всего́ 2 500 000 экспона́тов).

Les musées russes

Dans la Fédération de Russie, il y a de très nombreux musées d'art nationaux et galeries de tableaux.
Les plus importants sont : la Galerie Trétiakov à Moscou qui possède la plus grande collection des œuvres de l'art russe, du XIe siècle à nos jours (37 000 tableaux et sculptures); l'Ermitage à Saint-Pétersbourg avec sa célèbre collection de sculptures antiques, ses tableaux de maîtres (de peinture) italiens, espagnols, français, flamands et autres, ses collections de porcelaine, de monnaies et médailles (en tout 2 500 000 objets exposés).

53 В ТЕА́ТРЕ

1 — Со́ня, почему́ ты никогда́ не хо́дишь в теа́тр?

— Потому́ что мне не́ с кем идти́ в теа́тр.

— Ты хо́чешь пойти́ со мной в суббо́ту?

— На каку́ю пье́су?

— На « Дя́дю Ва́ню » Че́хова. Э́та пье́са идёт тепе́рь в Худо́жественном теа́тре. Я слы́шал, что постано́вка о́чень хоро́шая, и арти́сты хорошо́ игра́ют. Э́то тебе́ понра́вится.

— А я слы́шала, что доста́ть биле́ты на э́ту пье́су о́чень тру́дно.

— Да, не́чему удивля́ться, москвичи́ — больши́е люби́тели теа́тра. Но е́сли нам не *уда́стся купи́ть биле́ты в ка́ссе, то мы попыта́емся купи́ть пе́ред нача́лом спекта́кля ли́шние биле́ты с рук.

— Ну, ла́дно.

2 — У вас есть два биле́та на « Дя́дю Ва́ню »?

— На како́й день?

— На трина́дцатое ноября́, на вече́рний спекта́кль.

— О́чень сожале́ю, но на трина́дцатое не оста́лось ни одного́ биле́та.

— А на двадца́тое?

— Сейча́с посмотрю́... Да, есть два ме́ста в парте́ре, восьмо́й ряд, середи́на.

---

1   уда́стся [oudastsa]

НЕ ВЫНОСИ́ СО́РА ИЗ ИЗБЫ́

Traduction

Au théâtre

1 — Sonia, pourquoi ne vas-tu jamais au théâtre? — Parce que je n'ai
personne avec qui aller au théâtre. — Tu veux y aller avec moi
samedi? — Pour (voir) quelle pièce? — (Pour) « Oncle Vania » de
Tchékhov. Cette pièce se donne en ce moment au Théâtre d'Art.
J'ai entendu (dire) que la mise en scène était très bonne et que les
artistes jouaient bien. Cela te plaira. — Et moi j'ai entendu dire qu'il
était très difficile de se procurer des billets pour cette pièce. — Oui,
il n'y a pas de quoi s'étonner: les Moscovites sont de grands amateurs de théâtre. Mais, si nous ne réussissons pas à acheter des billets
à la caisse, nous tenterons d'acheter avant le début du spectacle des
billets (superflus) de la main à la main. (m. à m.: des mains). — Eh
bien, d'accord.

2 — Vous avez deux billets pour « Oncle Vania »? — Pour quel jour?
— Pour le treize novembre, en (spectacle de) soirée. — Je regrette
beaucoup mais pour le treize il ne reste pas un seul billet. — Et pour
le vingt? — Je vais regarder... Oui, il y a deux places au parterre,
huitième rang, au milieu.

Vocabulaire

антра́кт : l'entr'acte
роль, fém., le rôle
ли́шний, superflu, de trop, supplémentaire
идёт пье́са, фильм, on donne une pièce, un film.
слы́шать, I, *слы́шу, слы́шишь* / *услы́шать,* entendre, entendre dire
достава́ть, IIA, *достаю́, достаёшь...* / *доста́ть,* IC, *доста́ну,*
доста́нешь..., se procurer
удивля́ть(ся) / *удиви́ть(ся),* (s')étonner
удава́ться IIA, *удаётся* / *уда́ться, уда́стся*; *удало́сь* (comme
дать), réussir; le plus souvent impersonnel.
пыта́ться / *попыта́ться* tenter, essayer
нра́виться / *понра́виться*, plaire

Il faut laver son linge sale en famille
(m. à m.: n'emporte pas les ordures hors de l'isba).

Grammaire

■ *Мне не́ с кем идти́ в теа́тр*

De même qu'avec les pronoms, *никто́*, *ничего́...* (leçon 52), on intercale les prépositions entre les deux éléments des pronoms *не́кого*, *не́чего* (leçon 41) :

> *Нам не́ к кому идти́*, nous n'avons personne chez qui aller.

■ *е́сли нам не уда́стся... то мы попыта́емся*

Lorsqu'une phrase débute par une subordonnée, la proposition principale est fréquemment introduite par la conjonction *то*, « alors », qu'il est préférable de ne pas traduire en français.

> *Когда́ вы его́ уви́дите, то скажи́те ему́...*
> Quand vous le verrez, dites-lui...

Rappel : *е́сли*, « si », contrairement au français, peut être suivi du futur.

■ *нам не уда́стся купи́ть биле́ты*

Après le verbe *уда́ться*, de même qu'après les verbes perfectifs *забы́ть* et *успе́ть*, avoir le temps, on emploie obligatoirement un infinitif d'aspect perfectif.

> *Ма́ма не успе́ет пригото́вить обе́д,*
> Maman n'aura pas le temps de préparer le déjeuner.

Les verbes imperfectifs correspondants — *удава́ться*, *забыва́ть*, *успева́ть* sont suivis de l'un ou de l'autre aspect.

> *Ты ча́сто забыва́ешь выключа́ть (вы́ключить) свет,*
> tu oublies souvent d'éteindre la lumière.

Exercices

A *Répondez aux questions selon le modèle: Что ты чита́ешь? Я ничего́ не чита́ю, потому́ что мне не́чего чита́ть:*

1. О ком они́ расска́зывали? 2. С кем вы гуля́ете? 3. У кого́ вы спро́сите сове́та? 4. О чём он беспоко́ится? 5. К кому́ ты хо́дишь в го́сти?

B *Remplacez les pointillés par l'un des verbes entre parenthèses:*

6. Вы не забу́дете… чемода́н (брать / взять). 7. Мы не успе́ем… в библиоте́ку (заходи́ть / зайти́). 8. Мне не удало́сь его… (встреча́ть / встре́тить). 9. Он всегда́ забыва́ет… де́ньги (приноси́ть / принести́).

Corrigé

A 1. Они ни о ком не расска́зывали, потому́ что им не́ о ком бы́ло расска́зывать. 2. Я ни с кем не гуля́ю, потому́ что мне не́ с кем гуля́ть. 3. Я ни у кого́ не спрошу́ сове́та, потому́ что мне не́ у кого спроси́ть сове́та. 4. Он ни о чём не беспоко́ится, потому́ что ему́ не́ о чем беспоко́иться. 5. Я ни к кому́ не хожу́ в го́сти, потому́ что мне не́ к кому ходи́ть в го́сти.

B 6. взять. 7. зайти́. 8. встре́тить. 9. приноси́ть ои принести́.

Lecture

Когда ты в театре

Первый долг вежливости — это точность. Но если ты все же опоздал на спектакль, не ищи свое место, а сядь на первое свободное кресло.

Между рядами проходи всегда лицом к сидящим. А если кто-то проходит перед тобой — встань и пропусти.

Поклоны артистов и аплодисменты зрителей — это знак взаимной благодарности. Привстань, когда аплодируешь артисту.

Конфеты лучше есть в антракте, это самое удобное время.

Quand tu es au théâtre

La première politesse est l'exactitude. Mais, si, malgré tout, tu arrives en retard au spectacle, ne cherche pas ta place, assieds-toi sur le premier fauteuil libre.

Passe entre les rangs toujours face aux personnes assises. Et, si quelqu'un passe devant toi, lève-toi pour le laisser passer.

Les saluts des artistes et les applaudissements des spectateurs sont un signe de gratitude réciproque. Lève-toi quand tu applaudis un artiste.

Il vaut mieux manger les bonbons à l'entr'acte. C'est le moment le plus convenable.

*ПРА́ЗДНИК ОКТЯ́БРЬСКОЙ РЕВОЛЮ́ЦИИ

1 Са́мый большо́й пра́здник в Сове́тском Сою́зе был пра́здник Вели́кой Октя́брьской Социалисти́ческой Револю́ции. Револю́ция произошла́ 25-ого (два́дцать пя́того) октября́ 1917-ого (ты́сяча девятьсо́т семна́дцатого) го́да по ста́рому календарю́, но *пра́здновали годовщи́ну э́того важне́йшего собы́тия 7-ого (седь-мо́го) ноября́ по но́вому сти́лю.

2 В восьмидеся́тых года́х мы доста́ли места́ на трибу́ны Кра́сной *пло́щади. Мы жда́ли нача́ла вое́н-ного пара́да с ра́ннего утра́. Он начался́ в 10 часо́в. Меня́ осо́бенно интересова́ли раке́тные *войска́. По́сле пара́да начала́сь демонстра́ция, в кото́рой на́ши друзья́ уча́ствовали. Они́ несли́ плака́т «С пра́здником 7-ого ноября́». На у́лицах и площадя́х бы́ло мно́го люде́й. Они́ несли́ *фла́ги, цветы́, плака́ты «Ми́ру мир», «Да *здра́вствует Револю́ция!» Они пе́ли и танцева́ли под аккордео́н.

3 Мы верну́лись в гости́ницу *по́здно ве́чером. Из ко́мнаты мы смотре́ли великоле́пный салю́т, озаря́вший всю Москву́.

1 пра́здник [prazn'ik]   пра́здновать [praznavat']

2 во́йско, pl. войска́ ____ ▔▔
пло́щадь, pl. пло́щади, площаде́й ____ ╱
флаг [flak] mais фла́ги [flag'i]
здра́вствует [zdrastvouyet]

3 по́здно [pozna]

ЛЕНИ́ВОМУ ВСЕГДА́ ПРА́ЗДНИК

Traduction

La fête de la révolution d'Octobre

1 La plus grande fête de l'Union soviétique était la fête de la Grande Révolution Socialiste d'Octobre. La Révolution eut lieu le 25 octobre 1917 selon l'ancien calendrier, mais on fêtait l'anniversaire de cet important événement le 7 novembre nouveau style.

2 Dans les années quatre-vingt, nous avons obtenu des places dans les tribunes de la Place Rouge. Nous avons attendu le début de la parade militaire dès le matin de bonne heure. Elle commença à 10 heures. Je me suis surtout intéressé aux fusées. Après la parade commença la manifestation, à laquelle nos amis prirent part. Ils portaient la banderole: « Bonne fête du 7 novembre ». Il y avait beaucoup de gens dans les rues et sur les places. Ils portaient des drapeaux, des fleurs, des banderoles : « Paix au monde », « Vive la Révolution! » Ils chantaient et dansaient au son de l'accordéon.

3 Nous sommes rentrés à l'hôtel tard dans la soirée. De notre chambre, nous avons regardé un magnifique feu d'artifice qui illuminait tout Moscou.

Prononciation

Dans le groupe *здн*, le *д* n'est pas prononcé: *праздник* [prazn'ik], *поздно* [pozna].

Vocabulaire

годовщи́на, l'anniversaire (d'un événement)
день рожде́ния, l'anniversaire (d'une naissance)
раке́та, la fusée
цвето́к, pl. *цветы́, цвето́в, цвета́м…*, la fleur
цвет, pl. *цвета́, цвето́в, цвета́м*, la couleur
вели́кий, grand (par l'importance)
ва́жный, ва́жен, важна́… $\wedge$____, important
происходи́ть / произойти́, (comme *идти́*) se passer, avoir lieu.
Что произошло́? Que s'est-il passé?
уча́ствовать, уча́ствую… (*в* + loc.), participer (à)
петь, IIA, *пою́, поёшь / спеть*, chanter

Pour le paresseux, c'est toujours fête.

Grammaire

■ *салю́т, озаря́вший всю Москву́*

Le participe passé se forme en ajoutant le suffixe *-вш-* et la désinence adjectivale au radical de l'infinitif: *чита́ть* → *чита́вший*. Si ce radical est terminé par une consonne, le suffixe se réduit à *-ш-:* *нести́* → *нёсший*.

Le plus souvent, l'aspect imperfectif marque la simultanéité avec l'action de la principale, l'aspect perfectif, l'antériorité. Le participe passé actif remplace une proposition relative.

> *В а́вгусте встреча́лись тури́сты, посеща́вшие го́род,*
> en août on rencontrait les touristes qui visitaient la ville
>
> *Вчера́ я поговори́л с челове́ком, посети́вшим Эрмита́ж,*
> hier j'ai parlé à un homme qui a visité l'Ermitage.

■ *Револю́ция произошла́ 25-го октября́ 1917-го го́да.*

La date est exprimée (leçon 31) au génitif. Si elle est suivie de l'année, celle-ci se met également au génitif (complément de nom du mois). Par contre l'année seule est exprimée par la préposition *в* suivie du prépositionnel:

> *В како́м году́ произошла́ револю́ция? В 1917-м году́ (в ты́сяча девятьсо́т семна́дцатом году́).*

■ *Да здра́вствует револю́ция!*

Le souhait est exprimé par la particule *да* suivie du présent ou du futur perfectif à la 3ème personne (singulier ou pluriel), surtout dans les tournures solennelles: *да здра́вствует...*

Plus couramment on a — pour marquer le souhait, la permission ou le commandement — les particules *пусть* ou *пуска́й*:

> *пусть (пуска́й) он придёт!* Qu'il vienne!

Exercices

A *Remplacez les propositions subordonnées relatives par un participe passé actif à la forme voulue:*

1. Я разбуди́л (réveiller) челове́ка, кото́рый лежа́л на дива́не.
2. Как ве́село пою́т солда́ты, кото́рые получи́ли пи́сьма! 3. Ты зна́ешь же́нщину, кото́рая сиде́ла вчера́ о́коло тебя́? 4. В дере́вне мы встреча́ли дете́й, кото́рые собира́ли цветы́. 5. Я люблю́ ходи́ть по ли́стьям, кото́рые упа́ли.

B *Traduisez les dates suivantes et exercez-vous à les lire rapidement:*
(L'événement a eu lieu:) 6. en 1515; 7. le 14 juillet 1789; 8. le 22 juin
1941; 9. en mai 1968.

Corrigé

A 1. лежа́вшего. 2. получи́вшие. 3. сиде́вшую. 4. собира́вших.
5. упа́вшим.

B Собы́тие произошло́ 6. в 1515 году́ (в ты́сяча пятьсо́т пятна́д-
цатом году́); 7. 14-ого ию́ля 1789 го́да (четы́рнадцатого ию́ля
ты́сяча семьсо́т во́семьдесят девя́того года); 8. 22-ого ию́ня 1941
го́да (два́дцать второ́го ию́ня ты́сяча девятьсо́т со́рок пе́рвого
го́да); 9. в ма́е 1968 го́да (ты́сяча девятьсо́т шестьдеся́т восьмо́го
го́да).

Lecture

Первома́йская демонстра́ция

И вот пришёл э́тот день — Пе́рвое Ма́я (...)
Прибежа́л Фе́дя Мази́н, сверка́ющий.
— Начало́сь! — заговори́л он. — Зашевели́лся наро́д. Идёмте,
пора́! Уже́ де́сять часо́в!
— Я пойду́! — реши́тельно сказа́л Па́вел. (...)
— Да здра́вствует рабо́чий наро́д! — кри́кнул Па́вел. Со́тни
голосо́в отозва́лись ему́ гу́лким кри́ком.
— Да здра́вствует социа́л-демократи́ческая рабо́чая па́ртия,
на́ша па́ртия, това́рищи, на́ша духо́вная ро́дина! Да здра́вствуют
рабо́чие лю́ди всех стран! Отречёмся от ста́рого ми́ра...
По Го́рькому — Мать — 1905

La manifestation du 1er mai

Il vint enfin ce jour — le Premier Mai (...)
Fédia Mazine accourut tout rayonnant.
— Ça commence! annonça-t-il. Le peuple bouge! Allons-y, c'est le
moment! Il est dix heures!
— J'y vais! dit Pavel d'un ton résolu. (...)
— Vive le peuple ouvrier! — s'écria Pavel.
Des centaines de voix lui répondirent en un écho sonore.
— Vive le parti social-démocrate ouvrier, notre parti, camarades,
notre patrie spirituelle! Vivent les ouvriers de tous les pays... Renions
le vieux monde!
D'après Gorki, La Mère, 1905

55 ВÉЖЛИВОСТЬ

1 — Дóбрый вéчер, Ивáн Петрóвич, как поживáете?
— Спасибо, прекрáсно, а вы?
— Я тóже хорошó. Я óчень рáда встрéтиться с вáми. Позвóльте предстáвить вам моегó мýжа; ваш брат хорошó егó знáет.
— Óчень приятно. В сáмом дéле мой брат мнóго говорил мне о вас.
— Óчень рад познакóмиться с вáми.

2 — А как ваш брат?
— Тáк себе. Он с трудóм поправляется пóсле болéзни.
— Передáйте емý мой привéт и пожелáния скорéйшего выздоровлéния.
— Я не забýду. Спасибо. Прошý нас извинить, но мы должны идти.
— Да, пожáлуйста. До свидáния. Всегó хорóшего.

3 *В перепúске:*
а) *Обращéние:*
Многоуважáемый Ивáн Борисович. Уважáемый госпóдин дерéктор. Дорогóй Ивáн. Милая Мáрья.
б) *Заключительные фóрмулы вéжливости:*
С уважéнием. Искренне Ваш. Искренне Вас уважáющий. С привéтом. Крéпко тебя обнимáю.

в) *Пожелáния*

4 С Рождествóм. Поздравляю тебя с Нóвым Гóдом. С днём рождéния. Шлю Вам наилýчшие новогóдние пожелáния. От всей души поздравляю новобрáчных и желáю им счáстья.

НА ЯЗЫКÉ МЁД, А В СÉРДЦЕ ЛЁД

Traduction

La politesse

1 — Bonsoir, Ivan Pétrovitch, comment allez-vous? — Merci, fort bien, et vous? — Je (vais) bien aussi. Je suis très heureuse de vous rencontrer (m. à m.: contente de me rencontrer avec vous). Permettez-moi de vous présenter mon mari; votre frère le connaît bien. — Enchanté (m. à m.: c'est très agréable). En effet mon frère m'a beaucoup parlé de vous. — Très heureux de faire votre connaissance.

2 — Et comment (va) votre frère? — Comme ci comme ça. Il se remet difficilement de (m. à m. après) sa maladie. — Transmettez-lui mes salutations et mes voeux de prompt rétablissement. — Je n'y manquerai pas (m. à m.: je n'oublierai pas). Merci. Je vous prie de nous excuser mais nous devons partir. — Bien sûr, faites donc. Au revoir. Au plaisir.

3 *Dans la correspondance: a) En-tête:* Très honoré Ivan Borissovitch. Monsieur le directeur. Cher Ivan. Marie chérie.
b) Formules finales (de politesse): Avec mon estime. Sincèrement vôtre. Mes sincères respects (m. à m.: vous respectant sincèrement). Avec mes salutations (m. à m.: salut). Je t'embrasse très fort.
c) Souhaits :
Bon Noël. Je te souhaite une bonne année (m. à m.: félicite à l'occasion de la nouvelle année). Bon anniversaire (m. à m.: jour de naissance). Je vous envoie mes meilleurs voeux de nouvel an. De tout cœur, je félicite les nouveaux mariés et leur souhaite le bonheur.

Vocabulaire

Рождество́, Noël
сча́стье, le bonheur
позволя́ть / позво́лить, permettre
выздора́вливать / вы́здороветь, se rétablir
выздоровле́ние, la guérison
заключа́ть / заключи́ть, conclure
заключе́ние, la conclusion

Sur la langue le miel et dans le cœur le fiel (m. à m.: la glace).

Grammaire

■ *Я ра́да встре́титься с ва́ми*

Certains verbes pronominaux expriment la réciprocité. Ils peuvent être accompagnés de la préposition *c* suivie de l'instrumental.

> *Мы ча́сто ви́делись. Мы с ним ча́сто ви́делись. (Я ча́сто*
> *ви́делся с ним.)*
> nous nous voyions souvent. Je le voyais souvent.

Parfois ces verbes sont encore renforcés par le pronom réciproque *друг дру́га* :

> *Мы ча́сто ви́делись друг с дру́гом.*

Parmi les verbes pronominaux réciproques les plus courants, on a: *обнима́ться / обня́ться, целова́ться / поцелова́ться*, s'embrasser; *здоро́ваться / поздоро́ваться*, se dire bonjour; *проща́ться / попроща́ться* et *прости́ться*, se faire ses adieux; *ссо́риться / поссо́риться*, se quereller *мири́ться / помири́ться*, faire la paix; *боро́ться, борю́сь, бо́решься... / поборо́ться*, lutter.

■ *та́к себе*

Dans cette locution, le datif du pronom réfléchi, *себе́* — non accentué — est explétif. On le retrouve dans cet emploi avec des verbes. Il indique que le sujet agit pour lui-même, sans se soucier des autres.

> *Он сиди́т себе́*, il est tranquillement assis.

■ *Шлю вам наилу́чшие пожела́ния*

Le préfixe *наи-*sert à renforcer le superlatif en *-ейший* ou, plus rarement, le comparatif:

Наивы́сший, le plus élevé; *наиверне́йший*, le plus sûr;

наибо́лее, le plus; *наиме́нее*, le moins; *наидобре́йший*, le meilleur.

■ *Искренне Ваш*

Les adverbes en *-e*, formés sur la base d'adjectifs de type mouillé, sont très peu nombreux: *изли́шний* superflu, *изли́шне* excessivement. Plus nombreux sont ceux formés à partir du participe présent actif: *угрожа́ть* menacer, *угрожа́юще* de façon menaçante.

Dans la correspondance, le pronom ou l'adjectif de la 2ème personne du pluriel de politesse débute par une majuscule.

> *Спаси́бо Вам за письмо́*, merci (à vous) pour la lettre.

Exercice

Traduisez les phrases suivantes en employant des verbes pronominaux:
1. Kolia nous a fait ses adieux hier. 2. Le mari se querelle souvent avec sa femme. 3. Pourquoi n'embrassez-vous pas votre frère? 4. André est entré et nous a dit bonjour. 5. Il faut que vous fassiez la paix avec Natacha.

Corrigé

1. Ко́ля попроща́лся (прости́лся) с на́ми вчера́. 2. Муж ча́сто ссо́рится с жено́й. 2. Почему́ вы не обнима́етесь (целу́етесь) с бра́том? 4. Андре́й вошёл и поздоро́вался с на́ми. 5. Вам на́до помири́ться с Ната́шей.

Lecture

Письмо Чехова Ольге Книппер

2 января 1900, Ялта.

Здравствуйте, милая актриса.

Вы сердитесь, что я так долго не писал Вам? Я писал Вам часто, но Вы не получали моих писем (...) Поздравляю Вас с Новым годом, с новым счастьем, желаю Вам в самом деле счастья и кланяюсь Вам в ножки. Будьте счастливы, богаты, здоровы, веселы. Мы живём ничего себе, много едим, много болтаем, много смеёмся и о Вас напоминаем очень часто (...) Ну-с, будьте здоровы, милая, необыкновенная актриса, я по Вас соскучился.

Ваш А. Чехов.

Une lettre de Tchékhov à Olga Knipper

Yalta, le 2 janvier 1900.

Bonjour, chère actrice,

Vous êtes en colère que je sois resté si longtemps sans vous écrire? Je vous ai écrit souvent, mais vous n'avez pas reçu mes lettres (...) Je vous souhaite une bonne nouvelle année, un bonheur nouveau, oui, je vous souhaite du bonheur et je vous salue jusqu'aux pieds. Soyez heureuse, riche, en bonne santé, gaie. Nous ne nous portons pas mal, nous mangeons beaucoup, nous bavardons beaucoup, nous rions beaucoup et nous pensons très souvent à vous (...) Eh bien! Portez-vous bien, chère, extraordinaire actrice, je m'ennuie de vous.

Votre Tchékhov.

56 В ГОСТЯ́Х

1 — Со́фья Фёдоровна, приходи́те к нам за́втра в го́сти. Мы бу́дем пра́здновать день рожде́ния О́ли.

— К сожале́нию за́втра я не могу́, я *занята́.

— Как жаль!... А в суббо́ту ве́чером?

— В суббо́ту я с удово́льствием приду́.

— Тогда́ до суббо́ты. Я вас познако́млю с мои́м му́жем.

2 — До́брый ве́чер.

— Вы ещё незнако́мы? Познако́мьтесь : мой *муж Са́ша, Со́фья Фёдоровна.

— О́чень прия́тно.

— Я ра́да познако́миться с ва́ми.

— Вот О́ля. Вчера́ ей испо́лнилось де́вять лет.

— Поздравля́ю тебя́ с днём рожде́ния, О́ля. Вот для тебя́ ма́ленький сувени́р из Фра́нции.

— Спаси́бо.

— Прошу́ вас к столу́.

3 — Что же вы ничего́ не еди́те?

— Что́ вы? я всё ем, всё о́чень вку́сно. Вы са́ми гото́вили борщ?

— Да... Возьми́те ещё колбасы́.

— Спаси́бо, бо́льше не могу́.

— Дава́йте вы́пьем за на́шу дру́жбу... До дна́.

— За вас!

— За ва́ше здоро́вье!

1 ⌃ — за́нят, занята́, за́нято, за́няты
2 муж [mouch]

ХОЗЯ́ИН ВЕ́СЕЛ — И ГО́СТИ РА́ДОСТНЫ

Traduction

En visite

1 — Sofia Fédorovna, venez nous rendre visite demain. Nous fêterons l'anniversaire d'Olia. — A mon (grand) regret, demain je ne peux pas, je suis occupée. — Quel dommage!... Et samedi soir? — Samedi, je viendrai avec plaisir. — Alors, à samedi. Je vous présenterai (m. à m.: ferai faire connaissance avec) mon mari.

2 — Bonsoir. — Vous ne vous connaissez pas (m. à m.: vous êtes des inconnus) encore? Je vous présente (m. à m.: faites connaissance) mon mari Sacha, Sofia Fédorovna. — Enchanté. — Très heureuse de faire votre connaissance. — Voici Olia. Hier elle a eu neuf ans (accomplis). — Je te souhaite un bon anniversaire, Olia. Voici pour toi un petit souvenir de France. — Merci. — Je vous prie de passer à table.

3 — Pourquoi donc ne mangez-vous rien? — Comment cela? Je mange de tout, tout est délicieux. Vous avez préparé le borchtch vous-même? — Oui. ...Prenez encore du saucisson. — Merci, je ne peux plus. — Buvons à notre amitié... Cul sec (m. à m.: jusqu'au fond). — A la vôtre! (m. à m.: à vous). — A votre santé!

Vocabulaire

удовóльствие, le plaisir
сувенúр, le souvenir (objet)
воспоминáние, le souvenir (ce dont on se souvient)
дно, le fond
гость ____ / ____ l'hôte, l'invité
быть в гостя́х, être en visite (m. à m. dans les hôtes)
идти́ в го́сти, aller en visite
что же? pourquoi donc? (=*почему же*)

A maître de maison gai, hôtes ravis.

■ **Чтó вы?**

Il arrive — assez fréquemment en langage courant — que le verbe soit sous-entendu dans une question, lorsque le sens en est implicite:

Чтó вы?: что вы говори́те? Куда́ вы?: куда вы идёте?
Отку́да вы?: отку́да вы идёте?

■ **Возьми́те ещё колбасы́**

A l'impératif l'idée d'achèvement de l'action est exprimée par l'aspect perfectif.

Вы́пейте ещё рю́мку во́дки, buvez encore un verre de vodka.
Le génitif *колбасы́* a une valeur partitive.

■ **Вы са́ми гото́вили борщ?**

Au passé on emploie l'aspect imperfectif, bien que l'action soit terminée, lorsqu'il n'y a pas lieu d'insister sur l'achèvement.
Вы пригото́вили борщ? signifierait: vous avez terminé de préparer le borchtch?

Exercices

A *Mettez les verbes entre parenthèses au présent, puis au passé.*
1. Он хорошо́ (есть) и (пить). 2. Мы не (мочь) прийти́. 3. Де́ти мно́го (есть) и (пить). 4. Со́ня (проси́ть) вас сади́ться.

B *Remplacez les pointillés par le verbe au passé en choisissant l'aspect qui convient.*
5. a. Вы... рома́н Булга́кова « Ма́стер и Маргари́та »? b. Я не могу́ верну́ть вам кни́гу, я её ещё не... (чита́ть / прочита́ть). 6. a. Где вы бы́ли вчера́? Мы... до́ма. b. Вы хорошо́...? Вы мо́жете сно́ва рабо́тать? (отдыха́ть / отдохну́ть). 7. a. Де́ти... все пирожки́. b. Спаси́бо, я не хочу́... бутербро́д у́тром (есть / съесть).

Corrigé

A 1. ест, ел; пьёт, пил. 2. мо́жем, могли́. 3. едя́т, е́ли; пьют, пи́ли. 4. про́сит, проси́ла.

B 5. a. чита́ли. b. прочита́л(а). 6. a. отдыха́ли. b. отдохну́ли. 7. a. съе́ли. b. есть.

Lecture

Отпра́вимся в го́сти!

Всё просто, если вы заранее приглашены. Неожиданный визит может доставить много неприятностей: ведь у хозяев наверняка были какие-то планы на вечер. Кроме того, они, возможно, испытывают неловкость за скромное угощение. Поэтому, если есть хоть малейшая возможность предупредить хозяев о своем визите, сделайте это.

Ну, а пока неожиданный гость уже на пороге... Первое, что он должен сделать, — осведомиться у хозяев, не нарушены ли их планы. Не нужно особенно обольщаться уверениями, что «мы все очень, очень рады». Постарайтесь по тону ответа, по суетливости, смущению хозяйки понять обстановку. Пришли не вовремя? Значит, не стоит засиживаться, надо уйти, как только позволят правила приличия.

Allons en visite!

Tout est simple si vous êtes invités d'avance. Une visite à l'improviste peut causer bien des désagréments: les maîtres de maison avaient sûrement des projets pour la soirée. En outre, ils éprouvent peut-être de la gêne à recevoir modestement. C'est pourquoi, si vous avez ne serait-ce qu'une petite possibilité d'avertir les maîtres de maison de votre visite, faites-le.

Bien, mais en attendant l'hôte inattendu est déjà sur le seuil... Ce qu'il doit commencer par faire, c'est de se renseigner auprès des maîtres de maison s'il n'a pas contrarié leurs projets. Il ne faut pas surtout se laisser tromper par l'assurance que « nous sommes tous très heureux ». Essayez, d'après le ton de la réponse, l'agitation et la confusion de l'hôtesse, de comprendre la situation. Vous êtes arrivés mal à propos? Donc il ne faut pas rester trop longtemps, il faut partir dès que les règles de bienséance le permettront.

57 В ДЕРЕВНЕ

1 Я люблю *жизнь в го́роде, но че́рез неде́лю я пое́ду в дере́вню дыша́ть *све́жим во́здухом. Не́которые име́ют *да́чу, где они́ прово́дят воскресе́нье и́ли коне́ц неде́ли, е́сли у них суббо́та — выходно́й день. Так как я люблю́ прогу́лки, я *ча́сто е́зжу за́ город в *конце́ неде́ли. Там всё так ти́хо, так споко́йно!

2 Как я люблю́ берёзовые *ро́щи, с их у́зкими тропи́н-ками под дере́вьями! Там мо́жно гуля́ть це́лыми часа́ми, и́ли е́здить на ло́шади, и́ли полежа́ть в тени́ и помечта́ть, и́ли загора́ть на *со́лнце на поля́не. Я люблю́ *та́кже обе́дать на траве́.

3 Несмотря́ на то, что всё *ме́ньше и ме́ньше ры́бы в *на́ших ре́ках, я всё же люблю́ лови́ть ры́бу. Ины́е хо́дят на охо́ту, а я *бо́льше люблю́ охо́титься за краси́выми сни́мками. Неда́вно я снял интере́сный фильм про жизнь в дере́вне; мне удало́сь снять прекра́сные ви́ды.

Rappel: ж, ш, ц   consonnes toujours dures
          ч, щ   consonnes toujours molles
[jü] жизнь, све́жий
[je] та́кже.
[che] ме́ньше, бо́льше   [chü] на́ших
[tsè] в конце́, це́лые.   [tse] со́лнце
[tch'a] ча́сто, да́ча   [tch'ou] да́чу
[ch'ch'] ро́ща

ИЗ-ЗА ДЕРЕ́ВЬЕВ ЛЕ́СА НЕ ВИ́ДНО

Traduction

A la campagne

1 J'aime vivre (m. à m.: la vie) dans une ville, mais au bout d'une semaine je vais à la campagne respirer l'air pur. Certains possèdent une
maison de campagne où ils vont passer le dimanche ou la fin de la
semaine s'ils ont congé le samedi (m. à m.: si le samedi est chez eux
un jour de congé). Comme j'aime les promenades, je vais souvent à
la campagne en fin de semaine. Tout y est si calme, si reposant!

2 Que j'aime les petits bois de bouleaux, avec leurs petits (m. à m.:
étroits) sentiers sous les arbres! On peut s'y promener des heures
entières, ou monter (m. à m.: aller) à cheval, ou rester étendu à
l'ombre et rêver, ou brunir au soleil dans une clairière. J'aime aussi
déjeuner sur l'herbe.

3 Bien qu'il y ait de moins en moins de poisson dans nos rivières,
j'aime tout de même pêcher (le poisson). Certains vont à la chasse,
moi je préfère chasser les belles photographies. Dernièrement, j'ai
tourné un film intéressant sur la vie à la campagne; j'ai réussi à
prendre des vues splendides.

Prononciation

Après la consonne dure *c*, *их* se prononce *ükh* dans *с их тропи́нками*.
[sükh trap'inkam'i]

Vocabulaire

жизнь fém., la vie	*смерть* fém., la mort
нача́ло, le début,	*кон(е́)ц*, la fin
берёза, le bouleau	*берёзовый*, de bouleau
ро́ща, le petit bois	*тропи́нка*, le sentier
поля́на, la clairière	*тень* fém., *в тени́*, l'ombre, à l'ombre
трава́, l'herbe	*сни́м(о)к*, une photographie
охо́та, la chasse	*охо́титься за* (+instr.), chasser

све́жий, frais   *све́жий хлеб*, du pain frais
загора́ть / загоре́ть, bronzer
ино́й pronom-adjectif, autre, certain
про, prép. + acc., de, au sujet de (=*о* + loc.)
несмотря́ на, +acc., malgré; *несмотря́ на то, что*, bien que
(=*хотя́*)

Les arbres empêchent de voir la forêt
(m. à m.: à cause des arbres, on ne voit pas la forêt).

Grammaire

■ *Мо́жно полежа́ть и помечта́ть*

Le préverbe *по* peut exprimer une action limitée dans le temps avec des verbes dont le sens s'oppose à une idée de résultat:

посиде́ть, rester assis un moment, поигра́ть, jouer un peu, помолча́ть, rester silencieux quelque temps, etc.

■ *лови́ть / пойма́ть*

Quatre verbes présentent des aspects formés sur des racines différentes. Ce sont:

брать / взять, prendre   говори́ть / сказа́ть, dire
класть / положи́ть, poser   лови́ть / пойма́ть, attraper

L'aspect imperfectif s'opposant à une idée de résultat, *лови́ть* signifie plutôt « chercher à attraper », alors que *пойма́ть* exprime le résultat atteint.

De même *реша́ть* signifie "chercher à résoudre", alors que le perfectif *реши́ть* prend le sens de "trouver la solution".

■ *Я пое́ду в дере́вню*

Le perfectif n'a pas ici la valeur d'un futur: il exprime une action momentanée habituelle. Dans ce sens il est souvent accompagné de la particule *быва́ло*:

Все [кни́ги] *туда́ же, быва́ло, нажмёшь и всу́нешь, когда́ прика́жут... привести́ в поря́док библиоте́ку.* (Толстой — Детство.) C'est là que l'on serre et que l'on fourre tous les livres quand on donne l'ordre de mettre en ordre la bibliothèque (*Tolstoï, Enfance*).

Exercice

Traduisez:

1. Malgré le mauvais temps, nous allons souvent nous promener le long des sentiers étroits du bois de bouleaux. 2. J'aime beaucoup pêcher, hier j'ai attrapé quatre gros poissons. 3. Bien que j'habite en ville, j'aime plus que tout la nature. 4. Après le repas, j'aime rester un moment assis dans un fauteuil à fumer, à rêver un peu. 5. Comme vous avez bronzé!

Corrigé

1. Несмотря́ на плоху́ю пого́ду, мы ча́сто хо́дим гуля́ть по у́зким тропи́нкам берёзовой ро́щи. 2. Я о́чень люблю́ лови́ть ры́бу; вчера́ я пойма́л четы́ре больши́е ры́бы. 3. Хотя́ (Несмотря́ на то, что) я живу́ в го́роде, я бо́льше всего́ люблю́ приро́ду. 4. По́сле обе́да я люблю́ посиде́ть в кре́сле, покури́ть, помечта́ть. 5. Как вы загоре́ли!

Lecture

В лу́нную ночь

Была́ уже́ по́лночь. Напра́во ви́дно бы́ло все село́, дли́нная у́лица тяну́лась далеко́, верст на пять. Все бы́ло погружено́ в ти́хий, глубо́кий сон; ни движе́ния, ни зву́ка, да́же не ве́рится, что в приро́де мо́жет быть так ти́хо. Когда́ в лу́нную ночь ви́дишь широ́кую се́льскую у́лицу с ее и́збами, стога́ми, усну́вшими и́вами, то на душе́ стано́вится ти́хо; в э́том своём поко́е, укры́вшись в ночны́х теня́х от трудо́в, забо́т и го́ря, она́ кро́кта, печа́льна, прекра́сна, и ка́жется, что и звёзды смо́трят на нее ла́сково и с умиле́нием и что зла уже́ нет на земле́ и все благополу́чно.

Че́хов.

Une nuit de lune

Il est déjà minuit. A droite, on voit le village, dont la rue principale s'étend au loin sur cinq verstes environ. Tout est plongé dans un sommeil paisible et profond. Pas un mouvement, pas un bruit, on a peine à croire que la nature puisse être aussi silencieuse... Quand, par une nuit de lune on regarde cette rue de village avec ses isbas, ses meules, ses saules endormis, l'âme s'apaise. Dans ce lieu de repos, protégée par les ombres de la nuit de tous travaux, de tous soucis, de tous chagrins, elle est toute douceur, toute tristesse, toute beauté. Et il semble que les étoiles elles-mêmes la contemplent avec émotion et tendresse, que le mal n'existe plus sur cette terre et que tout est bien.

Tchékhov, traduction par Sophie Laffitte (Hachette)

Leçon

58 *ТУРИСТСКИЕ *ПОХОДЫ

1 — Какая сегодня прекрасная погода! Вот уже второй день нет дождя; солнце светит; земля наверно сухая; можно пойти погулять в деревню. В два часа мы отправимся в ресторан « Берёза » или вместо обеда в ресторане мы сможем пообедать на траве. *Приготовьте нам холодные блюда, несколько бутербродов, фрукты, кофе в термосе. Мы всё это уложим в *рюкзак, а Ваня будет его нести.

2 — Ах, чёрт, я не взял свои плавки с собой.
— Спросите плавки у Вани : у него ваш размер.
— Здесь можно нырять?
— Конечно. Озеро здесь глубиной в три метра. Вы не бойтесь утонуть?
— Нет, я хорошо плаваю.

3 — Вы умеете кататься на лыжах?
— Да, но я давно не катался.
— Как жаль, что я не взял свои лыжные ботинки! Сегодня такой чудесный снег! Лыжня прекрасная и подъёмник уже работает. Ах, если бы я знал!
— Ничего. Давайте пойдём на каток. Я очень люблю кататься на коньках.

---

1 туристский [tour'issk'iï]   поход [pakhot] mais походы [pakhodü]
приготовьте [pr'igatof'te]   рюкзак —— —— [r'ougzak]

ЕСЛИ Б МОЛОДОСТЬ ЗНАЛА, ЕСЛИ Б СТАРОСТЬ МОГЛА

Promenades touristiques

1 — Quel temps splendide aujourd'hui! Voilà déjà deux jours qu'il
ne pleut pas (m. à m.: il n'y a pas de pluie); le soleil brille; la terre
est sûrement sèche; on peut aller se promener à la campagne. A deux
heures, nous partirons au restaurant « Le bouleau » ou bien, au lieu
de déjeuner au restaurant, nous pourrons manger sur l'herbe. Pré-
parez-nous des repas froids, quelques sandwichs, des fruits, du café
dans la thermos. Nous mettrons tout cela dans un sac à dos et Jean le
portera.

2 — Ah! diable! je n'ai pas pris (avec moi) de caleçon de bain. — Demandez en un à Jean: il a la même taille que vous. — On peut plonger
ici? — Certainement. Le lac a ici trois mètres de profondeur. Vous
n'avez pas peur de vous noyer? — Non, je nage bien.

3 — Vous savez faire du ski? — Oui mais il y a longtemps que je
n'en ai pas fait. — Quel dommage que je n'aie pas pris mes chaussures
de ski. Aujourd'hui la neige est tellement merveilleuse! La piste est
splendide et le téléski marche déjà! Ah! si j'avais su! — Ça ne fait
rien. Allons à la patinoire. J'aime beaucoup faire du patin.

Prononciation

Rappel: dans le groupe *стск* le *т* ne se prononce pas:
турúстский [tour'issk'iï]

Vocabulaire

óзеро pl., *озёра* _____ le lac *кат(ó)к*, la patinoire
ботúнок (gén. plur., *ботúнок*), un soulier, une chaussure
плáвки, pl. gén. *плáвок* le caleçon de bain
лы́жа, un ski *конькú*, masc. les patins (à glace)
сухóй, sec *сырóй*, humide *мóкрый*, humide, mouillé
катáться на лы́жах, на конькáх, faire du ski, patiner
катáться на велосипéде, faire du vélo
катáться на лóдке, faire de la barque
светúть _____ : *блестéть*, I, briller
укладывать / уложúть, mettre, ranger
ныря́ть / нырну́ть, plonger *тону́ть* _____ / *утону́ть*, se noyer
вмéсто (+ gén.), au lieu de

Si jeunesse savait, si vieillesse pouvait.

Grammaire

■ *Ныря́ть / нырну́ть*

Le suffixe *-ну-* sert à perfectiver un verbe simple (sans préverbe).
Le verbe perfectif ainsi formé exprime une action unique et, le plus
souvent, momentanée.

>*скользи́ть / скользну́ть*, glisser
>*пры́гать / пры́гнуть*, sauter
>*крича́ть / кри́кнуть*, crier, pousser un cri

■ *Тону́ть / утону́ть*

Les verbes simples en *-ну-* ne sont pas tous perfectifs. Quelques-
uns, beaucoup moins nombreux, sont imperfectifs et expriment une
action qui modifie le sujet. Ils deviennent perfectifs par préverbation.
Ils perdent le suffixe *-ну-* au passé.

>*га́снуть / пога́снуть*, s'éteindre
>*Свет га́снет, гас, пога́с.*
>la lampe s'éteint, s'éteignait, s'est éteinte.

Le *л* tombe au passé masculin après une consonne, mais est rétabli
au féminin :

>*Ла́мпа га́сла, пога́сла.*

Le verbe *тону́ть*, se noyer, est une exception dans ce groupe de verbes :
il garde *-ну-* au passé.

>*Он утону́л*, il s'est noyé.

■ *Укла́дывать / уложи́ть*

Le verbe *класть, кладу́, кладёшь* a, nous l'avons vu (leçon 38), un
perfectif *положи́ть*. Les autres perfectifs composés en *-ложить*, de
sens concret le plus souvent, ont leur imperfectif formé sur la racine
клад- avec le suffixe *-ыва-* :

>*раскла́дывать / разложи́ть*, étaler
>*скла́дывать / сложи́ть*, ranger, plier
>*подкла́дывать / подложи́ть*, mettre en dessous

Les verbes en *-ложи́ть* de sens abstrait, ont, eux, un imperfectif
en *-лага́ть* :

>*предлага́ть / предложи́ть*, proposer
>*полага́ть / положи́ть*, supposer, présumer
>*предполага́ть / предположи́ть*, supposer, admettre

- ## *Éсли бы я знал...*

En russe, contrairement au français, la proposition conditionnelle introduite par *éсли* comporte un verbe au conditionnel, quand celui de la principale est lui-même au conditionnel. La particule *бы*, (parfois réduite à *б*) se place immédiatement après *éсли*.

> *Éсли бы ты пришёл сюда, мы гуляли бы вместе,*
> si tu venais (si tu étais venu) ici, nous nous promènerions (nous nous serions promenés) ensemble.

Après *éсли бы* on rencontre également, mais plus rarement, l'infinitif.
> *Éсли бы знать...,* si on savait (si on avait su) ...

- ## *Снег такой чудесный!*

« Si », « tellement », se traduit par l'adverbe *так* devant un verbe, un adjectif à la forme courte ou un adverbe, par l'adjectif *такой* devant un adjectif à la forme longue.

> *Она так красива! Она такая красивая!* Elle est si belle!

Exercices

A *Mettez au passé masculin puis féminin, les verbes suivants:*
a) perfectifs 1. крикнуть. 2. вернуться. 3. отдохнуть. b) impf.
4. мёрзнуть. 5. сохнуть (sécher). 6. гибнуть (périr). 7. тонуть.

B *Traduisez:*
8. S'il ne pleuvait pas, nous irions à la campagne. 9. Si nous avions des billets, nous irions au théâtre. 10. Si je savais nager, je plongerais dans le lac. 11. Si le lac gelait, nous pourrions patiner. 12. Si vous aviez apporté votre caleçon de bain, vous pourriez nager.

Corrigé

A a. 1. крикнул, крикнула. 2. вернулся, вернулась. 3. отдохнул, отдохнула. 4. мёрз, мёрзла. 5. сох, сохла. 6. гиб, гибла. 7. тонул, тонула.

B 8. Если бы дождь не шёл, мы бы поехали за город (в деревню). 9. Если бы у нас были билеты, мы пошли бы в театр. 10. Если бы я умел плавать, я бы нырнул в озеро. 11. Если бы озеро замёрзло, мы могли бы кататься на коньках. 12. Если бы вы принесли ваши плавки, вы могли бы плавать.

МЫ ПОКУПА́ЕМ СУВЕНИ́РЫ ДЛЯ СВОИ́Х ДРУЗЕ́Й

1 — Скажи́те мне, пожа́луйста, где мо́жно купи́ть краси́вые сувени́ры.

— В любо́м магази́не сувени́ров вы найдёте краси́вые ве́щи, кото́рые продаю́тся на рубли́ и́ли с креди́тной ка́рточкой. При не́которых гости́ницах есть таки́е магази́ны.

2 — Мне ну́жно непреме́нно привезти́ из Росси́и сувени́ры для всей семьи́. Мое́й жене́ наве́рно понра́вится брасле́т из янтаря́; для до́чери Ка́ти я куплю́ незамени́мую матрёшку, а что купи́ть для сы́на Степа́на, я ещё не зна́ю, я вы́беру в магази́не.

3 — Как мне нра́вится э́та игру́шка!

— Да, э́ти клюю́щие ку́ры — *прелестная и заба́вная игру́шка худо́жественной резьбы́. Вы их возьмёте?

— Да, да́йте мне ещё э́ту соро́чку изо льна́. Она́ понра́вится моему́ бра́ту.

— Вам заверну́ть?

— Да, пожа́луйста. Ско́лько с меня́?

— Шестьсо́т два́дцать рубле́й.

---

3 прелестный [pr'il'èsnüï]

ДАРОВО́МУ (ДАРЁНОМУ) КОНЮ́ В ЗУ́БЫ НЕ СМО́ТРЯТ

Traduction

Nous achetons des souvenirs pour nos amis

1 — Dites-moi, s'il vous plaît, où l'on peut acheter de beaux souvenirs.
— Dans n'importe quel magasin de souvenirs, vous trouverez de belles choses que l'on vend en roubles ou avec la carte de crédit. Dans quelques hôtels il y a des magasins semblables.

2 — Il me faut absolument rapporter de Russie des souvenirs pour toute la famille. Un bracelet d'ambre plaira certainement à ma femme; pour ma fille Katia, j'achèterai l'irremplaçable poupée gigogne, mais je ne sais pas encore quoi acheter pour mon fils Stéphane; je choisirai dans le magasin.

3 — Comme ce jouet me plaît! — Oui, ces poules qui picorent sont un jouet sculpté charmant et amusant (m. à m.: d'une sculpture artistique). Vous le prenez? — Oui, donnez-moi aussi cette chemise en lin. Elle plaira à mon frère. — On vous l'enveloppe? — Oui, s'il vous plaît. Combien cela me fait-il? — 620 roubles.

Prononciation

Dans le groupe de consonnes *стн* le *т* ne se prononce pas:
   прелéстный [pr'il'èsnüï].
   On a de même *грýстный*, triste [grousnüï]

Vocabulaire

кýрица, pl. *кýры*, *кур*, la poule
л(ё)н, gén. *льна*, le lin   *янтáрь*, l'ambre jaune
клевáть, IIA, *клюю́, клюёшь...* / *клю́нуть*, picorer
завёртывать / *заверну́ть*, envelopper
заменя́ть / *замени́ть* ＼＿＿, remplacer
незамени́мый, irremplaçable (part. prés. passif devenu adjectif)
люби́ть, aimer   *люби́мый*, préféré
дости́чь, atteindre   *недостижи́мый*, inaccessible
забывáть, oublier   *незабывáемый*, inoubliable
промокáть, absorber l'eau   *непромокáемый*, imperméable

A cheval donné on ne regarde pas la bouche (m. à m.: les dents).

Grammaire

■ *при не́которых гости́ницах*

La préposition *при*, suivie du prépositionnel, exprime à la fois la proximité et la dépendance.

Préposition de lieu:

> *при заво́де есть клуб,*
> à côté de l'usine (et dépendant d'elle), il y a un club.
> *Он сказа́л э́то при мне,* il a dit cela en ma présence.

Préposition de temps: du temps de, sous le règne de.

> *Пугачёвское восста́ние произошло́ при Екатери́не II,* la révolte de Pougatchev a eu lieu sous le règne de Catherine II.

Préposition de cause: grâce à, malgré.

> *При всех на́ших уси́лиях мы не могли́ подня́ть шкаф,* malgré tous nos efforts, nous n'avons pas pu soulever l'armoire.

■ *клюю́щие ку́ры*

Les verbes terminés en *-овать* présentent un *-у-* au radical du présent: *рисова́ть, рису́ю* (participe présent actif: *рису́ющий*); ceux en *-евать* un *-ю*: *плева́ть, плюю́, плюёшь*..., cracher; *-у* après *ж, ч, ш, щ*: *танцева́ть, танцу́ю, танцу́ешь*...

■ *изо льна́*

La voyelle mobile est toujours *-е-* après *ж, ч, ш, щ*, après une voyelle et devant *н, ц, ль*:

> *ло́жка*, gén. pl. *ло́жек*, la cuiller; *ви́шня*, gén. pl. *ви́шен*. la cerise

Parfois un *ь* ou un *й* remplace la voyelle mobile:

> *лён*, gén. *льна*, le lin; *лев*, gén. *льва*, le lion; *бое́ц*, gén. *бойца́*, le combattant; *ча́йка*, gén. *ча́ек*, la mouette

Si le mot débute par deux consonnes, les prépositions consonnantiques sont allongées d'un *-о*:

лоб, le front	*подо лбо́м*, sous le front
рот, la bouche	*во рту́*, dans la bouche
лев, le lion	*со льво́м*, avec le lion
	обо льве́, au sujet du lion.

Exercices

A *Mettez au présent les verbes au passé suivants:*
1. Я сове́товал. 2. Мы ра́довались (se réjouir). 3. Он тре́бовал (exiger). 4. Солда́ты воева́ли (faire la guerre). 5. Ты жева́л (mâcher).

B *Traduisez:*
6. Près de la maison il y a un jardin. 7. Des poules picorent dans la cour (двор). 8. Lis à la lumière de la lampe. 9. C'est un voyage inoubliable. 10. La révolution de 1905 a eu lieu sous Nicolas II.

Corrigé

A 1. Я сове́тую. 2. Мы ра́дуемся. 3. Он тре́бует. 4. Солда́ты вою́ют. 5. Ты жуёшь.

B 6. При до́ме есть сад. 7. Ку́ры клюю́т на дворе́. 8. Чита́й при све́те ла́мпы. 9. Это незабыва́емое путеше́ствие. 10. Револю́ция 1905-ого года произошла́ при Никола́е II (второ́м).

Lecture

Матрёшка

История игрушки не так уж велика. Однако вокруг неё уже создано много легенд. Непосвящённые люди считают её чуть ли не такой же древней, как сама Русь. Рассказывают, что кукла явилась ответом русских крестьян на вопрос философов, как произошёл человек. Откуда он взялся? Не мудрствуя лукаво, русский мужик создал матрёшку в матрёшке и тем объяснил, что человек заложен в самом человеке. Но это легенда.

Б. И. Битехтин

La Matriochka

L'histoire de ce jouet n'est pas encore bien longue. Cependant de nombreuses légendes se sont déjà créées autour de lui. Les gens non avertis l'estiment presque aussi ancien que la Russie elle-même. On raconte que la poupée était la réponse des paysans russes à la question des philosophes sur l'origine de (m. à m.: comment est venu) l'homme. D'où est-il venu? Sans y aller par quatre chemins (m. à m.: en ne faisant pas l'esprit malin), le moujik russe aurait créé la matriochka dans la matriochka et expliqué de ce fait que l'homme est à la base de l'homme. Mais c'est une légende.

B. I. Bitekhtine

60 ПО МАГАЗИ́НАМ

1 Сего́дня мне не́чего покупа́ть, я про́сто осма́триваю витри́ны Но́вого Арба́та. Магази́ны там роско́шные: всё предста́влено со вку́сом и вы́думкой.

2 Осо́бенно я любу́юсь ювели́рными изде́лиями. За *стёклами витри́н сверка́ют драгоце́нности, золоты́е и сере́бряные прибо́ры. Как худо́жественно располо́жены э́ти брасле́ты, се́рьги, бу́сы, за́понки, часы́! Я люблю́ та́кже быва́ть в кни́жных магази́нах: я достаю́ с по́лки одну́ кни́гу, я её перели́стываю, ста́влю обра́тно, беру́ другу́ю.

3 Я не люблю́ сра́зу реши́ться на поку́пку, я предпочита́ю поду́мать, пройти́ опя́ть ми́мо витри́ны, что́бы сно́ва осмотре́ть понра́вившийся мне предме́т. Я спра́шиваю себя́, бу́дет ли он мне необходи́м, тогда́ то́лько я реша́юсь купи́ть его́.

4 В моём ста́ром кварта́ле бы́ли то́лько продово́льственные магази́ны: фрукто́вый, мясно́й, ры́бный и бу́лочная. А тепе́рь я перее́хала в но́вый кварта́л, где нахо́дится мно́го други́х магази́нов и ра́зные комбина́ты бытово́го обслу́живания.

---

2 стекло́ pl. стёкла, стёкол ‾‾ ‾‾

ДЕШЁВОЕ НА ДОРОГО́Е НАВЕДЁТ

En parcourant les magasins

1 Aujourd'hui, je n'ai rien à acheter, j'examine simplement les vitrines du Nouvel Arbat. Les magasins y sont luxueux: tout est disposé avec goût et imagination.

2 J'admire tout particulièrement les articles de joallerie. Derrière les (m. à m.: vitres des) vitrines, brillent les joyaux, les couverts en or et en argent. Avec quel art sont disposés ces bracelets, boucles d'oreille, colliers, boutons de manchette, montres! J'aime également flâner dans les librairies: je prends un livre sur un rayon, je le feuillette, je le replace, j'en prends un autre.

3 Je n'aime pas me décider d'emblée sur un achat, je préfère réfléchir, repasser devant la vitrine, pour regarder à nouveau l'objet qui m'a plu. Je me demande s'il me sera nécessaire, c'est alors seulement que je me décide à l'acheter.

4 Dans mon ancien quartier, il y avait seulement des magasins d'alimentation: primeurs (m. à m.: fruiterie), boucherie, poissonnerie et une boulangerie. Mais maintenant j'ai déménagé dans un nouveau quartier où se trouvent beaucoup d'autres magasins et divers établissements groupés assurant le service des besoins courants.

Vocabulaire

часы́, часо́в (pluriel seulement), la montre, l'horloge

зо́лото, l'or   *золото́й,* en or, d'or

серебро́, l'argent   *сере́бряный,* en argent, d'argent

сталь fém., l'acier   *стально́й,* en acier

де́рево, le bois   *деревя́нный,* en bois

прибо́р, appareil, service   *ча́йный прибо́р,* un service à thé

раскла́дывать / расположи́ть ____, étaler, disposer

перели́стывать / перелиста́ть, feuilleter

предпочита́ть / предпоче́сть, IIB, *предпочту́, предпочтёшь...,* préférer

переезжа́ть / перее́хать, IIB (comme *е́хать*), traverser (autrement qu'à pied) — *в но́вый дом,* déménager

---

Le bon marché coûte (m. à m.: mènera au) cher.

Grammaire

■ *Я осма́триваю витри́ны*

De très nombreux verbes d'aspect imperfectif sont formés à partir de verbes perfectifs préverbés, par l'adjonction du suffixe *-ыва-* (*-ива-* après consonne molle ou voyelle).

Tous ces verbes présentent un accent fixe, qui tombe sur la syllabe qui précède le suffixe *-ыва-* (*-ива-*).

pf *записа́ть* / impf *запи́сывать*, inscrire
перелиста́ть / *перели́стывать*, feuilleter

La présence de l'accent sur cette syllabe fait passer un *o* à *a* :
pf *осмотре́ть* / impf *осма́тривать*, examiner
спроси́ть / *спра́шивать*; *останови́ть* / *остана́вливать* arrêter; (avec la même transformation de la consonne qu'à la 1ère personne du présent).

■ *...понра́вившийся мне предме́т*

Le participe passé actif d'un verbe pronominal présente toujours, comme le participe présent (leçon 32), l'élément *-ся*, même après voyelle.

> *Я купи́л понра́вившуюся мне ку́клу,*
> j'ai acheté la poupée qui m'avait plu.

■ *Бу́дет ли он мне необходи́м*

L'adjectif *необходи́мый*, indispensable, est formé à partir du participe présent passif du verbe *обходи́ться* / *обойти́сь* (*без* + génitif), se passer de.

> *Мы не мо́жем обойти́сь без него́,*
> nous ne pouvons pas nous passer de lui.

■ *Я люблю́ быва́ть в кни́жных магази́нах*

Le verbe *быва́ть* est un fréquentatif de *быть*.

Il signifie "être" et s'emploie lorsqu'on veut exprimer une certaine fréquence.

> *Он ча́сто быва́ет у них в гостя́х,*
> il est souvent en visite chez eux.

Exercices

A *Formez, avec le suffixe -ыва- | -ива- l'aspect imperfectif des verbes perfectifs suivants:*

1. *воспита́ть,* élever 2. *отказа́ть,* refuser 3. *показа́ть.* 4. *расска-за́ть.* 5. *рассмотре́ть,* examiner 6. *записа́ть,* inscrire 7. *подслу́шать,* écouter (à la dérobée) 8. *уговори́ть,* décider à 9. *перестро́ить,* rebâtir

B *Traduisez:*

10. Quand je n'ai rien à faire, je me promène dans la campagne, admirant la nature (приро́да). 11. Ces cuillers en acier vous plaisent-elles? 12. Je ne peux pas me passer de ma montre. 13. Nous fréquentons la bibliothèque. 14. Il faut vous décider à quitter Paris.

Corrigé

A 1. воспи́тывать. 2. отка́зывать. 3. пока́зывать. 4. расска́зывать. 5. рассма́тривать. 6. запи́сывать. 7. подслу́шивать. 8. угова́ривать. 9. перестра́ивать.

B 10. Когда́ мне не́чего де́лать, я гуля́ю в дере́вне, любу́ясь приро́дой. 11. Нра́вятся ли вам эти ло́жки из ста́ли (стальны́е ло́жки). 12. Я не могу́ обойти́сь без свои́х часо́в. 13. Мы ча́сто быва́ем в библиоте́ке. 14. Вам надо реши́ться уе́хать из Пари́жа.

Lecture

С тех пор как « Золото роют в горах »

Ювели́рные изде́лия доставля́ют лю́дям эстети́ческое удово́льствие, украша́ют наш быт, жили́ще, оде́жду.

Ма́ленькое золото́е коле́чко, брасле́т, запо́нки из благоро́дных мета́ллов, часы́, се́рьги с алма́зной обрабо́ткой, декорати́вные цепо́чки и други́е украше́ния — отли́чный пода́рок к сва́дьбе, и́ли дню рожде́ния.

Depuis qu' « on trouve l'or dans les montagnes »

Les articles de bijouterie apportent aux gens un plaisir esthétique, embellissent notre existence, notre demeure, nos vêtements.
Une petite bague en or, un bracelet, des boutons de manchette en métal précieux, une montre, des boucles d'oreille montées avec diamant, des chaînes (décoratives) et autres ornements — voilà un excellent cadeau pour un mariage ou un anniversaire.

A **Mettez au passé perfectif les verbes des phrases suivantes** (*Revoyez les verbes des leçons 51 à 60*):

1. Дере́вни превраща́ются в больши́е города́. 2. Мы собира́ем грибы́ (champignons). 3. Что происхо́дит? 4. Вы бы́стро загора́ете. 5. Па́па ло́вит ры́бу. 6. Что вы ему́ говори́те? 7. Я беру́ каранда́ш. 8. Продавщи́ца завёртывает кни́ги. 9. Кто заменя́ет дире́ктора? 10. Ники́тины перезжа́ют в но́вый дом.

B **Mettez au conditionnel les verbes des phrases suivantes** (*Revoyez la leçon 52 et le Mémento § 66*):

11. Я куплю́ не́сколько сувени́ров. 12. Ко́ля вас замени́т. 13. Я вы́беру э́ту игру́шку. 14. Ла́мпа пога́снет. 15. Он уто́нет. 16. Это ему́ понра́вится. 17. Воло́дя ны́рнет в о́зеро.

C **Remplacez les propositions relatives par le participe passé actif** (*Revoyez les leçons 54 et 60 et le Mémento § 63*):

18. Он купи́л соро́чку, кото́рая ему́ понра́вилась. 19. Он был на борту́ парохо́да, кото́рый утону́л. 20. Вот рыба́к (le pêcheur), кото́рый пойма́л так мно́го ры́бы. 21. Мы ча́сто встреча́лись с друзья́ми, кото́рые собира́лись у Га́ли. 22. Мы бы́ли вчера́ на спекта́кле, кото́рый ко́нчился в оди́ннадцать часо́в ве́чера.

D **Traduisez:**

23. Demain matin, nous visiterons la ville: les palais, les églises, les monuments et les musées. 24. Après le déjeuner, nous irons dans un magasin acheter des souvenirs pour nos amis. 25. Les enfants, eux, prendront leurs maillots de bain et iront nager à la piscine (бассе́йн). 26. Le soir, nous irons au théâtre. 27. Nous avons réussi à nous procurer des places pour le « Bolchoï ». 28. Le spectacle plaira certainement à tous.

E *Faites suivre les prépositions données des mots suivants à la forme voulue:*

a) *из* : 29. лён; 30. рот; 31. Фра́нция. b) *с* (+ instr.) 32. я; 33. лев; 34. бое́ц. c) *над* (+ instr.) 35. ты; 36. рот; 37. лоб. d) *о* : 38. я; 39. лён; 40. отец.

Corrigé

A 1. преврати́лись. 2. собра́ли. 3. произошло́. 4. загоре́ли. 5. пойма́л. 6. сказа́ли. 7. взял(а́). 8. заверну́ла. 9. замени́л. 10. перее́хали.

B 11. купи́л(а) бы. 12. замени́л бы. 13. вы́брал(а) бы. 14. пога́сла бы. 15. бы утону́л. 16. бы понра́вилось. 17. ны́рнул бы.

C 18. Он купи́л понра́вившуюся ему́ соро́чку. 19. Он был на борту́ утону́вшегося парохо́да. 20. Вот рыба́к, пойма́вший так мно́го ры́бы. 21. Мы ча́сто встреча́лись с друзья́ми, собира́вшимися у Га́ли. 22. Мы бы́ли вчера́ на спекта́кле, ко́нчившемся в оди́ннадцать часо́в ве́чера.

D 23. За́втра у́тром мы посети́м го́род: дворцы́, це́ркви, па́мятники и музе́и. 24. По́сле обе́да мы пойдём в магази́н купи́ть сувени́ры для свои́х друзе́й. 25. А де́ти возьму́т свои́ пла́вки и пойду́т пла́вать в бассе́йн. 26. Ве́чером мы пойдём в теа́тр. 27. Нам удало́сь доста́ть биле́ты в Большо́й. 28. Спекта́кль наве́рно всем понра́вится.

E 29. изо льна́. 30. изо рта́. 31. из Фра́нции. 32. со мно́й. 33. со льво́м. 34. с бойцо́м. 35. над тобо́й. 36. надо рто́м. 37. надо лбо́м. 38. обо мне́. 39. обо льне́. 40. об отце́.

61 ПОКУ́ПКИ В ПРОДУКТО́ВОМ МАГАЗИ́НЕ

1 — Бу́дьте добры́, да́йте мне буты́лку грузи́нского вина́. Ско́лько она́ сто́ит?
— Сто пятьдеся́т рубле́й. Плати́те в ка́ссу.

2 — Вы́бейте, пожа́луйста, па́чку са́хара, буты́лку молока́, ба́нку компо́та, две́сти грамм колбасы́, деся́ток яи́ц и четы́реста грамм сы́ру.
— С вас две́сти три́дцать три рубля́.
— И ещё сто пятьдеся́т рубле́й.
— За что?
— За грузи́нское вино́.
— Пожа́луйста ваш чек.
— Получи́те!
— У вас найдётся, мо́жет-быть, ме́лочь.
— Нет, извини́те.
— Тогда́ возьми́те сда́чу.

3 *(В фрукто́вом отде́ле)*
— Взве́сьте, пожа́луйста, три кило́ я́блок, кило́ груш и кило́ виногра́да.
— Заплати́те в ка́ссу три́ста рубле́й се́мьдесят копе́ек.
— Я записа́ла всё, что мне ну́жно. Одну́ мину́тку, я сейча́с посмотрю́, не забы́ла ли я что́-нибудь. Ах, я забы́ла купи́ть ко́фе и чай, я зайду́ в бакале́йный отде́л.

ХОРО́ШИЙ ТОВА́Р САМ СЕБЯ́ ХВА́ЛИТ

Traduction

Achats dans un magasin d'alimentation

1 Veuillez me donner (m. à m.: soyez bon, donnez-moi) une bouteille de vin géorgien. Combien coûte-t-elle? — Cent cinquante roubles. Payez à la caisse.

2 — Enregistrez, s'il vous plaît, un paquet de sucre, une bouteille de lait, une boîte de fruits au sirop, deux cents grammes de saucisson, une dizaine d'oeufs et quatre cents grammes de fromage. — Ça vous fait 233 roubles. — Plus (m. à m.: et encore) 150 roubles. — Pour quoi ? — Pour le vin géorgien. — Voici votre ticket. — Tenez (m. à m.: recevez)! — Vous avez (m. à m.: chez vous il se trouvera) peut-être de la monnaie. — Non, excusez-moi. — Alors prenez votre monnaie.

3 (Au rayon des fruits)
— Pesez, s'il vous plaît, trois kilos de pommes, un kilo de poires et un kilo de raisin. — Payez 300 roubles 70 kopeks à la caisse.

— J'ai noté tout ce qu'il me faut. Un instant, je vais voir tout de suite si je n'ai rien oublié. Ah! J'ai oublié d'acheter du café et du thé, je vais passer au rayon de l'épicerie.

Vocabulaire

яблоко (plur. *яблоки*, *яблок*), la pomme

груша, la poire, le poirier	*персик*, la (les) pêche(s),
слива, la prune, le prunier	le pêcher
вишня, la cerise, le cerisier	*виноград*, le raisin
апельсин, l'orange	*дыня*, le melon
клубника, la (les) fraise(s)	*малина*, la (les) framboise(s)
взвешивать / взвесить, peser	

Bonne marchandise se passe de réclame
(m. à m.: se recommande d'elle-même).

Grammaire

■ *Яблоки*

Le mot neutre *яблоко* a un nominatif pluriel irrégulier en -*и*.
Quelques autres neutres présentent la même irrégularité :

плечо, l'épaule; pl.: *плечи, плеч, плечам...*
ухо, l'oreille; pl.: *уши, ушей, ушам...*
колено, le genou; pl.: *колени, коленей, коленям...*
Le mot *облако*, le nuage, a un nominatif pluriel régulier *облака*,
mais un génitif *облаков*.

■ *Кило. Кофе*

Rappel: ces mots sont indéclinables, comme *кино, пальто, такси*,
etc., qui sont tous neutres, sauf *кофе*, qui est masculin.

■ *Взвесьте три кило*

Il ne faut pas confondre le verbe transitif *взвешивать* / *взвесить*
et le verbe intransitif *весить*, qui signifient tous les deux peser.

> *Взвешивайте ребёнка раз в месяц.*
> Pesez l'enfant une fois par mois.
> *Сколько весит этот чемодан?* Combien pèse cette valise ?

Exercice

Traduisez :
1. Donnez-moi 250 grammes de beurre, deux dizaines d'oeufs, un
morceau de fromage et deux bouteilles de lait. 2. Je dois acheter
un paquet de café. 3. Je n'ai pas de petite monnaie. 4. J'aime tous
les fruits : les pommes, les poires, les pêches, le raisin, les fraises, les
oranges, etc.

Corrigé

1. Дайте мне 250 (двести пятьдесят) грамм масла, два десятка
яиц, кусок сыру и две бутылки молока. 2. Я должен (должна)
купить пачку кофе. 3. У меня нет мелочи. 4. Я люблю все фрукты:
яблоки, груши, персик, виноград, клубнику, апельсины, и т. д.

Когда будет построен новый магазин?

Отдел писем « Вечерней Москвы » завален вопросами новосёлов всех московских новостроек : когда будет построен новый магазин ? (...)

Растут дома, а (...) строительство магазинов и торговых центров задерживается. Поэтому жизнь продиктовала решение, не предусмотренное проектировщиками. Вон торец дома вместо мозаики украшен синей надписью « Бакалея », или « Овощи », или « Хлеб ». Значит в одной из квартир нижнего этажа ванна заперта на замок, в стенных шкафах хранятся продукты, покупатели толкаются в малогабаритном коридорчике, а продавщица, минуя кассы, чеки и прочие новейшие изобретения, щёлкает на счётах, выбрасывает сдачу из жестяной коробки, отвешивая макароны и солёные огурцы.

Е. Полякова — Большая Москва, Медведково, 1968

Quand ouvrira-t-on un nouveau magasin?

La rubrique du courrier de « Moscou-Soir » est encombrée par les questions des nouveaux locataires de toutes les constructions neuves de Moscou: quand ouvrira-t-on (m. à m.: sera construit) un nouveau magasin? (...)

Les maisons s'élèvent, mais (...) la construction des magasins et des centres commerciaux est en retard. C'est pourquoi la vie a dicté une solution qui n'était pas prévue par les responsables du projet. Voilà que la façade d'une maison est ornée, au lieu de mosaïque, d'un écriteau bleu: « Epicerie », ou « Légumes », ou « Pain ». Cela signifie que, dans un appartement du rez-de-chaussée, la salle de bains est fermée à clef, dans les placards on conserve les produits alimentaires, des acheteurs se bousculent dans un corridor exigu et la vendeuse, se passant de caisse, de tickets et autres inventions très modernes, compte au (m. à m.: fait claquer le) boulier, sort (m. à m.: jette) la monnaie d'une boîte en fer-blanc, tout en pesant des macaronis et des concombres salés.

D'après E. Poliakova, Le Grand Moscou, Medvedkovo..., 1968

КНИГИ, ГАЗЕТЫ, И ПИСЧЕБУМА́ЖНЫЕ ПРИНАДЛЕ́ЖНОСТИ

1 — Мне нужны́ си́ние черни́ла для авторучки и ша́риковая ру́чка.

— Ма́ма, учи́тельница сказа́ла, что нам нужны́ цветны́е карандаши́ — больша́я коро́бка.

— Перо́ мое́й авторучки слома́лось. За ско́лько вре́мени вы бы его́ смени́ли?

— Ма́ма, ма́ма, купи́ та́кже рези́нку.

2 — Де́вушка, да́йте мне, пожа́луйста, почто́вую бума́гу и конве́рты.

— Каки́е конве́рты? — обыкнове́нные и́ли худо́жественные?

— Обыкнове́нные. Да́йте мне ещё бума́гу и конве́рты для авиаписьма́, — ма́ленький форма́т.

— Я сейча́с заверну́ вам всё э́то и завяжу́ верёвочкой.

3 — У вас есть францу́зские газе́ты?

— Есть: "Юманите́" и "Монд". Вот они́.

— Ах, э́то позавчера́шние.

— Да, сего́дняшние мы полу́чим то́лько за́втра.

— В кото́ром часу́?

— Как пра́вило, ме́жду десятью́ и двена́дцатью.

— Мо́жно отложи́ть для меня́ "Монд"?

— Коне́чно, мо́жно. Я сама́ об э́том позабо́чусь.

— Спаси́бо большо́е. Вы о́чень любе́зны.

ПЕРО́ СМЕЛЕ́Е ЯЗЫКА́

Traduction

Livres, journaux, articles de papeterie

1 — Il me faut de l'encre bleue pour stylo et un crayon à bille. — Maman, la maîtresse a dit qu'il nous fallait des crayons de couleur, une grande boîte. — La plume de mon stylo est cassée. Combien de temps cela prendrait-il pour la changer? (m. à m.: en combien de temps la changeriez-vous?) — Maman, achète-moi aussi une gomme.

2 — Mademoiselle, donnez-moi, s'il vous plaît, du papier à lettres et des enveloppes. — Quelle sorte d'enveloppes? Ordinaires ou fantaisie (m. à m.: artistiques)? — Ordinaires. Donnez-moi aussi du papier et des enveloppes pour lettres par avion, petit format. — Je vais vous envelopper tout ça et lier avec une ficelle.

3 — Avez-vous des journaux français? — Oui: L'Humanité et Le Monde. Les voici. — Ah! ils sont d'avant-hier. — Oui, nous recevrons ceux d'aujourd'hui demain seulement. — A quelle heure? — En principe entre dix heures et midi. — Peut-on me mettre Le Monde de côté? — Naturellement, c'est possible. Je m'en occuperai moi-même. — Merci beaucoup. Vous êtes très aimables.

Prononciation

Le groupe *сч* se prononce [ch'ch'] ou [ch'tch] *счáстье* [ch'chast'e]: *писчебумáжный* [p'ich'ch'eboumajnüï]

Vocabulaire

чернúла (neutre pl.), l'encre   *мел*, la craie
клей, la colle
ломáть | сломáть, casser, briser
завя́зывать | завязáть, IA, *завяжу́, завя́жешь…*, ＼___, lier
завязáть пакéт, faire un paquet
откла́дывать | отложúть, ＼___, mettre de côté, différer
забóтиться | позабóтиться (о + loc.), se préoccuper de

La plume est plus hardie que la langue.

Grammaire

■ *Черни́ла*

Quelques substantifs ne sont employés qu'au pluriel. Ils peuvent désigner une matière prise dans son ensemble :

дрова́, le bois (de chauffage)   *духи́, духо́в*, le parfum
щи, щей, le soupe aux choux   *де́ньги, де́нег*, l'argent

ou un objet composé de deux ou plus de deux éléments identiques :

брю́ки, брюк, le pantalon   *весы́, весо́в*, la balance
ви́лы, вил, le fourche   *воро́та, воро́т*, la porte cochère
гра́бли, гра́блей, le rateau   *каче́ли, каче́лей*, la balançoire
но́жницы, но́жниц, les ciseaux   *очки́, очко́в*, les lunettes
са́ни, сане́й, le traineau   *са́нки, са́нок*, la luge
часы́, часо́в, la montre   *ша́хматы, ша́хмат*, les échecs

■ *Ско́лько вре́мени?*

Quelques rares mots terminés par **-мя** sont du genre neutre et présentent une déclinaison tout à fait particulière (Mémento §15).

singulier N. A. *и́мя*   pluriel N. A. *имена́*
          G.D.P. *и́мени*   G.   *имён*
          I.   *и́менем*   D.   *имена́м...*

зна́мя a un accent fixe sur *ё* au pluriel

Exercices

A *Mettez à la forme négative les phrases suivantes :*

1. У И́горя есть ша́хматы. 2. В магази́не есть весы́. 3. У колхо́з-
ника есть ви́лы и гра́бли. 4. В избе́ есть дрова́. 5. У О́ли есть
са́нки. 6. У ба́бушки есть очки́. 7. У меня́ есть часы́. 8. В шкафу́
есть брю́ки. 9. У него́ есть де́ньги. 10. В меню́ есть щи.

B *Mettez au cas voulu les mots entre parenthèses :*

11. (Вре́мя) от (вре́мя) слы́шались кри́ки. 12. С (и́мя) Па́влова
свя́зано откры́тие усло́вных рефле́ксов. 13. Мы встре́тились
пе́ред теа́тром (и́мя) Че́хова. 14. Пионе́ры пошли́ на пло́щадь с
кра́сными (зна́мя).

Corrigé

A 1. нет ша́хмат. 2. нет весо́в. 3. нет вил и гра́блей. 4. нет дров.
5. нет са́нок. 6. нет очко́в. 7. нет часо́в. 8. нет брюк. 9. нет де́нег.
10. нет щей.

B 11. Вре́мя; вре́мени. 12. и́менем. 13. и́мени. 14. знамёнами.

Lecture

Сколько стоит набор школьника

ЧТО будет в следующем году – никто не знает. Но на 1 сентября 2000 года картина складывается следующая: школьная сумка – 300 р., тетради тонкие, 20 шт. – 70 р., тетради общие, 10 шт. – 200 р., дневник – 30 р., ручки, 10 шт. – 60 р., карандаши цветные, 12 шт. – 25 р., карандаши чертежные, 10 шт. – 20 р., фломастеры, 12 шт. – 30 р., краски (набор) – 20 р., кисточки, 4 шт. – 48 р., ластики 4 шт. – 14 р., линейки, 4 шт. – 20 р., пенал – 60 р., готовальня – 40 р., альбом, 2 шт. – 70 р., обложки для учебников, 10 шт. – 100 р., обложки для тетрадей, 10 шт. – 30 р., учебники, 10 шт. – 350 р., контурные карты, 6 шт. – 48 р., форма для физкультуры – 50 р., букет (гладиолусы / астры) – 50 р., детская стрижка – 60 р., одежда (платье, туфли, джемпер, джисы, ботинки) – 450 р.

ИТОГО: 2 145 рублей.

Газета «Аргументы и факты», n° 35 – август 2000

р.: *рубль*, рубля́, рубли́, рубле́й
шт.: *шту́ка*, pièce, unité

A combien revient le trousseau d'un écolier

Qu'en sera-t-il l'an prochain, personne ne le sait. Mais pour le premier septembre 2000, le tableau se présente de la façon suivante : un cartable - 300 r., petits cahiers (20) - 70 r., cahiers ordinaires - 200 r., un cahier de texte - 30 r., stylos (10) - 60 r., crayons de couleur (12) - 25 r., crayons à dessin (10) - 20 r., feutres (12) - 30 r. couleurs (assortiment) - 20 r., pinceaux (4) - 48 r., gommes (4) - 14 r. règles (4) - 20 r., un plumier - 60 r., une boîte de compas - 40 r., deux albums – 70 r., couvre-livres pour les manuels (10) – 100 r., protège-cahiers (10) - 30 r., manuels (10) – 350 r., cartes muettes (6) – 48 r., une tenue pour l'éducation physique – 50 r., un bouquet (glaïeuls asters)* - 50 r., une coupe de cheveux enfant – 60 r., vêtements (robe, mocassins, chandail, jeans, chaussures) – 450 r. Total : 2 145 roubles.

Journal « *Arguments et Faits* » n° 35 - août 2000

r. : roubles
* Un bouquet pour la maîtresse, le jour de la rentrée (le premier septembre).

63 *МУЖСКА́Я ОДЕ́ЖДА

1 — Де́вушка, скажи́те мне, пожа́луйста, где нахо́дится отде́л мужско́й оде́жды?

— На тре́тьем этаже́, пе́рвая ли́ния.

— Там есть меховы́е пальто́?

— Нет, они́ продаю́тся в мехово́м отде́ле.

2 — Я хоте́л бы приме́рить костю́м, разме́р 48.

— У нас большо́й вы́бор. Како́й костю́м вам ну́жен?

— Двубо́ртный тёплый шерстяно́й костю́м си́него цве́та.

— Двубо́ртные костю́мы вы́шли из мо́ды : у нас то́лько однобо́ртные. Приме́рьте вот э́тот, э́то чи́стая шерсть, хорошо́ защища́ющая от хо́лода. Войди́те в приме́рочную. Застегни́те пу́говицы. Пиджа́к отли́чно сиди́т на вас.

— А брю́ки немно́го длинны́.

— Да, брю́ки на́до чуть-чу́ть укороти́ть.

3 — Покажи́те мне га́лстуки.

— У нас мно́го ра́зных *образцо́в : в поло́ску, в горо́шек, с кра́пинками...

— Нет, да́йте мне лу́чше гла́дкий шёлковый га́лстук.

— Како́го цве́та?

— Вот э́тот тёмно-зелёный подойдёт к моему́ кле́тчатому костю́му.

1 мужска́я [mouchskaye]

3 образцо́в [abrastsov]

ХОРО́ШАЯ ОДЕ́ЖДА УМА́ НЕ ПРИБА́ВИТ

Vêtements d'homme

1 — Mademoiselle, dites-moi, s'il vous plaît, où se trouve le rayon des vêtements pour hommes? — Au deuxième (m. à m.: troisième) étage, première rangée. — Il y a des manteaux de fourrure? — Non, ils se vendent au rayon de la fourrure.

2 — Je voudrais essayer un costume, taille 48. — Nous avons un grand choix. Quelle sorte de costume vous faut-il? — Un costume croisé en laine (bien) chaud, de couleur bleue. — Les costumes croisés sont passés de mode: nous en avons seulement de forme droite. Essayez celui-ci, c'est de la pure laine, protégeant bien du froid. Entrez dans le salon d'essayage. Mettez (m. à m.: agrafez) les boutons. La veste vous va parfaitement. — Mais le pantalon est un peu trop long. — Oui, il faut raccourcir un peu le pantalon.

3 — Montrez-moi des cravates. — Nous avons beaucoup de modèles différents: à rayures, à pois, à mouchetures... — Non, donnez-moi plutôt une cravate de soie unie. — Quelle couleur? — Cette vert foncé-ci ira bien avec mon costume à carreaux.

Prononciation

Le *ж* s'assourdit en [ch] au contact de la consonne sourde *c* dans *мужско́й* [mouchskoï]

з devant *ц* s'assourdit en [s]: *образе́ц*, gén. *образца́* [abrastsa]

Vocabulaire

мех (pl. *меха́),* la fourrure	*мехово́й,* de fourrure
шёлк, la soie	*шёлковый,* de soie
шерсть (fém.), la laine	*шерстяно́й,* de laine
вы́бор, le choix	*вы́боры,* les élections
приме́р, l'exemple	*образ(е́)ц,* gén. *образца́,* le modèle
пу́говица, le bouton	*га́лстук,* la cravate
руба́шка, la chemise	*карма́н,* la poche

примеря́ть / приме́рить, essayer
защища́ть / защити́ть, défendre, protéger
застёгивать / застегну́ть, boutonner
расстёгивать / расстегну́ть, déboutonner

Bel habit n'agrandira pas l'esprit.

Grammaire

■ *Брю́ки длинны́*

Quelques adjectifs attributs à la forme courte peuvent exprimer une qualité excessive.

       Он ещё мо́лод, Il est encore (trop) jeune.

Dans cet emploi « petit » se traduit par *мал*, « grand » par *вели́к*.

       Боти́нки ему́ малы́.

       Les chaussures sont trop petites pour lui.

       Пальто́ мне велико́. Le manteau est trop grand pour moi.

■ *...хорошо́ защища́ющая от хо́лода*

La préposition *от,* dont le sens général est l'éloignement, est utilisée après des verbes comme

      защища́ть(ся) / защити́ть(ся), (se) défendre (de), (se) pro-
      téger (contre)

      освобожда́ть(ся) / освободи́ть(ся), (se) libérer (de)

      избавля́ть(ся) / изба́вить(ся), (se) débarrasser (de)

      спаса́ть(ся) / спасти́(сь), спасу́(сь), спасёшь(ся)..., sauver
      (de), échapper (à)

      отка́зывать(ся) / отказа́ть(ся), refuser, ne pas accepter

      он отказа́лся от ча́я, il a refusé le thé

Exercices

A *Mettez à la forme courte, au genre et au nombre voulus, les adjectifs entre parenthèses:*

1. Э́ти брю́ки вам (у́зкий). 2. Ю́бка ей (широ́кий). 3. Костю́м (вели́кий) Бори́су. 4. Ша́пка ему́ (ма́лый). 5. Ту́фли тебе́ (ма́лый).

B *Remplacez les mots en italiques par le mot de sens contraire:*

6. *Тёмно*-зелёный шарф. 7. *Узкие* брю́ки. 8. Костю́м *вели́к.* 9. Он *застегну́л* пальто́.

C *Traduisez:*

10. Vous n'échapperez pas au danger (опа́сность). 11. Katia a refusé tous les cadeaux (пода́рок). 12. Elle ne peut se libérer de cette pensée (мысль, fém.). 13. Les murs du Kremlin défendent la ville contre l'ennemi (враг). 14. Débarrassez-vous de lui.

Corrigé

A 1. узки́. 2. широка́. 3. вели́к. 4. мала́. 5. малы́.

B 6. светло́. 7. широ́кие. 8. мал. 9. расстегну́л.

C 10. Вы не спасётесь (вам не спасти́сь) от опа́сности. 11. Ка́тя отказа́лась от всех пода́рков. 12. Она́ не мо́жет освободи́ться от э́той мы́сли. 13. Сте́ны Кремля́ (Кремлёвские сте́ны) защища́ют го́род от врага́. 14. Изба́вьтесь от него́!

Lecture

Мо́дный костю́м

Такой модельеры видят одежду модного мужчины. Плечи стали шире, рукав костюма узкий, пройма неглубокая, талия слегка обозначена. Брюки узкие в бедрах, расширенные книзу. Рекомендуются однобортные костюмы с двумя или тремя пуговицами, с одной длинной шлицей сзади. Длина пиджака осталась без изменений, полы стали скругленные, а борта — шире. Карман прорезной, накладные допускаются в костюмах из грубой ткани. Ширина брюк внизу — 26 сантиметров.

Пальто хороши и короткие — спортивного типа с кожаными пуговицами, поясами, отделанные строчкой, и длинные. Последние расширены книзу, имеют большие борта, почти закрывающие плечи. Длинные пальто могут быть и прямыми, слегка приталенными, с двубортной застежкой.

Un costume à la mode

C'est ainsi que les modélistes voient le vêtement de l'homme à la mode. Les épaules sont plus larges, la manche du costume est étroite, l'emmanchure n'est pas échancrée et la taille est légèrement marquée. Le pantalon, étroit aux hanches, s'élargit vers le bas. On conseille les complets droits à deux ou trois boutons, avec une longue fente dans le dos. La longueur de la veste reste sans changement, les pans sont arrondis et les revers plus larges. La poche est en fente, les poches rapportées sont admises dans les costumes à gros tissu. La largeur du pantalon est en bas de 26 centimètres.

Les manteaux sont aussi bien courts — genre sportif, avec boutons de cuir, ceinture, garnis de piqûres — que longs. Ces derniers s'élargissent dans le bas, ont de larges revers recouvrant presque les épaules. Les manteaux longs peuvent aussi être droits, légèrement ceintrés, avec une double rangée de boutons.

64 ЖЕНСКАЯ ОДЕЖДА

1 — Какое на тебе *прелестное платье, дорогая!
Можно ли тебя спросить, где ты его купила?
— Я шила его на заказ. Это, правда, намного дороже,
чем готовое платье, но зато лучше сидит.
— Да, покрой отличный и это совсем по моде.
— Но твоя блузка с юбкой тебе тоже очень идут.
И голубой цвет тебе к лицу.
— Юбку ты уже видела. Это та же самая юбка, что в
прошлом году. Она теперь стала узка.
— Нет, что ты! Она тебе как раз.

2 — Ты была вчера на вечере у Елены Сергеевны? Ты
видела шёлковое платье, в котором была Анна
Петровна?
— Да, она всегда одевается со вкусом.
— А мне не понравилось её платье. Такой большой
вырез в разгаре зимы!
— Но это вечернее платье.
— Да, но такое платье в талию может носить только
стройная женщина. Ты, например, могла бы носить
такое платье, ты не такая полная, как Анна Петровна,
а ей оно не идёт.
— Какая ты строгая!

---

1 прелестный [pr'il'ésnüï]

БЕРЕГИ ПЛАТЬЕ СНОВУ, А ЧЕСТЬ СМОЛОДУ

Traduction

Vêtements de femme

1 — Quelle ravissante robe tu portes, ma chère! Peut-on te demander où tu l'as achetée? — Je l'ai fait faire (m. à m.: coudre) (m. à m.: sur commande). C'est, il est vrai, beaucoup plus cher qu'une robe de confection, mais en revanche, c'est plus seyant (m. à m.: cela sied mieux). — Oui, la coupe est parfaite et c'est tout à fait à la mode. — Mais ton corsage et ta jupe te vont très bien aussi. Et la couleur bleu clair convient à ton visage. — La jupe, tu l'as déjà vue. C'est la même jupe que l'an dernier. Elle est maintenant devenue trop étroite. — Mais non! Que dis-tu? Elle est juste à ta taille (m. à m.: elle est justement pour toi).

2 — Tu étais hier à la soirée chez Hélène Serguièievna? Tu as vu la robe de soie que portait (m. à m.: dans laquelle était) Anne Pétrovna? — Oui, elle s'habille toujours avec goût. — A moi, sa robe ne m'a pas plu. Un si grand décolleté en plein hiver! — Mais c'est une robe de soirée. — Oui, mais une robe cintrée comme celle-là, seule une femme svelte peut la porter. Toi, par exemple, tu pourrais porter une telle robe, tu n'es pas aussi grosse qu'Anne Pétrovna. A elle, elle ne va pas. — Comme tu es sévère!

Prononciation

Dans le groupe de consonnes *стн* le *т* ne se prononce pas. Exemples: *прелéстный* [pr'il'èsnüï], *грýстный*, [grousnüï], triste.

Vocabulaire

блýзка, le corsage   *чул(ó)к*, (plur. *чулкú, чулóк,*), le bas
шить, шью, шьёшь..., coudre
вышивáть / вы́шить, broder
иглá, l'aiguille   *нúтка*, le fil
швéйная машúна, la machine à coudre

Veille sur tes vêtements dès le premier jour, sur ton honneur dès ta jeunesse.

Grammaire

■ *Я шила его на заказ*

L'expression française « faire faire » n'a pas d'équivalent en russe. Le verbe *шить* peut signifier aussi bien « coudre » (soi-même) que « faire coudre ». C'est le contexte qui indique le sens, ou la présence du datif.

> *Он построил себе дачу.*
> Il s'est fait construire une maison de campagne.

■ *Это та же самая юбка, что в прошлом году*

« Le même … que » se traduit par:

тот же (самый)…, что (и), lorsqu'il y a identité absolue.

> *Она носит то же самое платье, что в прошлом году.*
> Elle porte la même robe que l'an dernier.

такой же (самый)…, как (и), lorsqu'il y a seulement similitude.

> *Она носит такое же (самое) платье, как (и) сестра.*
> Elle porte la même robe que sa soeur.

■ *Ты не такая полная, как Анна*

« Aussi… que », « pas aussi… que » se traduisent par:

так же… как (и); не так… как, devant un verbe, un adverbe ou un adjectif court.

> *Он работает так же хорошо, как (и) вы.*
> Il travaille aussi bien que vous
> *Он не так молод, как она.* Il n'est pas aussi jeune qu'elle.

такой же… как (и); не такой… как, devant un adjectif long.

> *Он такой же умный, как (и) вы.*
> Il est aussi intelligent que vous
> *Она не такая высокая, как он.*
> Elle n'est pas aussi grande que lui.

■ *…у Елены Сергеевны*

Le prénom et le patronyme sont des substantifs et se déclinent comme tels.

> *Мы гуляли с Борисом Петровичем.*
> Nous nous sommes promenés avec Boris Pétrovitch.

Exercice

Traduisez:

1. Nous partirons le même jour que vous. 2. Votre soeur ne s'habille pas avec autant de goût que vous. 3. Cette jupe te va aussi bien que l'autre. 4. J'aime autant Galia que Sonia. 5. Pierre n'est pas aussi gai qu'Ivan. 6. Personne ne chante aussi bien qu'Anne. 7. Où avez-vous acheté une si jolie robe?

Corrigé

1. Мы уе́дем в тот же (са́мый) день, что (и) вы. 2. Ва́ша сестра́ не одева́ется с таки́м вку́сом, как вы. 3. Эта ю́бка идёт тебе́ так же хорошо́, как (и) друга́я. 4. Я так же люблю́ Га́лю, как (и) Со́ню. 5. Пётр не так ве́сел, как Ива́н. 6. Никто́ не поёт так хорошо́, как Анна. 7. Где вы купи́ли тако́е краси́вое пла́тье?

Lecture

Мини или макси?

Милиционер. 42 года, женат.
— Вы за мини или за макси?
— С точки зрения безопасности движения — это все равно. Раньше попадали под машину мужчины, потому что загля́дывались на мини, а теперь попадают женщины, потому что путаются в макси.
Старичок в табачном киоске.
— Лично для меня — никакой разницы. Мини, макси... Окошко в киоске маленькое, ничего не видно.

Mini ou maxi?

Un agent de police. 42 ans, marié.
— Vous êtes pour le mini ou pour le maxi?
— Du point de vue de la sécurité de la circulation, c'est la même chose. Avant, c'étaient les hommes qui passaient sous les voitures parce qu'ils regardaient trop les minis et maintenant ce sont les femmes qui y passent parce qu'elles s'emmêlent dans les maxis.
Un petit vieux dans un kiosque de tabac.
— Pour moi personnellement, il n'y a aucune différence. Mini, maxi...
Le guichet du kiosque est petit, on n'y voit rien.

65 В ОБУВНÓМ МАГАЗИ́НЕ

1 — Что вам угóдно?

— Мне нужны́ ту́фли *из чёрной кóжи на ни́зком каблукé.

— Какóй ваш размéр?

— Три́дцать вóсемь; ногá у меня́ широ́кая.

(*Продавщи́ца возвраща́ется с нéсколькими коро́бками.*)

— Э́ти ту́фли мне жмут. Дáйте на нóмер бóльше.

— К сожалéнию, другóго размéра э́того фасóна у нас не остáлось. Примéрьте вот э́ту нóвую модéль.

— Да, э́ти ту́фли мне тóчно по ногé.

2 — Вам ну́жно чтó-нибудь ещё?

— Да, дáйте мне ещё бáнку крéма для чёрных боти́нок.

— У нас есть и нóвые цветá чулóк. Вам показáть?

— Нет, спаси́бо, покá мне не ну́жно.

3 (*В обувнóй мастерскóй.*)

— Скажи́те, э́ти ту́фли мóжно срóчно почини́ть?

— Да.

— Ну́жно смени́ть подóшву и постáвить нóвые каблуки́. Когдá они́ бу́дут готóвы?

— В *четвéрг, к шести́ часáм вéчера.

— Рáньше нельзя́?

— Нет, мы перегру́жены.

— Зна́чит, до *четвергá.

---

1 из чёрной [ich'tch'ornaï]

3 четвéрг [tch'itv'èrk] mais четвергá [tch'itv'irga]

САПÓЖНИК ВСЕГДА́ БЕЗ САПÓГ

Traduction

Dans le magasin de chaussures

1 — Que désirez-vous? — Il me faut des souliers de cuir noir à talon bas. — Quelle est votre pointure? — Trente huit; j'ai le pied large. (*La vendeuse revient avec quelques boîtes*) — Ces chaussures me serrent. Donnez-moi la pointure au-dessus. — Malheureusement, il ne nous reste pas d'autres pointures dans ce modèle. Essayez ce nouveau modèle. Oui celles-ci vont juste à mon pied.

2 — Vous avez besoin d'autre chose? — Oui, donnez-moi aussi une boîte de cirage pour chaussures noires. — Nous avons aussi de nouvelles teintes de bas. Puis-je vous les montrer? — Non, merci, pour l'instant je n'en ai pas besoin.

3 (*Chez le cordonnier*) — Dites-moi, peut-on réparer ces souliers d'urgence? — Oui, — Il faut remplacer la semelle et poser de nouveaux talons. Quand seront-elles prêtes? — Jeudi, vers six heures du soir. — Ce n'est pas possible avant? — Non, nous sommes surchargés. — Alors, à jeudi.

Prononciation

С et *з* se prononcent [ch'] au contact de *ч*:
из чёрной (кóжи) [ich'tch'**ornaï**], *с чáшкой* [ch'tch'**achkaï**].

Vocabulaire

кóжа, le peau, le cuir   *каблýк*, ⌐‾‾ ‾‾ le talon (de chaussure)
ногá, ⌄‾ ‾⌐‾ le pied, la jambe
óбувь (f. coll.), les chaussures (nom général)
башмáк, ⌐‾‾ , le soulier
тýфля, le soulier (de femme), la pantoufle
жать, жму, жмёшь..., serrer
чинúть, ⌐‾‾‾ / *починúть*, réparer
грузúть, ⌐‾‾‾ / *нагрузúть*, charger
перегружáть / *перегрузúть*, surcharger
рáно, tôt   *рáньше*, plus tôt, avant

Le cordonnier est toujours le plus mal chaussé (m. à m.: sans bottes).

Grammaire

■ *Но́вые цвета́ чуло́к*

Quelques masculins ont un génitif pluriel irrégulier, à désinence zéro (c'est-à-dire semblable au nominatif singulier). Certains désignent des objets allant par paire:

> *сапо́г, сапоги́, сапо́г,* les bottes
> *ва́ленок, ва́ленки, ва́ленок,* les bottes de feutre
> *боти́нок, боти́нки, боти́нок,* les souliers bas
> *чуло́к, чулки́, чуло́к,* les bas
> *глаз, глаза́, глаз,* les yeux

■ *...с не́сколькими коро́бками*

L'adverbe de quantité *не́сколько* quelques, qui régit le génitif, est considéré comme un pronom-adjectif s'il est précédé d'une préposition et, à ce titre, se décline comme un adjectif et s'accorde avec le substantif.

> *Не́сколько книг,* quelques livres.
> *Он пришёл с не́сколькими кни́гами.*
> Il est arrivé avec quelques livres.

■ *Мы перегру́жены*

L'un des sens du préverbe *пере-* est l'excès, le dépassement de la norme.

> *перева́ривать | перевари́ть,* faire trop cuire
> *перевыполня́ть | перевы́полнить (план),* dépasser (le plan)

Les verbes de sens contraire sont précédés de *недо-.*

> *недовыполня́ть | недовы́полнить (план),* ne pas achever l'exécution (du plan)

Exercices

A *Remplacez les pointillés par le mot* не́сколько *à la forme voulue:*
1. В саду́ игра́ло... дете́й. 2. Мы говори́ли о... рома́нах. 3. Он верну́лся с... това́рищами. 4. Мы ходи́ли к... друзья́м.

B *Mettez au cas voulu les mots entre parenthèses:*
5. Па́ра (чулки́). 6. Мно́го (башмаки́). 7. Два (сапоги́). 8. Мно́го (глаза́). 9. Нет (боти́нки).

C *Traduisez:*

10. Ces souliers sont trop justes pour elle. 11. Nous sommes **arrivés** deux heures avant vous. 12. Avant, nous habitions dans le centre de la ville. 13. Il vaut mieux ne pas dire assez que trop dire. (Tchekhov)

Corrigé

A 1. не́сколько. 2. не́скольких. 3. не́сколькими. 4. не́скольким.

B 5. чуло́к. 6. башмако́в. 7. сапога́. 8. глаз. 9. боти́нок.

C 10. Эти ту́фли ей жмут (малы́). 11. Мы прие́хали (пришли́) на два часа́ ра́ньше вас. 12. Ра́ньше мы жи́ли в це́нтре го́рода. 13. Лу́чше недосказа́ть, чем пересказа́ть. (Че́хов)

Lecture

Удобны, легки, теплы, недороги, красивы
(Рекла́ма сове́тского времени)

Пять главных качеств, которыми обладает новинка фабрики « Буревестник », дают основание предположить, что мужские ботинки сделаны на пятерку.

Познакомьтесь с новинкой, которая на днях поступит в торговую сеть.

Обувь такой конструкции фабрика выпускает впервые, она не пропускает влагу, хороша для ноги любой полноты.

Мягкость верха в сочетании с легким низом делает ботинки удобными.

Цена — 8 руб. 30 коп.

Confortables, légères, chaudes, pas chères, jolies
(Publicité du temps de la Russie soviétique)

Les cinq qualités essentielles que possède une nouveauté de la fabrique « Bourevestnik », donnent à penser (m. à m.: une raison de supposer) que ces chaussures montantes pour homme sont destinées à recevoir (m. à m.: faites pour) la meilleure note (m. à m.: la note 5).
Faites connaissance avec cette nouveauté qui entrera bientôt dans le réseau commercial.
L'usine sort pour la première fois une chaussure de cette fabrication, elle ne laisse pas passer l'humidité, convient aux pieds de toutes largeurs. La souplesse du dessus combinée à la légèreté du dessous rend les bottines confortables. Le prix est de 8 roubles 30 kopecks.

66 В ПАРИКМА́ХЕРСКОЙ

1 — Куда́ вы идёте?

— Я иду́ в парикма́херскую, я записа́лся на де́вять часо́в. Это займёт у меня́ приблизи́тельно полчаса́. Мне ну́жно та́кже побри́ться.

(*В мужско́м за́ле*)

— Чья о́чередь?

— Моя́.

— Как вас постри́чь?

— Не о́чень дли́нно, но не о́чень ко́ротко, постриги́те во́лосы осо́бенно *сза́ди и с боко́в.

— Мыть го́лову бу́дете?

— Да, пожа́луйста. Пото́м освежи́те одеколо́ном.

2 (*В да́мском за́ле.*)

— Прошу́ вас вы́мыть мне го́лову яи́чным шампу́нем для жи́рных воло́с, пото́м сде́лайте мне укла́дку.

— Вы хоти́те покра́сить во́лосы?

— Да, пожа́луй, во́лосы у меня́ начина́ют седе́ть. Покра́сьте их, пожа́луйста, чуть темне́е.

— Да. Сади́тесь сюда́, пожа́луйста.

3 — Посмотри́тесь в зе́ркало. Как вам нра́вится э́та причёска?

— Она́ о́чень идёт к моему́ лицу́.

— Вам ну́жен како́й-нибудь крем для лица́? Туале́тное мы́ло? духи́?

— Нет, спаси́бо, у меня́ всё есть... Ах, нет, я чуть не забы́ла: да́йте мне губну́ю пома́ду све́тлого отте́нка.

---

2 сза́ди [zzad'i]

ВО́ЛОС — ТРАВА́, СКОСИ́ТЬ МО́ЖНО

Chez le coiffeur (m. à m.: au salon de coiffure)

1 — Où allez-vous? — Je vais chez le coiffeur, j'ai pris rendez-vous
(m. à m.: je me suis inscrit) pour neuf heures. Cela me prendra à
peu près une demi-heure. Je dois aussi me faire raser.
(*Au salon pour hommes*) — A qui le tour? — A moi. — Comment
vous les coupe-t-on? — Ni trop long ni trop court, coupez-moi les
cheveux surtout dans la nuque et sur les côtés. — Vous lavera-t-on la
tête? — Oui, s'il vous plaît. Ensuite rafraichissez-moi à l'eau-de-
cologne.

2 (*Au salon pour dames*) — Je vous prie de me laver la tête avec un
shampooing aux œufs pour cheveux gras, ensuite faites-moi une mise
en plis. — Voulez-vous une teinture? (m. à m. teindre les cheveux).
— Oui, d'accord, mes cheveux commencent à grisonner. Teignez-les,
s'il vous plaît, en un peu plus foncé. — Bien. Asseyez-vous ici, s'il
vous plaît.

3 — Regardez-vous dans la glace. Comment trouvez-vous (m. à m.:
vous plaît) cette coiffure? — Elle convient très bien à mon visage.
— Vous faut-il une crème pour le visage? Un savon de toilette? Des
parfums? — Non, merci, j'ai tout... Ah! non, j'ai failli oublier: donnez-moi du rouge à lèvres, de teinte claire.

Vocabulaire

борода́ (acc. *бо́роду*) ⌣⎺, la barbe
бок, pl. *бока́* ⎯⎺, le côté
во́лос, gén. pl. *воло́с*, le cheveu
чуть не, m. à m. à peine... si. *Он чуть не упа́л*, il a failli tomber
брить(ся), IIА, *бре́ю(сь)*, *бре́ешь(ся)*... / *побри́ть(ся)*, se raser
стричь, IIВ, *стригу́*, *стрижёшь*..., *стригу́т*; *стриг*, *стри́гла* /
    остри́чь, couper les cheveux, la barbe
мыть, IIА, *мо́ю*, *мо́ешь*... / *вы́мыть*, laver
кра́сить / *покра́сить*, peindre, teindre
седе́ть / *поседе́ть* blanchir (en parlant des cheveux)
суши́ть, ⎺⎽⎽ / *вы́сушить*, faire sécher

Les cheveux sont de l'herbe, on peut les couper (m. à m.: faucher).

Grammaire

■ **Чья óчередь?**

Le pronom interrogatif *чей* à qui? de qui? se décline comme l'adjectif possessif *мой* sur une base *чь-* à tous les cas, sauf au nominatif masculin singulier (Déclinaison dans Mémento § 33).

> *Чьё это крéсло?*
> C'est le fauteuil de qui? A qui est ce fauteuil?

Чей peut être utilisé comme relatif au sens de « dont », « de qui », « duquel ».

> *Мы познакóмились с Петрóм Ивáновичем, чья женá рабóтает врачóм.* Nous avons fait la connaissance de Pierre Ivanovitch, dont la femme est médecin.

Dans cet emploi, il remplace le pronom *котóрый* au génitif: ...*женá котóрого...*

■ **Вóлосы начинáют седéть**

De nombreux verbes de la première conjugaison en *-е-* expriment une transformation que subit le sujet.

> *краснéть*, rougir   *бледнéть*, pâlir
> *желтéть*, jaunir
> *умнéть*, devenir plus intelligent   *глупéть*, devenir sot

Le perfectif de ces verbes se forme à l'aide du préverbe *по-*.

Exercices

A *Traduisez:*

1. A qui est ce crayon? 2. La toque (шáпка) de qui avez-vous pris? 3. Je connais bien la femme avec le fils de laquelle vous vous promeniez hier. 4. Sur les traces (след) de qui allez-vous? 5. Des enfants de qui parlez-vous?

B *Mettez au présent les verbes entre parenthèses:*

6. В óтпуске (congé) мой муж никогдá не (брúться). 7. Пéред обéдом Кáтя всегдá (мыть) рýки. 8. Кто (стричь) вам вóлосы? 9. Я сам (стричь) себé бóроду. 10. Я не (крáсить) вóлосы. 11. Почемý вы (краснéть)?

Corrigé

A 1. Чей э́то каранда́ш? 2. Чью ша́пку вы взя́ли? 3. Я хорошо́ зна́ю же́нщину, с чьи́м сы́ном вы вчера́ гуля́ли. 4. По чьи́м следа́м вы идёте? 5. О чьих де́тях вы говори́те?

B 6. бре́ется. 7. мо́ет. 8. стрижёт. 9. стригу́. 10. кра́шу. 11. красне́ете.

Lecture

Ва́ша причёска

Говоря́т, от сча́стья во́лосы выо́тся. Но бесспо́рно и обра́тное : е́сли вам удала́сь причёска, ра́зве не чу́вствуете вы себя́ пото́м весь ве́чер, так сказа́ть, на подъёме?

Не огорча́йтесь, е́сли в предпра́здничной сумато́хе так и не удало́сь вы́браться в парикма́херскую. Вы́мойте го́лову шампу́нем, накрути́те во́лосы на кру́пные бигуди́ и по́сле того́, как во́лосы вы́сохнут, тща́тельно расчеши́те их щёткой и аккура́тно уложи́те лёгкими споко́йными во́лнами.

При любо́м ова́ле лица́ хороши́ дли́нные во́лосы, уло́женные полудуго́й.

На гла́дких, прямы́х волоса́х отли́чно смо́трятся украше́ния.

Де́вушки мо́гут про́сто схвати́ть ле́нточкой во́лосы на заты́лке.

Votre coiffure

On dit que les cheveux frisent de bonheur. Mais l'inverse aussi est indiscutable : si vous avez réussi votre coiffure, ne vous sentez-vous pas ensuite, toute la soirée, pour ainsi dire, sur un piédestal ?
Ne soyez pas déçue si dans le remue-ménage des veilles de fêtes vous n'avez pas trouvé le moyen de vous rendre dans un salon de coiffure.
Lavez-vous la tête avec un shampooing, enroulez vos cheveux autour de gros bigoudis et quand les cheveux seront secs, démêlez-les avec une brosse et disposez-les soigneusement en ondulations légères et régulières (m. à m.: calmes).
Les cheveux longs, coiffés au carré, conviennent à n'importe quelle forme de visage.
Les accessoires vont très bien sur des cheveux lisses et droits.
Les jeunes filles peuvent simplement nouer leurs cheveux sur la nuque avec un ruban.

67 ЧИСТКА И ПОЧИНКА

1 — Ты облила́ своё пла́тье со́усом? Тогда́ не отдава́й его́ в *пра́чечную. Я сове́тую тебе́ отда́ть его́ в химчи́стку. Там вы́ведут тако́е пятно́.

(*В химчи́стке*)

— Прости́те, мо́жно вы́вести э́то *пятно́?

— Да, но ва́ше пла́тье гря́зное : на́до почи́стить его́ целико́м.

— Э́то бу́дет до́лго?

— Мо́жно взять ва́ше пла́тье в сро́чную чи́стку : оно́ бу́дет гото́во в пя́тницу.

2 (*Разгово́р с го́рничной в гости́нице.*)

— У меня́ оторвала́сь пу́говица на пальто́. Прошу́ вас дать мне иго́лку *с чёрной ни́ткой.

— Нет, я её сама́ пришью́.

— Благодарю́ вас. Скажи́те ещё, пожа́луйста, могу́ ли я отда́ть вам вы́гладить мою́ блу́зку? Она́ смя́лась.

— Да, я всё э́то сде́лаю.

— Скажи́те пожа́луйста, где мне замени́ть стекло́ от очко́в? Я его́ разби́ла вчера́.

— Ах, я э́того не сде́лаю. Отда́йте очки́ почини́ть в опти́ческий магази́н. Есть оди́н на Кузне́цком мосту́.

— Спаси́бо.

— Не́ за что.

1 пра́чечная [pratch'echnaye] пятно́ ⎯⎯ ⎯⎯

2 с чёрной [ch'tch'ornaï]

МЫ́ЛО СЕ́РО, А МО́ЕТ БЕ́ЛО

Traduction

Nettoyage et réparation

1 — Tu as taché (m. à m.: arrosé) ta robe avec de la sauce? Alors ne la donne pas à la blanchisserie. Je te conseille de la donner à la teinturerie. Là on fera partir une telle tache.
(*A la teinturerie*) — Pardon (m. à m.: pardonnez), peut-on enlever cette tache? — Oui, mais votre robe est sale: il faut la nettoyer entièrement. — Ce sera long? — On peut prendre votre robe en nettoyage d'urgence: elle sera prête vendredi.

2 (*Conversation avec une femme de chambre à l'hôtel*) — J'ai arraché un bouton (m. à m.: un bouton s'est arraché) de mon manteau. Je vous prie de me donner une aiguille et du fil noir. — Non, je vais le recoudre moi-même. — Je vous remercie. Dites-moi encore, je vous prie, si je peux vous donner mon chemisier à repasser. Il est froissé. — Oui, je ferai tout cela. — Dites-moi, s'il vous plaît, où je peux (faire) remplacer un verre de lunettes, je l'ai cassé hier. — Ah! Ça je ne le ferai pas. Donnez vos lunettes à réparer dans un magasin d'optique. Il y en a un sur le Pont Kouznetski. — Merci. — Il n'y a pas de quoi.

Prononciation

Le groupe *чн*, prononcé le plus souvent [tchn], se réduit à [chn] dans quelques mots seulement: *прáчечная, конéчно, скýчно*.

Vocabulaire

обливáть / *облúть*, IIA, *оболью́, обольёшь*; *óблил, облилá, óблили*, renverser *облúть скáтерть сýпом*, renverser la soupe sur la nappe
наливáть / *налúть*, IIA, *налью́, нальёшь*; *нáлил, налилá, нáлили*, verser
отдавáть, IIA, *отдаю́, отдаёшь* / *отдáть, отдáм, отдáшь…* (comme *дать*); *óтдал, отдалá, óтдали*, remettre, confier
выводúть / *вы́вести*, IIB (comme *вестú*), faire sortir, faire disparaître
пришивáть / *пришúть*, IIA, *пришью́, пришьёшь…* (comme *шить*), coudre (à quelque chose)
мять(ся), IIB, *мну, мнёшь* / *смять(ся)* (se) froisser
глáдить / *вы́гладить*, repasser *глáдить* / *поглáдить*, caresser
разбивáть / *разбúть*, IIA, *разобью́, разобьёшь*, casser

Le savon est gris mais il lave blanc.

Grammaire

■ *Я этого не сделаю*

Comme cela a déjà été vu (leçon 13), la négation entraîne le plus souvent l'emploi du génitif pour le complément d'objet direct:
Я не получил письма. Je n'ai pas reçu de lettre.

On emploie cependant l'accusatif lorsque l'objet est bien déterminé:
Я не вижу Óлю. Je ne vois pas Olia.

■ *Нé за что*

Dans cette phrase, le verbe à l'infinitif *благодарить* est sous-entendu.

Il s'agit d'une proposition infinitive avec le pronom *нéчего* (leçon 41):
Нé за что (поблагодарить меня)
L'accent frappe toujours l'élément *нé*.

Exercices

A *Mettez au présent ou au futur simple les verbes entre parenthèses:*
1. Дай мне куклу, я её не (разбить). 2. Это платье (мяться).
3. Мы (отдать) Óлю бабушке на лето. 4. Вода (лить) из крана (robinet). 5. Я (налить) вам стакан чаю. 6. Мы (вывести) это пятно.

B *Mettez au cas voulu les mots entre parenthèses:*
7. Я не нахожу (работа). 8. Я не вижу (изба) Вани. 9. Я не знаю (ваша сестра). 10. Я не читаю (романы).

Corrigé

A 1. разобью. 2. мнётся. 3. отдадим. 4. льёт. 5. налью. 6. выведем.

B 7. работы. 8. избу. 9. вашу сестру. 10. романов.

Lecture

Первая роль

Режиссер торжественно посмотрел на девушку :

— Ну что ж, дорогая Оля, должен вас обрадовать : будете сниматься в фильме « Ее судьба ». В главной роли!

— Правда? Не может быть!

— Да, да, в роли домашней работницы.

— Я? То есть как? Что я должна делать?

— Вот в углу стоит ведро с водой, а вот половая тряпка. Нужно вымыть пол. Покажите, как вы это сделаете.

— А как же? У меня ногти... то есть, простите... Я не знала, что в кино понадобится пол мыть.

— Ладно, бросьте тряпку. Подойдите поближе. Вот так. Видите мой пиджак? Так вот, я человек одинокий... Холостяк... Поняли? У меня оторвалась пуговица... Я прошу вас — это есть в киносценарии — пришить мне пуговицу... Вы улыбаетесь, и я улыбаюсь... Поняли? Вот вам иголка с ниткой... Начали!

— Может быть, я бабушку попрошу?

Un premier rôle

Le metteur en scène regarda triomphalement la jeune fille :

— Eh bien! Ma chère Olga, je vais (m. à m.: je dois) vous combler de joie: vous allez tourner dans le film « Son destin ». Dans le rôle principal!

— Vrai? Ce n'est pas possible!

— Si, si, dans le rôle d'une femme de ménage.

— Moi? Mais comment? Que dois-je faire?

— Voilà, dans le coin, il y a un seau d'eau et voici une serpillère. Il faut laver le plancher. Montrez-moi comment vous allez faire ça ...

— Mais comment? Et mes ongles... c'est-à-dire, pardon... Je ne savais pas qu'au cinéma il me faudrait laver par terre.

— Bon! Laissez la serpillère. Approchez (plus près). Voilà, comme ça. Vous voyez mon veston? Eh bien! Je suis un homme seul... Un célibataire. Vous avez compris? Et j'ai un bouton arraché... Je vous demande — enfin c'est dans le scénario du film — de me recoudre le bouton... Vous souriez, moi aussi je souris... Vous avez compris? Voici une aiguille avec du fil... Allez-y!

— Je pourrais peut-être demander à ma grand-mère?

68 КВАРТИ́РА

1 Ники́тины справля́ют новосе́лье в но́вой трёхко́мнатной кварти́ре, кото́рую они́ неда́вно получи́ли.
— С новосе́льем, Га́ля!
— Спаси́бо, спаси́бо. Но вы совсе́м задохну́лись. Что случи́лось?
— Да шу́тка ли? подня́ться пешко́м на седьмо́й эта́ж.
— А почему́ вы не воспо́льзовались ли́фтом?
— Лифт на ремо́нте.
— Ах, бе́дные!

2 — Не сто́йте же в прихо́жей, пройдёмте в э́ту ко́мнату. Э́то и гости́ная и столо́вая.
— Ой, кака́я ро́скошь!
— Нет, вы шу́тите. Кварти́ра ую́тная, но скро́мная.
— Э́та ко́мната *обста́влена с больши́м вку́сом. Где ты нашла́ э́тот сто́лик для телеви́зора?
— Э́то сва́дебный пода́рок. Хоти́те осмотре́ть други́е ко́мнаты?
— *Коне́чно.

3 — Вот на́ша спа́льня. Она́ дово́льно све́тлая и *со́лнечная, так как выхо́дит на юг.
— Ты хорошо́ вы́брала обо́и и занаве́ски.
— Спаси́бо. Вот ко́мната для дете́й. Прости́те за беспоря́док : они́ хотя́т са́ми убира́ть. Вот туале́т и ва́нная… Извини́те, я спешу́ на ку́хню : па́хнет га́рью. Бою́сь, что оста́вила борщ на плите́.

2 обста́влена [apstavl'ena]   коне́чно [kan'èchna]

3 со́лнечная [soln'ètchnaye]

ВСЯ́КИЙ КУЛИ́К СВОЁ БОЛО́ТО ХВА́ЛИТ

Traduction

L'appartement

1 Les Nikitine pendent la crémaillère (m. à m.: célébrent un nouveau logement) dans un appartement de trois pièces qu'ils ont récemment obtenu.
— Tous nos voeux pour ce nouvel appartement, Galia! — Merci, merci. Mais vous êtes tout essoufflés. Que se passe-t-il? — Est-ce une plaisanterie? Monter à pied jusqu'au sixième étage! — Et pourquoi n'avez-vous pas utilisé l'ascenseur? — L'ascenseur est en réparation. — Ah! les pauvres!

2 — Ne restez donc pas dans l'entrée, passons dans cette pièce. C'est à la fois le salon et la salle à manger. — Oh! quel luxe! — Non, vous plaisantez. L'appartement est confortable mais modeste. — Cette pièce est meublée avec beaucoup de (m. à m.: un grand) goût. Où as-tu trouvé ce guéridon pour le téléviseur? — C'est un cadeau de mariage. Voulez-vous voir les autres pièces? — Bien sûr!

3 — Voici notre chambre à coucher. Elle est assez claire et ensoleillée car elle donne au sud. — Tu as bien choisi le papier peint et les rideaux. — Merci. Voici la chambre des enfants. Excusez le désordre: ils veulent ranger eux-mêmes. Voilà les toilettes et la salle de bains... Excusez-moi, je vais vite (m. à m.: me dépêche) à la cuisine: ça sent le brûlé. J'ai peur d'avoir laissé le bortch sur le fourneau.

Vocabulaire

ремо́нт, la réparation	*прихо́жая*, l'entrée
занаве́ска, le rideau	*обо́и* (pluriel), le papier peint
плита́, le fourneau, la cuisinière	*сва́дьба*, le mariage, la noce
шу́тка, la plaisanterie	*шути́ть* ⌣ / *пошути́ть*, plaisanter

задыха́ться / задохну́ться, s'essouffler, être essoufflé
случа́ться / случи́ться, se passer, arriver
обставля́ть / обста́вить, meubler
па́хнуть / запа́хнуть, sentir, avoir un parfum
па́хнет (+ instr.) ça sent, on sent
спеши́ть / поспеши́ть, se hâter, être pressé
убира́ть / убра́ть, *уберу́*, *уберёшь*..., ranger, faire le ménage

---

A chaque oiseau son nid est bon
(m. à m.: chaque bécassine vante son marais).

Grammaire

■ *Вы задохну́лись. Па́хнет га́рью*

Le verbe perfectif *задохну́ться*, de même que *отдохну́ть*, garde le suffixe *-ну-* au passé, comme le verbe simple perfectif *дохну́ть*, respirer une seule fois, qu'il ne faut pas confondre avec l'imperfectif *до́хнуть*, crever, qui, lui, perd le suffixe *-ну-* au passé: *коро́вы до́хли*, les vaches crevaient. Ce dernier verbe fait partie, en effet, du groupe étudié dans la leçon 58, comme *па́хнуть* : *па́хло ро́зами*, ça sentait les roses.

■ *Они́ хотя́т убира́ть*

Le verbe imperfectif *убира́ть* est formé à partir du perfectif *убра́ть* à l'aide du suffixe *-a-* toujours accentué. A l'intérieur du radical apparaît *-u-* que l'on retrouve dans d'autres verbes imperfectifs formés de la même manière. On peut également avoir *-ы-*.

> *умира́ть* / *умере́ть*, mourir
> *сжима́ть* / *сжать*, serrer
> *понима́ть* / *поня́ть*, comprendre
> *отрыва́ть* / *оторва́ть*, arracher
> *отдыха́ть* / *отдохну́ть*, se reposer
> *просыпа́ться* / *просну́ться*, se réveiller

■ *Бою́сь, что оста́вила борщ на плите́*

La construction du verbe *боя́ться* avec un verbe est complexe. Plusieurs cas peuvent se présenter.

● Crainte d'un événement situé dans le futur:
un même sujet dans la principale et la subordonnée: verbe complément à l'infinitif (comme en français):

> *Я бою́сь опозда́ть.* Je crains d'être en retard.

deux sujets distincts dans la principale et la subordonnée:
что + futur ou *чтобы* (*как бы*)... *не* + passé

> *Я бою́сь, что он придёт.* Je crains qu'il vienne
> *Я бою́сь, чтобы (как бы) он не пришёл.*
> Je crains qu'il ne vienne (construction plus recherchée)
> *Я бою́сь, что он не придёт.* Je crains qu'il ne vienne pas.

● Crainte d'un événement situé dans le passé: *что* + passé.

> *Я бою́сь, что простуди́лась,* Je crains d'avoir pris froid
> *Я бою́сь, что он пришёл,* Je crains qu'il (ne) soit venu.

Exercices

A *Mettez au cas voulu les mots entre parenthèses (adjectifs substantivés)*
1. Он вошёл в (прихо́жая). 2. Мы умыва́емся в (ва́нная). 3. В кварти́ре нет (гости́ная). 4. В го́роде мно́го (столо́вая).

B *Traduisez:*
5. Que craignez-vous? 6. Nous craignons que vous n'ayez pas compris. 7. Je crains de vous déranger. 8. Ils craignent que ce film vous déplaise. 9. Vous craignez la chaleur (жара́)? 10. Je crains qu'il n'ait pas le temps de déjeuner. 11. Il craint que Galia (ne) soit déjà partie. 12. Votre mère craint que vous (ne) preniez froid.

Corrigé

A 1. прихо́жую. 2. ва́нной. 3. гости́ной. 4. столо́вых.

B 5. Чего́ вы бои́тесь? 6. Мы бои́мся, что вы не по́няли. 7. Я бою́сь вам помеша́ть. 8. Они боя́тся, что э́тот фильм вам не понра́вится. 9. Вы бои́тесь жары́? 10. Я бою́сь, что он не успе́ет пообе́дать. 11. Он бои́тся, что Га́ля уже́ уе́хала. 12. Ва́ша мать бои́тся, что вы просту́дитесь (чтобы (как бы) вы не простуди́лись).

Lecture

Одина́ковые кварти́ры

Если ты живёшь в однокомнатной или трёхкомнатной, можешь быть уверен, что над тобой и под тобой — точно такие, с крытыми ярким пластиком полами, с ванной, с душем-шлангом, со встроенными шкафами. А если у тебя нет шкафов, то утешением может служить то, что у других обитателей таких же квартир их тоже нет.

Е. Полякова — Большая Москва, Медведково — 1968

Des appartements uniformes

Qu'on habite un studio ou un trois-pièces, on peut être certain qu'au-dessus et au-dessous de soi il y a exactement le même, avec le plancher recouvert du même lino brillant, une salle de bains équipée d'une douche à tuyau flexible, de placards incorporés. Et si on n'a pas de placards, on peut se consoler en pensant que, chez les autres habitants des appartements semblables, il n'y en a pas non plus.

D'après E. Poliakova, Le Grand Moscou, Medvekovo..., 1968

69 СЕМЬЯ

Ро́дственники, это лю́ди, никогда́ не оставля́ющие нас наедине́ с на́шим сча́стьем.

Крокоди́л

1 Когда́ мы пожени́лись, нам бы́ло два́дцать лет. Три го́да тому́ наза́д мы отпра́здновали свою́ сере́бряную сва́дьбу. У нас тро́е дете́й. На́ша дочь вы́шла за́муж за инжене́ра. Они́ *сча́стливы. Мы уже́ де́душка и ба́бушка. На́шему вну́ку шесть лет, а вну́чке четы́ре го́да. Они́ живу́т в посёлке у роди́телей му́жа на́шей до́чери. Их дом стои́т недалеко́ от заво́да на́шего зя́тя.

2 На́шему ста́ршему сы́ну два́дцать два го́да. Он ещё холостя́к, но ско́ро же́нится на молодо́й студе́нтке. Он музыка́нт и его́ неве́ста то́же увлека́ется му́зыкой. Я наде́юсь, что они́ то́же создаду́т счастли́вую семью́. А наш мла́дший сын ещё хо́дит в сре́днюю шко́лу. Ему́ пятна́дцатый год.

3 Со стороны́ мое́й жены́, как и с мое́й стороны́, у нас мно́го ро́дственников : дя́ди, тёти, племя́нники, племя́нницы, двою́родные бра́тья и сёстры. Мы да́же ча́сто не разбира́емся в свое́й родне́. Вре́мя от вре́мени мы все собира́емся по слу́чаю рожде́ния ребёнка, сва́дьбы и́ли похоро́н.

1 счастли́вый [ch'ch'asl'ivüï] le т ne se prononce pas

БЕЗ СЕМЬИ́ НЕТ СЧА́СТЬЯ

*Les parents sont des gens qui ne nous laissent
jamais tranquilles avec notre bonheur.*
Le Crocodile

La famille

1 Lorsque nous nous sommes mariés, nous avions vingt ans. Il y a
trois ans, nous avons fêté nos noces d'argent. Nous avons trois
enfants. Notre fille a épousé un ingénieur. Ils sont heureux. Nous
sommes déjà grand-père et grand-mère. Notre petit-fils a six ans et
la petite-fille quatre ans. Ils vivent dans un bourg, chez les parents du
mari de notre fille. Leur maison ne se trouve pas loin de l'usine de
notre gendre.

2 Notre fils aîné a vingt-deux ans. Il est encore célibataire mais va
bientôt se marier avec une jeune étudiante. Il est musicien et sa fiancée
est également passionnée de musique. J'espère qu'ils formeront aussi
une famille heureuse. Quant à notre cadet (m. à m.: plus jeune fils),
il va encore à l'école secondaire. Il est dans sa quinzième année.

3 Du côté de ma femme, comme de mon côté, nous avons beaucoup de
parents: des oncles, des tantes, des neveux, des nièces, des cousins,
des cousines. Souvent même nous nous y perdons (m. à m.: nous
ne nous y retrouvons pas), dans notre tribu (m. à m.: parenté).
De temps en temps nous nous réunissons tous à l'occasion d'une
naissance, d'un mariage ou d'un enterrement.

Vocabulaire

жени́х, le fiancé *неве́ста*, la fiancée *сноха́*, la bru
вдове́ц, le veuf *вдова́*, la veuve
ро́дственники, les parents (la famille)
по́хороны (gén. *похоро́н*), les funérailles
наде́яться, IIA, *наде́юсь*, *наде́ешься*, espérer
создава́ть, IIA, *создаю́* (comme *дава́ть*) / *созда́ть; о́здал, созда́л, создала́,
со́здали (comme *дать*), créer
разбира́ть / *разобра́ть*, *разберу́*, *разберёшь* (comme *брать*), examiner, analyser
разбира́ться / *разобра́ться в* + loc., réussir à comprendre, démêler
разводи́ться _ / *развести́сь*, *разведу́сь*, *разведёшься*... (comme
вести́) *с* + instr., divorcer

Pas de bonheur sans famille.

Grammaire

■ *Дочь вы́шла за́муж. Он же́нится*

Les termes russes traduisant « se marier », « être marié », sont différents selon qu'il s'agit du jeune homme ou de la jeune fille. Pour le jeune homme: *жени́ться* (impf. et pf.) *на* + prép.:

> *Пётр жени́лся на Анне.* Pierre a épousé Anne.
> *Пётр жена́т на Анне.* Pierre est marié à Anne.

Pour la jeune femme: *вы́йти за́муж за* + acc.

> *Анна вы́шла за́муж за Петра́.* Anne a épousé Pierre.
> *Анна за́мужем за Петро́м.* Anne est mariée à Pierre.

Pour parler des deux époux on utilise le terme *жени́ться (пожени́ться), жена́ты* :

> *Они́ (по)жени́лись вчера́.* Ils se sont mariés hier.
> *Они́ жена́ты два го́да.* Ils sont mariés depuis deux ans.

■ *Он ско́ро же́нится*

Le verbe *жени́ться*, se marier, est à la fois imperfectif et perfectif. Quelques verbes présentent cette même particularité:

> *роди́ть*, mettre au monde *роди́ться*, naître
> *ра́нить*, blesser, *обеща́ть*, promettre *веле́ть*, ordonner

Cependant on leur adjoint parfois le préverbe *по-* pour mettre en relief l'aspect perfectif: *они́ пожени́лись* est aussi correct que *они́ жени́лись*. A côté de *обеща́ть*, impf. et pf., on rencontre *пообеща́ть*.

■ *Зять. Сын. Муж*

Ces mots ont un pluriel irrégulier (leçon 21):

> зять, зятья́, зятьёв, зятья́м...
> сын, сыновья́, сынове́й, сыновья́м...
> муж, мужья́, муже́й, мужья́м...

Exercices

A *Mettez au cas voulu les mots entre parenthèses:*

1. У них пять (сын) и две (дочь). 2. Мои́ (брат) — инжене́ры. 3. Мы лю́бим свои́х (зять). 4. Пока́ (муж) рабо́тают на заво́де, (жена́) остаю́тся до́ма. 5. У (молодо́й дя́дя) уже́ две племя́нницы.

B *Traduisez:*

6. Kolia veut épouser Katia, mais elle ne veut pas se marier avec lui. 7. Ivan est-il marié? — Non, il est encore célibataire. 8. Notre fille est mariée à un ingénieur. 9. Boris et Anne vont bientôt se marier. 10. Galia a épousé Igor il y a deux ans. 11. Katia a mis au monde un fils.

Corrigé

A 1. сынове́й. до́чери. 2. бра́тья. 3. зятьёв. 4. мужья́. жёны. 5. моло-
до́го дя́ди.

B 6. Ко́ля хо́чет жени́ться на Ка́те, но она́ не хо́чет вы́йти за́муж за
него́. 7. Ива́н жена́т? Нет, он ещё холосто́й (холостя́к). 8. На́ша
дочь за́мужем за инжене́ром. 9. Бори́с и А́нна ско́ро же́нятся
(поже́нятся). 10. Га́ля вы́шла за́муж за Игоря два го́да тому́ наза́д.
11. Ка́тя родила́ сы́на.

Lecture

Почему разводятся?

Число разводов растет. В чем же причины? Они кроются в нас
самих и в условиях жизни. Что же изменилось в нас и вокруг
нас?
Экономическая независимость женщины привела к ослаблению
внутрисемейных экономических связей, и это не могло пройти
бесследно.
Исчезла старая большая семья, состоявшая обычно из трех
поколений. Старики всегда были в семье хранителями патри-
архальных традиций и « мирителями ».
Общество стало несравненно терпимее относиться к разводам,
внебрачной и добрачной половой жизни.

Pourquoi divorce-t-on?

Le nombre des divorces augmente. Quelles en sont les causes ?
Elles résident en nous-mêmes et dans nos conditions de vie. Qu'est-
ce qui a donc changé en nous et autour de nous ?
L'indépendance économique de la femme a conduit à l'affaiblisse-
ment des relations économiques à l'intérieur de la famille et cela n'a
pas pu ne pas laisser de trace.
L'ancienne grande famille, composée généralement de trois généra-
tions, a disparu. Les vieux avaient toujours été dans la famille les
gardiens des traditions patriarcales et les «pacificateurs».
La société est devenue considérablement plus tolérante à l'égard du
divorce et de la vie sexuelle en dehors du mariage et avant le mariage.

70   ДЕ́ТИ И ШКО́ЛА

1 На́шему сы́ну Ива́ну испо́лнилось де́сять лет. Он хо́дит в шко́лу четвёртый год, с семиле́тнего во́зраста. Он не́ был в я́слях, но посеща́л де́тский сад с трёх лет до шести́. Там учи́ли его рисова́ть, петь, танцева́ть. Он получи́л хоро́шую подгото́вку для нача́льной шко́лы.

2 В нача́льной шко́ле он научи́лся писа́ть, чита́ть и счита́ть : он уме́ет скла́дывать, вычита́ть, умножа́ть и дели́ть ; он реша́ет просты́е зада́чи и пи́шет сочине́ния. Он изуча́ет та́кже исто́рию и геогра́фию. Его́ уже́ познако́мили с осно́вами естествозна́ния. Он ско́ро перейдёт в сре́днюю шко́лу, где начнёт изуча́ть иностра́нный язы́к. Кро́ме заня́тий в шко́ле, до́ма он выполня́ет пи́сьменные зада́ния, но у него́ остаётся мно́го свобо́дного вре́мени по́сле обе́да, так как в шко́ле он занима́ется то́лько с восьми́ часо́в утра́ до двух часо́в дня.

3 Он лю́бит ходи́ть в шко́лу. На кани́кулах он снача́ла скуча́ет по свои́м това́рищам, но на берегу́ мо́ря и́ли в дере́вне он легко́ заво́дит дру́жбу с други́ми ребя́тами и ему́ бо́льше не ску́чно. Он це́лый день бе́гает, купа́ется, игра́ет. В дождли́вую пого́ду он чита́ет приключе́нческие рома́ны. Ка́ждый день он берёт уро́к му́зыки : он игра́ет на роя́ле.

ПОВТОРЕ́НИЕ — МАТЬ УЧЕ́НИЯ

Traduction

Les enfants et l'école

1   Notre fils Jean a dix ans (révolus). Il va à l'école pour la quatrième année, depuis l'âge de sept ans. Il n'est pas allé à la crèche mais il a fréquenté la maternelle (m. à m. le jardin d'enfants) de trois à six ans. Là, on lui a appris à dessiner, à chanter et à danser. Il a reçu une bonne formation pour l'école primaire.

2   A l'école primaire, il a appris à écrire, lire et compter : il sait additionner, soustraire, multiplier et diviser ; il résout des problèmes simples et écrit des rédactions. Il étudie également l'histoire et la géographie. On l'a déjà familiarisé avec des rudiments de sciences naturelles. Il va bientôt entrer à l'école secondaire, où il commencera à étudier une langue étrangère. En plus de son travail à l'école, il fait (m. à m. : exécute) des devoirs écrits à la maison mais il lui reste beaucoup de temps libre après le déjeuner car, à l'école, il travaille seulement de huit heures du matin à deux heures de l'après-midi.

3   Il aime aller à l'école. Pendant les vacances, au début il s'ennuie de ses camarades, mais au bord de la mer ou à la campagne, il se lie (m. à m. : établit l'amitié) facilement avec d'autres enfants et ne s'ennuie plus. Il court, se baigne, joue à longueur de journée (m. à m. : le jour entier). Par temps de pluie, il lit des romans d'aventures. Chaque jour, il prend une leçon de musique : il joue du piano.

Prononciation

L'accent du verbe *быть*, au passé, est *был, была, было, были* mais il passe sur la négation dans les groupes *нé был, нé было, нé были*. Par contre *была* reste accentué : *не была*.

Vocabulaire

ясли, яслей (plur.), la crèche
естéственный, naturel   *наýка,* la science
естéственные наýки ou *естествознáние,* les sciences naturelles
оснóва, la base   *основнóй,* fondamental
занятие, l'occupation   *занятия,* les cours (à l'école)
рояль (m.) le piano   *скрипка,* le violon
исполнять(ся) / исполнить(ся), (s')accomplir
решáть / решить, décider, résoudre
скучáть по + dat., s'ennuyer de   *мне скýчно,* je m'ennuie

La répétition est la mère de l'étude.

Grammaire

■ *C семилéтнего вóзраста...*

« Depuis », exprimant le point de départ d'une action, se traduit par la préposition *c* suivie du génitif : *C понедéльника*, depuis lundi. *C тех пор*, depuis ce temps-là. *C тех пор, как...,* depuis que...

Si le mot qui suit n'indique pas une notion de temps, il faut ajouter *день* (*врéмя*) :

> *Со дня* (*врéмени*) *вáшего отъéзда...*

■ *Учи́ли егó рисовáть. Он научи́лся писáть. Он изучáет истóрию. В шкóле он занимáется...*

Ces verbes de sens proche, sont d'un emploi délicat.

● *Учи́ть / вы́учить, научи́ть* peut signifier « apprendre » au sens d'enseigner. Le complément désignant la personne à qui l'on enseigne se met à l'accusatif, celui désignant la matière enseignée peut être un nom au datif ou un verbe à l'infinitif :

> *Преподавáтель у́чит детéй хи́мии и фи́зике.*
> Le maître enseigne aux élèves la chimie et la physique.
> *Он научи́л меня́ плáвать.* Il m'a appris à nager.

● *Учи́ть / вы́учить* + accusatif = apprendre (un texte, une leçon) :

> *Он вы́учил стихотворéние.* Il a appris la poésie.

● *Учи́ться / научи́ться* ou *вы́учиться* sans complément ou + compl. au datif ou + verbe à l'infinitif = apprendre, étudier (une matière enseignée), apprendre à faire quelque chose :

> *Учи́ться не пóздно.* Il n'est pas trop tard pour étudier.
> *Мы у́чимся ру́сскому языку́.* Nous étudions le russe.
> *Он научи́лся рисовáть* Il a appris à dessiner.

● *Изучáть* + accusatif = étudier (de façon approfondie) :

> *Мы изучáем археолóгию.* Nous étudions l'archéologie.

● *Занимáться* + instrumental ou sans complément, souvent avec indication de lieu = étudier, travailler pour apprendre :

> *В какóм университéте вы занимáетесь?*
> Dans quelle Université faites-vous vos études ?
> *Он занимáется археолóгией.* Il fait de l'archéologie.

Exercices

Remplissez les pointillés par l'un des verbes suivants à la forme voulue:
учи́ть / вы́учить, учи́ться / научи́ться, изуча́ть, занима́ться.
1. Где ты так хорошо́... игра́ть на скри́пке? 2. На́до... э́тот уро́к на за́втра. 3. Все учёные (savants)... тепе́рь э́ту пробле́му. 4. Мой брат... в э́том университе́те уже́ два го́да. 5. Я ещё не... ката́ться на лы́жах. 6. В шко́ле мы... му́зыке. 7. По суббо́там мы ... му́зыкой.

Corrigé

1. научи́лся (научи́лась). 2. вы́учить. 3. изуча́ют. 4. у́чится. 5. научи́лся (научи́лась). 6. у́чимся. 7. занима́емся.

Lecture

Роди́телям

Все Во́ву о́чень люби́ли: и па́па, и ма́ма, и де́душка, и ба́бушка. Но ему́ все запреща́лось:
— Во́ва, не бе́гай — упадёшь и бу́дет бо́льно.
— Во́ва, не подходи́ к соба́ке — она́ уку́сит.
— Во́ва, не дава́й игру́шки — их полома́ют.
К шести́ года́м Во́ва стал безво́лен, эгоисти́чен, лени́в, всего́ боя́лся, ниче́м не интересова́лся, слаб физи́чески, его́ у́мственное разви́тие бы́ло ни́же, чем у све́рстников.
По́льский педаго́г Я́нуш Ко́рчак писа́л: «Из стра́ха, как бы смерть не отняла́ у нас ребёнка, мы отнима́ем ребёнка у жи́зни; не жела́я, что́бы он у́мер, не даём ему́ жить».

Aux parents

Tout le monde aimait beaucoup Vova: papa, maman, grand-père, grand-mère. Mais on lui interdisait tout.
— Vova, ne cours pas, tu vas tomber et tu auras mal.
— Vova, ne t'approche pas du chien, il va te mordre.
— Vova, ne donne pas tes jouets, on va les casser.
Vers l'âge de six ans, Vova était devenu faible de caractère, égoïste, paresseux, il avait peur de tout, ne s'intéressait à rien, était faible physiquement, son développement intellectuel était inférieur à celui des enfants de son âge.
Le pédagogue polonais Ianouch Kortchak écrivait: «De peur que la mort puisse nous prendre l'enfant, nous enlevons l'enfant à la vie; ne voulant pas qu'il meure, nous ne le laissons pas vivre.»

71 РАБО́ЧИЙ ДЕНЬ

1 Ле́том я провёл о́тпуск в до́ме о́тдыха, где я познакомился с ра́зными людьми́ — с ру́сскими и иностра́нцами. Как всегда́ ка́ждый расска́зывал о своей рабо́те : кака́я у кого́ специа́льность, ско́лько часо́в в
неде́лю он рабо́тает, кака́я зарпла́та. Бы́ли среди́ нас
рабо́чие — оди́н столя́р, один слесарь ... — инжене́
ры, служащие, секрета́рши и ещё два бизнесме́на
со свои́ми жёнами.

2 Оди́н то́карь рассказа́л мне о своём рабо́чем дне.
Он прихо́дит на заво́д в де́вять часо́в утра́ и конча́ет
рабо́ту в пять часо́в ве́чера. Во вре́мя обе́денного
переры́ва, *с ча́су до двух, он обе́дает в столо́вой. По
суббо́там и воскресе́ньям он не рабо́тает : это выходны́е дни.

3 В до́ме о́тдыха не́ было крестья́н : они́ обы́чно не
беру́т свой о́тпуск *в ию́ле, когда́ так мно́го рабо́
ты в по́ле. Зато́ я посети́л колхо́з и ви́дел колхо́зников на рабо́те. Одна́ брига́да *то́лько что скоси́ла
свой уча́сток, а друга́я с по́мощью комба́йна убира́ла
зерновы́е. Колхо́зницы гна́ли коро́в на луга́. Я узна́л,
что недалеко́ живёт фе́рмер, кото́рый продаёт свои́
проду́кты колхо́зу.

2 с ча́су [ch'tch'assou]

3 в ию́ле [vüyoul'e] то́лько что [tol'kachta]

ГОРЬКА́ РАБО́ТА, ДА СЛА́ДОК ПЛОД

Traduction

La journée de travail

1 Cet été, j'ai passé mes vacances (m. à m.: le congé) dans une maison de vacances (m. à m.: de repos) où j'ai fait la connaissance de différentes personnes — des Russes et des étrangers. Comme toujours, chacun a parlé de son travail: quelle est sa spécialité, combien d'heures par semaine il travaille, quel est son salaire. Il y avait parmi nous des ouvriers — un menuisier, un serrurier... — des ingénieurs, des employés, des secrétaires et aussi deux hommes d'affaires avec leurs épouses.

2 Un tourneur m'a raconté sa journée de travail. Il arrive à l'usine à neuf heures du matin et termine le travail à cinq heures du soir. Pendant la pause du déjeuner, d'une heure à deux heures, il déjeune à la cantine. Le samedi et le dimanche, il ne travaille pas: ce sont des jours de congé (m. à m.: de sortie).

3 Dans la maison de vacances, il n'y avait pas de paysans: ils n'ont pas l'habitude de prendre (ils ne prennent généralement pas) leur congé en juillet, alors qu'il y a tant de travail à la campagne. En revanche, j'ai visité un kolkhoze et vu des kolkhoziens au travail. Une équipe venait de faucher sa parcelle et l'autre faisait la moisson (m. à m.: ramassait les céréales) à l'aide d'une machine agricole. Des kolkhoziennes conduisaient les vaches dans les prés. J'ai appris que pas loin vivait un fermier, qui vendait ses produits au kolkhoze.

Vocabulaire

коро́ва, la vache
луг (plur. *луга́*), le pré, la prairie
коса́ ⌄ ___ , la faux   *коси́ть* ___ / *скоси́ть*, faucher
зерновы́е, les céréales
фе́рма, la ferme ;   *фе́рмер*, le fermier
гнать, гоню́, го́нишь ___ / *погна́ть*, conduire (un troupeau)
узнава́ть, узна́ю, узна́ёшь / *узна́ть, узна́ю, узна́ешь...*,
    apprendre (une nouvelle)
зараба́тывать / *зарабо́тать*, gagner (par son travail)

Le travail est amer mais son fruit est doux.

Grammaire

■ *По суббо́там...*

Pour exprimer la répétition dans le temps, on peut, avec un nombre limité de mots, utiliser la préposition *по*, suivie du datif pluriel :

По воскре́сеньям, le dimanche (tous les dimanches)
По утра́м, le matin   *По вечера́м*, le soir
По ноча́м, la nuit   *По пра́здникам*, les jours de fête

■ *С ча́су до двух...*

Alors qu'on a normalement le génitif *часа́* dans *два часа́*, on utilise couramment le génétif en -у (leçon 30), dans les expressions :

С ча́су до дву́х, de une heure à deux heures
С двена́дцати до ча́су, de midi à une heure.

■ *Брига́да то́лько что скоси́ла*

Le passé récent est exprimé en russe par le verbe au passé, précédé de *то́лько что*, qui doit se prononcer comme un seul mot.

Он то́лько что пришёл. Il vient d'arriver.

■ *Зарпла́та*

Dans la langue russe moderne, on compose un grand nombre de mots nouveaux par le procédé de l'abréviation.
Souvent le premier terme est réduit à sa première syllabe (parfois à deux) :

Зарпла́та pour *зарабо́тная пла́та*, le salaire
Медсестра́ pour *медици́нская сестра́*, l'infirmière
Политбюро́ pour *полити́ческое бюро́*, le bureau politique
Физкульту́ра pour *физи́ческая культу́ра*,
la culture physique

Plus rarement, les deux termes sont abrégés :

Колхо́з pour *колле́кти́вное хозя́йство*,
l'exploitation collective ;
Универма́г pour *универса́льный магази́н*,
le grand magasin ;
Медфа́к pour *медици́нский факульте́т*,
la Faculté de médecine

On peut même composer des mots à l'aide des seules initiales des composants:

> *Гум* pour *Госуда́рственный Универса́льный Магази́н*, le grand magasin d'Etat;
>
> *бомж* pour *без определённого ме́ста жи́тельства*, le SDF.

Ces mots se déclinent normalement: *в Гу́ме*,
> *о бо́мже*

■ *Сле́сарь. Столя́р*

Les suffixes *-арь*, *-ар*, *-яр* servent à former des noms de métier: *па́харь*, le laboureur, *гонча́р*, le potier.

■ *Секрета́рша*

Le suffixe *-ша* caractérise quelques noms de personnes de sexe féminin:
секрета́рь → *секрета́рша*, la secrétaire; *касси́р* → *касси́рша*, la caissière; *генера́л* → *генера́льша*, la femme du général; *профе́ссор* → *профессо́рша*, la femme du professeur.

Exercices

A *Remplacez les pointillés par les adjectifs numéraux selon le modèle:*
я рабо́таю... (9–6): я рабо́таю с девяти́ (часо́в утра́) до шести́ (часо́в ве́чера), *en indiquant la partie de la journée seulement quand il y a confusion possible:*
1. Я обе́даю... (1–2). 2. Магази́н откры́т... (10–7). 3. По вечера́м мы гуля́ем... (7–8). 4. Мы занима́емся в университе́те... (9–1). 5. Врач принима́ет... (2–5).

B *Traduisez:*
6. Olia vient de rentrer de l'école. 7. La bibliothèque vient de fermer. 8. Ils viennent de faire connaissance. 9. Kolia vient d'apprendre la leçon. 10. Stéphane vient d'avoir six ans.

Corrigé

A 1. с ча́су до двух. 2. с десяти́ часо́в утра́ до семи́ часо́в ве́чера. 3. с семи́ до восьми́. 4. с девяти́ часо́в утра́ до ча́су дня. 5. с двух до пяти́.

B 6. Оля то́лько что верну́лась из шко́лы. 7. Библиоте́ка то́лько что закры́лась. 8. Они́ то́лько что познако́мились. 9. Ко́ля то́лько что вы́учил уро́к. 10. Степа́ну то́лько что испо́лнилось шесть лет.

КАК ВЫ ПРОВЕЛИ КАНИКУЛЫ?

1 Когда наступает весна, мы все в офисе уже начинаем мечтать о летнем *отдыхе. В прошлом году отпуск у меня был в сентябре, а в августе мне было интересно перед моим отъездом слушать рассказы моих коллег по работе, уже вернувшихся из отпуска. Саша ездил в дом отдыха, на берег Чёрного моря. Он весь загорел и у него была масса впечатлений. Он рассказал нам, какая великолепная там природа, как приятно купаться в спокойном море, кататься на лодке, загорать на пляже или лазить по скалам. Ему не о чем было заботиться, он прекрасно отдохнул.

2 Пока он был на берегу моря, его дети проводили каникулы в детском лагере на Волге. Они тоже были очень довольны каникулами. Там они могли заниматься любым спортом : было футбольное поле, теннисные корты; на Волге дети могли, *конечно, плавать или заниматься парусным спортом; в окрестностях они могли ездить на лошади или просто на велосипеде. По вечерам, они собирались вокруг костра и пели песни. Если погода была пасмурная, они находили интересные развлечения в крытом помещении, где был игральный зал с настольным теннисом. Когда они уставали, они могли играть в домино, в шашки или в шахматы. Коля стал *страстным шахматистом.

---

1 отдых [oddükh]
2 конечно [kan'èchna] страстный [strasnüï]

КТО НЕ РАБОТАЕТ, ТОТ ОТДЫХА НЕ ЗНАЕТ

Traduction

Comment avez-vous passé vos vacances?

1 Quand arrive le printemps, tous au bureau, nous commençons à rêver au repos estival. L'année dernière, j'ai eu mes vacances en septembre, mais en août je prenais intérêt, avant mon départ, à écouter les récits de mes collègues déjà rentrés de vacances. Sacha était allé en villégiature (m. à m.: dans une maison de repos) au bord de la Mer Noire. Il était tout bruni et rapportait une foule d'impressions. Il nous a raconté comme la nature y est grandiose, comme il est agréable de se baigner dans une eau (m. à m.: mer) calme, de se promener en bateau, de brunir sur la plage ou d'escalader les rochers. Il n'avait à s'occuper de rien du tout, il s'est merveilleusement reposé.

2 Pendant qu'il était au bord de la mer, ses enfants passaient leurs vacances dans un centre de vacances (camp) pour enfants sur la Volga. Ils ont également été très contents de leurs vacances. Ils pouvaient là-bas s'adonner à n'importe quel sport: il y avait un terrain de football, des courts de tennis; dans la Volga, les enfants pouvaient, naturellement, nager ou pratiquer la voile; dans les environs, ils pouvaient faire du (m. à m.: aller à) cheval ou simplement de la bicyclette. Le soir ils se réunissaient autour d'un feu de bois et chantaient des chansons. Si le temps était couvert, ils trouvaient d'intéressantes distractions dans un local couvert, où il y avait une salle de jeux avec un tennis de table. Quand ils étaient fatigués, ils pouvaient jouer aux dominos, aux dames ou aux échecs. Kolia est devenu un joueur d'échecs passionné.

Vocabulaire

óфис, le bureau *коллéга*, le (la) collègue
лáгерь, masc. le camp
каникулы (gén. *каникул*), les vacances *скалá*, _____ le rocher
рéгби, le rugby *тéннис*, le tennis *футбóл*, le football
пáрус (pl. *парусá*) _____ la voile (de bateau)
велосипéд, la bicyclette *пéсня*, la chanson
кост(ё)р, le feu de bois *страсть*, _____ la passion
наступáть / наступить, _ arriver (en parlant d'une période)
вокрýг (+ gén.), autour de
игрáть в + acc., jouer à

Qui ne travaille pas ne connaît pas le repos.

Grammaire

■ *Отпуск у меня́ был в сентябре́*

La tournure *о́тпуск у меня́* est l'équivalent de *мой о́тпуск.*
    У меня́ в ко́мнате = в мое́й ко́мнате, dans ma chambre.

■ *Мой колле́ги по рабо́те*

La préposition *по,* suivie du datif, peut indiquer le lien qui unit des personnes :
    Това́рищ по шко́ле, un camarade d'école
    Сосе́д по ко́мнате, un voisin de chambre
    Ро́дственник по отцу́, un parent du côté paternel

■ *Са́ша е́здил в дом о́тдыха*

Е́здил, verbe de mouvement indéterminé, indique ici une idée d'aller et retour. De même :
    Мы вчера́ ходи́ли в кино́.
    Nous sommes allés au cinéma hier.

Саша пое́хал в дом о́тдыха signifierait qu'il est parti dans une maison de vacances et qu'il y est toujours.

■ *Ла́зить по ска́лам*

Le verbe de mouvement indéterminé *ла́зить* indique ici la répétition. Le verbe déterminé correspondant est *лезть, ле́зу, ле́зешь :*
    Посмотри́те, как Са́ша ле́зет на де́рево!
    Regardez Sacha grimper à l'arbre !

    ● *По* suivi du datif, indique ici une action effectuée en divers endroits :
    Мы ходи́ли по магази́нам.
    Nous sommes allés dans les magasins.

■ *Они́ дово́льны кани́кулами*

Le complément de l'adjectif *(не)дово́льный* se met à l'instrumental :
    Солда́ты, я дово́лен ва́ми! Soldats, je suis content de vous.

Exercice

Traduisez:
1. L'année dernière je suis allé en Russie avec un camarade de classe. 2. Nos enfants jouent bien au tennis. 3. Katia est mécontente de son fils. 4. Dès le début de mars nous nous préoccupons des vacances d'été. 5. Je grimperai à cet arbre. 6. Bientôt viendra l'été.

Corrigé

1. В про́шлом году́ я е́здил в Росси́ю с това́рищем по шко́ле. 2. На́ши де́ти хорошо́ игра́ют в те́ннис. 3. Ка́тя недово́льна сы́ном. 4. С са́мого нача́ла ма́рта мы забо́тимся о ле́тних кани́кулах. 5. Я поле́зу на это де́рево. 6. Ско́ро наступит ле́то.

Lecture

Ру́сские тури́сты в Пари́же

Тепе́рь всё измени́лось для росси́йских тури́стов. По́лная свобо́да, а у не́которых–по́лные кошельки́. Одна́ко без ги́да на́шему бра́ту не обойти́сь. Сейча́с в Пари́же ру́сский гид-мо́дная профе́ссия и забо́т у него́ не уба́вилось. Ру́сские тури́сты, отку́да бы они́ ни прие́хали, как пра́вило, по-францу́зски ни бум-бу́м. Ваш улы́бчивый гид до́лжен быть постоя́нно начеку́ и пересчи́тывать свою́ гру́ппу по голова́м. Кто́-нибудь отста́нет-обяза́тельно потеря́ется, не найдёт обра́тно доро́гу в оте́ль. Росси́йские тури́сты́ име́ют стра́нную привы́чку ве́чером собира́ться компа́ниями в но́мере, пить во́дку и распева́ть «Подмоско́вные вечера́». Гид в при́нципе не хо́чет меша́ть их культу́рному о́тдыху, но мя́гкими угово́рами обя́зан прекрати́ть хорово́е пе́ние к полу́ночи.

Моско́вские новости - n° 42 - 20/27 октября 1996

Des touristes russes à Paris

A présent, tout a changé pour les touristes russes. Pleine liberté et, pour certains, porte-monnaie pleins. Pas moyen toutefois pour nos compatriotes de se passer de guide. A Paris, en ce moment, guide russe est une profession à la mode, et les soucis n'ont pas diminué pour celui qui l'exerce. Les touristes russes, d'où qu'ils viennent, ne savent, en principe, pas un mot de français. Votre guide souriant doit être constamment sur le qui-vive et recompter son groupe un par un. Celui qui reste en arrière se perd à coup sûr, il ne retrouvera pas le chemin pour retourner à son hôtel. Les touristes russes ont l'étrange habitude de se réunir en groupes le soir, de boire de la vodka et de chanter à tue-tête « Les Soirées de Moscou ». Le guide, en général, ne veut pas contrarier leur délassement culturel, mais il est obligé, par de douces injonctions, de mettre fin au chant choral vers minuit.

Les Nouvelles de Moscou - n° 42 - 20/27 oct. 1996

73 ВНЕШНОСТЬ ЧЕЛОВЕКА

1 Нина — красавица. Ей тридцать пять лет, но она выглядит моложе своих лет. Она невысокая, но у неё стройная фигура и красивые *ноги. У неё весёлое круглое лицо, румяные *щёки, вздёрнутый нос, маленький капризный рот; она не красит губы*; глаза у неё голубые, хитрые; она часто улыбается. Она, кажется, близорукая, но не носит очков. Она блондинка; у неё короткие вьющиеся волосы.

2 Её муж, Саша, — брюнет сорока лет. Это довольно коренастый *мужчина среднего роста. Он боится пополнеть и поэтому перешёл на диету. Он носит *бороду и усы, но коротко стрижёт волосы. У него смуглое лицо, высокий *лоб, карие глаза миндальной формы. Нина и Саша составляют симпатичную пару.

1 губа —— ——
ногá ——
рукá
щекá, accusatif щёку, plur. щёки, шёк, щекáм —— ——
2 бородá ——
лоб [Lop]
мужчина [mouch'ch'ina]

ГЛАЗА — ЗЕРКАЛО ДУШИ

Traduction

Le physique (m. à m.: l'aspect extérieur de l'homme)

1 Nina est une belle femme. Elle a trente-cinq ans mais elle paraît plus jeune que son âge. Elle n'est pas grande mais elle a une silhouette élancée et de belles jambes. Elle a un gai visage rond, des joues roses, un nez retroussé, une petite bouche capricieuse ; elle ne se met pas de rouge à lèvres (m. à m. : ne se peint pas les lèvres) ; ses yeux sont bleu clair, malicieux ; elle sourit souvent. Elle est myope, semble-t-il, mais ne porte pas de lunettes. C'est une blondinette ; elle a de courts cheveux bouclés.

2 Son mari, Sacha, est un brun de quarante ans. C'est un homme assez trapu, de taille moyenne. Il a peur de grossir, c'est pourquoi il s'est mis au régime. Il porte la barbe et a des moustaches mais se coupe les cheveux court. Il a un visage hâlé, le front haut, les yeux marron, en amande. Nina et Sacha forment un couple sympathique.

Vocabulaire

красáвец, le bel homme	*красáвица*, la belle femme
глаз, pl. *глазá*, l'œil	*плечó*, pl. *плéчи*, l'épaule
р(о)т, la bouche, prép. *во ртý*	*лоб*, le front, prép. *на лбý*
худóй, maigre	*тóлстый*, gros
круг, le cercle	*крýглый*, rond
улыбка, le sourire	

улыбáться / *улыбнýться*, sourire

вы́глядеть, вы́гляжу, вы́глядишь, impf. seulement, + instr., avoir l'air

ви́ться, IIA, *вьюсь, вьёшься...*, friser (intr.)

вью́щееся растéние, une plante grimpante

Les yeux sont le miroir de l'âme.

Grammaire

■ *Она, ка́жется, близору́кая*

Le verbe *каза́ться* est souvent employé impersonnellement, en incise.

> *Они, ка́жется, ничего́ не понима́ют.* Ils semblent ne rien comprendre, ils ne comprennent rien, semble-t-il.

■ *Брюне́т сорока́ лет*

Со́рок quarante, fait *сорока́* à tous les cas autres que le nominatif-accusatif.

Les adjectifs numéraux *девяно́сто*, 90, et *сто*, 100, se déclinent de la même façon.

> *Э́тот го́род нахо́дится в сорока́ (девяно́ста, ста) кило-ме́трах от Москвы́.* Cette ville se trouve à 40 (90, 100) kilomètres de Moscou.

Exercices

A *Mettez au cas et au genre voulus les mots entre parenthèses en indiquant l'accent tonique:*
1. Вы вста́ли с ле́вой (нога́). 2. Он пожа́л мне (рука́). 3. Без (борода́) он вы́глядит моло́же. 4. Это преле́стная де́вочка с румя́ными (щека́), то́нкими (губа́). 5. Отсю́да ви́дны высо́кие (гора́). 6. Мы пове́сили картину на (стена́). 7. На (голова́) у него́ была́ ша́пка.

B *Ecrivez en toutes lettres l'adjectif cardinal:*
8. Он верну́лся с 90 биле́тами. 9. Мы живём в 200 киломе́трах от Москвы́. 10. Он принёс 100 книг. 11. Он уе́хал с 40 рубля́ми. 12. К 90 приба́вьте 40.

Corrigé

A 1. ноги́. 2. ру́ку. 3. бороды́. 4. щека́ми; губа́ми. 5. го́ры. 6. сте́ну. 7. голове́.

B 8. девяно́ста. 9. двухста́х. 10. сто. 11. сорока́. 12. девяно́ста; со́рок.

Lecture

Портре́т Печо́рина

С пе́рвого взгля́да на лицо́ его́, я бы не дал ему́ бо́лее 23 лет, хотя́ по́сле я гото́в был дать ему́ 30. В его́ улы́бке бы́ло что-то де́тское. Его́ ко́жа име́ла каку́ю-то же́нскую не́жность; белоку́рые во́лосы, вью́щиеся от приро́ды, живопи́сно обрисо́вывали его́ бле́дный, благоро́дный лоб, на кото́ром то́лько по́сле до́лгого наблюде́ния мо́жно бы́ло заме́тить следы́ морщи́н, пересека́ющих одна́ другу́ю [...] Несмотря́ на све́тлый цвет его́ воло́с усы́ и бро́ви бы́ли чёрные.

Что́бы доко́нчить портре́т, я скажу́, что у него́ был немно́го вздёрнутый нос, зу́бы ослепи́тельной белизны́ и ка́рие глаза́; о глаза́х я до́лжен сказа́ть ещё не́сколько слов.

Во-пе́рвых, они́ не смея́лись, когда́ он смея́лся! — Вам не случа́лось замеча́ть тако́й стра́нности у не́которых люде́й?.. Это при́знак и́ли зло́го нра́ва, и́ли глубо́кой постоя́нной гру́сти. Из-за полуопу́щенных ресни́ц они́ сия́ли каки́м-то фосфори́ческим бле́ском, е́сли мо́жно так вы́разиться. То не́ было́ отраже́ние жа́ра душе́вного и́ли игра́ющего воображе́ния: то бы́л блеск, подо́бный бле́ску гла́дкой ста́ли, ослепи́тельный, но холо́дный.

М.Ле́рмонтов, «Геро́й на́шего вре́мени».

Le portrait de Petchorine

Au premier coup d'oeil (sur son visage), je ne lui aurais pas donné plus de vingt-trois ans, mais ensuite j'étais prêt à lui en donner trente. Il y avait dans son sourire quelque chose d'enfantin. Sa peau était d'une douceur toute féminine. Ses cheveux blonds, naturellement frisés, dessinaient de façon pittoresque un front pâle et noble où l'on pouvait remarquer, mais seulement après un long examen, des traces de rides entrecroisées [...] Malgré la couleur claire de ses cheveux, les moustaches et les sourcils étaient noirs.

Pour achever le portrait, je dirai qu'il avait le nez un peu retroussé, les dents d'une blancheur éblouissante et les yeux marron; mais je dois encore dire quelques mots sur ses yeux.

D'abord, ils ne riaient pas lorsque lui-même riait! N'avez-vous pas eu l'occasion de remarquer cette bizarrerie chez certaines personnes?... C'est le signe ou bien d'un caractère méchant ou bien d'une tristesse profonde et constante. Derrière les cils à demi-baissés, ils brillaient d'une sorte d'éclat phosphorescent, si l'on peut ainsi s'exprimer. Ce n'était pas le reflet d'une âme chaleureuse ou d'une imagination enjouée, c'était un éclat semblable à l'éclat de l'acier poli, éblouissant mais froid.

D'après Lermontov, Un héros de notre temps.

НРА́ВСТВЕННАЯ ХАРАКТЕРИ́СТИКА

1 Про́шлым ле́том я соверши́л *пое́здку по Кавка́зу. На́ша делега́ция состоя́ла из люде́й о́чень непохо́жих друг на дру́га. Бы́ли *симпати́чные и невыноси́мые, интере́сные и *ску́чные. С не́которыми я подружи́лся, други́х же я избега́л.

2 Ва́ня был просто́й, скро́мный, ро́бкий челове́к, со все́ми любе́зен и ве́жлив. Он вёл себя́ сде́ржанно, но в разгово́рах проявля́л большо́й ум и остроу́мие.

3 Ко́ля на пе́рвый взгляд показа́лся мне образо́ванным челове́ком. Он был о́чень разгово́рчивый и весёлый, но я ско́ро разочарова́лся в нём : в конце́ концо́в он оказа́лся дурако́м. Его́ самоуве́ренность, высокоме́рие, насме́шливый и презри́тельный тон всех раздража́ли. Из-за него́ бы́ло мно́го неприя́тностей.

4 Я подружи́лся и, могу́ сказа́ть, да́же чуть-чуть влюби́лся в очарова́тельную де́вушку, делика́тную, *непосре́дственную, не́жную, облада́ющую чуде́сным го́лосом. Благодаря́ ей я провёл о́чень прия́тный о́тпуск. У неё был то́лько оди́н недоста́ток : она́ была́ ужа́сно рассе́янна. Мы тепе́рь перепи́сываемся, но я немно́го ревну́ю её к её това́рищам по рабо́те.

---

1 пое́здка [payèztka]

1 симпати́чный [s'impat'itch'nüi] mais ску́чный [skouchnüi]

4 непосре́дственный [n'ipasr'ètsv'ènnüi]

ВОЛК И КА́ЖДЫЙ ГОД ЛИНЯ́ЕТ, ДА ОБЫ́ЧАЯ НЕ МЕНЯ́ЕТ

Traduction

Le caractère

1   L'été dernier, j'ai fait (m. à m.: accompli) un voyage au Caucase.
Notre groupe se composait de gens très dissemblables (les uns des
autres). Il y en avait de sympathiques et d'insupportables, d'intéressants et d'ennuyeux. Avec les uns je me liai d'amitié, j'évitai les autres.

2   Vania était un homme simple, modeste, timide, aimable et poli avec
tous. Il se conduisait avec discrétion mais dans les conversations
faisait preuve de beaucoup d'esprit et de finesse.

3   Au premier coup d'oeil, Kolia m'avait paru être un individu cultivé.
Il était très loquace et gai mais je fus vite déçu par lui: en fin de compte,
il s'est avéré être un imbécile. Son aplomb, son arrogance, un ton
moqueur et dédaigneux agaçaient tout le monde. Il fut cause de
nombreux (m. à m.: à cause de lui il y eut beaucoup de) désagréments.

4   Je me liai d'amitié—et je peux dire que je tombai même un peu
amoureux—d'une jeune fille charmante, délicate, spontanée, douce,
douée d'une voix merveilleuse. Grâce à elle je passai de très agréables
vacances. Elle n'avait qu'un défaut: elle était extrêmement distraite.
Maintenant nous nous écrivons mais je suis un peu jaloux (m. à m.:
d'elle à cause) de ses camarades de travail.

Vocabulaire

ми́лый, gentil   *гру́бый*, grossier
равноду́шный, indifférent   *упря́мый*, têtu
го́рдый, fier   *лени́вый*, paresseux
о́стрый, pointu, aigu, tranchant   *остроу́мие*, finesse d'esprit
рассе́янный, distrait   *рассе́янность*, la distraction
уве́ренный, assuré, ferme   *уве́ренность*, certitude,
он уве́рен в успе́хе, il est sûr du succès
состоя́ть, I, *из* + gén., se composer de
подружи́ться (Pf.), se lier d'amitié
проявля́ть / прояви́ть, ⟍, faire preuve de
разочаро́вывать(ся) / разочарова́ть(ся), décevoir, (être déçu)
ока́зываться / оказа́ться, ⟍, se révéler être
влюбля́ться / влюби́ться, ⟍ (*в* + acc.), tomber amoureux
облада́ть + instr., posséder   *ревнова́ть*, être jaloux
он ревну́ет жену́ к Са́ше, il est jaloux de Sacha (qu'il croit lié à sa
     femme)

Le loup change chaque année de pelage mais non d'usages.

Grammaire

■ *Ваня был со всеми любезен и вежлив*

Un adjectif accompagné d'un complément est obligatoirement à la forme courte lorsque le verbe être est au présent (non exprimé).

> *Любви все возрасты покорны* (Пушкин).
>
> A l'amour tous les âges sont soumis (Pouchkine).

■ *Я разочаровался в нём*

L'un des sens du préverbe *раз-* est l'annulation d'un action.

> *разлюбить*, cesser d'aimer   *раздумать*, changer d'avis
>
> *разоружить*, désarmer   *развязать*, dénouer

■ *Из-за него... Благодаря ей*

Из-за + génitif, *благодаря* + datif sont des prépositions exprimant la cause, mais la première signifie « à cause de » (élément négatif), l'autre — à l'origine gérondif de *благодарить*, remercier — « grâce à » (élément favorable).

> *Из-за дождя мы не могли гулять.*
>
> A cause de la pluie, nous n'avons pas pu nous promener.
>
> *Благодаря дождю цветы быстро растут.*
>
> Grâce à la pluie les fleurs poussent vite.

Exercices

Remplacez les propositions subordonnées de cause par un nom introduit selon le cas par из-за ou par благодаря:

1. Мы не гуляли вчера, так как погода была дождливая. 2. Он всем понравился, потому что он умён и остроумен. 3. Катя всё понимает очень быстро, потому что она обладает большими способностями (aptitudes). 4. Я всё теряю, так как я ужасно рассеянна. 5. Он всех раздражает, потому что у него презрительный тон.

Corrigé

1. из-за дождливой погоды. 2. благодаря своему уму и остроумию. 3. благодаря своим большим способностям. 5. из-за ужасной рассеянности. 5. из-за своего презрительного тона.

Lecture

Де́тские чу́вства

Вспоминая теперь свои впечатления, я нахожу, что только одна эта минута самозабвения была настоящим горем. Прежде и после погребения я не переставал плакать и был грустен, но мне совестно вспомнить эту грусть, потому что к ней всегда примешивалось какое-нибудь самолюбивое чувство : то желание показать, что я огорчён больше всех, то заботы о действии, которое я произвожу на других, то бесцельное любопытство, которое заставляло делать наблюдения над чепцом Мими и лицами присутствующих. Я презирал себя за то, что не испытываю исключительно одного чувства горести, и старался скрывать все другие; от этого печаль моя была неискренна и неестественна. Сверх того, я испытывал какое-то наслаждение, зная что я несчастлив, старался возбуждать сознание несчастия, и это эгоистическое чувство больше других заглушало во мне истинную печаль.

Les sentiments d'un enfant

En me rappelant en ce moment mes impressions, je trouve que seule cette minute d'oubli de soi fut un chagrin véritable. Avant et après l'enterrement, je n'ai pas arrêté de pleurer et j'étais triste mais j'ai honte de me rappeler cette tristesse parce qu'il s'y mêlait toujours un certain sentiment d'amour propre: tantôt l'envie de montrer que c'était moi le plus affligé, tantôt le souci de l'effet que je produisais sur les autres, tantôt la vaine curiosité qui me poussait à observer le bonnet de Mimi et les visages des assistants. Je me méprisais de ne pas éprouver exclusivement un sentiment de chagrin et j'essayais de dissimuler tous les autres; aussi mon affliction n'était-elle pas sincère ni naturelle. De plus, j'éprouvais une certaine jouissance à me savoir malheureux, j'essayais de solliciter la conscience de mon malheur et, plus que tout autre, ce sentiment égoïste étouffait en moi une tristesse véritable.

D'après Tolstoï, Enfance, 1852

ЧТО ВЫ ЛЮ́БИТЕ ЧИТА́ТЬ, СМОТРЕ́ТЬ, СЛУ́ШАТЬ?

> Чита́тель, это телезри́тель,
> отда́вший свой телеви́зор в ремо́нт.

1 Когда́ у меня́ есть свобо́дное вре́мя, я люблю́ чита́ть. Ка́ждый день я перели́стываю газе́ту в метро́ и всегда́ чита́ю передови́цу. А до́ма я выбира́ю кни́гу одного́ из мои́х люби́мых писа́телей. Я с удово́льствием перечи́тываю вели́ких кла́ссиков: я ценю́ то́нкий ум Пу́шкина, психологи́ческие иссле́дования Толсто́го, сжа́тый стиль коро́тких че́ховских повесте́й. Я интересу́юсь та́кже совреме́нной литерату́рой и я люблю́ развлека́ться юмористи́ческими и сатири́ческими расска́зами, приключе́нческими рома́нами и фанта́стикой.

2 По суббо́там мы с жено́й посеща́ем карти́нную галере́ю и́ли хо́дим в теа́тр, в кино́ и́ли на конце́рт. Жена́ увлека́ется бале́том и о́перой, а я бо́льше люблю́ кино́. Я ви́дел почти́ все фи́льмы вели́ких кинорежиссёров: и гру́стные, и волну́ющие, и коми́ческие, и любо́вные. Шеде́вром сове́тской кинопроду́кции явля́ется, по-мо́ему, «Алекса́ндр Не́вский» Эйзенште́йна.

3 Иногда́ мы сиди́м до́ма и включа́ем телеви́зор и́ли ра́дио, когда́ передаю́т интере́сную переда́чу. Я люблю́ осо́бенно смотре́ть спорти́вные репорта́жи. У нас есть та́кже прои́грыватель. Моя́ жена́ о́чень лю́бит му́зыку и у неё нема́ло пласти́нок, кото́рые она́ ча́сто прослу́шивает. Она́ сама́ игра́ет на роя́ле.

ВСЁ ХОРОШО́, ЧТО ХОРОШО́ КОНЧА́ЕТСЯ

Traduction

Qu'aimez-vous lire, voir, entendre?

1 Quand j'ai du temps de libre, j'aime lire. Chaque jour, je feuillette le journal dans le métro et je lis toujours l'éditorial. Mais chez moi je choisis un livre d'un de mes écrivains préférés. Je relis avec plaisir les grands classiques: je goûte fort l'esprit subtil de Pouchkine, les analyses psychologiques de Tolstoï, le style concis des petites nouvelles de Tchékhov. Je m'intéresse également à la littérature contemporaine et j'aime me divertir avec les récits humoristiques et satiriques, les romans d'aventure et la science-fiction.

2 Le samedi, ma femme et moi allons visiter une galerie de peinture ou bien nous nous rendons au théâtre, au cinéma ou au concert. Ma femme raffole de ballets et d'opéras, moi je préfère le cinéma. J'ai vu presque tous les films des grands metteurs en scène, qu'ils soient tristes, émouvants, comiques ou sentimentaux. « Alexandre Nevski » d'Eisenstein est d'après moi un chef-d'oeuvre de la production cinématographique soviétique.

3 Parfois, nous restons à la maison et nous ouvrons le téléviseur ou le poste de radio quand on passe une émission intéressante. J'aime surtout regarder les reportages sportifs. Nous avons aussi un électrophone. Ma femme aime beaucoup la musique et nous avons un bon nombre de disques, qu'elle écoute souvent. Elle-même joue du piano.

Vocabulaire

рома́н, le roman	*расска́з*, le récit
по́весть (fém.) __ ⌐ la nouvelle	*ска́зка*, le conte
пласти́нка, le disque	

цени́ть ⌐ / *оцени́ть*, évaluer, apprécier
развлека́ть(ся) (se) distraire
волнова́ть / взволнова́ть, agiter, troubler
передава́ть (comme *дава́ть*) / *переда́ть* (comme *дать*); *пе́редал,*
    передала́, пе́редали, ⌐__ passer, transmettre
прослу́шивать / прослу́шать, écouter (un morceau)

Tout est bien qui finit bien.

Grammaire

■ *Тóнкий ум Пýшкина*

Les suffixes *-ов (-ев, -ёв)* et *-ин* ont servi à former la plupart des noms propres russes.

● *-ов (-ев, -ёв)* est ajouté aux noms masculins :

> орёл, gén. орлá, l'aigle → Орлóв
> Ивáн, Jean → Ивáнов
> хрущ, le hanneton → Хрущёв

● *-ин* est ajouté aux noms féminins :

> пýшка, le canon → Пýшкин
> потёмки, les ténèbres → Потёмкин
> Лéна, la Léna → Лéнин
> сталь, l'acier → Стáлин
> гагáра, le grièbe (oiseau) → Гагáрин

La déclinaison est complexe. Au masculin : désinences d'un nom sauf à l'instrumental ; au féminin et au pluriel des deux genres : déclinaison adjectivale (mais forme courte aux nominatif et accusatif féminins). Voir Mémento § 27

> *Мы бы́ли в гостя́х у Ивáновых.*
> Nous étions en visite chez les Ivanov.

■ *Мы с женóй*

« Toi et moi », « vous et moi », « lui et moi » se traduisent en russe : *Мы с тобóй, мы с вáми, мы с ним* ; vous et lui : *вы с ним* ; elle et son mari : *они с мýжем.*

> *Лéтом мы с Вáней бы́ли на берегý мóря.*
> En été, Vania et moi, nous étions au bord de la mer.

Exercices

A *Mettez au cas voulu les noms propres entre parenthèses :*
1. Вы знáете товáрища (Петрóв). 2. Позвóльте предстáвить вам (Áнна Ивáновна Петрóва). 3. Я гуля́л вчерá с товáрищем (Сергéев). 4. Мы ужé познакóмились с (Колéсниковы).

B *Remplacez les phrases suivantes selon le modèle :*
a. я пойдý в теáтр, ты тóже пойдёшь в теáтр,
b. мы с тобóй пойдём в теáтр.
5. Вы поéдете в Россию, он тóже поéдет. 6. Он провёл óтпуск в горáх, его женá тóже. 7. Онá учи́лась в этой шкóле, её брат тóже. 8. Я былá на прáзднике, он тóже был.

Corrigé

A 1. Петро́ва. 2. Анну Ива́новну Петро́ву. 3. Сергéевым. 4. Колéс-никовыми.

B 5. Вы с ним поéдете в Росси́ю. 6. Они́ с женóй провели́ óтпуск в горáх. 7. Они́ с брáтом учи́лись в э́той шкóле. 8. Мы с ним бы́ли на прáзднике.

Lecture

Библиоте́ка в Интерне́те

—Допу́стим, через ско́лько-то лет не оста́нется ни кни́жек, ни прои́грывателей. У ка́ждого то́лько компью́тер, где бу́дет всё. Захо́тят ли тогда́ чита́ть име́ющиеся в Се́ти кни́жки?
—Е́сли челове́к лю́бит чита́ть, он бу́дет чита́ть всю жизнь. Я пло́хо себе́ представля́ю, как мо́жно восприня́ть литерату́рные произведе́ния с экра́на. Сли́шком тяжело́ для глаз и для головы́. Сам посмотри́ — идёшь по у́лице, прода́ются кни́ги. Каки́е из них я себе́ куплю́? То́лько те, что действи́тельно хочу́ проче́сть. Из Интерне́та я узна́ю, что есть така́я-то кни́жка и э́ту кни́жку хва́лят. Иногда́ там же мо́жно найти́ её текст, загляну́ть в него́ и тогда́ уже́ бежа́ть на база́р. Интерне́т помо́жет вы́брать кни́гу, но нико́им о́бразом её не заме́нит. Появи́лись же, наприме́р, телеви́зор и ви́део, но кино́ от э́того не у́мерло.

Из журна́ла Пушкин n°2, 1997

Une bibliothèque sur Internet

— Supposons que d'ici quelques années il ne reste plus ni livres ni tourne-disques. Chacun n'aurait qu'un ordinateur où se trouverait tout. Auront-ils alors envie de lire, ceux qui ont les livres sur le réseau ?
— Si quelqu'un aime lire, il lira toute sa vie. J'ai du mal à m'imaginer comment on peut arriver à connaître des œuvres littéraires sur écran. C'est trop pénible pour les yeux et pour la tête. On n'a qu'à regarder : si on marche dans la rue, il y a des livres à vendre. Lesquels vais-je m'acheter ? Seulement ceux que je veux effectivement lire. Par Internet, je saurai seulement qu'il existe tel ou tel livre et qu'on en dit du bien. Parfois on peut en trouver aussi le texte, y jeter un coup d'œil et alors courir l'acheter. Internet aidera à choisir un livre mais ne le remplacera en aucune façon. La télévision et la vidéo ont bien fait leur apparition, et le cinéma n'en est pas mort pour autant.

Extrait de la revue *Pouchkine*, n°2, 1997

A *Mettez au cas voulu les mots entre parenthèses* (*Revoyez les leçons 61 et 65 et le vocabulaire des leçons 61 à 75*):

1. (Яблоко) вку́сные. 2. У неё голубы́е (глаз). 3. Я куплю́ па́ру (чуло́к). 4. Вчера́ я ходи́л в теа́тр с (не́сколько) това́рищами. 5. У него́ всегда́ папиро́са во (рот). 6. У нас мно́го ра́зных (образе́ц). 7. По (воскресе́нье) мы е́здим за́ (город). 8. Я э́то слы́шал свои́ми (у́хо).

B *Mettez au futur perfectif les verbes au présent:*

9. Продаве́ц откла́дывает для меня́ « Огонёк ». 10. Я ничего́ не лома́ю. 11. Ю́бка вам подхо́дит. 12. Я сама́ пришива́ю пу́говицы. 13. Ма́ша отдаёт свои́ пла́тья в химчи́стку. 14. Мы убира́ем ко́мнату. 15. Они́ разво́дятся.

C *Traduisez en français le texte suivant* (*d'après Tolstoï*, **Adolescence**):

Нехлю́дов был нехоро́ш собо́й : ма́ленькие се́рые глаза́, невысо́кий лоб, непропорциона́льная длина́ рук и ног не могли́ быть на́званы краси́выми черта́ми. Хоро́шего бы́ло в нём то́лько — необыкнове́нно высо́кий рост, не́жный цвет лица́ и прекра́сные зу́бы. Но лицо́ э́то получа́ло тако́й оригина́льный и энерги́ческий хара́ктер от у́зких, блестя́щих глаз и переме́нчивого, то стро́гого, то де́тского выраже́ния улы́бки, что нельзя́ бы́ло не заме́тить его́.

Corrigé

A 1. я́блоки. 2. глаза́. 3. чуло́к. 4. не́сколькими. 5. рту. 6. образцо́в. 7. воскресе́ньям; го́род. 8. уша́ми.

B 9. отло́жит. 10. слома́ю. 11. подойдёт. 12. пришью́. 13. отда́ст. 14. уберём. 15. разведу́тся.

C Neklioudov n'était pas beau: de petits yeux gris, un front bas, des bras et des jambes d'une longueur démesurée — cela ne pouvait être appelé de jolis traits. Tout ce qu'il avait de beau, c'était sa taille extraordinairement haute, la tendresse de son teint et des dents magnifiques. Mais ce visage tirait tant d'originalité et d'énergie des yeux étroits et brillants et de l'expression changeante du sourire, tantôt sévère, tantôt enfantine, qu'il était impossible de ne pas le remarquer.

ПЕРВЫЙ БАЛ

31-го декабря́, накану́не но́вого 1810 го́да, le réveillon, был бал у екатери́нинского вельмо́жи. На ба́ле[1] до́лжен был быть дипломати́ческий ко́рпус и госуда́рь. [...]

Ната́ша е́хала на пе́рвый большо́й бал в свое́й жи́зни. Она́ в э́тот день вста́ла в во́семь часо́в утра́ и це́лый день находи́лась в лихора́дочной трево́ге и де́ятельности. Все си́лы её с са́мого утра́ бы́ли устремлены́[2] на то, чтоб[3] они́ все : она́, ма́ма, Со́ня – бы́ли оде́ты[2] как нельзя́ лу́чше. Со́ня и графи́ня поручи́лись вполне́ ей. На графи́не должно́ бы́ло быть масака́ ба́рхатное пла́тье, на них двух бе́лые ды́мковые пла́тья на ро́зовых шёлковых чехла́х, с ро́занами[4] в корса́же. Волоса́[5] должны́ бы́ли быть причёсаны[2] à la grecque.

Всё суще́ственное уже́ бы́ло сде́лано[2] : но́ги, ру́ки, ше́я, у́ши бы́ли уже́ осо́бенно стара́тельно, по-ба́льному, вы́мыты[2], наду́шены[2] и напу́дрены[2]; обу́ты[2] уже́ бы́ли шёлковые ажу́рные чулки́ и бе́лые атла́сные башмаки́ с ба́нтиками ; причёски бы́ли почти́ око́нчены[2]. Со́ня конча́ла одева́ться, графи́ня то́же ; но Ната́ша, хлопота́вшая[6] за всех, отста́ла. [...]

В за́ле стоя́ли го́сти, тесня́сь[7] пе́ред входно́й две́рью, ожида́я[7] госуда́ря. Графи́ня помести́лась в пе́рвых ряда́х э́той толпы́. Ната́ша слы́шала и чу́вствовала, что не́сколько голосо́в спроси́ли про неё и смотре́ли на неё. Она́ ноняла́, что она́ понра́вилась тем, кото́рые обрати́ли на неё внима́ние, и э́то наблюде́ние не́сколько успоко́ило её.

---

1. Actuellement *на балу́* (Mémento § 13).
2. Participes passés passifs (Mémento § 65).
3. *Чтоб* = *что́бы*.
4. *Розан*, vieilli = *ро́за*.
5. Pluriel actuel = *во́лосы*.
6. Participes passés actifs (Mémento § 63).
7. Gérondifs présents (Mémento § 60).

Premier bal

Le 31 décembre, veille de la nouvelle année 1810, il y avait bal pour le *réveillon* chez un grand seigneur de l'époque de Catherine[1]. Le corps diplomatique et l'empereur devaient y assister. [...]

Pour Natacha[2] c'était le premier grand bal de sa vie. Elle s'était levée dès huit heures et avait passé toute la journée dans un état d'agitation fébrile. Tous ses efforts tendaient depuis le matin, à ce que toutes les trois, maman, Sonia et elle, fussent habillées le mieux possible. Sonia et la comtesse s'en étaient absolument remises à elle. La comtesse devait porter une robe de velours massaca, les deux jeunes filles de vaporeuses robes blanches sur fourreau de soie rose, avec des roses au corsage. Elles devaient être coiffées *à la grecque*.

Tout l'essentiel était déjà fait : les pieds, les bras, le cou, les oreilles avaient été lavés, parfumés et poudrés avec un soin particulier, comme il convient pour un bal ; les bas de soie à jours, les souliers de satin blanc à rubans étaient enfilés ; les coiffures, presque terminées. Sonia finissait de s'habiller, la comtesse également ; mais Natacha, à force de s'occuper de tout le monde, était en retard. [...]

Les invités dans la salle de bal se pressaient à la porte d'entrée dans l'attente de l'empereur. La comtesse se plaça aux premiers rangs de cette foule. Natacha entendit et sentit que plusieurs voix s'enquéraient d'elle et qu'on la regardait. Elle comprit qu'elle avait plu à ceux qui l'avaient remarquée et cette constatation la rassura un peu.

1. Catherine II, impératrice de 1762 à 1796.
2. Natacha Rostova, héroïne du roman.

«Есть таки́е же, как и мы, есть и ху́же нас», — поду́мала она́. […]

Князь Андре́й в своём полко́вничьем[8], бе́лом мунди́ре (по кавале́рии), оживлённый и весёлый, стоя́л в пе́рвых ряда́х кру́га, недалеко́ от Росто́вых. […]

Пьер подошёл к нязю Андре́ю и схвати́л его́ за́ руку.

— Вы всегда́ танцу́ете. Тут есть моя́ protégée, Росто́ва молода́я, пригласи́те её, — сказа́л он.

— Где? — спроси́л Болко́нский. Он вы́шел вперёд, по направле́нию, кото́рое ему́ ука́зывал Пьер. Отча́янное, замира́ющее лицо́ Ната́ши бро́силось в глаза́ кня́зю Андре́ю. Он узна́л её, угада́л её чу́вство, по́нял, что она́ была́ начина́ющая, и с весёлым выраже́нием лица́ подошёл к графи́не Росто́вой.

— Позво́льте вас познако́мить с мое́й до́черью, — сказа́ла графи́ня, красне́я[7].

— Я име́ю удово́льствие быть знако́мым, е́жели[9] графи́ня по́мнит меня́, — сказа́л князь Андре́й с учти́вым и ни́зким покло́ном, подходя́[7] к Ната́ше и занося́[7] ру́ку, чтоб[3] обня́ть её та́лию ещё пре́жде, чем он договори́л приглаше́ние на та́нец. Он предложи́л ей тур ва́льса. То замира́ющее выраже́ние лица́ Ната́ши, гото́вое на отча́яние и на восто́рг, вдруг освети́лось счастли́вой, благода́рной, де́тской улы́бкой.

«Давно́ я ждала́ тебя́», — как бу́дто сказа́ла э́та испу́ганная и счастли́вая де́вочка свое́й просия́вшей[6] из-за гото́вых слёз улы́бкой, поднима́я[7] свою́ ру́ку на плечо́ кня́зя Андре́я. Они́ бы́ли втора́я па́ра, воше́дшая[6] в круг. Князь Андре́й был одни́м из лу́чших танцо́ров своего́ вре́мени. Ната́ша танцева́ла превосхо́дно, […] а лицо́ её сия́ло восто́ргом сча́стья.

Лев Толсто́й, *Война́ и Мир*, 1869. (*Отры́вки*)

---

8. Adjectif d'appartenance dérivé du substantif *полко́вник*, le colonel (Mémento § 25).

9. *Ежели*, vieilli = *е́сли*.

«Il y en a qui sont comme nous, il y en a aussi qui sont plus mal»,
se dit-elle. [...]

Le prince André[3], dans son uniforme blanc de colonel (de cavale-
rie), gai et animé, se tenait dans les premiers rangs, non loin des
Rostov. [...]

Pierre[4] s'approcha de lui et le prit par le bras.

«Vous qui dansez toujours, il y a ici ma *protégée*, la jeune Rostov,
invitez-la, dit-il.

— Où est-elle?» demanda Bolkonski. [...] Il s'avança dans la direction que lui indiquait Pierre. Le visage de Natacha, plein d'une attente
désespérée, lui sauta aux yeux. Il la reconnut, devina ses sentiments,
comprit qu'elle était une débutante, se souvint de la conversation à la
fenêtre et d'un air gai s'approcha de la comtesse Rostov.

«Permettez-moi de vous présenter à ma fille, dit la comtesse en
rougissant.

— J'ai le plaisir de la connaître déjà, si la comtesse se souvient
de moi», dit-il avec un profond salut, [...] tandis qu'en s'approchant
de Natacha il avançait le bras pour lui enlacer la taille avant même
d'avoir fini de l'inviter. Le visage anxieux de Natacha, prêt à refléter
le désespoir autant que l'enthousiasme, s'illumina soudain d'un sourire heureux et reconnaissant d'enfant.

«Je t'attendais depuis longtemps», semblait dire le sourire, apparu
à travers des larmes toutes prêtes, de cette fillette effrayée et heureuse alors qu'elle posait la main sur l'épaule du prince André. Ils
étaient le deuxième couple à entrer dans le cercle. Le prince André
était un des meilleurs danseurs de son temps. Natacha dansait à la
perfection [...] et son visage rayonnait de bonheur.

Léon Tolstoï, *Guerre et Paix*, extraits, 1869.
(Traduction d'Elisabeth Guertik. © Librairie Générale Française.)

3. André Bolkonski, héros du roman.
4. Pierre Bézoukhov, ami d'André.

НЕОЖИДАННЫЙ ГОСТЬ

Генера́л, Ива́н Фёдорович Епа́нчин, стоя́л посреди́ своего́ кабине́та и с чрезвыча́йным любопы́тством смотре́л на входя́щего кня́зя, да́же шагну́л к нему́ два шага́. Князь подошёл и отрекомендова́лся.

— Так-с[1], — отвеча́л генера́л, — чем же могу́ служи́ть?

— Де́ла неотлага́тельного я никако́го не име́ю; цель моя́ была́ про́сто познако́миться с ва́ми. Не жела́л бы беспоко́ить, так как я не зна́ю ни ва́шего дня, ни ва́ших распоряже́ний... Но я то́лько что сам из ваго́на... прие́хал из Швейца́рии...

Генера́л чуть-чуть бы́ло[2] усмехну́лся, но поду́мал и приостанови́лся; пото́м ещё поду́мал, прищу́рился, огляде́л ещё раз своего́ го́стя с ног до головы́, зате́м бы́стро указа́л ему́ стул, сам сел не́сколько на́искось и в нетерпели́вом ожида́нии поверну́лся к кня́зю.

— Для знако́мств вообще́ я ма́ло вре́мени име́ю, — сказа́л генера́л, — но так как вы, коне́чно, име́ете свою́ цель, то...

— Я так и предчу́вствовал, — переби́л князь, — что вы непреме́нно уви́дите в посеще́нии моём каку́ю-нибудь осо́бенную цель. Но, ей-бо́гу, кро́ме удово́льствия познако́миться, у меня́ нет никако́й ча́стной це́ли.

— Удово́льствие, коне́чно, и для меня́ чрезвыча́йное, но я ника́к не могу́ до сих пор разгляде́ть ме́жду на́ми о́бще-го... так сказа́ть, причи́ны...

— Причи́ны нет, бесспо́рно, и о́бщего, коне́чно, ма́ло. Потому́ что, е́сли я князь Мы́шкин и ва́ша супру́га из

---

1. -с, pour *су́дарь*, monsieur, particule de politesse (souvent de servilité) utilisée avant la Révolution.
2. *Бы́ло*, ici, particule indiquant que l'action envisagée ne s'est pas faite ou n'a été qu'amorcée.

Un hôte inattendu

Le général Ivan Fiodorovitch Epantchine attendait debout au milieu de son cabinet et regardait venir le prince avec une vive curiosité ; il fit même deux pas à sa rencontre. Le prince s'approcha et se présenta.

— Bien, répondit le général ; en quoi puis-je vous être utile ?

— Je n'ai aucune affaire urgente qui m'amène ici ; mon but est seulement de faire votre connaissance. Je ne voudrais cependant pas vous déranger, car je ne suis au courant ni de vos jours de réception, ni des ordres que vous pouvez avoir donnés pour vos audiences… Pour moi, je descends de wagon… j'arrive de Suisse…

Le général eut un sourire fugitif qu'il réprima aussitôt avec l'air de se raviser. Puis, ayant encore réfléchi un instant, il fixa de nouveau son hôte des pieds à la tête et, d'un geste rapide, lui montra une chaise. Lui-même s'assit un peu de côté et se tourna vers le prince dans une attitude d'impatience.

— Le temps me manque un peu pour faire de nouvelles connaissances, observa le général ; mais comme vous avez certainement un but, je…

— Je prévoyais justement que vous attribueriez à ma visite un but particulier. Mon Dieu ! je vous assure que je n'en ai pas d'autre que le plaisir de faire votre connaissance.

— Certes, ce plaisir est partagé. Mais je cherche en vain ce qu'il peut y avoir entre nous de commun… autrement dit la cause de…

— Il n'y a pas de cause, assurément, et nous n'avons presque rien de commun. Car si je suis un prince Muichkine et si votre épouse

нашего ро́да, то э́то, разуме́ется, не причи́на. Я э́то о́чень понима́ю. Но, одна́ко ж, весь-то мой по́вод в э́том то́лько и заключа́ется. Я го́да четы́ре в Росси́и не́ был, с ли́шком; да и что я вы́ехал :почти́ не в своём уме́! И тогда́ ничего́ не знал, а тепе́рь, ещё пу́ще. В лю́дях хоро́ших нужда́юсь; да́же вот и де́ло одно́ име́ю и не зна́ю, куда́ су́нуться. Ещё в Берли́не поду́мал : «Это почти́ ро́дственники, начну́ с них; мо́жет быть, мы друг дру́гу и пригоди́мся, они́ мне, я им, — е́сли они́ лю́ди хоро́шие.» А я слы́шал, что вы лю́ди хоро́шие.

— О́чень благода́рен-с[1], — удивля́лся генера́л, —позво́льте узна́ть, где останови́лись?

— Я ещё нигде́ не останови́лся.

— Зна́чит, пря́мо из ваго́на ко мне? И… с покла́жей?

— Да со мной покла́жи всего́ оди́н ма́ленький узело́к с бельём, и бо́льше ничего́; я его́ в руке́ обыкнове́нно несу́. Я но́мер успе́ю и ве́чером заня́ть.

— Так вы всё ещё име́ете наме́рение но́мер заня́ть?

— О да, коне́чно.

— Су́дя по ва́шим слова́м, я бы́ло[2] поду́мал, что вы уж так пря́мо ко мне.

— Это могло́ быть, но не ина́че как по ва́шему приглаше́нию. Я же, призна́юсь, не оста́лся бы и по приглаше́нию, не почему́-либо[3], а так… по хара́ктеру.

— Ну, ста́ло быть, и кста́ти, что я вас не пригласи́л и не приглаша́ю. […] то, ста́ло быть…

— То, ста́ло быть, встава́ть и уходи́ть? — приподня́лся князь, как-то да́же ве́село рассмея́вшись, несмотря́ на всю ви́димую затрудни́тельность свои́х обстоя́тельств. —… Ну, проща́йте и извини́те, что обеспоко́ил.

Взгляд кня́зя был до того́ ла́сков в э́ту мину́ту, а улы́бка его́ до того́ без вся́кого отте́нка хотя́ бы како́го-нибудь[3] зата́ённого неприя́зненного ощуще́ния, что генера́л вдруг останови́лся и как-то[3] вдруг други́м о́бразом посмотре́л на своего́ го́стя; вся переме́на взгля́да соверши́лась в одно́ мгнове́ние.

Фёдор Достое́вский, *Идио́т*, 1869.

3. Adverbes et pronoms indéterminés (voir Mémento § 35).

est de la même famille, cela ne constitue certes pas une cause de rapprochement. Je le comprends parfaitement. Et pourtant c'est en cela que réside l'unique mobile de ma démarche. J'ai vécu hors de Russie pendant plus de quatre ans et, lorsque je suis parti, j'étais à peine en possession de mes facultés mentales. À cette époque je ne savais rien de rien. Et aujourd'hui j'en sais encore moins. J'ai besoin de la société des gens de cœur. Tenez, j'ai précisément une affaire à régler et je ne sais comment m'y prendre. À Berlin déjà, je me disais : « Ce sont presque des parents ; commençons par eux ; peut-être pourrons-nous nous être utiles les uns aux autres, s'ils ont le cœur bien placé. Or, j'ai justement entendu dire que c'était le cas. »

— Je vous suis fort obligé de cette opinion, dit le général surpris. Permettez-moi de vous demander où vous êtes descendu ?

— Je ne me suis encore fixé nulle part.

— J'en conclus qu'en sortant de wagon vous êtes venu tout droit chez moi… et avec votre bagage.

— Mon bagage consiste simplement dans un petit paquet où il y a du linge et rien de plus. Je le porte ordinairement à la main. D'ici soir je trouverai bien une chambre à louer.

— Ainsi vous avez toujours l'intention de descendre à l'hôtel ?

— Certainement.

— À en juger d'après vos paroles, je commençais à croire que vous veniez tout droit vous installer chez moi.

— Il aurait pu en être ainsi, mais seulement dans le cas où vous m'auriez invité. Et même j'avoue que je n'aurais pas accepté cette invitation ; non qu'il y ait à ce refus une raison quelconque… C'est affaire de caractère.

— S'il en est ainsi, j'ai bien fait de ne pas vous inviter. Et je n'ai d'ailleurs pas l'intention de le faire. […] En conséquence…

— En conséquence il ne me reste plus qu'à me lever et à m'en aller, conclut le prince qui se leva en riant de tout cœur, malgré la gêne de la situation. […] Allons, adieu ! et excusez-moi de vous avoir dérangé.

Le regard du prince avait à ce moment une expression si affable et son sourire était si dépourvu d'amertume, même voilée, que le général s'arrêta court et regarda le visiteur avec une expression toute différente. Le revirement s'opéra en un clin d'œil.

Fiodor Dostoïevski, *L'Idiot*, extraits, 1869.
(Traduction de A. Mousset. © éditions Gallimard)

НАЧАЛО РОМАНА

Говори́ли, что на на́бережной[1] появи́лось но́вое лицо́ : да́ма с соба́чкой. Дми́трий Дми́трич Гу́ров, прожи́вший[2] в Ялте́ уже́ две неде́ли и привы́кший[2] тут, то́же стал интересова́ться но́выми ли́цами. Си́дя[3] в павильо́не у Верне́, он ви́дел, как по на́бережной прошла́ молода́я да́ма, невысо́кого ро́ста блонди́нка, в бере́те; за не́ю[4] бежа́л бе́лый шпиц.

И пото́м он встреча́л её в городско́м саду́ и на скве́ре, по[5] не́скольку раз в день. Она́ гуля́ла одна́, всё в том же бере́те, с бе́лым шпи́цем; никто́ не знал, кто она́, и называ́ли её про́сто так : да́ма с соба́чкой.

«Е́сли она́ здесь, без му́жа и без знако́мых, — сообража́л Гу́ров, — то[6] бы́ло бы не ли́шнее познако́миться с ней.»

Ему́ не́ было ещё сорока́, но у него́ была́ уже́ дочь двена́дцати лет и два сы́на гимнази́ста. Его́ жени́ли ра́но, когда́ он был ещё студе́нтом второ́го ку́рса, и тепе́рь жена́ каза́лась в полтора́ ра́за ста́рше его́. Э́то была́ же́нщина высо́кая, с тёмными бровя́ми, пряма́я, ва́жная, соли́дная и, как она́ сама́ себя́ называ́ла, мы́слящая. Она́ мно́го чита́ла, не писа́ла в пи́сьмах ъ, называ́ла му́жа не Дми́трием, а Дими́трием, а он втайне счита́л её недалёкой, у́зкой, неизя́щной, боя́лся её и не люби́л быва́ть до́ма. […]

И вот одна́жды, под ве́чер, он обе́дал в саду́, а да́ма в бере́те подходи́ла не спеша́[3], что́бы заня́ть сосе́дний стол. Её выраже́ние, похо́дка, пла́тье, причёска говори́ли ему́, что она́ из поря́дочного о́бщества, за́мужем, в Ялте в пе́рвый раз и одна́, что ей ску́чно здесь. […]

1. Adjectif substantivé *на́бережная*.
2. Participes passés actifs.
3. Gérondifs présents.
4. *За не́ю*, un peu vieilli, pour *за не́й*.
5. Sur cet emploi de *по*, voir § 2, p.200.
6. Voir § 2, p. 230.

Le début d'une histoire d'amour

On disait qu'un nouveau personnage était apparu sur la côte : une dame avec un petit chien. Dmitry Dmitritch Gourov, qui avait déjà passé deux semaines à Yalta et y avait pris ses habitudes, commençait à s'intéresser aux visages nouveaux. Installé chez Vernet, dans le pavillon, il vit une jeune femme passer le long du quai, une blonde de taille moyenne, avec un béret ; un loulou courait après elle.

Il lui arriva ensuite de la rencontrer dans le parc public et le square plusieurs fois par jour. Elle se promenait seule, portant toujours le même béret, et avec son loulou blanc. Personne ne savait qui elle était, et on l'appelait simplement « la dame au petit chien ».

« Si elle est ici sans mari et sans amis, combinait Gourov, il ne serait pas inutile de faire connaissance. »

À moins de quarante ans, il avait une fille de douze ans et deux fils lycéens. On l'avait marié tôt, quand il n'était encore qu'étudiant de deuxième année, et maintenant sa femme avait l'air une fois et demie plus vieille que lui. C'était une grande femme aux sourcils foncés, raide, altière, digne, et, comme elle le disait elle-même, d'avant-garde. Elle lisait beaucoup, n'utilisait pas le signe dur[1] dans ses lettres, appelait son mari Dimitry au lieu de Dmitry[2], tandis que lui la tenait secrètement pour bornée, étriquée, sans grâce, avait peur d'elle et évitait de se trouver à la maison. [...]

Et voilà qu'un soir, comme il dînait dehors, la dame au béret s'approcha sans hâte pour occuper la table voisine. Son expression, sa démarche, sa robe, sa coiffure donnaient à penser qu'elle appartenait à la bonne société, qu'elle était mariée, qu'elle venait pour la première fois à Yalta, qu'elle s'y trouvait seule, qu'elle s'y ennuyait... [...]

---

1. Elle anticipait ainsi sur la réforme de l'orthographe qui, après la Révolution, supprimera le signe dur (voir page 47) en fin de mot, après consonne dure.
2. L'utilisation du prénom « Dimitry », forme vieillie de « Dmitri », révèle une certaine affectation.

Он ласково поманил к себе шпица и, когда тот подошёл, погрозил ему пальцем. Шпиц заворчал. Гуров опять погрозил.

Дама взглянула на него и тотчас же опустила глаза.

— Он не кусается,— сказала она и покраснела.

— Можно дать ему кость? — и когда она утвердительно кивнула головой, он спросил приветливо : — Вы давно изволили[7] приехать в Ялту?

— Дней пять.

— А я уже дотягиваю здесь вторую неделю.

Помолчали немного.

—Время идёт быстро, а между тем здесь такая скука! — сказала она, не глядя[3] на него.

— Это только принято говорить, что здесь скучно. Обыватель живёт у себя где-нибудь в Белеве или Жиздре — и ему не скучно, а приедет сюда : « Ах, скучно! ах, пыль! » Подумаешь, что он из Гренады приехал.

Она засмеялась. Потом оба продолжали есть молча[3], как незнакомые; но после обеда пошли рядом — и начался шутливый, лёгкий разговор людей свободных, довольных, которым всё равно, куда бы ни идти, о чём ни говорить. Они гуляли и говорили о том, как странно освещено[8] море; вода была сиреневого цвета, такого мягкого и тёплого, и по ней от луны шла золотая полоса. Говорили о том, как душно после жаркого дня. Гуров рассказал, что он москвич, по образованию филолог, но служит в банке; готовился когда-то петь в частной опере, но бросил, имеет в Москве два дома…А от неё он узнал, что она выросла в Петербурге, но вышла замуж в С., где живёт уже два года, что пробудет она в Ялте ещё с месяц и за ней быть может, приедет её муж, которому тоже хочется отдохнуть. Она никак не могла объяснить, где служит её муж,— в губернском правлении или в губернской земской управе, и это ей самой было смешно. И узнал ещё Гуров, что её зовут Анной Сергеевной.

Антон Чехов, *Дама с собачкой*, 1899.

---

7. *Изволить,* verbe vieilli, littéralement : daigner (terme de politesse).
8. Participe passé passif de *осветить*.

Il fit gentiment signe au loulou d'approcher, et, lorsqu'il se fut avancé, le menaça du doigt. Le loulou grogna. Gourov le menaça encore.

La dame le regarda et baissa aussitôt les yeux.

– Il ne mord pas, dit-elle en rougissant.

– Puis-je lui donner un os ?

Et, comme elle avait affirmativement hoché la tête, il demanda d'un air affable :

– Y a-t-il longtemps que madame est arrivée à Yalta ?

– Cinq jours, je crois.

– Moi, je termine péniblement ma deuxième semaine.

Ils se turent quelque temps.

– Le temps passe vite, et pourtant on s'ennuie tellement ici ! dit-elle sans le regarder.

– Ça se fait, de dire qu'on s'ennuie ici. Le bon bourgeois vit chez lui, dans un Bélévo[1] ou une Jizdra[1] quelconque et il ne s'ennuie pas. Mais à peine arrivé ici : « Ah ! l'ennui ! Oh ! la poussière ! » On croirait qu'il arrive de Grenade.

Elle rit. Puis ils continuèrent à manger en silence, comme des inconnus ; mais après dîner ils sortirent côte à côte et entamèrent une conversation badine et légère, celle de personnes libres, contentes, qui se moquaient d'aller ici ou là, de parler de ceci ou de cela. Ils se promenaient et causaient de l'éclairage étrange sur la mer : l'eau était d'un lilas si doux, si chaud, et la lune posait sur elle une bande dorée. Ils causaient du manque d'air succédant à une journée chaude. Gourov raconta qu'il habitait Moscou, qu'il avait fait des études de philologie, mais qu'il travaillait dans une banque. Il avait eu jadis l'intention de chanter dans un opéra privé, mais il y avait renoncé, il avait deux immeubles à Moscou… Il apprit en échange qu'elle avait grandi à Saint-Pétersbourg, mais qu'elle s'était mariée à S., où elle vivait depuis deux ans, qu'elle passerait encore un mois à Yalta et que son mari, qui avait envie de se reposer lui aussi, viendrait peut-être la chercher. Elle n'arrivait pas à expliquer où son mari exerçait ses fonctions, à l'administration du département ou à la direction départementale des districts[2], et cela la faisait rire elle-même. Gourov apprit encore qu'elle s'appelait Anna Serguéïevna.

Anton Tchekhov, *La Dame au petit chien*, extrait
(Traduction de V. Volkhoff, Le Livre de Poche, 1993.)

1. Petites villes de province.
2. Divisions administratives de l'époque.

Чёрный вечер.
Белый снег!
Ветер, ветер!
На ногах не стоит человек.
Ветер, ветер —
На всём божьем[1] свете!

Завивает ветер
Белый снежок.
Под снежком ледок.
Скользко, тяжко,
Всякий ходок
Скользит — ах, бедняжка!

От здания к зданию
Протянут канат.
На канате — плакат :
« Вся власть Учредительному Собранию! »
Старушка убивается — плачет,
Никак не поймёт, что значит,
На что такой плакат,
Такой огромный лоскут?
Сколько бы вышло портянок для ребят,
А всякий — раздет, разут…

Старушка, как курица,
Кой-как[2] перемотнулась через сугроб.
— Ох, Матушка-Заступница!
— Ох, большевики загонят в гроб!

---

1. Adjectif d'appartenance *бо́жий*, dérivé de *бог*, Dieu. Déclinaison semblable à celle de *тре́тий* (Mémento § 25 et § 40).
2. *кой-как* = *ко́е-как* (Mémento § 35).

La Révolution d'Octobre[1]

Le soir est noir.
Blanche la neige!
Le vent, le vent!
C'est à ne pas tenir debout.
Le vent, le vent
Sur toute la terre du bon dieu!

Le vent soulève
Une légère neige blanche.
Sous la neige le verglas.
Ça glisse, c'est pénible,
Chaque passant
Dérape... ah! le pauvre!

De bâtiment à bâtiment
On a tendu une corde.
Sur la corde une banderole:
« Pleins pouvoirs à l'Assemblée Constituante! »
Une vieille se lamente et pleure,
Jamais ne comprendra ce que ça veut dire,
A quoi ça sert une banderole,
Un aussi grand morceau de toile?
On en aurait des guêtres avec,
Quand les enfants sont nus, pieds nus...

La vieille, comme une poule,
A grand-peine franchit un tas de neige.
— Oh! Sainte Mère Protectrice!
— Oh! ces bolchéviques nous poussent au tombeau!

1. Le poème « Les Douze », dont nous donnons ici le début, est une
vision poétique des journées d'octobre 1917.

Ветер хлёсткий!
Не отстаёт[3] и мороз!
И буржуй на перекрёстке
В воротник упрятал нос.

А это кто? — Длинные волосы
И говорит вполголоса :
— Предатели!
— Погибла Россия!
Должно быть, писатель —
Вития…

А вон и долгополый —
Сторонкой — за сугроб…
Что нынче невесёлый,
Товарищ поп?

Помнишь, как бывало[4]
Брюхом шёл вперёд,
И крестом сияло
Брюхо на народ?

Вон барыня в каракуле
К другой подвернулась :
— Ужь[5] мы плакали, плакали…
Поскользнулась
И — бац — растянулась!

Ай, ай!
Тяни, подымай!

Ветер весёлый
И зол,[6] и рад.
Крутит подолы,
Прохожих косит,
Рвёт, мнёт[7] и носит
Большой плакат :
« Вся власть Учредительному Собранию… »

     Александр Блок, *Двенадцать (начало)*, 1918

---

3. *отставáть, отстаю́, отстаёшь…* | *отстáть, отстáну, отстá-нешь*, rester en arrière.
4. La particule *бывáло* exprime la répétition dans le passé (V. leçon 57).
5. *ужь* = *ужé*.
6. Forme courte de l'adjectif *злой*.
7. *мять* (leçon 67).

Le vent cinglant!
Le froid autant!
Et le bourgeois au carrefour
Dans son col se cache le nez.

Et celui-là, c'est qui? Les cheveux longs,
Il parle à mi-voix:
— Les traîtres!
— La Russie est perdue!
Sans doute un écrivain,
Un prophète...

Et voici qu'une longue soutane
Contourne le tas de neige...
Pourquoi tu n'as plus l'air gai
Camarade pope?

Tu te souviens comme à l'époque
Tu marchais la panse en avant?
Et que grâce à la croix, elle brillait
Ta panse au yeux du peuple?

Là-bas, une dame en astrakan
S'est tournée vers sa compagne:
— Avons-nous bien pleuré, pleuré...
Elle a glissé,
Et vlan! s'est étalée!

Aïe! aïe!
Qu'on la tire, qu'on la relève!

Le vent joyeux
Et furieux et content,
Entortille le bas des vêtements,
Fauche les passants,
Arrache, froisse et promène
La grande banderole:
« Pleins pouvoirs à l'Assemblée Constituante...»

D'après Alexandre Blok, *Les Douze* (début), 1918

БАНЯ

Говорят, граждане[1], в Америке бани отличные.

Туда, например, гражданин приедет[2], скинет бельё в особый ящик и пойдёт себе мыться. Беспокоиться даже не будет — мол[3], кража или пропажа, номерка даже не возьмёт.

Ну, может, иной беспокойный американец и скажет банщику :

— Гут бай, дескать[3], присмотри.

Только и всего.

Помоется этот американец, назад придёт, а ему чистое бельё подают — стиранное и глаженное[4]. Портянки небось белее снега. Подштанники зашиты, залатаны. Житьишко[5]!

А у нас бани тоже ничего. Но хуже. Хотя тоже мыться можно.

У нас только с номерками беда. Прошлую субботу я пошёл в баню (не ехать же, думаю, в Америку), дают два номерка. Один за бельё, другой за пальто с шапкой.

А голому человеку куда номерки деть[6]? Прямо сказать — некуда[6]. Карманов нету. Кругом — живот да[7] ноги. Грех один с номерками. К бороде не привяжешь.

Ну, привязал я к ногам по номерку, чтобы не враз потерять. Вошёл в баню.

Номерки теперича[8] по ногам хлопают. Ходить скучно. А ходить надо. Потому шайку надо. Без шайки какое же мытьё? Грех один.

---

1. Pluriel irrégulier de *граждани́н* (Mémento § 14).
2. Sur la valeur de ces futurs perfectifs, revoir la leçon 57.
3. Particules indiquant qu'on reproduit les paroles d'autrui.
4. Participe passé passif de *гла́дить*.
5. Diminutif de *житьё́*, synonyme populaire de *жизнь*, la vie.
6. Sur les propositions infinitives, revoir les leçons 41 et 45 et le § 72 du Mémento.
7. Synonyme de *и*.
8. Synonyme familier de *тепе́рь*.

Traduction

Les bains

A ce qu'on dit, citoyens, en Amérique les bains sont parfaits.

Là-bas, par exemple, un citoyen arrivera, mettra son linge dans un casier spécial et ira tout simplement se laver. Il ne s'inquiétera même pas, dit-on, d'un vol ou d'une perte, ne prendra même pas de jeton.

Parfois, peut-être bien qu'un Américain inquiet de nature dira au garçon de bains:

— Goud baye, qu'il dira, tâche d'avoir un peu l'oeil!

Et c'est tout.

Cet Américain-là se lavera, reviendra, et on lui présentera son linge propre — lavé et repassé. Pour sûr que les guêtres sont plus blanches que neige! Les caleçons sont recousus, rapiécés. Ça, c'est la vie!

Nos bains à nous ne sont pas mal non plus. Mais pas si bien. Pourtant on peut se laver aussi.

C'est seulement avec les jetons qu'on a des ennuis. Samedi dernier, je suis allé aux bains — je ne vais quand même pas aller en Amérique que je me dis—, on me donne deux jetons. Un pour le linge, un autre pour le manteau et la toque.

Mais quand on est nu, où mettre des jetons? A vrai dire, nulle part. Pas de poches. Il n'y a que le ventre et les jambes. C'est ça le malheur avec les jetons! On ne va pas se les attacher à la barbe!

Alors je me suis attaché un jeton à chaque jambe, pour ne pas perdre les deux d'un seul coup. Et je suis rentré dans les bains.

Voilà les jetons maintenant qui me battent les jambes. C'est ennuyeux pour marcher. Mais il faut marcher. Parce qu'il faut une cuvette. Sans cuvette, comment se laver? C'est ça le malheur!

Ищу шайку. Гляжу, один граждании в трех шайках моется. В одной стоит, в другой башку мылит, а третью левой рукой придерживает, чтоб не сперли.

Потянул я третью шайку, хотел, между прочим, ее себе взять, а гражданин не выпущает.

— Ты что ж это, — говорит, — чужие шайки воруешь? Как ляпну, говорит, тебе шайкой между глаз — не зарадуешься.

Я говорю :

— Не царский, говорю, режим шайками ляпать. Эгоизм, говорю, какой. Надо же, говорю, и другим помыться. Не в театре, говорю.

А он задом повернулся и моется.

« Не стоять же, — думаю, — над его душой. Теперича, думаю, он нарочно три дня будет мыться ».

Пошел дальше.

Через час гляжу, какой-то дядя зазевался, выпустил из рук шайку. За мылом нагнулся или замечтался — не знаю. А только тую⁹ шайку я взял себе.

Теперича и шайка есть, а сесть негде. А стоя мыться — какое же мытье? Грех один.

Хорошо. Стою стоя, держу шайку в руке, моюсь.

А кругом-то, батюшки-светы, стирка самосильно идет. Один штаны моет, другой подштанники трет, третий еще что-то крутит. Только, скажем, вымылся — опять грязный. Брызжут, дьяволы. И шум такой стоит от стирки — мыться неохота. Не слышишь, куда мыло трешь. Грех один.

« Ну их, думаю, в болото. Дома домоюсь ».

Иду в предбанник. Выдают на номер белье. Гляжу — все мое, штаны не мои.

— Граждане, — говорю. — На моих тут дырка была. А на этих эвон где.

9 Pour *ту*, accusatif féminin de *тот*.

Je cherche une cuvette. Je regarde, un citoyen se lave dans trois cuvettes. Debout dans l'une, il se savonne le crâne dans une autre et retient la troisième de la main gauche pour qu'on l'emporte pas.

J'ai tiré sur la troisième cuvette, je voulais en fait la prendre pour moi mais le citoyen ne lâche pas.

— Qu'est-ce que tu as donc, il dit, tu fauches les cuvettes des autres ? Que je te flanque, il dit, cette cuvette entre les yeux, tu ne seras pas à la fête !

Moi je dis :

— C'est pas le régime tsariste, je dis, pour balancer les cuvettes. Quel égoïsme, je dis. Il y en a d'autres qui doivent se laver, que je lui dis. On n'est pas au théâtre, que je dis.

Mais il m'a tourné le dos et se lave.

Pas la peine d'insister, je pense. Maintenant il va faire exprès de se frotter pendant trois jours.

Je suis allé plus loin.

Au bout d'une heure, je regarde : un bonhomme rêvassait, la cuvette lui est tombée des mains. Il s'est baissé pour prendre le savon ou il est dans la lune, je ne sais pas au juste. En tous cas je me suis pris cette cuvette.

Voila que maintenant j'ai la cuvette mais rien pour m'asseoir. Et se laver debout, est-ce que c'est se laver ? C'est ça le malheur !

Bon, ça va. Pour être debout, je suis debout. Je tiens la cuvette d'une main et je me lave.

Mais tout autour, grand dieu, la lessive, ça y va ! Il y en a un qui lave son pantalon, l'autre frotte son caleçon, le troisième tord je ne sais quoi. Dès que tu as, disons, fini de te laver, tu es de nouveau sale. Ils éclaboussent, les diables ! Et la lessive fait un tel bruit qu'on n'a pas envie de se laver ! Tu ne t'entends même pas savonner. C'est ça le malheur.

Qu'ils aillent au diable[1], je me dis. Je finirai de me laver chez moi.

Je vais à l'entrée. Contre un jeton on me délivre le linge. Je regarde : tout est bien à moi sauf le pantalon.

— Citoyens, que je dis, sur le mien il y avait un trou ici. Et sur celui-là, regardez où il est.

1. Littéralement : dans le marais.

А банщик говорит :

— Мы, говорит, за дырками не приставлены. Не в театре, говорит.

Хорошо. Надеваю эти штаны, иду за пальтом.[10] Пальто не выдают — номерок требуют. А номерок на ноге забытый. Раздеваться надо. Снял штаны, ищу номерок — нету номерка. Веревка тут, на ноге, а бумажки нет. Смылась бумажка. Подаю банщику веревку — не хочет.

По веревке, — говорит, — не выдаю. Это, говорит, каждый гражданин настрижет веревок[11] — польт не напасешься. Обожди, говорит, когда публика разойдется — выдам, какое останется.

Я говорю :

— Братишечка, а вдруг да дрянь останется? Не в театре же, говорю. Выдай, говорю, по приметам. Один, говорю, карман рваный, другого нету. Что касается пуговиц, то, говорю, верхняя есть, нижних же не предвидится.

Все-таки выдал. И веревки не взял.

Оделся я, вышел на улицу. Вдруг вспомнил : мыло забыл.

Вернулся снова. В пальто не впущают[12].

— Раздевайтесь, — говорят.

Я говорю :

— Я, граждане, не могу в третий раз раздеваться. Не в театре, говорю. Выдайте тогда хоть стоимость мыла.

Не дают.

Не дают — не надо. Пошел без мыла.

Конечно, читатель может полюбопытствовать : какая, дескать, это баня? Где она? Адрес?

Какая баня? Обыкновенная. Которая в гривенник.

Михаил Зощенко, 1924

10. *Пальто́* — normalement indéclinable — se décline dans la langue familière.
11. Les verbes comportant le préverbe *на-* dans le sens de faire telle ou telle chose en grande quantité, ont un complément d'objet direct au génitif.
12. Populaire pour *впуска́ют*.

Mais le garçon de bains dit:

— Nous, il dit, on n'est pas là pour surveiller les trous. On n'est pas au théâtre, il dit.

Bon. Je mets ce pantalon et je vais chercher le manteau. Le manteau, on ne le délivre pas: on exige le jeton. Et le jeton, je l'ai oublié sur la jambe. Il faut se déshabiller. J'enlève le pantalon, je cherche le jeton: pas de jeton. La ficelle est là, sur la jambe, mais pas le carton. Le carton a fichu le camp. Je donne la ficelle au garçon, il n'accepte pas.

— Contre la ficelle, il dit, je ne délivre rien. Comme ça, il dit, chaque citoyen se mettra à couper des bouts de ficelle et il n'y aura pas assez de manteaux. Attends, qu'il dit, quand les gens seront tous partis, je te délivrerai celui qui restera.

Je dis:

— Mon petit gars, et si par hasard il ne restait que de la camelote? On n'est pas au théâtre, je dis. Délivre, je lui dis, d'après le signalement. Une poche, je dis, est déchirée et l'autre elle n'y est pas. En ce qui concerne les boutons, je lui dis, celui du haut il y est; ceux du bas, t'attends pas à en trouver.

Tout de même, il me l'a délivré. Et il n'a pas pris la ficelle.

Je me suis habillé et je suis sorti dans la rue. Soudain je me souviens: j'ai oublié le savon.

J'y suis retourné encore. On laisse pas rentrer en manteau.

— Ôtez-le! qu'ils disent.

Je réponds:

— Moi, citoyens, je ne peux pas me déshabiller pour la troisième fois. On n'est pas au théâtre, je dis. Délivrez-moi au moins le montant du savon.

On le donne pas.

On le donne pas? Ça ne fait rien. Je suis parti sans savon.

Bien sûr, le lecteur serait curieux d'apprendre de quels bains il s'agit. Où ils se trouvent. Leur adresse.

Quels bains? N'importe quels bains où l'on prend dix kopecks[2] d'entrée.

Mikhaïl Zochtchenko

2 le "grivennik" est un terme populaire désignant la pièce de 10 kopecks.

А кто же сегодня регистрировался в Загсе?[1]

Входит Тоня.

А б р а м. — А мы только что как раз о тебе спорили. Васька говорит, что ты не пошла за колбасой, а я говорю как раз, что ты пошла за колбасой. Хи-хи!.. Такое недоразумение... (*Подмигивает отчаянно Тоне.*) Кстати, ты знакома с Васькой?

Т о н я. — Знакома.

В а с я (*слишком старательно подметает*). — Встречались.

Т о н я (*негромко Абраму*). — Информировал?

А б р а м (*также негромко*). — Не выходит. Язык не поворачивается. Кузнецова, я тебя очень прошу, информируй ты.

Т о н я. — Я?

А б р а м. — Ну да, а то я стесняюсь.

Т о н я. — Я не понимаю : что за феодальные нежности? Дело совершенно простое. Ничего ужасного. Прямо пойди и всё объясни.

А б р а м. — Легко сказать — объясни! Иди сама объясни.

Т о н я. — Почему? Ты, кажется, муж?

А б р а м. — Кузнецова, без мещанства!

Т о н я. — Наконец, я ходила за колбасой, а ты должен информировать.

А б р а м. — Разделение труда?

Т о н я. — Именно.

А б р а м. — Значит, прямо пойти и прямо объяснить?

Т о н я. — Прямо иди и прямо объясни.

А б р а м. — Или неэтично?

Т о н я. — Этично.

А б р а м. — Ух! Прямо пойду и прямо объясню. Ух! (*Идёт к Васе*). Слушай, старик... Такое дело... Я должен с тобой серьёзно поговорить... Гм... кстати, что это ты сегодня так разоделся? Прямо какой-то жених?[2]

В а с я. — Я — жених? Откуда ты взял?

---

1. *Загс*, initiales de *Запись актов гражданского состояния*, office de l'état civil.
2. *Жених*, le fiancé ou le tout jeune marié.

Qui donc est passé devant le maire aujourd'hui?

Entre Tonia.

ABRAHAM. — On[1] vient justement d'avoir une discussion à ton propos. Vaska dit que tu n'es pas allée chercher le saucisson et moi je dis justement que tu es allée chercher le saucisson. Hi hi!... Quel malentendu!... (*Il cligne désespérément de l'oeil à l'intention de Tonia.*) A propos, tu connais Vaska?

TONIA. — Je le connais.

VASSIA (*il balaie avec le plus grand soin*). — Nous nous sommes rencontrés.

TONIA (*à mi-voix à Abraham*). — Tu l'as mis au courant?

ABRAHAM (*également à mi-voix*). — Ça ne sort pas. J'ai la langue paralysée. Kouznetsova, je t'en supplie, mets-le au courant, toi.

TONIA. — Moi?

ABRAHAM. — Mais oui, moi je me sens gêné.

TONIA. — Je ne comprends pas: que signifie cette pudeur féodale? L'affaire est tout à fait simple. Rien d'effrayant. Vas-y franchement et explique lui tout.

ABRAHAM. — C'est facile à dire: explique! Vas-y toi-même, explique.

TONIA. — Pourquoi? C'est toi le mari, il me semble.

ABRAHAM. — Kouznetsova, ne sois pas mesquine!

TONIA. — Enfin, je suis allée chercher le saucisson, et toi tu dois le mettre au courant.

ABRAHAM. — La division du travail?

TONIA. — C'est ça.

ABRAHAM. — Donc, il faut y aller franchement et franchement lui expliquer?

TONIA. — Vas-y franchement et franchement explique-lui.

ABRAHAM. — Et si ce n'était pas moral?

TONIA. — C'est moral.

ABRAHAM. — Oh, la la! J'irai franchement et lui expliquerai franchement. Oh, la la! (*Il se dirige vers Vassia*) Écoute, mon vieux... Quelle affaire!... Je dois te parler sérieusement... Hum... A propos, pourquoi t'es-tu si bien habillé aujourd'hui? Vraiment comme pour te marier!

VASSIA. — Moi, me marier? D'où tu as pris ça?

---

1. Deux camarades, Abraham et Vassia partagent la même chambre à l'époque de la crise du logement.

Абрам. — Ну-ну!.. Я пошути́л. Я же зна́ю, что ты закоренéлый холостя́к... Кста́ти, о холостяка́х... То есть, кста́ти о жениха́х... То есть, кста́ти, о брáке вообще́...

Вася (*крáйне смущённо и угрю́мо*). — Како́й мо́жет быть брак?

Абрам. — Посто́й, посто́й, стари́к! Ты, глáвное, не серди́сь. Поговори́м серьёзно. Ух!.. Ну, жи́ли вдвоём, а тепéрь бу́дем жить втроём. Поду́маешь, трагéдия! Я бы, напримéр, на твоём мéсте да́же рáдовался.

Вася. — Рáдовался?

Абрам. — А что же? Горáздо веселéй.

Вася. — Абра́м! Ты э́то серьёзно?

Абрáм. — Са́мым серьёзным о́бразом.

Вася. — Ру́ку, товáрищ!

(*Крéпкое рукопожáтие.*[3])

Абрам. — Как говори́тся, всерьёз и надо́лго. Да́же в зáгсе регистри́ровались.

Вася. — Регистри́ровались, регистри́ровались... Как же, по всей фо́рме... Там ещё тако́й смешно́й завéдующий[4] столо́м брáков сиди́т, с таки́ми, понимáешь, усáми... Речь сказáл.

Абрам. — Вéрно, вéрно. Речь сказáл. Посто́й... А ты отку́да знáешь?

Вася. — Как это отку́да знáю? А кто же, по-твóему, сего́дня регистри́ровался, как не я́?

Абрам. — Ты регистри́ровался? Посто́й... Это я́ регистри́ровался.

Вася. — Ты? Ты тóже регистри́ровался?

Абрам. — Что знáчит — я тóже? Не то́же, а глáвным о́бразом.

Вася. — Абрáм! Тогда́... знáчит, мы óба... сего́дня ре...

Абрам. — ...гистри́ровались...

ВАЛЕНТИН КАТАЕВ, Квадратура круга, I, 8, 1928

---

3. M. à m.: vigoureuse poignée de main.
4. Participe présent actif, substantivé de *завéдовать*, administrer, suivi, comme le verbe, de l'instrumental.

ABRAHAM. — Bien! Bien!... Je plaisantais. Je sais bien que tu es un célibataire endurci... A propos de célibataires... C'est-à-dire de jeunes mariés... C'est-à-dire, à propos de mariage en général...

VASSIA (*extrêmement troublé et sombre*). — De quel mariage peut-il bien être question?

ABRAHAM. — Attends! attends! mon vieux! Surtout, ne te fâche pas! Parlons sérieusement. Hou!... Eh bien, nous habitions à deux et maintenant nous allons habiter à trois. Tu parles d'une tragédie! Moi, par exemple, à ta place, je me serais même réjoui.

VASSIA. — Réjoui?

ABRAHAM. — Et alors quoi? C'est bien plus gai.

VASSIA. — Abraham! Tu dis ça sérieusement?

ABRAHAM. — Le plus sérieusement du monde!

VASSIA. — Ta main, camarade!

(*Ils se serrent vigoureusement la main.*)

ABRAHAM. — Comme on dit: sérieusement et pour longtemps. On est même enregistrés au bureau de l'état civil.

VASSIA. — Enregistrés! enregistrés!... Qu'est-ce que tu veux, dans toutes les règles... Là-bas même, il y a un chef de bureau des mariages si drôle, avec des moustaches comme ça, tu comprends... Il a prononcé un discours.

ABRAHAM. — C'est juste, c'est juste. Il a prononcé un discours. Attends... Mais toi, comment tu le sais?

VASSIA. — Comment ça, comment je le sais? Et qui donc, selon toi, s'est marié aujourd'hui, si ce n'est moi?

ABRAHAM. — Toi, marié? Attends... C'est moi qui me suis marié.[2]

VASSIA. — Toi? Tu t'es marié toi aussi?

ABRAHAM. — Qu'est-ce que ça veut dire: moi aussi? Pas aussi mais essentiellement.

VASSIA. — Abraham! Alors... donc, nous deux... aujourd'hui nous nous sommes ma...

ABRAHAM. — ...riés...

D'après VALENTIN KATAÏEV,
La Quadrature du Cercle, acte I, scène 8

2. **M.** à m.: j'ai été enregistré (à l'Etat civil).

82   Как создавался Робинзон

В реда́кции иллюстри́рованного двухдека́дника « Приключе́нческое де́ло » ощуща́лась нехва́тка худо́жественных произведе́ний, спосо́бных прикова́ть внима́ние молодёжного чита́теля.

Бы́ли ко́е-каки́е произведе́ния, но все не то. Сли́шком мно́го бы́ло в них слюня́вой[1] серьёзности. Сказа́ть пра́вду, они́ омрача́ли ду́шу молодёжного чита́теля, не прико́вывали. А реда́ктору хоте́лось и́менно прикова́ть.

В конце́ концо́в реши́ли заказа́ть рома́н с продолже́нием.

Редакцио́нный скорохо́д[2] помча́лся с пове́сткой к писа́телю Молдава́нцеву, и уже́ на друго́й день Молдава́нцев сиде́л на купе́ческом[3] дива́не в кабине́те реда́ктора.

— Вы понима́ете, — втолко́вывал реда́ктор, — э́то должно́ быть занима́тельно, свежо́, полно́ интере́сных приключе́ний. В о́бщем, э́то до́лжен быть сове́тский Робинзо́н Кру́зо. Так, что́бы чита́тель не мог оторва́ться.

— Робинзо́н — э́то мо́жно, — кра́тко сказа́л писа́тель.

— То́лько не про́сто Робинзо́н, а сове́тский Робинзо́н.

— Како́й же ещё! Не румы́нский!

Писа́тель был не разгово́рчив. Сра́зу бы́ло ви́дно, что э́то челове́к де́ла.

И, действи́тельно, рома́н поспе́л к усло́вленному сро́ку. Молдава́нцев не сли́шком отклони́лся от вели́кого по́длинника. Робинзо́н — так Робинзо́н.

Сове́тский ю́ноша те́рпит кораблекруше́ние.[4] Волна́ выно́сит

---

1. Littéralement: baveux (*слюна́*: la salive).
2. De *ско́рый*, rapide, et de *ходи́ть*, aller.
3. Littéralement: de marchand.
4. De *кора́бль*, le navire et *круше́ние*, la perte.

Comment fut conçu Robinson

A la rédaction du bimensuel illustré « Aventures », on manquait d'oeuvres littéraires capables de captiver l'attention d'un lecteur jeune.

Il y avait bien certaines oeuvres, mais ce n'était pas ça. On y trouvait beaucoup trop de rabâchage sérieux. A dire vrai, elles assombrissaient l'âme du jeune lecteur, elles ne captivaient pas. Or le rédacteur avait précisément envie de captiver.

En fin de compte, on décida de commander un roman à épisodes.

Le garçon de courses de la rédaction se précipita avec une convocation chez l'écrivain Moldavantsev, et dès le lendemain Moldavantsev était assis sur le divan luxueux du bureau du rédacteur.

— Vous comprenez, soulignait le rédacteur, ça doit être divertissant, frais, plein d'aventures intéressantes. En somme, il faudrait un Robinson Crusoë soviétique. Que le lecteur ne puisse s'en arracher.

— Robinson, ça peut se faire, dit brièvement l'écrivain.

— Oui, seulement pas n'importe quel Robinson, un Robinson soviétique.

— Et quoi encore! Pas un roumain!

L'écrivain n'était pas bavard. D'emblée, il fut visible qu'il était l'homme de la situation.

Et, en effet, le roman fut livré dans les délais convenus. Moldavantsev ne s'était pas trop écarté du célèbre original. Robinson? Voilà un Robinson!

Un jeune Soviétique est victime d'un naufrage. La vague le porte

его́ на необита́емый о́стров. Он оди́н, беззащи́тный, пе́ред лицо́м могу́чей приро́ды. Его́ окружа́ют опа́сности: зве́ри, лиа́ны, предстоя́щий дождли́вый пери́од. Но сове́тский Робинзо́н, по́лный эне́ргии, преодолева́ет все препя́тствия, каза́вшиеся непреодоли́мыми. И че́рез три го́да сове́тская экспеди́ция нахо́дит его́, нахо́дит в расцве́те сил. Он победи́л приро́ду, вы́строил до́мик, окружи́л его́ зелёным кольцо́м огоро́дов, развёл кро́ликов, сшил себе́ толсто́вку из обезья́них хвосто́в и научи́л попуга́я буди́ть себя́ по утра́м слова́ми: «Внима́ние! Сбро́сьте одея́ло! Сбро́сьте одея́ло! Начина́ем у́треннюю гимна́стику!»

— О́чень хорошо́, — сказа́л реда́ктор, — а про кро́ликов про́сто великоле́пно. Вполне́ своевре́менно. Но, вы зна́ете, мне не совсе́м ясна́ основна́я мысль произведе́ния.

— Борьба́ челове́ка с приро́дой, — с обы́чной кра́ткостью сообщи́л Молдава́нцев.

— Да, но нет ничего́ сове́тского.

— А попуга́й? Ведь он у меня́ заменя́ет ра́дио. О́пытный переда́тчик.

— Попуга́й — э́то хорошо́. И кольцо́ огоро́дов хорошо́. Но не чу́вствуется сове́тской обще́ственности. Где, наприме́р, местко́м?[5] Руководя́щая роль профсою́за?[6]

Молдава́нцев вдруг заволнова́лся. Как то́лько он почу́вствовал, что рома́н мо́гут не взять, неразгово́рчивость его́ ми́гом исче́зла. Он стал красноречи́в.

— Отку́да же местко́м? Ведь о́стров необита́емый?

— Да, соверше́нно ве́рно, необита́емый. Но местко́м до́лжен быть. Я не худо́жник сло́ва, но на ва́шем ме́сте я бы ввёл. Как сове́тский элеме́нт.

— Но ведь весь сюже́т постро́ен на том, что о́стров необита́е...

Тут Молдава́нцев случа́йно посмотре́л в глаза́ реда́ктора и запну́лся. Глаза́ бы́ли таки́е весе́нние, така́я там чу́вствовалась ма́ртовская пустота́ и синева́, что он реши́л пойти́ на компроми́сс.

(Продолже́ние сле́дует)

5. Abréviation de *ме́стный комите́т*.
6. Abréviation de *профессиона́льный сою́з*, m. à m.: union professionnelle.

sur une île déserte. Il est seul, sans défense, face à la puissante nature. Des dangers l'environnent: les bêtes sauvages, les lianes, l'approche de la saison des pluies. Mais le Robinson soviétique, plein d'énergie, surmonte tous les obstacles qui paraissaient insurmontables. Et trois ans plus tard une expédition soviétique le trouve, le trouve dans la plénitude de ses forces. Il a triomphé de la nature, construit une cabane, l'a entourée d'une verte ceinture de potagers, a élevé des lapins, s'est confectionné une chemise à la Tolstoï[1] avec des queues de singes et a appris au perroquet à le réveiller le matin par ces mots: « Attention! Rejetez la couverture! Rejetez la couverture! Commençons notre gymnastique matinale! »

— Très bien dit le rédacteur, et pour les lapins simplement admirable. Tout à fait opportun. Mais, voyez-vous, l'idée principale ne me paraît pas tout à fait claire.

— Le combat de l'homme avec la nature, annonça Moldavantsev avec son laconisme habituel.

— Oui, mais il n'y a rien de soviétique.

— Et le perroquet? Il tient lieu pour moi de radio. Un émetteur qui a fait ses preuves.

— Le perroquet, c'est bien. Et bien aussi la ceinture de potagers. Mais l'esprit soviétique n'y est pas. Où est, par exemple, le comité local? L'action directrice du syndicat?

Moldavantsev fut soudain pris d'inquiétude. Dès qu'il eut le sentiment que son roman pouvait ne pas être pris, il abandonna son laconisme en un clin d'oeil. Il devint éloquent.

— D'où sortirait donc le comité local. L'île n'est-elle pas déserte?

— Si, c'est parfaitement juste, elle est déserte, Mais un comité local est nécessaire. Je n'ai pas l'art des mots, mais à votre place je l'aurais introduit. En tant qu'élément soviétique.

— Mais c'est que tout le sujet est bâti autour du fait que l'île est déser…

Ici Moldavantsev regarda par hasard les yeux du rédacteur et resta court. Ces yeux étaient si printaniers, où y sentait tellement le vide et le bleu de mars, qu'il décida d'accepter un compromis. (*A suivre*)

1. Longue chemise, resserrée à la taille par une ceinture, du type de celles que portait Tolstoï, à la fin de sa vie.

Как создавался Робинзон
(*продолжение*)

— А ведь вы пра́вы, — сказа́л он, подыма́я[1] па́лец. — Коне́чно. Как э́то я сра́зу не сообрази́л? Спаса́ются от кораблекруше́ния дво́е : наш Робинзо́н и председа́тель месткома.

— И ещё два освобождённых чле́на,[2] — хо́лодно сказа́л реда́ктор.

— Ой! — пи́скнул Молдава́нцев.

— Ничего́ не ой. Два освобождённых, ну и одна́ активи́стка, сбо́рщица чле́нских взно́сов.

— Заче́м же ещё сбо́рщица? У кого́ она́ бу́дет собира́ть чле́нские взно́сы?

— А у Робинзо́на.

— У Робинзо́на мо́жет собира́ть взно́сы председа́тель. Ничего́ ему́ не сде́лается.

— Вот тут вы ошиба́етесь, това́рищ Молдава́нцев. Это абсолю́тно недопусти́мо. Председа́тель месткома не до́лжен разме́ниваться на ме́лочи и бе́гать собира́ть взно́сы. Мы бо́ремся с э́тим. Он до́лжен занима́ться серьёзной руководя́щей рабо́той.

— Тогда́ мо́жно и сбо́рщица, — покори́лся Молдава́нцев. — Это да́же хорошо́. Она́ вы́йдет за́муж за председа́теля и́ли за того́ же Робинзо́на. Всё-таки веселе́й бу́дет чита́ть.

— Не сто́ит. Не ска́тывайтесь в бульва́рщину, в нездоро́вую эро́тику. Пусть она́ себе́ собира́ет свои́ чле́нские взно́сы и храни́т их в несгора́емом[3] шкафу́.

---

1. *Подыма́ть* synonyme de *поднима́ть*, imperfectif de *подня́ть*.
2. Sur la syntaxe du nombre, revoir la leçon 31.
3. Sur ce type d'adjectifs tirés du participe présent passif, revoir la leçon 59.

Comment fut conçu Robinson (*suite*)

— En fait, vous avez raison, dit-il en levant le doigt. Evidemment. Comment ne l'ai-je pas compris tout de suite? Deux personnes ont réchappé au naufrage: notre Robinson et un président de comité local.

— Et aussi deux membres du parti en disponibilité de service,[1] dit froidement le rédacteur.

— Oh! gémit Moldavantsev.

— Il n'y a pas de oh! Deux membres en disponibilité et puis une volontaire pour recevoir les cotisations.

— Pourquoi donc encore cette receveuse? Auprès de qui ira-t-elle collecter les cotisations?

— Mais auprès de Robinson.

— Le président peut bien collecter les cotisations de Robinson. Il n'en mourra pas.

— Voilà où vous faites erreur, camarade Moldavantsev. C'est absolument inadmissible. Un président de comité local ne doit pas gaspiller ses forces à courir relever des cotisations. Nous luttons contre de telles pratiques. Il doit s'employer à un travail sérieux de dirigeant.

— Alors passe donc pour la receveuse, accorda Moldavantsev, résigné. C'est même bien. Elle pourra se marier avec le président ou avec Robinson lui-même. Ce sera toujours agréable à lire.

— Pas question! Ne tombez pas dans le boulevard, dans l'érotisme malsain. Qu'elle se contente de relever ses cotisations et de les garder dans le coffre-fort!

1. Il s'agit de membres du Parti, dispensés de travail pour s'adonner à leurs activités à l'intérieur du Parti.

Молдаванцев заёрзал на диване.

— Позвольте, несгораемый шкаф не может быть на необитаемом острове!

Редактор призадумался.

— Стойте, стойте, — сказал он, — у вас там в первой главе есть чудесное место. Вместе с Робинзоном и членами месткома волна выбрасывает на берег разные вещи...

— Топор, карабин, бусоль, бочку рома и бутылку с противоцинготным средством, — торжественно перечислил писатель.

— Ром вычеркните, — быстро сказал редактор, — и потом, что это за бутылка[4] с противоцинготным средством? Кому это нужно? Лучше бутылка чернил! И обязательно несгораемый шкаф.

— Дался вам этот шкаф! Членские взносы можно отлично хранить в дупле баобаба. Кто их там украдёт?

— Как кто? А Робинзон? А председатель месткома? А освебеждённые члены? А лавочная комиссия?

— Разве она тоже спаслась? — трусливо спросил Молдаванцев.

— Спаслась.

Наступило молчание.

— Может быть, и стол для заседаний выбросила волна?! — ехидно спросил автор.

— Не-пре-мен-но! Надо же создать людям условия для работы. Ну, там графин с водой, колокольчик, скатерть. Скатерть пусть волна выбросит какую угодно. Можно красную, можно зелёную. Я не стесняю художественного творчества. Но вот, голубчик, что нужно сделать в первую очередь — это показать массу. Широкие слои трудящихся.

— Волна не может выбросить массу, — заупрямился Молдаванцев. — Это идёт вразрез с сюжетом. Подумайте. Волна вдруг выбрасывает на берег несколько десятков тысяч человек! Ведь это курам на смех.[5]

---

4. *Что за?* + nominatif = Quelle sorte de...?
5. Mot à mot: c'est pour faire rire les poules (*курица*, pl. *куры*).

Moldavantsev s'agita sur son divan.

— Permettez, il ne peut pas se trouver de coffre-fort sur une île déserte!

Le rédacteur devint pensif.

— Attendez, attendez! dit-il, dans votre premier chapitre il y a un passage admirable. En même temps que Robinson et les membres du comité, les vagues ont rejeté sur le rivage différentes choses…

— Une hache, une carabine, une boussole, un tonneau de rhum et une bouteille de remède antiscorbutique, énuméra solennellement l'écrivain.

— Supprimez le rhum, dit rapidement le rédacteur, et puis qu'est-ce que c'est que cette bouteille de remède antiscorbutique? Qu'est-ce qu'on en a à faire? Mieux vaut une bouteille d'encre! Et ne pas oublier le coffre-fort.

— Vous êtes entêté, avec votre coffre! On peut fort bien garder les cotisations dans le creux d'un baobab. Qui donc ira les y voler?

— Comment qui! Et Robinson? Et le président du comité local? Et les membres en disponibilité? Et la commission commerciale?

— Peut-on croire qu'elle aussi en ait réchappé? demanda timidement Moldavantsev.

— Elle en a réchappé.

Il y eut un silence.

— Peut-être bien aussi que les vagues ont rejeté une table de réunion?! demanda l'auteur, caustique.

— A-bso-lu-ment! Il faut bien donner aux gens des conditions de travail. Et puis alors une carafe avec de l'eau, une clochette, une nappe. Pour la nappe, que les vagues rejettent celle qu'il vous plaît. Soit rouge soit verte. Ce n'est pas moi qui irai gêner l'inspiration de l'artiste. Mais voici, mon cher, ce qu'il faut faire en premier lieu: montrer la masse. Les grandes couches laborieuses.

— Les vagues ne peuvent quand même pas rejeter votre masse, s'entêta Moldavantsev. Ça va à l'encontre du sujet. Réfléchissez! Les vagues qui rejettent tout d'un coup sur le rivage quelques dizaines de milliers d'individus! Vraiment, c'est à mourir de rire.

— Кста́ти, небольшо́е коли́чество здоро́вого, бо́дрого жизнера́достного сме́ха, — вста́вил реда́ктор, — никогда́ не помеша́ет.

— Нет! Волна́ э́того не мо́жет де́лать.

— Почему́ волна́? — удиви́лся вдруг реда́ктор.

— А как же ина́че ма́сса попадёт на о́стров? Ведь о́стров необита́емый?!

— Кто вам сказа́л, что он необита́емый? Вы меня́ что́-то пу́таете. Всё я́сно. Существу́ет о́стров, лу́чше да́же полуо́стров. Так оно́ споко́йнее. И там происхо́дит ряд занима́тельных, све́жих, интере́сных приключе́ний. Ведётся профрабо́та, иногда́ недоста́точно ведётся. Активи́стка вскрыва́ет ряд непола́док, ну хоть бы в о́бласти собра́ния чле́нских взно́сов. Ей помога́ют широ́кие сло́и. И раска́явшийся председа́тель. Под[6] коне́ц мо́жно дать о́бщее собра́ние. Э́то полу́чится о́чень эффе́ктно и́менно в худо́жественном отноше́нии. Ну, и всё.

— А Робинзо́н? — пролепета́л Молдава́нцев.

— Да. Хорошо́, что вы мне напо́мнили. Робинзо́н меня́ смуща́ет. Вы́бросьте его́ совсе́м. Неле́пая, ниче́м не опра́вданная фигу́ра ны́тика.

— Тепе́рь всё поня́тно, — сказа́л Молдава́нцев гробовы́м[7] го́лосом, — за́втра бу́дет гото́во.

— Ну, всего́. Твори́те. Кста́ти, у вас в нача́ле рома́на происхо́дит кораблекруше́ние. Зна́ете, не на́до кораблекруше́ния. Пусть бу́дет без кораблекруше́ния. Так бу́дет занима́тельней. Пра́вильно? Ну и хорошо́. Бу́дьте здоро́вы!

Оста́вшись оди́н, реда́ктор ра́достно засмея́лся.

— Наконе́ц-то, — сказа́л он, — у меня́ бу́дет настоя́щее приключе́нческое и прито́м вполне́ худо́жественное произведе́ние.

ИЛЬФ и ПЕТРОВ, 1933

---

6. *под* + accusatif peut avoir un sens temporel: vers, à la veille de.
7. De *гроб*, le cercueil.

— A ce propos, une petite dose de rire sain, vigoureux et bien vivant, interrompit le rédacteur, n'a jamais nui.

— Non! Les vagues ne peuvent pas faire ça.

— Pourquoi des vagues? s'étonna soudain le rédacteur.

— Et comment donc la masse se trouverait-elle autrement sur l'île? Il s'agit bien d'une île déserte?!

— Qui vous a dit qu'elle était déserte? Vous m'embrouillez quelque peu. Tout est clair. Il y a une île, plutôt même une presqu'île. On serait ainsi plus tranquille. Et il s'y passe une suite d'aventures divertissantes, fraîches et intéressantes. On fait du travail syndical mais il est parfois insuffisant. La volontaire découvre une série d'irrégularités, par exemple dans le domaine de la collecte des cotisations. Les couches laborieuses lui viennent en aide. Et aussi le président repentant. Pour finir, on pourrait donner une assemblée générale. Cela produirait un gros effet, notamment sur le plan littéraire. Eh bien, voilà tout!

— Et Robinson? balbutia Moldavantsev.

— Oui, il est bon de me le rappeler. Robinson m'embarrasse. Supprimez-le tout à fait. Un personnage pleurnichard, absurde et que rien ne justifie.

— Maintenant tout est clair, dit Moldavantsev d'une voix sépulcrale, demain ce sera prêt.

— Alors, bon courage! A l'oeuvre! A propos, au début de votre roman, il se produit un naufrage. Vous savez, on n'a pas besoin de naufrage. Vous vous passerez de naufrage. Ainsi ce sera plus divertissant. Pas vrai? Alors, c'est bien. Portez vous bien.

Resté seul, le rédacteur se mit à rire joyeusement.

Enfin, dit-il, je vais avoir une vraie aventure et avec ça une oeuvre tout ce qu'il y a de littéraire.

D'après ILF et PÉTROV — 1933

84 Дело в Грибоедове

МАССОЛИТ[1] разместился в Грибоедове так, что лучше и уютнее не придумать. Всякий, входящий в Грибоедова, прежде всего знакомился невольно с извещениями разных спортивных кружков и с групповыми, а также индивидуальными фотографиями членов МАССОЛИТа, коими[2] (фотографиями) были увешаны стены лестницы, ведущей во второй этаж.

На дверях первой же комнаты в этом верхнем этаже виднелась крупная надпись « Рыбно-дачная секция », и тут же был изображен карась, попавшийся на уду.

На дверях комнаты No. 2 было написано что-то не совсем понятное : « Однодневная творческая путевка. Обращаться к М. В. Подложной ».

Следующая дверь несла на себе краткую, но уже вовсе непонятную надпись : « Перелыгино ». Потом у случайного посетителя Грибоедова начинали разбегаться глаза от надписей, пестревших[3] на ореховых теткиных дверях : « Запись в очередь на бумагу у Поклевкиной », « Касса », « Личные расчеты скетчистов »...

Прорезав длиннейшую очередь, начинавшуюся уже внизу в швейцарской, можно было видеть надпись на двери, в которую ежесекундно ломился народ : « Квартирный вопрос ».

За квартирным вопросом открывался роскошный плакат, на котором изображена была скала, а по гребню ее ехал всадник в бурке и с винтовкой за плечами. Пониже — пальмы и балкон, на балконе — сидящий молодой человек с хохолком, глядящий куда-то ввысь очень-очень бойкими глазами и держащий в руке самопишущее[4] перо. Подпись : « Полнообъемные творческие

---

1. L'abréviation *МАССОЛИТ* (*Московская ассоциация литераторов*) se décline comme un nom masculin (voir Mémento n° 16).
2. *Кой*, pronom relatif vieilli, synonyme de *который*.
3. Participe passé actif du verbe *пестреть* (tiré de l'adjectif *пёстрый* bigarré, bariolé).
4. De *само*, soi-même, et *пишущее*, participe présent actif de *писáть*.

Ce qui se passe à Griboïédov

L'aménagement de Griboïédov[1] par le M.A.S.S.O.L.I.T. était tel qu'on ne pouvait rien imaginer de mieux, de plus confortable, de plus douillet. Quiconque entrait à Griboïédov devait tout d'abord, par la force des choses, prendre connaissance des avis et informations concernant divers cercles sportifs, ainsi que des photographies, individuelles ou en groupes, des membres du M.A.S.S.O.L.I.T., qui couvraient (je parle des photographies) les murs de l'escalier conduisant au premier étage.

Sur les portes de la première salle de l'étage supérieur, on pouvait lire une énorme inscription : « Section Villégiatures et Pêche à la ligne », sous laquelle était représenté un carassin pris à l'hameçon.

Les portes de la salle N° 2 offraient, elles, une inscription dont le sens était quelque peu obscur : « Bons de séjour créateur d'une journée. S'adresser à M. V. Podlojnaïa. »

L'écriteau de la porte suivante était bref, mais cette fois, totalement incompréhensible : « Pérélyguino ». Ensuite, les yeux du visiteur éventuel de Griboïédov papillotaient devant le kaléidoscope d'inscriptions qui émaillaient les portes de noyer de la bonne tante : « Distribution de papier. S'inscrire chez Poklevkina », « Caisse », « Auteurs de sketches. Comptes personnels », etc.

Après avoir coupé une longue queue qui s'étendait jusqu'en bas, près de la loge du concierge, on pouvait apercevoir, sur une porte qui menaçait à tout instant de céder sous la pression de la foule, l'écriteau suivant : « Questions de logement ».

Après les questions de logement venait une luxueuse affiche qui représentait un rocher sur la crête duquel caracolait un cavalier en capote de feutre caucasienne, fusil en bandoulière. En dessous, des palmiers et un balcon. A ce balcon était assis un jeune homme aux cheveux en toupet, qui regardait en l'air avec des yeux vifs — ô combien vifs étaient ses yeux ! — et dont la main tenait un stylo.

1. La « Maison de Griboïédov » — ou simplement « le Griboïédov » — qui, dans le roman, aurait appartenu à une tante supposée de l'écrivain Alexandre Serguéïévitch Griboïédov (1795–1829), auteur de la célèbre comédie satirique *Le Malheur d'avoir trop d'esprit*, est la propriété de l'une des plus considérables associations littéraires de Moscou, le M.ASSO.LIT.

отпуска[5] от двух недель (рассказ-новелла) до одного года (роман, трилогия) Ялта, Суук-Су, Боровое, Цихидзири, Махинджаури, Ленинград (Зимний дворец)». У этой двери также была очередь, но не чрезмерная, человек в полтораста.[6]

Всякий посетитель, если он, конечно, был не вовсе тупицей, попав в Грибоедова, сразу же соображал, насколько хорошо живется[7] счастливцам — членам МАССОЛИТа, и черная зависть начинала немедленно терзать его. И немедленно же он обращал к небу горькие укоризны за то, что оно не наградило его при рождении литературным талантом, без чего, естественно, нечего было и мечтать овладеть членским МАССОЛИТским билетом, коричневым, пахнущим дорогой кожей, с золотой широкой каймой, — известным всей Москве билетом.

Кто скажет что-нибудь в защиту зависти? Это чувство дрянной категории, но все же надо войти и в положение посетителя. Ведь то, что он видел в верхнем этаже, было не все и далеко еще не все. Весь нижний этаж теткиного дома был занят рестораном, и каким рестораном! По справедливости он считался самым лучшим в Москве. И не только потому, что размещался он в двух больших залах со сводчатыми потолками, расписанными лиловыми лошадьми с ассирийскими гривами, не только потому, что на каждом столике помещалась лампа, накрытая шалью, не только потому, что туда не мог проникнуть первый попавшийся человек с улицы, а еще и потому, что качеством своей провизии Грибоедов бил любой ресторан в Москве, как хотел, и что эту провизию отпускали по самой сходной, отнюдь не обременительной цене.

МИХАИЛ БУЛГАКОВ, Мастер и Маргарита, 1940

---

5. Pluriel masculin irrégulier en *-á* (voir Mémento n° 14).
6. De *полторá*, un et demi, suivi du génitif (*полторá гóда*, un an et demi) et *стa*, génitif de *сто*.
7. Forme pronominale impersonnelle (populaire) du verbe *жить. Ему живётся неплохо*, il ne vit pas mal.

Cette affiche annonçait: « Séjours créateurs gratuits de deux semaines (contes, nouvelles) à un an (romans, trilogies), à Yalta, Sououk-Sou, Borovoié, Tsikhidziri, Makhindjaouri, Léningrad (Palais d'hiver) ». A cette porte, il y avait aussi une queue, mais pas démesurée: en moyenne, cent cinquante personnes.

Tout visiteur de Griboiédov — à moins, bien sûr, d'être complètement abruti — se rend compte immédiatement de la belle vie qui est réservée aux heureux membres du M.A.S.S.O.L.I.T., et du même coup, une noire envie se met à le tenailler. Du même coup encore, il adresse au ciel d'amers reproches pour ne pas l'avoir gratifié, à sa naissance, de talents littéraires. Talents sans lesquels, cela va de soi, on ne saurait même rêver de posséder la carte de membre du M.A.S.S.O.L.I.T., cette carte dans son étui brun qui sent le cuir de luxe, avec son large liséré d'or — cette carte connue de tout Moscou.

Qui dira quelque chose pour la défense de l'envie? C'est un sentiment de vile catégorie, certes, mais il faut tout de même se mettre à la place du visiteur. Car enfin, ce qu'il a vu au premier étage n'est pas tout — est loin d'être tout. Car enfin, le rez-de-chaussée de la maison de la tante est occupé par un restaurant — et quel restaurant! Il est considéré, à juste titre, comme le meilleur de Moscou. Et non pas seulement parce qu'il occupe deux grandes salles à hauts plafonds voûtés où sont peints des chevaux mauves à crinière assyrienne, — non pas seulement parce que chaque table s'orne d'une lampe à abat-jour de soie, — non pas seulement parce que l'accès en est interdit au premier venu de la rue, — mais encore parce que, pour la qualité de son approvisionnement, Griboiédov bat à plate couture n'importe quel restaurant de Moscou, et que ces provisions sont vendues à un prix tout à fait modéré, nullement écrasant.

MIKHAÏL BOULGAKOV, Le Maître et Marguerite, 1940
Version française Robert Laffont—A.L.A.P. 1968
(Traduction Claude Ligny)

85 А тут вот она, война

А тут вот она, война. На второй день повестка из военкомата,[1] а на третий — пожалуйте в эшелон. Провожали меня все четверо моих : Ирина, Анатолий и дочери — Настенька[2] и Олюшка.[3] Все ребята держались молодцом.[4] Ну, у дочерей — не без того, посверкивали слезинки.[5] Анатолий только плечами передергивал, как от холода, ему к тому времени уже семнадцатый год шел, а Ирина моя... Такой я ее за все семнадцать лет нашей совместной жизни ни разу не видал. Ночью у меня на плече и на груди рубаха от ее слез не просыхала,[6] и утром такая же история... Пришли на вокзал, а я на нее от жалости глядеть не могу : губы от слез распухли,[7] волосы из-под платка выбились, и глаза мутные, несмысленные, как у тронутого умом человека. Командиры объявляют посадку, а она упала мне на грудь, руки на моей шее сцепила и вся дрожит, будто подрубленное дерево... И детишки ее уговаривают и я, — ничего не помогает! Другие женщины с мужьями, с сыновьями[8] разговаривают, а моя прижалась ко мне, как лист к ветке, и только вся дрожит, а слова вымолвить не может. Я и говорю ей : « Возьми же себя в руки,[9] милая моя Иринка! Скажи мне хоть слово на прощанье ». Она и говорит и за каждым словом всхлипывает : « Родненький[10] мой... Андрюша... не увидимся... мы с тобой... больше... на этом... свете... »

Тут у самого от жалости к ней сердце на части разрывается, а тут она с такими словами. Должна бы понимать, что мне тоже

1. Abréviation de *военный комиссариат*.
2. Diminutif de *Анастасия*.
3. Diminutif de *Ольга*.
4. Instrumental de comparaison de *молодец*, comme un brave.
5. M. à m. : non sans que perlent de petites larmes (diminutif de *слеза*).
6. M. à m. : n'a pas séché.
7. *Распухнуть* : chute de -*ну* au passé (leçon 58).
8. Pluriels irréguliers de *муж*, *сын*.
9. M. à m. : prends-toi donc en main.
10. Diminutif de *родной*, cher.

Et la voici là maintenant, la guerre

Et la voici là maintenant, la guerre. Le deuxième jour, la convocation du comité militaire; et le troisième au convoi, s'il vous plaît! Les miens m'ont accompagné tous les quatre: Irina, Anatole et les filles — Nastienka et Oliouchka. Les enfants se comportaient bravement. Mais pour les filles ça n'allait pas sans quelques larmes. Anatole remuait seulement les épaules, comme s'il avait froid; il entrait déjà dans sa dix-septième année à cette époque. Quant à mon Irina... Je ne l'avais jamais vue ainsi tout au long des dix-sept ans de notre vie commune. Pendant la nuit, sur mon épaule et ma poitrine, ma chemise est restée humide de ses larmes; et le matin ce fut la même histoire... Nous sommes arrivés à la gare et la pitié m'empêche de la regarder: ses lèvres étaient gonflées de larmes, ses cheveux s'échappaient de son foulard et elle avait les yeux troubles, sans expression, comme ceux d'une personne à l'esprit dérangé. Les chefs annoncent le départ, elle est tombée sur ma poitrine, les bras enchaînés à mon cou et toute tremblante, comme un arbre coupé qui va s'effondrer... Et les petits la supplient et moi aussi — rien n'y fait! Les autres femmes parlent avec leur mari, leurs fils, et la mienne se serre contre moi, comme la feuille contre la branche, toute tremblante et incapable de dire un mot. Et moi je lui dis: « Ne te laisse pas aller, mon Irina chérie! Dis-moi au moins un mot d'adieu! » Alors elle se met à parler et sanglote à chaque mot: « Mon très cher... Andrioucha... on ne se verra plus... toi et moi... jamais plus... en ce... monde... »

Moi j'ai déjà le coeur prêt à éclater de pitié pour elle et la voilà qui vient avec de telles paroles! Elle aurait dû comprendre que pour moi

нелегко с ними расставаться, не к теще на блины собрался.[11] Зло меня тут взяло![12] Силой я разнял ее руки и легонько толкнул в плечи. Толкнул вроде легонько, а сила-то у меня была дурачья,[13] она попятилась, шага три ступнула назад и опять ко мне идет мелкими шажками,[14] руки протягивает, а я кричу ей: « Да разве же так прощаются? Что ты меня раньше времени[15] заживо хоронишь?! » Ну, опять обнял ее, вижу, что она не в себе...[16]

[...] До самой смерти, до последнего моего часа, помирать буду, а не прощу себе, что тогда её оттолкнул!..

[...] Из госпиталя сразу же написал Ирине письмо. Описал всё коротко, как был в плену,[17] как бежал[18] [...] Ответа из дома нет, и я, признаться, затосковал[...] На третьей неделе получаю письмо из Воронежа. Но пишет не Ирина, а сосед мой, столяр Иван Тимофеевич. Не дай бог никому таких писем получать!... Сообщает он, что ещё в июне сорок второго года немцы бомбили авиазавод и одна тяжёлая бомба попала прямо в мою хатенку. Ирина и дочери как раз были дома... Ну, пишет, что не нашли от них и следа, а на месте хатенки — глубокая яма... Не дочитал я в этот раз письмо до конца [...] Я вспомнил, как тяжело расставалась со мною моя Ирина на вокзале. Значит, ещё тогда подсказало ей бабье[19] сердце, что больше не увидимся мы с ней на этом свете. А я её тогда оттолкнул...

М. ШОЛОХОВ, Судьба человека, 1956

11. Expression signifiant littéralement: pour des crêpes chez la belle-mère.
12. M. à m.: la méchanceté me prit.
13. Adjectif *дурáчий*, dérivé de *дурáк*, imbécile, du même type que *бóжий* (leçon 77).
14. *Шажкú* diminutif de *шагú*, les pas.
15. M. à m.: avant le temps.
16. M. à m.: elle n'est plus en elle-même.
17. Prépositionnel en -*ý* de *плен*, la captivité.
18. *Бежáть* peut être perfectif, au sens de s'évader, s'enfuir.
19. Adj. *бáбий*, dérivé de *бáба*, la bonne femme (voir ci dessus *дурáчий*.)

non plus ce n'est pas facile de me séparer d'eux, que je ne vais pas à une partie de plaisir. Alors je suis devenu méchant! J'ai détaché ses mains de force et l'ai repoussée doucement par les épaules. Je ne l'ai sûrement pas poussée très fort mais j'avais une force de brute; elle a reculé, fait environ trois pas en arrière et revient vers moi à petits pas, tend les bras, mais moi je lui crie: « Est-ce ainsi qu'on se fait des adieux? Pourquoi donc m'enterres-tu vivant dès maintenant? Pourtant je l'ai reprise dans mes bras et je vois qu'elle est tout éperdue....

[...] Jusqu'à la mort, jusqu'à ma dernière heure, et même quand je serai mort, je ne me pardonnerai pas de l'avoir repoussée alors!...

[...] De l'hôpital, j'ai immédiatement écrit une lettre à Irina. J'ai tout raconté en deux mots: que j'avais été prisonnier, que je m'étais évadé [...] Sans réponse de chez moi, il faut avouer que j'ai commencé à avoir le cafard. [...] Au bout de trois semaines, je reçois une lettre de Voronèje. Mais ce n'est pas Irina qui écrit, c'est un voisin, le menuisier Ivan Timoféïévitch. Dieu, qu'il ne soit donné à personne de recevoir pareilles lettres!... Il m'apprend que dès juin quarante-deux les Allemands ont bombardé l'usine d'avions et qu'une grosse bombe est tombée en plein sur ma chaumière.[1] Irina et les petites étaient justement à la maison... Et puis il ajoute qu'on n'a retrouvé trace de personne et qu'à l'endroit de la demeure il y a un grand trou... Je ne suis pas allé jusqu'à la fin de la lettre, cette fois-là. [...] Je me suis rappelé quelle peine mon Irina avait eue en se séparant de moi à la gare. Ainsi, son coeur de femme lui avait déjà dit alors que nous n'allions plus nous revoir, elle et moi, en ce monde. Et moi qui l'avais alors repoussée...

D'après MIKHAÏL CHOLOKHOV, Le Destin d'un homme, 1956

1. La « khata » (*хата*, diminutif *хатенка*) est une maison paysanne d'Ukraine et du sud de la Russie, au toit de chaume et aux murs blanchis à la chaux.

«С ГЛУБО́КИМ ПРИСКО́РБИЕМ...»

Уже́ заме́тно бы́ло, что Вади́м раскрыва́л[1] газе́ту, она́ была́ сло́жена не как све́жая. Ещё то́лько принима́я её в ру́ки, Па́вел Никола́евич мог сра́зу ви́деть, что ни каймы́ нет вокру́г страни́цы, ни портре́та на пе́рвой полосе́. Но посмотря́[2] бли́же, торопли́во шелестя́ страни́цами, он и да́льше! он и да́льше нигде́ не находи́л ни портре́та, ни каймы́, ни ша́пки — да вообще́, ка́жется, никако́й статьи́?!
— Нет? Ничего́ нет? — спроси́л он Вади́ма, пуга́ясь, и упуска́я назва́ть, *чего́* и́менно нет. [...]
Ещё совсе́м был свеж в па́мяти — день Сме́рти. Пла́кали ста́рые, и молоды́е, и де́ти. Де́вушки надрыва́лись от слёз, и ю́ноши вытира́ли глаза́. От пова́льных э́тих слёз каза́лось, что не оди́н челове́к у́мер, а тре́щину да́ло всё мирозда́ние. [...]
И вот на втору́ю годовщи́ну — да́же типогра́фской чёрной кра́ски не потра́тили на тра́урную кайму́. [...]
[А] Костогло́тову невозмо́жно бы́ло вмести́ть, что слы́шал он от во́льных: что два го́да наза́д в э́тот день пла́кали ста́рые, и пла́кали де́вушки, и мир каза́лся осироте́вшим[3]. Ему́ ди́ко бы́ло э́то предста́вить, потому́ что он по́мнил, как э́то бы́ло у *них.* Вдруг — не вы́вели на рабо́ту, и бара́ков не о́тперли, держа́ли в за́пертых. И — громкоговори́тель за зо́ной, всегда́ слы́шный, вы́ключили. И всё э́то вме́сте я́вно пока́зывало, что хозя́ева растеря́лись, кака́я-то у них больша́я беда́. А беда́ хозя́ев — ра́дость для ареста́нтов! На рабо́ту не иди́, на ко́йке лежи́, па́йка доста́влена.

1. Cet imperfectif indique que l'action a eu lieu, mais est en quelque sorte annulée : le journal a été refermé.
2. Ce gérondif perfectif est plus rare que la forme *посмотре́в*.
3. Participe passé actif de *осироте́ть*, dérivé de *сирота́*, l'orphelin.

«C'est avec une profonde affliction[1]…»

À la façon dont le journal était plié, on devinait que Vadim l'avait déjà ouvert. En le prenant dans les mains, Paul Nikolaïevitch avait déjà vu qu'il n'y avait ni liséré noir, ni portrait en première page. Il le regarda de plus près, il tourna patiemment les pages, mais il ne trouvait pas… il ne trouvait toujours pas de portrait, ni de liséré, ni d'en-tête — pas le moindre article, était-ce possible ?

«Rien ? Il n'y a rien ?» demanda-t-il à Vadim, effrayé, sans même nommer la chose dont on ne disait rien. […]

Tout frais encore dans sa mémoire était le jour de Sa mort[2]. Jeunes, vieux, enfants, tout le monde pleurait. Les jeunes filles étaient secouées de sanglots, les jeunes gens s'essuyaient les yeux. À voir ainsi pleurer tout le monde, on avait l'impression que ce n'était pas un homme qui était mort, mais l'univers entier qui se fissurait. […]

Et voilà qu'au deuxième anniversaire de cette mort, on économisait déjà l'encre noire d'un encadrement de deuil. […]

Kostoglotov [,lui,] n'arrivait pas à digérer ce qu'il avait entendu dire à ceux qui étaient restés en liberté : que ce jour-là, deux ans plus tôt, les vieillards avaient pleuré, les jeunes filles avaient pleuré, que c'était soudain comme si le monde s'était trouvé orphelin. Il n'arrivait pas à se l'imaginer, parce qu'il se rappelait comment cela s'était passé chez *eux*[3]. Un beau jour on ne les avait pas emmenés au travail, on n'avait même pas ouvert les baraquements où ils étaient parqués. Et le haut-parleur, en dehors de la zone, que l'on entendait toujours, avait été stoppé. De tout cela, il ressortait clairement que les autorités avaient perdu la tête, qu'il leur était arrivé un grand malheur. Or, un malheur pour les patrons, c'est une joie pour les bagnards ! On ne travaille plus, on peut rester couché, la ration est livrée à domicile.

---

1. L'action se passe le 5 mars 1955, au «pavillon des cancéreux».
2. Staline est mort le 5 mars 1953.
3. Chez *eux* : dans le camp où Kostoglotov a été déporté.

Сперва́ отсыпа́лись[4], пото́м удивля́лись, пото́м поѝгрывали на гита́рах, на банду́ре, ходи́ли от ваго́нки к ваго́нке дога́дываться. В каку́ю заглу́шку аресто́нтов ни[5] сажа́й[6], всё равно́ проса́чивается и́стина, всегда́! [...] И — попо́лзло́, попо́лзло́! Ещё не о́чень реши́тельно, но ходя́ по бара́ку, садя́сь на ко́йки: «Э, ребя́та! Кажи́сь[7]—Людое́д накры́лся...» — «Да ну???» — «Никогда́ не пове́рю!» — «Вполне́ пове́рю!» — «Давно́ пора́!!» И — смех хорово́й! Гро́мче гита́ры, гро́мче балала́йки! Но це́лые су́тки не открыва́ли бара́ков. А на сле́дующее у́тро, по Сиби́ри ещё моро́зное, вы́строили весь ла́герь на лине́йке. [...] И майо́р, чёрный от го́ря, стал объявля́ть:

— С глубо́ким приско́рбием... вчера́ в Москве́...

И — заска́лились, то́лько что откры́то не взликова́ли, шерша́вые, остроску́лые, гру́бые тёмные аресто́нтские ро́жи. И увида́в[8] э́то начина́ющееся движе́ние улы́бок, ско-ма́ндовал майо́р вне себя́:

— Ша́пки! Снять!

И у со́тен заколеба́лось всё на острие́, на ле́звии: не снять — ещё нельзя́, и снима́ть — уж о́чень оби́дно. Но, всех опережа́я, ла́герный шут, стихи́йный юмори́ст, сорва́л с себя́ ша́пку [...] и ки́нул её в во́здух! — вы́полнил кома́нду!

И со́тни уви́дели! — и бро́сили вверх!

— И подави́лся майо́р.

И по́сле э́того всего́ тепе́рь узнава́л Костогло́тов, что пла́кали ста́рые, пла́кали де́вушки, и мир каза́лся оси-роте́вшим...

Алекса́ндр Солжени́цын, *Ра́ковый ко́рпус*, YMCA-Press, 1968.

---

4. *Отсыпа́ться/отоспа́ться*, verbe dérivé de *спать*, dormir.
5. Subordonnée concessive exprimée par un pronom interrogatif et la parti-cule *ни*.
6. Impératif singulier équivalent au « on » du français.
7. Populaire pour *ка́жется*.
8. Familier pour *уви́дев*.

D'abord, on avait dormi tout son soûl, puis on avait commencé à trouver ça bizarre, puis, çà et là, on s'était mis à jouer de la guitare, de la bandoura, à aller d'une baraque à l'autre en essayant de deviner. On a beau enterrer le bagnard au fin fond d'un trou perdu, la vérité finit toujours par filtrer, toujours ! […] Et la chose avait commencé à se répandre ! Pas très fermement d'abord : quelqu'un parcourait le baraquement, s'asseyait sur les planches : « Ohé, les gars ! Il paraît que l'ogre a crevé… — Sans blagues ! — Pas possible ! — Tout à fait possible ! — Il était temps ! » Et un grand rire en chœur ! En avant les guitares, en avant les balalaïkas ! Mais vingt-quatre heures durant, les baraquements étaient restés fermés. Et le lendemain matin (il gelait encore, comme il se doit en Sibérie), on avait fait aligner tous les détenus sur le lieu de rassemblement […] Et le major, le visage noir tellement il était malheureux, avait annoncé :

« C'est avec une profonde affliction… hier à Moscou… »

Et un sourire – il fallait se retenir pour ne pas jubiler ouvertement — avait illuminé toutes ces gueules de bagnards, sombres, grossières, rugueuses, avec leurs pommettes saillantes. Et voyant s'épanouir ces sourires, le major, hors de lui, avait commandé :

« Chapeaux bas ! »

Et l'espace d'un instant, tout était resté en balance, sur le tranchant du couteau : désobéir, ce n'était pas encore possible ; obéir, c'était trop vexant. Mais, devançant tout le monde, le bouffon du camp, un humoriste né, avait arraché son bonnet […] et l'avait lancé en l'air ! Il avait obéi !

Et des centaines d'yeux l'avaient vu ! Et des centaines de mains jetaient leurs bonnets en l'air !

Et le major avait dû avaler !

Et voilà qu'à présent Kostoglotov apprenait que les vieillards avaient pleuré, que les jeunes filles avaient pleuré, et que le monde entier paraissait être devenu orphelin…

D'après Alexandre Soljenitsyne, *Le Pavillon des cancéreux*, 1967
(Traduction de Aucouturier, Nivat, Sémon, Le Livre de Poche.)

87

СУДЯТ ПОЭТА

Слу́шание де́ла бы́ло назна́чено на 18 февраля́. Подойдя́[1] к зда́нию райо́нного суда́ на у́лице Восста́ния, мы уви́дели толпу́ пе́ред вхо́дом, ожида́вшую, когда́ доста́вят обвиня́емого[2]. [...]

Вот пе́рвое заседа́ние, в за́писи Ф. Вигдоровой.

Судья́[3] : Чем вы занима́етесь ?

Бро́дский : Пишу́ стихи́, Перевожу́. Я полага́ю...

С. : Никаки́х «я полага́ю». Сто́йте как сле́дует ! Не прислоня́йтесь к стена́м ! Смотри́те на суд как сле́дует ! Отвеча́йте суду́ как сле́дует (Мне). Сейча́с же прекрати́те запи́сывать ! А то — вы́веду из за́ла. (Бро́дскому) : у вас есть постоя́нная рабо́та ?

Б. : Я ду́мал, что э́то постоя́нная рабо́та.

С. : Отвеча́йте то́чно !

Б. : Я писа́л стихи́ ! Я ду́мал, что они́ бу́дут напеча́таны. Я полага́ю...

С. : Нас не интересу́ет «я полага́ю». Отвеча́йте, почему́ вы не рабо́тали ?

Б. : Я рабо́тал. Я писа́л стихи́.

С. : Нас э́то не интересу́ет. Нас интересу́ет, с каки́м учрежде́нием вы бы́ли свя́заны.

Б. : У меня́ бы́ли догово́ры с изда́тельством.

С. : У вас догово́ров доста́точно, что́бы прокорми́ться ? Перечи́слите : каки́е, от како́го числа́, на каку́ю су́мму ?

Б. : То́чно не по́мню. Все догово́ры у моего́ адвока́та.

С. : Я спра́шиваю вас.

Б. : В Москве́ вы́шли две кни́ги с мои́ми перево́дами... (перечисля́ет).

С. : Ваш трудово́й стаж ?

Б. : Приме́рно...

С. : Нас не интересу́ет «приме́рно» !

Б. : Пять лет.

---

1. Sur cette forme de gérondif passé, voir la leçon 45, p.196, 1er §.

2. Participe présent passif (voir Mémento §64), devenu ici adjectif substantivé.

3. *Судья́*, substantif masculin ou féminin (ici, le juge est une femme).

On juge un poète

L'audience était fixée au 18 février[1]. A proximité du tribunal d'arrondissement, rue de l'Insurrection, nous découvrîmes une foule nombreuse qui attendait l'accusé. […]

Voici le compte rendu de la première séance, d'après les notes de Frida Vigdorova[2].

LE JUGE : Quel est votre métier ?

BRODSKI : J'écris des poèmes. je traduis. Je présume que…

J. : On n'a que faire de vos « je présume ». Tenez-vous correctement ! Ne vous appuyez pas contre le mur ! Regardez le tribunal ! Répondez convenablement ! (A moi.) Vous, cessez immédiatement de prendre des notes, sinon je vous fais expulser de cette salle ! (A Brodski.) Vous avez un emploi permanent ?

B. : Ce que je fais est, ce me semble, un travail constant.

J. : Répondez sans détour.

B. : J'écrivais des poèmes ! Je pensais qu'ils seraient publiés. Je présume que…

J. : Vos présomptions ne nous intéressent pas. Dites-nous pourquoi vous ne travaillez pas.

B. : Mais je travaillais. J'écrivais des poèmes.

J. : Cela ne nous intéresse pas. Ce qui nous intéresse, c'est de savoir pour quelle administration vous travailliez.

B. : J'avais des contrats avec des maisons d'édition.

. : Cela suffisait à assurer votre existence ? Précisez le nombre de contrats, la date des signatures, la somme sur laquelle ils portent.

B. : Je ne me souviens plus très bien. Les contrats se trouvent chez mon avocat.

J. : C'est à vous que je pose la question.

B. : A Moscou sont sortis deux livres avec mes traductions.

J. : Quel a été votre stage professionnel ?

B. : Environ…

J. : Vos « environ » ne nous intéressent pas !

B. : Cinq ans.

1. 1964. Le poète Brodski (1940-1996), à qui fut décerné le prix Nobel en 1988, était alors accusé de « parasitisme ». Il sera condamné à 5 ans de travaux forcés, peine réduite par la suite à un an.
2. Journaliste, amie d'Etkind.

С. : Где вы рабо́тали?

Б. : На заво́де. В геологи́ческих па́ртиях…

С. : Ско́лько вы рабо́тали на заво́де?

Б. : Год.

С. : Кем?

Б. : Фрезеро́вщиком.

С. : А вообще́ кака́я ва́ша специа́льность?

Б. : Поэ́т. Поэ́т-перево́дчик.

С. : А кто э́то призна́л, что вы поэ́т? Кто причи́слил[4] вас к поэ́там?

Б. : Никто́. (Без вы́зова). А кто причи́слил меня́ к ро́ду челове́ческому?

С. : А вы учи́лись э́тому?

Б. : Чему́?

С. : Что́бы быть поэ́том? Не пыта́лись ко́нчить вуз[5], где гото́вят… где у́чат…

Б. : Я не ду́мал, что э́то даётся образова́нием.

С. : А чем же?

Б. : Я ду́маю э́то… (растеря́нно) … от Бо́га…

С. : У вас есть хода́тайства к суду́?

Б. : Я хоте́л бы знать, за что меня́ арестова́ли?

С. : Э́то вопро́с а не хода́тайство.

Б. : Тогда́ у меня́ хода́тайства нет. […] У меня́ про́сьба — дать мне в ка́меру бума́гу и перо́.

С. : (смягча́ясь): Хорошо́, я переда́м.

Б. : Спаси́бо.

Когда́ все вы́шли из за́ла суда́, то в коридо́рах и на ле́сницах уви́дели огро́мное коли́чество люде́й, осо́бенно молодёжи.

С. : Ско́лько наро́ду! Я не ду́мала, что соберётся сто́лько наро́ду!

Из толпы́ : Не ка́ждый день су́дят поэ́та!

Ефи́м Э́ткинд, *Запи́ски незагово́рщика,*
Overseas Publications, London, 1977.

---

4. *Причи́слить* (compter au nombre de) est, comme *перечи́слить* (énumérer) dérivé de *числó*, le nombre.

5. *Вуз* : substantif formé des initiales de *вы́сшее уче́бное заведе́ние,* établissement d'enseignement supérieur.

J. : Où ?

B. : En usine. Avec des équipes de géoloques…

J. : Combien de temps avez-vous travaillé en usine ?

B. : Un an.

J. : Comme quoi ?

B. : Fraiseur.

J. : Quel est votre véritable métier ?

B. : Poète. Poète traducteur.

J. : Et qui a décidé que étiez poète ? Qui vous a classé parmi les poètes ?

B. : Personne. (Sans aucun défi.) Et qui m'a classé dans le genre humain ?

J. : Vous avez appris ce métier ?

B. : Lequel ?

J. : Celui de poète. Vous n'avez même pas essayé de terminer la faculté où l'on vous donnait cette formation…

B. : Je ne pensais pas que cela s'apprenne.

J. : On le deviendrait comment, alors ?

B. : Je pense que… (désemparé) … c'est un don de Dieu…

J. : Avez-vous à présenter une requête au tribunal ?

B. : Je voudrais savoir pourquoi on m'a arrêté.

J. : C'est une question et non une requête.

B. : Dans ce cas, je n'ai pas de requête. […] J'ai une demande à faire : je voudrais avoir de quoi écrire dans ma cellule. […]

J. (radoucie) : Bien, j'en ferai part.

B. : Merci.

Lorsque nous sommes sortis de la salle du tribunal, les couloirs et les escaliers étaient envahis par une foule nombreuse, en majorité des jeunes gens.

J. : Quel monde ! Je ne pensais pas qu'il y aurait pareille foule.

UNE VOIX : Ce n'est pas tous les jours que l'on juge un poète.

Efim Etkind, *Dissident malgré lui*,
traduction de M. Slodzian, Albin Michel, 1977.

88 Суббота, как суббота

В субботу мы спим долго. Мы, взрослые, проспали бы ещё дольше, но ребята встаю́т в начале девятого.[1] Утро субботы — са́мое весёлое у́тро : впереди́ два дня о́тдыха. Бу́дит нас Котька,[2] прибега́ет к нам — научился опускать сетку в свое́й крова́ти. Гу́лька[3] уже́ пры́гает в свое́й крова́тке и тре́бует, чтобы мы её взя́ли. Пока ребята во́зятся с отцом, кувырка́ются и пищат, я приготовля́ю грома́дный за́втрак. Потом отправля́ю детей с Димой[4] гулять, а сама принима́юсь за дела́. Прежде всего ста́влю вари́ть суп. Дима уверя́ет, что в столовой суп всегда невку́сный, дети ничего не говорят, но суп мой всегда едят с доба́вкой.[5]

Пока суп ва́рится, я убираю квартиру — вытираю пыль, мо́ю полы́, трясу́ одеяла на балконе (что, коне́чно, нехорошо́, но так быстре́е), разбираю бельё, намачиваю своё и Димино[6] в «ло-то́се», собираю для пра́чечной, а детское оставля́ю на завтра. Провёртываю мясо для котлет, мо́ю и ста́влю на газ компо́т, чи́щу картошку. Часа́ в три обе́даем. Для ребят это поздновато,[7] но надо же им хоть в выходно́й погулять как сле́дует. За столом сиди́м долго, еди́м не спеша́. Де́тям надо бы поспать, но они уже перетерпели.

Котька просит Диму почитать « Айболи́та », которого он давно уже зна́ет наизусть, они устра́иваются на диване, но Гуля ле́зет к ним, капризничает и рвёт книжку. Надо Гульку всё-таки уложить, иначе жизни никому не будет. Я её баю́каю (что не полагается), и она засыпает […]

Котька уже трёт глаза, хочет спать.

---

1. M. à m.: au début de la neuvième (heure).
2. Diminutif de *Константи́н*.
3. Diminutif de *Агла́я*, *Гали́на* ou *О́льга*.
4. Diminutif de *Дми́трий*.
5. M. à m.: avec supplément (*доба́вка*).
6. Adjectif d'appartenance (Mémento § 25) formé sur *Ди́ма*, diminutif de *Дми́трий*.
7. Le suffixe adjectival *-оват-* a souvent une valeur atténuative: *жел-това́тый*, jaunâtre.

Un samedi comme un autre

Le samedi, nous dormons longtemps. Nous, les adultes, nous dormirions bien encore plus longtemps mais les enfants se lèvent peu après huit heures. Le matin du samedi est le plus gai des matins: on a deux jours de repos devant soi. C'est Kotka qui nous réveille en accourant vers nous, il a appris à baisser la moustiquaire de son lit. Goulka saute déjà dans son lit et exige qu'on la prenne. Pendant que les enfants s'occupent avec leur père, font des culbutes et piaillent, je prépare un énorme petit-déjeuner. Ensuite j'envoie les enfants se promener avec Dima et, moi, je me mets à l'ouvrage. Tout d'abord, je mets la soupe à cuire. Dima assure qu'à la cantine la soupe est toujours mauvaise, les enfants ne disent rien mais ils mangent toujours ma soupe en en reprenant.

Pendant que la soupe cuit, je fais le ménage dans l'appartement: j'essuie la poussière, je lave le plancher, je secoue les couvertures sur le balcon (ce qui, évidemment, n'est pas bien, mais c'est tellement plus rapide), je trie le linge; je trempe le mien et celui de Dima dans du « lotos », j'en prépare pour la blanchisserie et je laisse celui des enfants pour le lendemain. Je passe la viande à la moulinette pour les boulettes, lave les fruits de la compote, que je pose sur le gaz, et j'épluche les pommes de terre. Vers trois heures, nous déjeunons. Pour les enfants, c'est un peu tard mais il faut bien qu'ils se promènent un peu — au moins leur jour de congé. Nous restons longtemps à table, nous mangeons sans hâte. Les enfants devraient dormir un peu mais ils n'en ont déjà plus envie.

Kotka demande à Dima de lui lire « Aïbolit »[1] qu'il connaît par coeur depuis longtemps; ils s'installent sur le divan mais Goulia rampe vers eux, fait des caprices et déchire le petit livre. Il faut tout de même coucher Goulka, autrement ce ne sera une vie pour personne. Je la berce (ce qu'il ne faut pas faire) et elle s'endort [...].

Kotka se frotte déjà les yeux, il a sommeil.

_____

1. M. à m.: « Aie, ça fait mal », célèbre récit pour enfants de Чуковский.

Наливаю воду и мою Котьку первого, а Гулька ревёт, лезет в ванную и раскрывает дверь.

— Дима, возьми дочку! — кричу я.

И слышу в ответ :

— Может, на сегодня уже хватит?[8] Я хочу почитать.

— А я не хочу?!

— Ну, это твоё дело, а мне надо.

Мне, конечно, не надо.

Я тащу Котьку в кровать сама (обычно это делает Дима) и вижу, как он сидит на диване, раскрыв какой-то технический журнал, и действительно читает. Проходя, я бросаю :

— Между прочим, я тоже с высшим образованием и такой же специалист, как и ты...

— С чем тебя можно поздравить, — отвечает Дима.

Мне это кажется ужасно ядовитым, обидным.

Я тру Гульку губкой и вдруг начинаю капать в ванну слезами. Гулька взглядывает на меня, кричит и пытается вылезти. Я не могу её усадить и даю ей шлепок. Гулька закатывается обиженным плачем.[9] Появляется Дима и говорит зло :

— Нечего вымещать на ребёнке.

— Как тебе не стыдно, — кричу я, — я устала, понимаешь ты, устала!..

Мне становится ужасно жаль себя. Теперь уже я реву вовсю, приговаривая, что я делаю-делаю,[10] а несделанного всё прибавляется, что молодость проходит, что за день я не сидела ни минуты...

Вдруг из детской доносится страшный крик :

— Папа, не бей маму, не бей маму!

Дима хватает Гульку, уже завёрнутую в простынку, и мы бежим в детскую. Котька стоит в кроватке весь в слезах и твердит :

— Не бей маму!

Я беру его на руки и начинаю утешать :

— Что ты такое придумал, маленький, папа никогда меня не бил, папа у нас добрый, папа хороший...

Дима говорит, что Коте приснился страшный сон. Он гладит и целует сына. Мы стоим с ребятами на руках, тесно прижавшись друг к другу.

НАТАЛЬЯ БАРАНСКАЯ, Неделя, как неделя, 1969

---

8. *хватает / хватит*, impersonnel: il y a assez.
9. M. à m.: éclate en pleurs indignés.
10. Procédé de renforcement.

Je fais couler de l'eau et lave Kotka le premier mais Goulka hurle, rampe vers la salle de bains et ouvre la porte toute grande. Je crie:

— Dima, prends la petite!

Et j'entends en réponse:

— Peut-être que ça suffit pour aujourd'hui, non? Je veux lire un peu.

— Et moi, je ne veux pas?!

— Ça, c'est ton affaire, mais moi, j'en ai besoin.

Moi, bien sûr, je n'en ai pas besoin.

Je traîne moi-même Kotka dans son lit (d'habitude, c'est Dima qui le fait) et je le vois assis sur le divan, il a ouvert une revue technique et il lit effectivement. En passant, je lui jette:

— A propos, moi aussi j'ai une instruction supérieure et je suis une spécialiste, tout comme toi...

— Ce dont on peut te féliciter, répond Dima.

Ça me paraît extrêmement venimeux et offensant.

Je frotte Goulka avec une éponge et soudain je commence à verser des larmes dans la baignoire. Goulka jette un regard sur moi, crie et essaye de sortir. Je n'arrive pas à l'asseoir et je lui donne une tape. Goulka se met à pleurer de colère. Entre Dima qui dit méchamment:

— Ce n'est pas la peine de te venger sur l'enfant.

— Tu n'as pas honte, m'écrié-je; je suis fatiguée, comprends-tu? je suis fatiguée!...

Je commence à m'apitoyer sur moi-même. Maintenant je pleure sans retenue et répète que je ne fais que travailler mais qu'il reste toujours des choses à faire, que ma jeunesse passe, que de toute la journée je ne me suis pas assise une minute...

Soudain, de la chambre des enfants, arrive un cri épouvantable:

— Papa, ne bats pas maman! ne bats pas maman!

Dima attrape Goulka déjà enveloppée dans son drap et nous courons dans la chambre des enfants. Kotka est debout sur son lit, tout en larmes, et répète:

— Ne bats pas maman!

Je le prends dans mes bras et commence à le consoler:

— Qu'est-ce que tu as inventé, mon petit, papa ne m'a jamais battue, notre papa est gentil, papa est bon...

Dima dit que Kotia a fait un cauchemar. Il caresse et embrasse son fils. Nous sommes debout, les enfants dans les bras, étroitement serrés l'un contre l'autre.

D'après NATHALIE BARANSKAÏA, Une semaine comme une autre

Песенка о бумажном солдатике

Один солдат на свете жил,
Красивый и отважный.
Но он игрушкой детской[1] был,
Ведь был солдат бумажный.

Он переделать мир хотел
Чтоб был счастливым[1] каждый.
А сам на ниточке[2] висел
Ведь был солдат бумажный.

Он был бы рад в огонь и в дым
За вас погибнуть дважды.
Но потешались вы над ним,
Ведь был солдат бумажный.

Не доверяли вы ему
Своих секретов важных
А почему? — а потому
Что был солдат бумажный.

А он судьбу свою кляня,[3]
Не тихой жизни жаждал
И все просил — огня! огня!
Забыв, что он бумажный.

В огонь? Ну что ж, иди. Идешь?
И он шагнул отважно,
И там сгорел он ни за грош,[4]
Ведь был солдат бумажный.

1. Attribut à l'instrumental (Mémento § 19).
2. Diminutif de *нить, нитка*.
3. Gérondif présent de *клясть, кляну́, клянёшь*.
4. Ancienne pièce de monnaie d'une valeur de deux kopeks.

Chanson du soldat en papier

Il était une fois un petit soldat
Beau et plein de vaillance.
Mais ce n'était qu'un jouet,
Le soldat était en papier.

Il voulait refaire le monde
Pour que chacun y soit heureux.
Mais il ne tenait qu'à un fil,
Le soldat étant en papier.

Il se serait dix fois jeté
Dans le feu, pour vous en tirer.
Mais vous, vous vous moquiez de lui:
Le soldat n'était qu'en papier.

Vous ne vouliez pas lui confier
Vos secrets les plus importants.
Et pourquoi donc? Tout simplement
Le soldat était en papier.

Mais lui, maudissant son destin,
Ne voulait pas vivre tranquille
Et demandait: du feu! du feu!
Oubliant qu'il était en papier.

Au feu? C'est bon, vas-y! Avance!
Et il marcha, plein de vaillance,
Et y brûla pour moins qu'un sou:
Le soldat était en papier.

Все-таки жаль ...

Былое нельзя воротить, и печалиться не о чем.
У каждой эпохи свои подрастают леса...
А все-таки жаль, что нельзя с Александром Сергеичем[1]
Поужинать, в « Яр » заскочить хоть на четверть часа.

Теперь нам не надо по улицам мыкаться ощупью :
Машины нас ждут, и ракеты уносят нас вдаль...
А все-таки жаль, что в Москве больше нету извозчиков
Хотя б[2] одного, и не будет отныне[3]... А жаль.

Я кланяюсь низко познания морю безбрежному,
Разумный свой век, многоопытный век свой любя...
А все-таки жаль, что кумиры нам снятся по-прежнему,
И мы иногда все холопами числим себя.

Победы свои мы ковали не зря и вынашивали,
Мы все обрели : и надежную пристань и свет...
А все-таки жаль, — иногда над победами нашими
Встают пьедесталы, которые выше побед.

Былое нельзя воротить. Выхожу я на улицу.
И вдруг замечаю у самых Никитских ворот[4] :
Извозчик стоит, Александр Сергеич прогуливается.
Ах, нынче, наверное, что-нибудь произойдет!

БУЛАТ ОКУДЖАВА

1. Prénom et patronyme du poète Pouchkine.
2. Pour *бы*.
3. Désormais.
4. *Воро́та* la grande porte, mot pluriel.

Dommage quand même

On ne peut faire revenir le passé; il n'y a pas de quoi se lamenter:
Chaque époque a ses forêts qui poussent...
Mais dommage quand même qu'on ne puisse avec Pouchkine
Aller dîner, passer même un quart d'heure au Yar.[1]

A présent, nous n'avons plus à tâtonner dans les rues:
Des autos nous attendent, et des fusées nous emportent au loin...
Mais dommage qand même qu'à Moscou il n'y ait plus de cochers
Pas un seul au moins, et qu'il n'y en aura jamais plus. Dommage.

Je m'incline devant l'océan infini de la science,
J'aime mon siècle de raison, mon siècle plein d'expérience...
Mais dommage quand même que nous rêvions comme autrefois
                                                d'idoles,
Et que parfois nous nous prenions tous pour des esclaves.

Ce n'est pas en vain que nous avons forgé nos victoires.
Nous avons tout conquis: et hâvre sûr et lumière...
Mais dommage quand même: parfois au-dessus d'elles,
Se dressent des piédestaux, plus haut que nos conquêtes.

On ne peut faire revenir la passé. Je sors dans la rue.
Et soudain je vois tout près de la Porte St Nikita
Un fiacre arrêté, Pouchkine qui fait les cents pas...
Ah! aujourd'hui, sans doute, il va se passer quelque chose!

1. Chez les tziganes (note du traducteur).

BOULAT OKOUDJAVA,
traduction dans « Le chant du monde », disque
LDX 7 4358

Я подошёл к председа́телю Госуда́рственной коми́ссии и доложи́л :

— Лётчик, ста́рший лейтена́нт Гага́рин к пе́рвому полёту на косми́ческом корабле́ « Восто́к »[1] гото́в!

— Счастли́вого пути́! Жела́ю успе́ха! — отве́тил он и кре́пко пожа́л мне ру́ку. [...]

Я вошёл в каби́ну, меня́ посади́ли в кре́сло и бесшу́мно закры́ли две́рцу. Я оста́лся оди́н на оди́н с прибо́рами. Мне бы́ло слы́шно всё, что де́лалось за борто́м корабля́, на тако́й ми́лой, ста́вшей ещё доро́же Земле́.

Но вот наступи́ла тишина́. Я доложи́л :

— « Земля́ », я — « Космона́вт ». Прове́рку свя́зи зако́нчил. Всё норма́льно. Самочу́вствие хоро́шее. К ста́рту гото́в!

Техни́ческий руководи́тель полёта скома́ндовал :

— Подъём![2]

Я отве́тил :

— Пое́хали![3] Всё идёт норма́льно.

Часы́ пока́зывали 9 часо́в 7 мину́т по моско́вскому вре́мени. Я услы́шал всё увели́чивающийся шум и почу́вствовал, как огро́мный кора́бль задрожа́л и стал ме́дленно поднима́ться. Начала́сь борьба́ раке́ты с си́лой земно́го тяготе́ния. Росли́ перегру́зки. Я чу́вствовал, что не могу́ дви́гать ни рука́ми, ни нога́ми.[4] Перегру́зки всё росли́. Но я знал, что состоя́ние э́то бу́дет продолжа́ться недо́лго. Когда́ кора́бль вы́йдет на орби́ту, перегру́зки исче́знут.

« Земля́ » сообщи́ла :

— Прошло́ 70 секу́нд по́сле ста́рта.

Я отве́тил :

— По́нял вас : 70. Самочу́вствие отли́чное. Продолжа́ю полёт. Расту́т перегру́зки. Всё хорошо́.

---

1. *Восто́к*, orient.
2. M. à m. : montée.
3. Le passé du verbe perfectif peut avoir — surtout dans la langue populaire — la valeur d'un impératif.
4. *Дви́гать* régit l'instrumental.

Le chemin de l'espace

Je me suis avancé vers le président de la commission d'Etat et lui ai annoncé:

— Pilote, lieutenant-chef **Gagarine** prêt pour le premier vol sur le vaisseau cosmique « Vostok »!

— Bon voyage! Je vous souhaite de réussir! répondit-il et il me serra vigoureusement la main [...]

Je suis entré dans la cabine, on m'a assis dans le fauteuil et on a fermé le panneau sans bruit. Je suis seul, en tête à tête avec les instruments de bord. J'entendais tout ce qui se passait à l'extérieur du vaisseau, sur cette terre bien aimée qui m'est alors devenue encore plus chère.

Mais voilà que le silence se fit. J'annonçai:

— « Terre », ici « le Cosmonaute ». J'ai fini de vérifier les communications. Tout est normal. L'état général est bon. Prêt pour le départ!

Le responsable technique du vol ordonna:

— Mise à feu!

Je répondis:

— Allons-y! tout se passe bien.

La montre indiquait 9 heures 7 minutes, heure de Moscou. J'entendis un bruit qui augmentait progressivement et sentis que l'énorme vaisseau se mettait à vibrer et à s'élever lentement. La fusée commença à lutter contre la force d'attraction terrestre. La pression augmentait. Je sentais que je ne pouvais bouger ni les bras ni les jambes. La pression augmentait toujours. Mais je savais que cet état ne continuerait pas longtemps. Quand le vaisseau serait sur orbite, la pression cesserait.

« La Terre » communiqua:

— Il s'est écoulé 70 secondes depuis le lancement.

Je répondis:

— Je vous ai compris: 70. L'état général est excellent. Je continue le vol. La pression augmente. Tout va bien.

Отве́тил, а сам поду́мал : « Неуже́ли то́лько 70 секу́нд? Се́-
ку́нды дли́нные, как мину́ты ».

« Земля́ » сно́ва спроси́ла :

— Как себя́ чу́вствуете?

— Самочу́вствие хоро́шее, как у вас?

С « Земли́ » отве́тили :

— Всё норма́льно.

В э́то вре́мя « Восто́к » пролета́л над широ́кой сиби́рской
реко́й.

— Красота́-то кака́я! — воскли́кнул я, но тут же останови́лся :
моя́ зада́ча — передава́ть делову́ю информа́цию, а не любова́ть-
ся красото́й приро́ды. В э́то вре́мя « Земля́ » попроси́ла меня́
переда́ть сле́дующее сообще́ние.

— Слы́шу вас хорошо́, — отве́тил я, — самочу́вствие отли́ч-
ное. Полёт продолжа́ется хорошо́. Перегру́зки расту́т. Ви́жу
зе́млю, лес, облака́...

Перегру́зки действи́тельно всё вре́мя росли́. Но я постепе́нно
привыка́л к ним и да́же поду́мал, что во вре́мя подгото́вки
бы́ло трудне́е.

Одна́ за друго́й, испо́льзовав то́пливо, отделя́лись ступе́ни
раке́ты. И вот кора́бль вы́шел на орби́ту. Наступи́ла невесо́-
мость — то состоя́ние, о кото́ром ещё в де́тстве я чита́л в кни́гах
К. Э. Циолко́вского. Что произошло́ со мной в э́тот моме́нт?

Я бо́льше не сиде́л в кре́сле, а висе́л ме́жду потолко́м и по́лом
каби́ны. Всё вдруг ста́ло ле́гче. И ру́ки, и но́ги, и всё те́ло ста́ли
бу́дто совсе́м не мои́ми. Они́ ничего́ не ве́сили. Не сиди́шь, не
лежи́шь, а про́сто виси́шь[5] в каби́не. Все ве́щи то́же лета́ют. И
каранда́ш, и журна́л.

Всё э́то вре́мя я рабо́тал : следи́л за обору́дованием корабля́,
вёл наблюде́ния, запи́сывал в бортово́м журна́ле. На мину́ту
забы́в, где я нахожу́сь, положи́л каранда́ш ря́дом, и он сра́зу же
уплы́л от меня́. Обо́ всём уви́денном я гро́мко говори́л, а маг-
нитофо́н запи́сывал ска́занное[6] на у́зкую плёнку.

« Земля́ » поинтересова́лась, что я ви́жу внизу́. И я рассказа́л,
что я́сно ви́жу го́ры, кру́пные ре́ки, больши́е леса́, берега́ море́й.

« Восто́к » лете́л над просто́рами Ро́дины, и я чу́вствовал к ней
горя́чую любо́вь сы́на.

ЮРИЙ ГАГАРИН, Дорога в космос

5. Sur la valeur de la 2ᵉ personne du singulier sans pronom, revoir la
leçon 34.
6. Participe passé passif de *сказа́ть*, m. à m. : le dit.

J'avais répondu ça, mais pensé en moi-même : « Est-il possible qu'il y ait seulement 70 secondes ? Des secondes longues comme des minutes.

« La Terre » demanda à nouveau :

— Comment vous sentez-vous ?

— L'état général est bon. Et pour vous ?

De la terre, on répondit :

— Tout est normal.

A ce moment, le « Vostok » survolait un large fleuve sibérien.

— Quelle beauté ! m'écriai-je, mais je m'arrêtai aussitôt : mon devoir est de transmettre une information utile et non d'admirer la beauté de la nature. A ce moment « la Terre » me demanda de transmettre la communication suivante.

— Je vous entends bien, répondis-je, l'état général est excellent. Le vol se poursuit normalement. La pression augmente. Je vois la terre, la forêt, les nuages…

La pression augmentait effectivement sans cesse. Mais je m'habituais progressivement à elle et j'ai même pensé que, pendant l'entraînement, c'était plus pénible.

L'un après l'autre, le carburant épuisé, les étages de la fusée se détachaient. Et voici que le vaisseau se mit sur orbite. J'entrai en apesanteur, cet état dont j'avais, encore enfant, lu la description dans les livres de K. E. Tsiolkovski.[1] Qu'est-ce qui m'arrivait en ce moment ?

Je n'étais plus assis dans le fauteuil, j'étais suspendu entre le plafond et le plancher de la cabine. Tout devint soudain plus léger. Les bras, les jambes et tout le corps me sont devenus comme totalement étrangers. Ils ne pesaient rien. On n'est ni assis, ni couché mais simplement suspendu dans la cabine. Tous les objets volent aussi. Et le crayon, et le journal de bord.

Pendant tout ce temps, je travaillais : je surveillais les appareils du vaisseau, faisais des observations, prenais des notes dans le journal de bord. Oubliant un instant où je me trouvais, je posai mon crayon à côté de moi et il m'échappa aussitôt. Je parlais à voix haute de tout ce que j'apercevais et un magnétophone enregistrait mes paroles sur la bande étroite.

« La Terre » était intéressée par ce que je voyais en bas. Et moi j'ai raconté que je voyais clairement les montagnes, les fleuves importants, les grandes forêts et les côtes maritimes.

Le « Vostok » survolait les vastes étendues de la Patrie et je ressentais pour elle un chaleureux amour filial.

D'après IOURI GAGARINE, Le Chemin de l'espace

1. Professeur de mathématiques, qui exposa, dans un ouvrage paru en 1903, de nouveaux principes de propulsion des fusées pour l'exploration de l'espace, et que l'on peut ainsi considérer comme le père de l'astronautique russe.

MÉMENTO

Les chiffres renvoient aux paragraphes

L'ORTHOGRAPHE
et la prononciation

1. L'alphabet

L'alphabet russe a été créé au IXe siècle par Cyrille (d'où son nom de cyrillique) pour noter la langue des Slaves, que ce Grec de Macédoine avait entrepris d'évangéliser.

Caractères imprimés		Écriture manuscrite		Équivalent en français	
А	а	*А*	*а*	a	
Б	б	*Б*	*б*	b	
В	в	*В*	*в*	v	
Г	г	*Г*	*г*	g	
Д	д	*Д*	*д*	d	
Е	е	*Є*	*е*	yé	yè
Е	ё	*Ё*	*ё*	yo	
Ж	ж	*Ж*	*ж*	j	
З	з	*З*	*з*	z	
И	и	*И*	*и*	i	
Й	й	*Й*	*й*	ï (dans aïe)	
К	к	*К*	*к*	k	
Л	л	*Л*	*л*	l	

Caractères imprimés		Écriture manuscrite		Équivalent en français
М	м	_М_	_м_	m
Н	н	_Н_	_н_	n
О	о	_О_	_о_	o
П	п	_П_	_п_	p
Р	р	_Р_	_р_	r
С	с	_С_	_с_	s
Т	т	_Т_	_т м т̄_	t
У	у	_У_	_у_	ou
Ф	ф	_Ф_	_ф_	f
Х	х	_Х_	_х_	kh
Ц	ц	_Ц_	_ц_	ts
Ч	ч	_Ч_	_ч_	tch
Ш	ш	_Ш_	_ш ш_	ch
Щ	щ	_Щ_	_щ_	chch
Ъ	ъ		_ъ_	signe de durcissement
Ы	ы		_ы_	son entre i et u
Ь	ь		_ь_	signe d'adoucissement
Э	э	_Э_	_э_	ê
Ю	ю	_Ю_	_ю_	you
Я	я	_Я_	_я_	ya

2. L'écriture

баба   няня   закуски   водка   спутник
восток   луноход   союз   Ленинград
Одесса   Архангельск   Волга   Нева
Енисей   Дон   Днепр   Пушкин   Гоголь
Тургенев   Толстой   Ленин   Сталин

3. La prononciation

■ L'accent tonique

Dans la prononciation du russe, l'accent tonique (ou d'intensité) joue un grand rôle. Le mot russe présente un syllabe accentuée, prononcée avec plus de netteté et d'intensité que les autres syllabes, dites atones. Cet accent peut frapper n'importe quelle syllabe du mot. Sa présence ou son absence modifie sensiblement la prononciation de certaines voyelles.

■ Les voyelles

On distingue en russe deux séries de voyelles :

а   о   у   ы   э
я   ё   ю   и   е

Aux voyelles de la première série, que l'on trouve après consonne dure, correspondent les cinq voyelles de la deuxième série. Ces dernières sont en fait des signes orthographiques indiquant la mouillure de la consonne qui les précède. A l'initiale, isolées ou après voyelle, elles signalent la présence d'un yod.

Les voyelles accentuées *a*, *o* se prononcent à peu près comme en français, bien ouvertes : « Paris », « vote ».
y correspond au son « ou » dans « trou ».
э est un ê très dur, comme dans « être ».

Le son *ы*, très dur, venant de la gorge, n'existe pas en français. Il se situe entre i et u. Pour le prononcer, il faut se disposer à prononcer un i, les lèvres tirées, mais la langue placée en arrière, comme pour un u.

On retrouve en français des sons très proches des voyelles de la deuxième série, après consonne dans les mots « dialogue » (*я*), « idiote » (*ё*), « pioupiou » (*ю*), « pied » (*e*) ; à l'initiale (yod) dans les mots « yaourt » (*я*), « yole » (*ё*), yen (*e*), yaourte (*ю*).

La prononciation des voyelles est plus ou moins modifiée en position atone, c'est-à-dire en dehors de l'accent tonique.

o et *a* en dehors de l'accent ont toutes deux le timbre d'un a affaibli : *окнó* [akno].

э atone est un ê très affaibli : *экрáн* [êkran].

Les voyelles *я* et *e* ont en position atone une prononciation à peu près identique [′e], presque [′i] avant l'accent : *мясни́к* [m′isnik], *стенá* [st′ina], *сегóдня* [s′ivodn′e]

ë est toujours accentuée.

y / ю, ы / и gardent en position atone la même prononciation que sous l'accent.

■ **Les consonnes**

Certaines consonnes ont leur équivalent en français : ainsi *б, в, п, ф*; *м, н; д, т; с, з*.

к et *г* ont un son analogue à k et g, articulées toutefois un peu plus en arrière qu'en français devant a, o, y.

Trois consonnes sont plus difficiles à prononcer pour un francophone : Le *л* dur [L], c'est-à-dire le л placé devant une voyelle dure, ou en position finale, ne correspond à aucun son du français. Pour l'obtenir, il faut essayer de prononcer « l » en disposant les organes de la voix comme pour un « ou », la partie médiane de la langue bien abaissée. Placé devant les voyelles *я, ë, ю, e* ou *и*, le л russe est au contraire très mouillé, comme dans « lire ». Il est transcrit [l′] :

Алëша [al′ocha], *лев* [l′èf]

Le son *x*, proche de la jota espagnole ou du ch allemand après a, o, u (das Buch), ressemble également — à l'intérieur d'un mot ou en position finale — à un « r » grasseyé parisien qui serait sourd. Pour le prononcer, il faut placer la langue comme pour un k, mais sans qu'elle touche le palais, de manière à laisser passer l'air. Nous le transcrivons [kh] :

хорошó [kharacho], *ах* [akh].

Le fameux *р* roulé russe est obtenu par la vibration de la pointe de la langue contre le palais.

Toutes ces consonnes sont dures devant une voyelle de la première série ou en position finale : *онá* [ana], mouillées devant une voyelle de la deuxième série :

Сóня [son′a]

Cinq consonnes ignorent cette opposition dure/mouillée : *ж, ц, ш* restent toujours dures, même suivies d'une voyelle de la deuxième série : ainsi le *и* après *ш, ж, ц* se prononce comme un *ы, е* comme un *э* :

 маши́на [machüna] *цирк* [tsürk] *уже́* [oujê].

Les consonnes *ч* et *щ* sont, par contre, toujours mouillées, même devant une voyelle de la première série ; *ч* a un son proche du groupe tch dans « tchèque » : *чек* [tch'èk] ; *щ* est un ch allongé, très mouillé [chch'] :

 щи [chch'i].

Les consonnes sonores *б, в, г, д, ж, з,* s'assourdissent en position finale :

 хлеб [khl'èp], *Ива́нов* [ivanaf], *Оле́г* [al'èk], *сат* [sat], *нож* [noch], *францу́з* [frantsous],

devant une consonne sourde :

 все [fs'é], *во́дка* [votka], *ло́жка* [lochka], *францу́зский* [frantsousskiï].

Inversement, les consonnes sourdes se sonorisent au contact d'une sonore sauf devant *в*

 та́кже [tagjé], *сде́лать* [zd'elat'], mais *квас* [kvas].

■ Les semi-voyelles ou semi-consonnes

Le signe *й*, dit i bref, utilisé seulement après une voyelle, se prononce comme le son ï (ille, il) du français aïe, paille, soleil. Nous le transcrivons ï :

 ай [aï], *пой* [poï], *пей* [p'éï]

Le signe mou *ь*, transcrit ['], indique la mouillure de la consonne qui le précède. Ainsi *нь* se prononce comme gn dans « bagne » :

 день [d'én'], *семь* [s'ém'].

Le signe dur *ъ*, très rare, que nous transcrivons [–], indique une légère pause entre une consonne et la voyelle qui suit :

 съезд [c-yèzt]

4. Les règles orthographiques

On n'écrit pas *ы* mais *и* après :

 les gutturales *г к х*
 les chuintantes *ж ч ш щ*

On n'écrit pas *я* ni *ю* mais *a* et *y* après :

les gutturales *г к x*
les chuintantes *ж ч ш щ*
la sifflante *ц*

Dans la déclinaison, en position non accentuée, on n'écrit pas *o* mais *e* après :

les chuintantes *ж ч ш щ*
la sifflante *ц*

LA DÉCLINAISON

5. Les six cas

Ма́льчик пока́зывает своему́ това́рищу обло́жку кни́ги.
Le garçon montre à son camarade la couverture du livre.

La langue russe comprend six cas, correspondant à différentes fonctions du nom :

● Le nominatif, cas du sujet ou de son attribut :
Там стои́т но́вый дом, *là-bas se trouve une nouvelle maison.*

● L'accusatif, cas du complément d'objet direct :
Я ви́жу но́вый дом, *je vois une nouvelle maison.*

● Le génitif, cas du complément de nom :
Кры́ша но́вого до́ма, *le toit de la nouvelle maison.*

● Le datif, cas du complément d'attribution :
Я дал но́вому ученику́ кни́гу, *j'ai donné un livre au nouvel élève.*

● L'instrumental, cas du complément circonstanciel de moyen :
Я пишу́ но́вой ру́чкой, *j'écris avec un nouveau stylo.*

● Le prépositionnel, cas utilisé seulement après une préposition :
Я говорю́ о но́вом ученике́, *je parle du nouvel élève.*

Distinction entre type dur et type mou

De façon générale, on distingue les mots de type dur, dont le radical est terminé par une consonne dure (c'est-à-dire une consonne placée devant a, o, y, ы ou en position finale) et les mots de type mou, dont le radical est terminé par une consonne molle (c'est-à-dire une consonne placée devant e, ё, и, ю, я ou ь) :

LE NOM

6. Les noms féminins

	Type dur	Type mou	Type en -ь
Singulier			
N.	газе́та, *le journal*	неде́ля, *la semaine*	дверь, *la porte*
A.	газе́ту	неде́лю	дверь
G.	газе́ты	неде́ли	две́ри
D.	газе́те	неде́ле	две́ри
I.	газе́той	неде́лей	две́рью
P.	газе́те	неде́ле	две́ри
Pluriel			
N.A.	газе́ты	неде́ли	две́ри
G.	газе́т	неде́ль	двере́й
D.	газе́там	неде́лям	дверя́м
I.	газе́тами	неде́лями	дверя́ми
P.	газе́тах	неде́лях	дверя́х

Au pluriel, l'accusatif n'a pas de forme propre. Il est semblable au nominatif pour les noms désignant des objets, semblable au génitif pour les noms désignant des êtres animés.

Se rattachent à cette déclinaison quelques rares noms masculins en -а / -я, désignant des personnes du sexe masculin : де́душка, дя́дя, па́па, et quelques diminutifs de prénoms masculins: Ми́ша, Ва́ня.

7. Les noms masculins et neutres

стол, *la table*, гость, *l'invité*, сло́во, *le mot*, по́ле, *le champ*.

	Masculin		Neutre	
	type dur	*type mou*	*type dur*	*type mou*
Singulier	N. стол	гость	сло́во	по́ле
	G. стола́	го́стя	сло́ва	по́ля
	D. столу́	го́стю	сло́ву	по́лю
	I. столо́м	го́стем	сло́вом	по́лем
	P. столе́	го́сте	сло́ве	по́ле
Pluriel	N. столы́	го́сти	слова́	поля́
	G. столо́в	госте́й	слов	поле́й
	D. стола́м	гостя́м	слова́м	поля́м
	I. стола́ми	гостя́ми	слова́ми	поля́ми
	P. стола́х	гостя́х	слова́х	поля́х

Les masculins n'ont pas d'accusatif propre, ni au singulier, ni au pluriel. La règle est la même que pour l'accusatif pluriel féminin. Les neutres, qui désignent tous des objets inanimés, ont un accusatif semblable au nominatif.

A l'intérieur de la déclinaison, un mot peut avoir un accent tonique fixe ou mobile. Celui-ci se déplace alors d'une façon trop variable pour qu'il soit utile de donner des règles.

CAS PARTICULIERS

8. Les règles orthographiques

Les règles orthographiques, étudiées plus haut (§ 4), affectent la déclinaison :

ко́шка, *le chat*, ко́шки; каранда́ш, *le crayon*, карандаши́
се́рдце, *le coeur*, се́рдца; мышь, *la souris*, мыша́м
ме́сяц, *le mois*, ме́сяцем, ме́сяцев; Ма́ша, *diminutif de Marie*, Ма́шей

9. La voyelle mobile

Une voyelle dite « mobile » apparaît souvent aux cas à désinence zéro (c'est-à-dire limités au radical) — nominatif masculin singulier, génitif féminin pluriel et neutre pluriel — lorsque le radical se termine par deux consonnes.
Au génitif pluriel, cette voyelle est *o* en présence d'un *к*, sauf après chuintante (ж, ч, ш, щ); *e* dans les autres cas :

Singulier

N.	отéц, *le père*	рот, *la bouche*	ковёр, *le tapis*
G.	отцá	рта	коврá

Pluriel

N.	дéвочки, *les fillettes*	пи́сьма, *les lettres*	óкна, *les fenêtres*
G.	дéвочек	пи́сем	óкон

10. Les noms dont le radical est terminé par -*u*

Ces noms (Фрáнция, *la France*, гéний, *le génie*, здáние, *le bâtiment*) ont la désinence *u*, au lieu de *e*, au prépositionnel et, s'ils sont féminins, au datif singulier :

Фрáнция, *la France*　　во Фрáнции;
Мари́я, *Marie*　　datif: Мари́и

Au génitif pluriel, les féminins et les neutres ont la désinence -**ий** : здáние, здáний; áрмия, áрмий.

11. Les noms masculins en -*й*

герóй, *le héros*; трамвáй, *le tramway*.

Ces noms suivent la déclinaison de type гость, sauf au génitif pluriel, qui est en -ев :

герóй, *le héros*, герóев; трамвáй, *le tramway*, трамвáев.

12. Les noms masculins terminés par *ж, ч, ш* ou *щ*

Ils ont un génitif pluriel irrégulier en -ей :

нож, *le couteau*, ножéй
товáрищ, *le camarade*, товáрищей

LES NOMS IRRÉGULIERS

13. Le prépositionnel masculin singulier en -ý

Après les prépositions в et на, quelques masculins ont au prépositionnel la désinence -ý (-ю́), toujours accentuée :

на берегý, *sur la rive*　　в лесý, *dans la forêt*
на краю́ (край), *au bord*　　на полý, *sur le sol*

на льду (лёд), *sur la glace*
на носу́, *sur le nez*
во рту (рот), *dans la bouche*
в снегу́, *dans la neige*
в шкафу́ (шкаф), *dans l'armoire*
на борту́, *à bord*
на лбу (лоб), *sur le front*

в саду́, *dans le jardin*
в углу́ (у́гол), *dans le coin*
в кото́ром часу́, *à quelle heure*
в э́том году́, *cette année*
на лугу́, *dans le pré*
на мосту́, *sur le pont*

14. Les pluriels irréguliers

■ Le nominatif masculin pluriel en -*á* / -*я́*

Les noms masculins les plus courants présentant cette désinence toujours accentuée, sont :

бе́рег, *la rive*, берега́
ве́чер, *le soir*, вечера́
глаз, *l'œil*, глаза́
го́род, *la ville*, города́

дом, *la maison*, дома́
лес, *la forêt*, леса́
по́езд, *le train*, поезда́
учи́тель, *l'instituteur*, учителя́

■ Les pluriels masculins et neutres en -*ья*

● -ья, -ьев, -ьям...

брат, *le frère*, бра́тья
лист, *la feuille* (ли́стья, *les feuilles d'arbre* mais листы́, *les feuilles de papier*)
де́рево, *l'arbre*, дере́вья

стул, *la chaise*, сту́лья

перо́, *la plume*, пе́рья

● -ья, -ей, -ьям...

La désinence est accentuée au pluriel et le radical présente parfois des modifications :

друг, *l'ami*, друзья́   сын, *le fils*, сыновья́.

■ Les pluriels masculins en -*яне* / -*ане*

Génitif pluriel en -ян / -ан.

C'est le pluriel des masculins terminés au singulier par -янин / -анин
Ils désignent des personnes appartenant à un groupe (social, ethnique, religieux…) :

россия́нин, *le Russe* (citoyen de la Fédération de Russie)
крестья́нин, *le paysan*, крестья́не
англича́нин, *l'Anglais*, англича́не
парижа́нин, *le Parisien*, парижа́не
граждани́н, *le citoyen*, гра́ждане

■ Le génitif pluriel masculin à désinence zéro

не́сколько раз, *plusieurs fois*
пять челове́к, *cinq personnes*

15. Les neutres en -*мя*

Une dizaine de neutres terminés par -мя ont une déclinaison particulière :

Singulier		*Pluriel*	
N.A.	вре́мя, *le temps* (durée)	N.A.	времена́
G.D.P.	вре́мени	G.	време́н
I.	вре́менем	D.	времена́м...

Les plus courants sont :

и́мя, *le prénom*; вре́мя, *le temps*; пла́мя, *la flamme*;
зна́мя, *le drapeau*.

16. Les noms indéclinables

Quelques noms neutres empruntés à des langues étrangères et terminés par une voyelle, sont indéclinables :

кино́, *le cinéma*; такси́, *le taxi*; ра́дио, *la radio*;
пальто́, *le manteau*; купе́, *le compartiment*; меню́, *le menu*.

Sont également indéclinables les nombreuses abréviations formées uniquement de consonnes, ou terminées par une voyelle :

СССР (Сою́з Сове́тских Социалисти́ческих Респу́блик)
МГУ (Моско́вский Госуда́рственный Университе́т)
ЮНЕСКО, l'UNESCO

On décline, par contre, comme un masculin :
ГУМ (Госуда́рственный Универса́льный Магази́н)
бомж (без определённого ме́ста жи́тельства), SDF

ГУМ	ГУМ'а	ГУМ'у
бомж	бомжа	бомжу

L'ADJECTIF

17. La déclinaison de l'adjectif

La forme longue présente, comme les substantifs, un type dur et un type mou:

нóвый, *nouveau*; сѝний, *bleu* (*foncé*).

		Type dur		*Type mou*	
Masculin	N.	нóвый	нóвое	сѝний	сѝнее
et	G.	нóвого		сѝнего	
neutre	D.	нóвому		сѝнему	
singuliers	I.	нóвым		сѝним	
	P.	нóвом		сѝнем	
Féminin	N.	нóвая		сѝняя	
Singulier	A.	нóвую		сѝнюю	
	G.D.I.P.	нóвой		сѝней	
Pluriel	N.	нóвые		сѝние	
des	G.	нóвых		сѝних	
trois	D.	нóвым		сѝним	
genres	I.	нóвыми		сѝними	
	P.	нóвых		сѝних	

Remarques

● Les adjectifs de type dur sont beaucoup plus nombreux que ceux de type mou.

● L'accent est fixe.

● Les adjectifs de type dur ayant un accent final, ont la désinence -ой au nominatif masculin singulier : молодóй, *jeune*.

● L'accusatif masculin singulier et l'accusatif pluriel des trois genres sont semblables au nominatif ou au génitif selon qu'ils se rapportent à des mots désignant des objets (nominatif) ou des êtres animés (génitif).

● Les règles orthographiques étudiées plus haut (§ 4) affectent les désinences adjectivales : мáленький, *petit*; большѝм, *grand*; хорóшего, *bon* (type dur); горя́чая, горя́чую *chaud* (type mou).

18. La forme courte

● A côté de la forme déclinable dite « longue », on trouve, au nominatif de certains adjectifs qualificatifs de type dur, une forme « courte », utilisée seulement comme attribut du sujet lorsque le verbe n'est pas exprimé (verbe être au présent) : à côté de краси́вый *beau*, краси́вая, краси́вое, краси́вые, on a он краси́в, *il est beau*, она́ краси́ва, *elle est belle*, оно́ краси́во, они́ краси́вы.

Le féminin de la forme courte présente souvent un accent final

он горд, *il est fier*, она́ горда́, *elle est fière*.

Une voyelle mobile (§ 9) peut apparaître au masculin singulier

он по́лон, *il est plein*, она полна́, они полны́
он си́лен, *il est fort*, она́ сильна́, они́ си́льны

La forme courte de l'adjectif attribut a un caractère obligatoire pour certains adjectifs :

он дово́лен, *il est satisfait*; он бо́лен, *il est malade*;
он гото́в, *il est prêt*; он жив, *il est vivant*.

L'adjectif « рад », content, ne connaît que cette forme. Il ne peut donc être employé qu'en qualité d'attribut.

Cette forme courte est utilisée également lorsque l'adjectif attribut est accompagné d'un complément :

« Любви́ все во́зрасты поко́рны » (Пушкин).
Tous les âges sont soumis à l'amour (*Pouchkine*).

Elle apparaît aussi lorsque l'on veut donner un sens excessif à l'adjectif :

он мо́лод, *il est trop jeune* (à côté de он молодо́й, *il est jeune*.)
ту́фли малы́, *les chaussures sont trop petites*.

On la trouve au neutre avec э́то :

э́то краси́во, *c'est beau*,
это интере́сно, *c'est intéressant*.

Parfois, elle indique une qualité passagère :

А́нна краси́вая, *Anne est belle* (de nature)
А́нна сего́дня краси́ва, *Anne est en beauté aujourd'hui*.

Mais cette forme courte tend à disparaître; d'ailleurs un certain nombre d'adjectifs (ceux en -ск- par exemple) l'ignorent.

19. L'attribut à l'instrumental

Quand le verbe est exprimé (verbe être au passé, au futur, à l'infinitif ou substituts du verbe « être »), l'attribut se met le plus souvent à l'instrumental :

когда́ он был молоды́м..., *quand il était jeune.*
он ка́жется у́мным, *il paraît intelligent.*

C'est également le cas de l'attribut du complément d'objet direct :

я нашёл её больно́й, *je l'ai trouvée malade.*

LES DEGRÉS DE COMPARAISON

20. Le comparatif suffixal

Le comparatif de supériorité de l'adjectif attribut et celui de l'adverbe ont une forme identique, que l'on obtient par l'adjonction au radical d'un suffixe invariable.

● suffixe -ee (parfois réduit à -ей) :

прия́тный, *agréable*; прия́тно, *agréablement* → прия́тнее (прия́тней), *plus agréable(ment)*.

L'accent est souvent final (comme à la forme courte du féminin) :

слабе́е (слабе́й), *plus faible, plus faiblement*;
скоре́е (скоре́й) *plus rapide, plus vite.*

● suffixe -e (non accentué) :

C'est celui d'adjectifs ou adverbes dont le radical est terminé par une gutturale (г, к, х) ou une dentale (д, т) plus rarement par une sifflante (з, с). Cette consonne finale se transforme devant -e selon le schéma :

г, д, з → ж   с, х → ш
к, т → ч   ст → щ

дорого́й, *cher*, до́рого → доро́же
лёгкий, *léger, facile*, легко́ → ле́гче
ти́хий, *calme*, ти́хо → ти́ше
молодо́й, *jeune* → моло́же
бога́тый, *riche* → бога́че
просто́й, *simple*, про́сто, *simplement* → про́ще

Très souvent le suffixe - к - (-ок-) tombe :

бли́зкий, *proche*, бли́зко, *près* → бли́же ; высо́кий, *haut* → вы́ше ;
коро́ткий, *court* → коро́че; у́зкий, *étroit* → у́же.

Il existe dans cette série, quelques rares adjectifs non terminés par une
gutturale, une dentale ou une sifflante :

дешёвый, *bon marché* → дешёвле; широ́кий, *large* → ши́ре.

● suffixe -(ь)ше, limité à quelques exceptions :

далёкий, *éloigné* → да́льше; ста́рый, *vieux* → ста́рше; до́лгий,
long → до́льше.

■ **Comparatifs irréguliers**

хоро́ший, *bon*, хорошо́, *bien* → лу́чше;
плохо́й, *mauvais*, пло́хо, *mal* → ху́же;
большо́й, *grand*, мно́го, *beaucoup* → бо́льше;
ма́ленький, *petit*, ма́ло, *peu* → ме́ньше.

21. Le comparatif composé

A côté de ce comparatif suffixal, il existe une forme composée de
бо́лее, plus (invariable), et de l'adjectif positif au cas voulu. Cette
tournure s'emploie de préférence pour l'adjectif épithète, mais est
toujours possible pour l'adjectif attribut ou pour l'adverbe

Я не по́мню бо́лее прия́тных кани́кул,
Je ne me souviens pas de vacances plus agréables.
Э́тот дом бо́лее высо́к (ou высо́кий),
Cette maison est plus haute.
Он говори́т бо́лее ти́хо, *Il parle plus bas.*

N.B. : le comparatif d'infériorité se forme de la même façon que le
comparatif de supériorité épithète, mais бо́лее, *plus* est remplacé par
ме́нее, *moins*.

22. Le complément du comparatif

Il peut être au génitif :

Он ста́рше вас, *Il est plus âgé que vous.*

Il peut être aussi, au cas exigé par sa fonction dans le phrase, introduit par чем; une virgule précède toujours чем :

> Этот дом вы́ше, чем тот,
> *Cette maison-ci est plus haute que celle-là.*

Cette dernière forme est la seule possible :

● pour le comparatif avec бо́лее :

> Этот дом бо́лее высо́кий, чем тот,
> *Cette maison-ci est plus haute que celle-là.*

● quand le deuxième terme de la comparaison est un mot invariable :

> Сего́дня пого́да холодне́е, чем вчера́,
> *Aujourd'hui le temps est plus froid qu'hier.*

ou n'est pas le sujet de la subordonnée :

> Он дал мне бо́льше книг, чем тебе́.
> *Il m'a donné plus de livres qu'à toi.*

23. Le comparatif d'égalité

Il est exprimé par :

> тако́й же + adjectif à la forme longue... как (и)
> так же + adjectif à la forme courte ou adverbe... как (и)

Exemples :

> Мы ви́дели таки́х же краси́вых де́вушек, как (и) она́,
> *Nous avons vu des jeunes filles aussi jolies qu'elle.*
> Он так же умён, как (и) вы, *il est aussi intelligent que vous.*

24. Le superlatif

■ Le superlatif relatif

Il est exprimé le plus souvent par l'adjectif précédé de са́мый (au cas voulu).

> Это са́мая широ́кая у́лица в Москве́,
> *C'est la plus large rue de Moscou.*

> Это са́мая широ́кая из моско́вских у́лиц,
> *C'est la plus large des rues de Moscou.*

On peut également utiliser le comparatif suivi du génitif du pronom весь, *tout.*

> Он умне́е всех,
> *Il est plus intelligent que tous. C'est le plus intelligent.*

Plus rarement on rencontre une forme suffixale en -ейший (-айший après chuintante) :

Это крупнейший завод в СССР, *c'est la plus importante usine d'U.R.S.S.* (m. à m. : en U.R.S.S.).

Я выберу кратчайший из этих путей, *je choisirai la plus courte de ces routes.*

■ Le superlatif absolu

Il peut être exprimé par la forme suffixale -ейший sans complément :

Это труднейшая задача, *c'est un problème très difficile.*

On peut aussi l'exprimer par l'adjectif précédé de l'adverbe очень, *très* :

Это очень трудная задача, *c'est un problème très difficile.*

25. Les adjectifs d'appartenance

A partir de certains noms, désignant surtout des animaux, on peut former des adjectifs dits d'appartenance en **-ий**, dont la déclinaison est la même que celle de l'ordinal третий (§40),

медведь, *l'ours* → медвежья шкура, *la peau d'ours.*

A partir de noms en -a et -я désignant des diminutifs ou des noms de parenté, on forme des adjectifs en **-ин**.
De même, à partir d'un nombre restreint de masculins de type dur, on forme des adjectifs en **ов**. Leur déclinaison est semblable à celle des adjectifs qualificatifs, à l'exception des nominatifs-accusatifs, semblables à ceux des noms :

Машина комната, *la chambre de Macha.*
папино кресло, *le fauteuil de papa.*
отцов дом, *la maison paternelle.*
адамово яблоко, *la pomme d'Adam.*

Ces suffixes -ин et -ов ont servi également à former des noms de famille.

LES NOMS DE FAMILLE

26. Les noms terminés par -ый, -ой -ский

Ils ont une déclinaison adjectivale :

> Я люблю́ рома́ны Достое́вского,
> *J'aime les romans de Dostoïevski.*

27. Les noms terminés par *-ов (-ёв, -ев) et -ин*

Ils hésitent entre la déclinaison des adjectifs et celle des substantifs.

	Masculin	*Féminin*	*Pluriel*
N.	Петро́в	Петро́ва	Петро́вы
A.	Петро́ва	Петро́ву	Петро́вых
G.	Петро́ва	Петро́вой	Петро́вых
D.	Петро́ву	Петро́вой	Петро́вым
I.	Петро́вым	Петро́вой	Петро́выми
P.	Петро́ве	Петро́вой	Петро́вых

N.B. : les prénoms et les patronymes se déclinent comme des substantifs.

> Я неда́вно познако́мился с Ива́ном Бори́совичем Петро́вым,
> *j'ai fait récemment la connaissance d'Ivan Borissovitch* (=fils de Boris) *Pétrov.*

LE PRONOM

28. Le pronom personnel

	Première personne		*Deuxième personne*	
	Singulier	*Pluriel*	*Singulier*	*Pluriel*
N	я	мы	ты	вы
A.G.	меня́	нас	тебя́	вас
D.	мне	нам	тебе́	вам
I.	мной	на́ми	тобо́й	ва́ми
P.	мне	нас	тебе́	вас

Troisième personne

	Masculin	Neutre	Féminin	Pluriel
N.	он	оно́	она́	они́
A.G.		(н)его́	(н)её	(н)их
D.		(н)ему́	(н)ей	(н)им
I.		(н)им	(н)ей	(н)и́ми
P.		нём	ней	них

Remarques

● A l'instrumental féminin singulier, surtout non précédé d'une préposition, on trouve parfois la forme -ею.

● Quand il dépend d'une préposition, le pronom personnel de la 3ᵉᵐᵉ personne est précédé de н- :

> У него́ есть брат, *il a un frère* (m. à m. : chez lui est un frère).
> Я éду к ней, *je vais chez elle.*
> Мы гуля́ли с ни́ми, *nous nous sommes promenés avec eux.*

Mais on a :

> Я иду́ к его́ бра́ту, *je vais chez son frère* (m. à m. : je vais chez le frère de lui).

Ici, c'est бра́ту qui dépend de к et non его́.   (Voir § 31).

29. Le pronom réfléchi

Quand le pronom complément représente la même personne que le sujet de la proposition, on utilise le réfléchi себя́ pour les trois personnes, au singulier comme au pluriel :

себя́	Ва́ня зна́ет себя́
себе́	Ма́ма подари́ла себе́ кни́гу
собо́й	Мы ви́дим не́бо над собо́й
себе́	Воло́дя ча́сто говори́т о себе́

30. Le pronom réciproque

C'est un pronom composé, друг дру́га, dont le premier élément reste invariable, tandis que le second se décline comme un nom :

друг дру́га	Они́ лю́бят друг дру́га
друг дру́гу	Они́ подари́ли друг дру́гу пода́рки
друг дру́гом	Они иду́т друг за дру́гом
друг дру́ге	Они говоря́т друг о дру́ге

31. Le pronom-adjectif possessif

мой: mon, le mien

	M.	*N.*	*F.*	*Pl.*
N.	мой	моё	моя́	мои́
A.	N. ou G.	моё	мою́	N. ou G.
G.	моего́		мое́й	мои́х
D.	моему́		мое́й	мои́м
I.	мои́м		мое́й	мои́ми
P.	моём		мое́й	мои́х

наш: notre, le nôtre

	M.	*N.*	*F.*	*Pl.*
N.	наш	на́ше	на́ша	на́ши
A.	N. ou G.	на́ше	на́шу	N. ou G.
G.	на́шего		на́шей	на́ших
D.	на́шему		на́шей	на́шим
I.	на́шим		на́шей	на́шими
P.	на́шем		на́шей	на́ших

Remarques

● A l'accusatif masculin singulier et à l'accusatif pluriel des trois genres, la désinence est celle du nominatif lorsqu'il s'agit d'objets, celle du génitif lorsqu'il s'agit d'êtres animés.

● Le possessif твой (*ton, le tien*) se décline come мой, ainsi que le possessif réfléchi свой; le possessif ваш (*votre, le vôtre*) se décline comme наш.

■ L'adjectif possessif réfléchi свой est utilisé pour toutes les personnes lorsque le sujet de la proposition est le possesseur.

Я люблю́ своего́ това́рища, *j'aime mon camarade.*
Он ча́сто гуля́ет со свое́й соба́кой, *il se promène souvent avec son chien.*

Pour traduire « son », quand le sujet n'est pas le possesseur, on a recours au pronom personnel au génitif его, её, их, qui s'accorde en genre et en nombre avec le possesseur.

Я ча́сто гуля́ю с И́горем и с его́ до́черью, *je me promène souvent avec Igor et avec sa fille* (m. à m. : la fille de lui).

32. Le pronom-adjectif démonstratif

Э́тот: ce… -ci, celui-ci

	M.	*N.*	*F.*	*Pl.*
N.	э́тот	э́то	э́та	э́ти
A.	N. ou G.	э́то	э́ту	N. ou G.
G.	э́того		э́той	э́тих
D.	э́тому		э́той	э́тим
I.	э́тим		э́той	э́тими
P.	э́том		э́той	э́тих

тот: ce… -là, celui-là

	M.	*N.*	*F.*	*Pi.*
N.	тот	то	та	те
A.	N. ou G.	то	ту	N. ou G.
G.	того́		той	тех
D.	тому́		той	тем
I.	тем		той	те́ми
P.	том		той	тех

Э́тот désigne un objet proche, тот un objet éloigné. Ces deux pronoms s'opposent souvent l'un à l'autre :

Э́тот дом высо́кий, а тот ни́зкий

33. Les pronoms interrogatifs-relatifs

■ Кто (кого́, кому́, кем, ком) a une déclinaison identique à celle de тот; что (чего́, чему́, чем, чём) a des désinences de type mou.

Кто, *qui*, s'emploie pour les êtres vivants; что, *quoi*, s'emploie pour les objets :

Кто там? Э́то Ко́ля. Кто э́то? Э́то ко́шка. Что это? Это стол. *Qui est là? C'est Kolia. Qu'est-ce que c'est?* (m. à m. : qui est-ce?) *C'est un chat. Qu'est-ce que c'est? C'est une table.*

Ces pronoms sont utilisés comme relatifs, mais seulement lorsque l'antécédent n'est pas exprimé ou que cet antécédent est un pronom :

(тот), кто не рабо́тает, не ест, *celui qui ne travaille pas ne mange pas.*

Всё, что вы говори́те — пра́вда, *tout ce que vous dites est vrai.*

■ Како́й et кото́рый, *quel*, ont une déclinaison adjectivale. Leur sens est proche, mais како́й porte davantage sur la nature de l'objet (*quelle sorte de?*). Ces deux pronoms peuvent être utilisés comme relatifs quand l'antécédent est un nom. L'antécédent de како́й est souvent accompagné de тот ou тако́й.

Она́ умрёт в той ве́ре, в како́й родила́сь (Ле́рмонтов). *Elle mourra avec la foi dans laquelle elle est née.*

Как называ́ется рома́н, о кото́ром вы говори́те? *comment s'appelle le roman dont vous parlez?*

Челове́к, кото́рого вы ви́дите там — мой оте́ц, *l'homme que vous voyez là-bas est mon père.*

■ Чей a une valeur possessive. Il suit la même déclinaison que мой mais présente une base -чь- à tous les autres cas que le nominatif masculin singulier.

	M.	N.	F.	Pl.
N.	чей	чьё	чья	чьи
A.	(N. ou G.)	чьё	чью	
G.	чьего́		чьей	чьих…

Чья э́то ша́пка? *A qui est cette toque?* (m. à m. *de qui ceci est la toque?*)

О чьих де́тях вы говори́те? *Vous parlez des enfants de qui ?*

34. Les pronoms négatifs

Ils sont formés à partir des pronoms interrogatifs, dont ils suivent la déclinaison :

никто́ : *personne*; ничего́ : *rien* (ничто́ est rare);
ниче́й : *de personne*; никако́й : *aucun*

Quand ces pronoms sont utilisés avec une préposition, celle-ci se place entre le pronom et la particule :

— О чём ты ду́маешь? — Я ни о чём не ду́маю.
— *A quoi penses-tu ?* — *Je ne pense à rien.*

35. Les pronoms indéterminés

Certaines particules utilisées avec des pronoms (ou des adverbes) interrogatifs servent à former des pronoms (ou des adverbes) indéterminés (voir leçons 35 et 38).

■ Les particules les plus courantes sont -то et -нибудь :

кто-то : quelqu'un (personne existant réellement, mais non identifiée par celui qui parle).

кто-нибудь : quelqu'un (personne dont l'existence est seulement virtuelle).

> Кто-нибудь приходи́л? — Да, кто-то приходи́л.
> *Est-ce qu'il est venu quelqu'un? — Oui, quelqu'un est venu.*

■ La particule -либо a un sens très proche de -нибудь mais ajoute une idée de choix :

> Возьми́те каку́ю-либо кни́гу, *prenez un livre* (celui que vous voulez).

■ La particule кое-, préposée, indique qu'on parle d'une personne ou d'un objet identifiés par la personne qui parle, mais inconnus de l'interlocuteur :

> Я кое-что купи́л для вас, *j'ai acheté quelque chose pour vous.*

36. Autres pronoms

■ Le pronom сам, lui-même, сама́, са́ми a la même déclinaison que э́тот mais avec accent final, sauf au nominatif pluriel. Il est employé avec des noms désignant des personnes.

> Я встре́тил самого́ мини́стра,
> *j'ai rencontré le ministre lui-même.*

■ Le pronom-adjectif весь, tout, всё, вся, все, a une déclinaison semblable à celle de тот mais de type mou, sur la base вс- (voir leçon 27).

> Мы осмотре́ли всю галере́ю, *nous avons visité toute la galerie.*

■ Les pronoms-adjectifs са́мый, ка́ждый, вся́кий, любо́й, друго́й ont une déclinaison adjectivale : са́мый, outre son rôle dans la formation du superlatif (§ 24) est utilisé après les pronoms э́тот, тот pour mettre l'accent sur l'objet dont on parle.

> Э́то и есть та са́мая карти́на, о кото́рой я тебе́ расска́зывал,
> *c'est bien le tableau (même) dont je t'ai parlé.*

са́мый sert également à renforcer des mots désignant le lieu ou le temps :

> Он живёт на са́мом краю́ села́, *il habite tout au bout du village.*

> Мы игра́ли в ка́рты до са́мой но́чи, *nous avons joué au cartes jusqu'à la nuit (même).*

● ка́ждый, вся́кий, любо́й ont un sens souvent très proche.

> Ка́ждый (вся́кий, любо́й) до́лжен прочита́ть э́ту кни́гу, *tout le monde (chacun, n'importe qui) doit avoir lu ce livre.*

Le sens de ces pronoms est toutefois nuancé.

> У ка́ждого есть биле́т, *chacun (pris isolément) a un billet.*
> Вся́кий мо́жет поня́ть, *chacun (tout un chacun) peut comprendre.*
> В э́том магази́не вы найдёте вся́кие кни́ги : *dans ce magasin, vous trouverez toutes sortes de livres.*
> Возьми́те любу́ю кни́гу : *prenez n'importe quel livre.*

● друго́й signifie (l') autre, (un) autre :

> Нет, я не Ба́йрон, я друго́й (Лермонтов).
> *Non, je ne suis pas Byron, je suis un autre (Lermontov).*

LE NOMBRE

37. Liste

0	ноль	
1	оди́н, одна́, одно́	пе́рвый, пе́рвая, пе́рвое
2	два, две	второ́й, втора́я, второ́е
3	три	тре́тий, тре́тья, тре́тье
4	четы́ре	четвёртый, четвёртая, четвёртое
5	пять	пя́тый, пя́тая, пя́тое
6	шесть	шесто́й
7	семь	седьмо́й
8	во́семь	восьмо́й
9	де́вять	девя́тый
10	де́сять	деся́тый
11	оди́ннадцать	оди́ннадцатый
12	двена́дцать	двена́дцатый
13	трина́дцать	трина́дцатый
14	четы́рнадцать	четы́рнадцатый
15	пятна́дцать	пятна́дцатый
16	шестна́дцать	шестна́дцатый

17	семна́дцать	семна́дцатый
18	восемна́дцать	восемна́дцатый
19	девятна́дцать	девятна́дцатый
20	два́дцать	двадца́тый
21	два́дцать оди́н	два́дцать пе́рвый
30	три́дцать	тридца́тый
40	со́рок	сороково́й
50	пятьдеся́т	пятидеся́тый
60	шестьдеся́т	шестидеся́тый
70	се́мьдесят	семидеся́тый
80	во́семьдесят	восьмидеся́тый
90	девяно́сто	девяно́стый
100	сто	со́тый
101	сто оди́н	сто пе́рвый
200	две́сти	двухсо́тый
300	три́ста	трёхсо́тый
400	четы́реста	четырёхсо́тый
500	пятьсо́т	пятисо́тый
600	шестьсо́т	шестисо́тый
1000	ты́сяча	ты́сячный
2000	две ты́сячи	двухты́сячный
5000	пять ты́сяч	пятиты́сячный
1.000.000	миллио́н	миллио́нный
1.000.000.000	миллиа́рд	миллиа́рдный

38. La déclinaison des cardinaux

оди́н se décline comme le pronom э́тот, sur la base одн- :

	M.	N.	F.	Pl.
N.	оди́н	одно́	одна́	одни́
A.	(N. ou G.)	одно́	одну́	(N. ou G.)
G.	одного́		одно́й	одни́х
D.	одному́		одно́й	одни́м
I.	одни́м		одно́й	одни́ми
P.	одно́м		одно́й	одни́х

два (féminin две) три четы́ре :

N.	два	две	три	четы́ре
A.	N. ou G.		N. ou G.	N. ou G.
G.	двух		трёх	четырёх
D.	двум		трём	четырём
I.	двумя́		тремя́	четырьмя́
P.	двух		трёх	четырёх

■ **Cardinaux terminés en -ь**

Ils se déclinent comme les substantifs féminins en -ь. Ils ont un accent final : пять, пяти́, пятью́.

■ **Пятьдеся́т, шестьдеся́т, семьдеся́т, во́семьдесят**

Les deux éléments de ces cardinaux se déclinent, également sur le modèle des féminins en -ь.

L'accent tombe sur la désinence du premier élément : пятьдеся́т, пяти́десяти, пятью́десятью.

■ **со́рок, девяно́сто, сто**

Ils ont la désinence -a à tous les autres cas que le nominatif-accusatif.

N.A.	со́рок	девяно́сто	сто
G.D.I.P.	сорока́	девяно́ста	ста

■ **две́сти, три́ста... девятьсо́т**

Les deux éléments se déclinent, le second suivant la déclinaison d'un neutre pluriel.

две́сти, двухсо́т, двумста́м, двумяста́ми, двухста́х

■ **ты́сяча, миллио́н, миллиа́рд**

Ce sont des substantifs. Ils en suivent la déclinaison; ты́сяча a un instrumental ты́сячью à côté de la forme régulière ты́сячей.

39. La construction des cardinaux

■ Lorsque le nom de nombre est utilisé au nominatif-accusatif, le substantif se met au cas indiqué ci-dessous :

après	substantif
оди́н	nominatif singulier
два, три, четы́ре	génitif singulier
пять, шесть	génitif pluriel

Les nombres composés sont suivis du cas exigé par le dernier élément :

два́дцать оди́н стол, *vingt et une tables*; два́дцать два стола́, *vingt-deux tables*; два́дцать пять столо́в, *vingt-cinq tables*.

■ Aux autres cas que le nominatif-accusatif, le nom de nombre s'accorde avec le substantif :

трём ученика́м, *à trois élèves.*
ме́жду четырмья́ и семью́ часа́ми, *entre quatre et sept heures.*
в двухста́х сорока́ пяти́ киломе́трах, *à deux cent quarante-cinq kilomètres.*

Font exception à cette règle les nombres ты́сяча, миллио́н, милли-а́рд, qui sont suivis, comme des substantifs, du complément de nom au génitif pluriel :

в ты́сяче киломе́тров, *à mille kilomètres.*

40. La déclinaison des ordinaux

Les ordinaux suivent la déclinaison des adjectifs de type dur, à l'exception de тре́тий qui a une déclinaison mouillée sur la base треть- et des désinences courtes au nominatif-accusatif.

	M.	N.	F.	P.
N.	тре́тий	тре́тье	тре́тья	тре́тьи
A.	N. ou G.	тре́тье	тре́тью	N. ou G.
G.	тре́тьего		тре́тьей	тре́тьих

Seul le dernier élément des composés est ordinal et se décline :

в ты́сяча девятьсо́т се́мьдесят четвёртом году́,
en mille neuf cent soixante-quatorze.

41. Les collectifs

Parallèlement aux nombres cardinaux, il existe jusqu'au nombre 4 (très peu usités au-delà) les collectifs дво́е, тро́е, че́тверо

N.A.	дво́е	че́тверо
G.	двои́х	четверы́х
D.	двои́м	четверы́м
I.	двои́ми	четверы́ми
P.	двои́х	четверы́х

тро́е se décline comme двое.

Ces collectifs sont suivis du génitif pluriel. Leur emploi est obligatoire à la place de два, три, четы́ре :

● Avec les substantifs n'ayant pas de singulier :

> Часы́, *la montre*, дво́е часо́в, *deux montres*.
> Очки́, *les lunettes*, дво́е очко́в, *deux paires de lunettes*.
> Де́ти, *les enfants*, дво́е дете́й, *deux enfants*.

● lorsque le substantif est sous-entendu :

> Вы рабо́таете за трои́х, *vous travaillez pour trois*.

● avec les pronoms personnels :

> Нас бы́ло тро́е, *nous étions trois*.

On les emploie également avec des noms de personne masculins :

> че́тверо студе́нтов, *quatre étudiants*.

Óба les deux (leçon 44), a une déclinaison pronominale :

	M. N.	F.
N.A.	óба	óбе
G.	обо́их	обе́их
D.	обо́им	обе́им
I.	обо́ими	обе́ими
P.	обо́их	обе́их

La construction est la même que celle de два :

> óба сы́на у них уже́ жена́ты, *leurs deux fils sont déjà mariés*.
> по обе́им сторона́м, *des deux côtés*.
> обе́ими рука́ми, *à deux mains*.

LES PRÉPOSITIONS

42. Les prépositions de lieu

Certaines prépositions de lieu ayant un sens identique régissent des cas différents selon qu'elles répondent à une question sur le lieu où l'on va (куда́? *où ?*) ou bien sur le lieu où l'on est (где? *où ?*). Les prépositions qui leur sont opposées (question отку́да? *d'où ?*) sont suivies du génitif.

	куда?		где?		откуда?	
dans, à	в	+accusatif	в	+prépositionnel	из	+génitif
sur, à	на	,,	на	,,	с	,,
derrière	за	,,	за	+instrumental	из-за	,,
sous	под	,,	под	,,	из-под	,,
vers, chez	к	+datif	у	+génitif	от	,,

> Я идý на вокзáл; я был на вокзáле; я идý с вокзáла,
> *je vais à la gare; j'étais à la gare; je viens de la gare.*

> Я идý к Áнне; я был у Áнны; я идý от Áнны,
> *je vais chez Anne; j'étais chez Anne; je viens de chez Anne.*

■ Les autres prépositions les plus courantes sont :

● suivies du génitif

до	*jusqu'à*	прóтив	*en face de*
óколо	*à côté de*	вокрýг	*autour de*
мúмо	*devant* (avec déplacement)	вдоль	*le long de*
средú	*au milieu de*		

● suivies de l'instrumental

над	*au-dessus de*	мéжду	*entre*
пéред	*devant* (sans déplacement)		

● suivie du datif

по exprimant un déplacement sur une surface :

> Мы катáлись по реké, *nous nous promenions sur la rivière.*

● suivie du prépositionnel

при exprimant la proximité en même temps que la dépendance :

> при завóде есть клуб,
> *à côté (et dépendant de) l'usine, il y a un club.*

● suivies de l'accusatif

> чéрез, сквозь, *à travers.*

43. Les prépositions de cause

La cause est exprimée par différentes prépositions, dont le choix dépend du sens du nom qui suit :

● suivies du génitif :

> из-за, от, из, с, *à cause de, du fait de, par…*

● suivies du datif

  по, *par suite de*, благодаря, *grâce à*.
● suivie de l'instrumental

  за, *en raison de*.

благодаря signifie « grâce à » (effet favorable), tandis que les autres prépositions ont le sens de « à cause de » (effet défavorable, en général).

44. Autres prépositions

Les autres prépositions d'emploi courant sont :

  о + prépositionnel, про + accusatif, *de, au sujet de*
  с + instrumental, *avec* (accompagnement)

Sont suivies du génitif les prépositions suivantes :

  без, *sans*, вместо, *au lieu de*,
  для, *pour* (attribution, destination, but),
  из, *de* (отрывок из романа, *l'extrait d'un roman*; стол из дерева, *une table de bois*; один из учеников, *l'un des élèves*),
  кроме, *sauf*, против, *contre*.

Les prépositions de temps seront étudiées au cours du chapitre suivant.

LES COMPLÉMENTS DE TEMPS

45. La situation d'un fait dans le temps

● **L'heure**

в котором часу? *à quelle heure?*

в шесть часов, *à six heures*

без пяти два, *à deux heures moins cinq*

в десять минут седьмого, *à six heures dix*

в пятом часу, *entre quatre et cinq heures* (m. à m.: dans la cinquième heure)

в половине десятого, *à neuf heures et demie*

около пяти часов, *vers cinq heures*

● **Le jour**

в + accusatif :

в пя́тницу, *vendredi*

на друго́й день, *le lendemain*

● **La semaine**

на + prépositionnel :

на э́той (про́шлой, бу́дущей) неде́ле, *cette semaine (la semaine dernière, la semaine prochaine).*

● **Le mois**

в + prépositionnel :

в феврале́, *en février*

● **L'année**

в + prépositionnel :

в э́том году́, *cette année*

в 1973-м году́, *en 1973*

● **La date**

Пу́шкин у́мер 29-ого января́ 1837-ого го́да,
Pouchkine est mort le 29 janvier 1837

● **La période** (du jour, de l'année...)

instrumental :

у́тром, *le matin*; днём, *dans la journée*; ве́чером, *le soir*;
но́чью, *dans la nuit*; вчера́ ве́чером, *hier soir;*
весно́й, *au printemps*; ле́том, *en été*; о́сенью, *en automne*; зимо́й,
en hiver.

● **Repère autre que le calendrier**

avant : до + génitif :

До войны́ он жил в Москве́, *avant la guerre il habitait Moscou.*

пе́ред + instrumental (immédiatement avant)

Пе́ред обе́дом он мо́ет ру́ки,
avant le déjeuner il se lave les mains.

après : по́сле + génitif :

по́сле кани́кул, *après les vacances.*

pendant : во вре́мя + génitif :

во вре́мя войны́, *pendant la guerre.*

du temps de : при + prépositionnel (sous le règne de) :

при Петре́ пе́рвом, *sous Pierre Premier.*
при Ста́лине, *du temps de Staline.*

46. La durée. Le laps de temps

● Accusatif :

Она́ всю неде́лю рабо́тала, *elle a travaillé toute la semaine.*

● В тече́ние + génitif :

Больна́я лежа́ла в тече́ние неде́ли, *la malade est restée couchée*
(*pendant la durée d'*) *une semaine.*

● за + accusatif : en (temps mis pour faire quelque chose) :

Мы реши́ли зада́чу за три часа́,
nous avons résolu le problème en trois heures.

● на + accusatif : pour

Мы прие́хали на неде́лю, *nous sommes venus pour une semaine*

● с + génitif... до + génitif : depuis, de...à, jusqu'à

Он живёт здесь с пе́рвого сентября́,
il habite ici depuis le premier septembre.

Мы рабо́тали до пяти́ часо́в,
nous avons travaillé jusqu'à cinq heures.

Они́ игра́ют с утра́ до ве́чера, *ils jouent du matin au soir.*

● Accusatif + тому́ наза́д : il y a :

Он прие́хал два часа́ тому́ наза́д, *il est arrivé il y a deux heures.*

● че́рез + accusatif : dans :

Он вернётся че́рез два часа́, *il rentrera dans deux heures.*

47. La répétition

● Accusatif :

ка́ждый день, *chaque jour*;
ка́ждую неде́лю, *chaque semaine*;
ка́ждые два дня, *tous les deux jours*;

- **в + accusatif :**

  два ра́за в неде́лю, *deux fois par semaine.*

- **по + datif pluriel :**

  по воскресе́ньям, *le dimanche* ;
  по пра́здникам, *les jours de fête* ;
  по утра́м, *le matin.*

LE VERBE

48. Le classement des verbes

On classe les verbes russes, non pas selon la désinence de l'infinitif, qui est le plus souvent -ть (-ти́ sous l'accent), rarement -чь, mais d'après la terminaison du présent (imperfectif) ou du futur (perfectif).(§53).

On distingue ainsi deux conjugaisons d'après la voyelle dite « de liaison », qui s'intercale entre le radical et le désinence, aux 2es personnes du singulier et du pluriel, 3e du singulier et 1re du pluriel. Cette voyelle est -*u*- dans la 1re conjugaison.

-*e*- dans la 2e conjugaison

1re *conjugaison*

Infinitif		-ить
Présent	я стро́ю	я вожу́*
(ou futur	ты стро́ишь	ты во́зишь
perfectif)	он стро́ит	он во́зит
	она́ ,,	она́ ,,
	мы стро́им	мы во́зим
	вы стро́ите	вы во́зите
	они́ стро́ят	они́ во́зят

стро́ить, construire ; вози́ть, transporter.

	A	B	C
Infinitif	-ать/-ять -ывать/-ивать -еть	-ти -ть	-нуть
Présent (ou futur perfectif)	Я игра́ю ты игра́ешь он игра́ет она́ ,, мы игра́ем вы игра́ете они́ игра́ют	я несу́ ты несёшь он несёт она́ ,, мы несём вы несёте они́ несу́т	я дви́ну ты дви́нешь он дви́нет она́ ,, мы дви́нем вы дви́нете они́ дви́нут

игра́ть, jouer; нести́, porter; дви́нуть, perfectif, déplacer;

*Les verbes de la première conjugaison dont le radical se termine par certaines consonnes présentent une transformation de cette consonne à la première personne, selon le schéma :

д, з → ж   с → ш
т → ч   ст → щ
б, в, м, п, ф → бл, вл, мл, пл, фл

Or, après ж, ч, ш, щ on écrit y et non pas ю. Notons également que nous aurons -ат et non pas -ят si le radical du verbe est terminé par ж, ч, ш ou щ : они́ слы́шат.

N.B. Lorsque l'accent du présent n'est pas fixe, il est final à la 1ère personne du singulier, initial aux autres personnes.

LES VERBES IRRÉGULIERS AU PRÉSENT (OU AU FUTUR PERFECTIF)

Le tableau ci-dessus montre que l'on peut trouver le présent des verbes réguliers en connaissant seulement leur infinitif. Mais, à l'intérieur des ces deux conjugaisons régulières, un assez grand nombre de verbes présente des particularités. Nous étudierons les plus courantes.

Nous signalerons par l'abréviation (pf.) les verbes perfectifs.

49. La première conjugaison

A six exceptions près (§ 49), tous les verbes en -ить appartiennent à la première conjugaison. Cependent celle-ci comprend également quelques verbes en -еть ou en -ять (-ать après chuintante).

● **ви́деть,** *voir*

    я ви́жу, ты ви́дишь... они́ ви́дят

Une quarantaine de verbes en -еть appartiennent à la première conjugaison. La consonne finale du radical se transforme à la première personne (§ 48).

Les plus courants sont :

блесте́ть, *briller*	шуме́ть, *bruire*	смотре́ть, *regarder*
ви́деть, *voir*	боле́ть, *faire mal*	гляде́ть, *regarder*
горе́ть, *brûler*	висе́ть, *être suspendu*	лете́ть, *voler*
сиде́ть, *être assis*	кипе́ть, *bouillir*	хрусте́ть, *crisser*

● **стоя́ть,** *être debout*   **дрожа́ть,** *trembler*

    я стою́, ты стои́шь... они́ стоя́т
    я дрожу́, ты дрожи́шь... они́ дрожа́т

Une trentaine de verbes de la première conjugaison ont un infinitif en -ять (-ать après chuintante). Les plus courants sont :

боя́ться, *craindre*	держа́ть, *tenir*	дрожа́ть, *trembler*
дыша́ть, *respirer*	звуча́ть, *résonner*	крича́ть, *crier*
лежа́ть, *être étendu*	молча́ть, *se taire*	мча́ться, *filer*
слы́шать, *entendre*	стоя́ть, *être debout*	стуча́ть, *frapper* (à la porte)

et, isolés (en -ать bien que non terminés par une chuintante) :

    спать, *dormir* : я сплю, ты спишь... они́ спят
    гнать, *chasser* : я гоню́, ты го́нишь... они́ го́нят

50. La deuxième conjugaison

■ **Groupe A.**

Le radical peut présenter des modifications de consonnes ou de voyelles :

● **рисова́ть,** *dessiner*   **танцева́ть,** *danser*

Tous les verbes dont l'infinitif se termine par -овать (-евать après ж, ч, ш, щ, ц) se conforment à la conjugaison de рисова́ть :

    я рису́ю, ты рису́ешь... они́ рису́ют.

● **дава́ть,** *donner*

Tous les composés de дава́ть, -става́ть et -знава́ть perdent le suffixe -ва- au présent : встава́ть, *se lever,* узнава́ть, *apprendre.*

я встаю́, ты встаёшь... они встаю́т; я узнаю́, ты узнаёшь...

● **писа́ть,** *écrire*

Un certain nombre de verbes en -ать perdent le -a- au présent et la consonne finale du radical se transforme à *toutes* les personnes, selon le tableau vu plus haut (§ 48) auquel il faut ajouter :

к → ч   г → ж   х → ш   ск → щ

писа́ть, *écrire,* я пишу́, ты пи́шешь... они́ пи́шут
пла́кать, *pleurer,* я пла́чу, ты пла́чешь... они́ пла́чут
иска́ть, *chercher,* я ищу́, ты и́щешь... они́ и́щут

● **се́ять,** *semer*

De la même façon, quelques verbes en -ять perdent le -я au présent :

се́ять, *semer,* я се́ю, ты се́ешь... они́ се́ют
смея́ться, *rire,* я смею́сь, ты смеёшься... они́ смею́тся

● **пить,** *boire*

Cinq verbes en -ить (пить, *boire,* лить, *verser,* вить, *tordre,* бить, *battre,* шить, *coudre*) et leurs composés appartiennent à la première conjugaison et se conjuguent sur le modèle :

я пью, ты пьёшь... они́ пьют, *boire.*

Le verbe брить, *raser,* lui, donne :

я бре́ю, ты бре́ешь... они бре́ют.

● **крыть,** *couvrir*

Cinq verbes en -ыть (выть, *hurler,* крыть, *couvrir,* мыть, *laver,* ныть, *geindre,* рыть, *creuser*) ont un présent du type :

я во́ю, ты во́ешь... они́ во́ют, *hurler.*

● **петь,** *chanter*

Le -e- du verbe петь alterne avec -o- au présent :

я пою́, ты поёшь... они́ пою́т.

боро́ться, *combattre*

Ce verbe perd le -o- au présent :

я бо́рюсь, ты бо́решься... они́ бо́рются, *lutter, combattre*

■ Groupe B

Les verbes du groupe B peuvent présenter, eux aussi, des transformations à l'intérieur du radical.

● вести́, *conduire*

Sur le modèle de вести́, я веду́, ты ведёшь... они ведут, se conjuguent класть, *poser,* упа́сть (pf.), *tomber,* сесть (pf.), *s'asseoir,* ce dernier présentant une autre particularité:

> я ся́ду, ты ся́дешь... они ся́дут.

Le verbe расти́, *pousser, grandir,* donne au présent :

> я расту́, ты растёшь... они расту́т.

● бере́чь, *garder*

Les verbes terminés en -чь à l'infinitif, appartiennent tous au groupe B. Le radical du présent est terminé par une gutturale qui se transforme en chuintante devant -e- (-ё-) : к → ч, г → ж.

> я берегу́, ты бережёшь... они берегу́т, *garder.*
> течь, *couler,* река́ течёт, *la rivière coule.*
> мочь, *pouvoir,* я могу́, ты мо́жешь... они мо́гут.
> стричь, *tondre,* я стригу́, ты стрижёшь... они стригу́т.

avec, parfois d'autres particularités :

> жечь, *brûler,* я жгу, ты жжёшь... они жгут
> лечь (pf.), *se coucher,* я ля́гу, ты ля́жешь... они ля́гут

● обня́ть (pf.), *embrasser*

Toute une série de verbes en -ять (-ать après chuintante) ont une conjugaison particulière (voir leçon 26) :

Les verbes suivants sont tous perfectifs, sauf жать

> (за-, на-, по-) -нять, -йму, -ймёшь
> (об-, от-, под-, с-) -нять, -ниму́, -ни́мешь
> я обниму́, ты обни́мешь... они обни́мут
> взять, *prendre,* я возьму́, ты возьмёшь...
> приня́ть, *recevoir,* я приму́, ты при́мешь...

Entrent dans cette catégorie les verbes :

> жать, *serrer,* я жму, ты жмёшь... они жмут
> нача́ть, *commencer,* я начну́, ты начнёшь... они начну́т

● умере́ть (pf.), *mourir*

Le groupe -епе- de l'infinitif se réduit à -p- au présent :

я умру́, ты умрёшь... они́ умру́т :
тере́ть, *frotter*, я тру, ты трёшь... они́ трут
(за-, от-) пере́ть, я (за-, ото-) пру́, -прёшь... -пру́т, (pf.), *fermer,
ouvrir*

● жить, *vivre*

Un -в- apparaît au présent :

я живу́, ты живёшь...
плыть, *nager*, я плыву́, ты плывёшь...

● ждать, *attendre*

Quelques verbes de cette série présentent à l'infinitif un -a- qui tombe
au présent

я жду, ты ждёшь..., они́ ждут
рвать, *déchirer*, я рву, ты рвёшь... они́ рвут
лгать, *mentir*, я лгу, ты лжёшь... они́ лгут

avec parfois d'autres particularités :

брать, *prendre*, я беру́, ты берёшь... они́ беру́т
звать, *appeler*, я зову́, ты зовёшь... они́ зову́т

е́хать, *aller*, est isolé : я е́ду, ты е́дешь... они́ е́дут

■ Groupe C

Стать (pf.), *devenir, se mettre à*, деть, *fourrer*.

Ces verbes et leurs composés ne présentent pas le suffixe -ну- à
l'infinitif, mais se conjuguent au présent (ou futur):

я ста́ну, ты ста́нешь... они́ ста́нут
я (на-)де́ну (pf.), *je mettrai*, ты (на-)де́нешь... они́ (на-)де́нут

51. Verbes isolés

Quelques rares verbes ne peuvent être classés ni dans la première ni
dans la deuxième conjugaison :

● **дать** (pf.), *donner* **есть**, *manger*

Ces deux verbes ont une conjugaison tout à fait particulière :

дать		есть	
я дам	мы дади́м	я ем	мы еди́м
ты дашь	вы дади́те	ты ешь	вы еди́те
он	они́ даду́т	он	они́ едя́т
она́ даст		она́ ест	

● **бежа́ть**, *courir* **хоте́ть**, *vouloir*

Ces deux verbes hésitent entre les deux conjugaisons :

бежа́ть		хоте́ть	
я бегу́	мы бежи́м	я хочу́	мы хоти́м
ты бежи́шь	вы бежи́те	ты хо́чешь	вы хоти́те
он	они бегу́т	он	они́ хотя́т
она́ бежи́т		она́ хо́чет	

LA FORMATION DES MODES
ET DES TEMPS

52. Le passé

La formation du passé est beaucoup plus simple que celle du présent. Il suffit d'ajouter au radical de l'infinitif :

л au masculin : я (ты, он) стоя́л
ла au féminin : я (ты, она́) стоя́ла
ло au neutre : оно́ стоя́ло
ли au pluriel des 3 genres : мы (вы, они́) стоя́ли

Cependant quelques verbes ont un passé, sinon irrégulier, du moins plus difficile à former. Ce sont des verbes de la deuxième conjugaison, groupes B et C.

■ **нести́**, *porter*   **вести́**, *conduire*

● Les verbes terminés par -сти / -зти (-зть) perdent le *л* au passé masculin.

> нести́ : он нёс, она несла́, они несли́
> везти́, *transporter* : он вёз, она́ везла́, они́ везли́
> лезть, *grimper* : он лез, она́ ле́зла, они́ ле́зли

L'accent de ces verbes est souvent final au passé.

● Ceux qui ont un présent en -д- ou -т- (§ 49) gardent le *л*, mais perdent le *c* final du radical de l'infinitif :

> вести́ : он вёл, она́ вела́, они́ вели́
> сесть (pf.), *s'asseoir*, он сел, она́ се́ла, они́ се́ли

On a de même le passé du verbe isolé есть (мы еди́м) :

> есть, *manger* : он ел, она́ е́ла, они́ е́ли

■ **бере́чь**, *garder*

Les verbes du type бере́чь retrouvent au passé la consonne finale du radical du présent après laquelle le *л* tombe au masculin

> он берёг, она берегла́, они́ берегли́
> мочь, *pouvoir* : он мог, она́ могла́, они́ могли́

L'accent est final.

■ **умере́ть** (pf.), *mourir*

Les verbes en -ере- ont un passé en -ер-.

> он у́мер, она́ умерла́, они́ у́мерли

■ **идти́**, *aller*

Ce verbe a un passé formé sur une racine différente

> он шёл, она́ шла, они́ шли

■ **га́снуть**, *s'éteindre*

Toute une série de verbes en -нуть — ceux qui sont imperfectifs sans préverbe — perdent le suffixe -ну au passé (leçon 58); on retrouve

alors la même chute de л que pour les verbes terminés par -ти ou -чь :

гáснуть, *s'éteindre* : он гас, онá гáсла, онѝ гáсли
мёрзнуть, *geler* : он мёрз, онá мёрзла, онѝ мёрзли
пáхнуть, *sentir* : он пах, онá пáхла, онѝ пáхли

L'accent est sur le radical.

53. Le futur

■ Le futur d'un verbe imperfectif se forme à l'aide de l'auxiliaire быть :

я бýду, ты бýдешь, он бýдет, мы бýдем, вы бýдете, онѝ бýдут

suivi de l'infinitif de ce verbe :

я бýду читáть,
ты бýдешь читáть...

■ Le futur d'un verbe perfectif se forme comme le présent d'un verbe imperfectif. A la différence du futur imperfectif, il exprime une action dont on envisage l'achèvement (voir la leçon 22 et les § 56 et 57 ci-dessous)

Я прочитáю ромáн, *je lirai le roman*

ты прочитáешь ромáн...

54. L'impératif

L'impératif se forme à partir du radical du présent (2ème personne du singulier) et l'accent est celui de la 1ère personne du singulier.

La terminaison est :

-й si le radical est terminé par une voyelle : читáй, *lis !*

-и si le radical est terminé par une consonne et si l'accent de la 1ère personne du présent est final : идѝ, *va !* ou déplacé sur le préverbe вы- (obligatoirement accentué dans les verbes perfectifs) : вы́йди *sors !*

-и également, si le radical est terminé par un groupe de consonnes : крѝкни, *crie !*

-ь si le radical est terminé par une consonne et si l'accent de la 1ère personne du présent est sur le radical : я ся́ду → сядь! *assieds-toi.*

Pour former le pluriel, il suffit d'ajouter -те à ces formes : иди́те, *allez*, ся́дьте, *asseyez-vous*.

■ **Formes irrégulières**

● Дава́ть et ses composés, ainsi que ceux de -става́ть, -знава́ть (§ 49) qui perdent le suffixe -ва- au présent, le gardent à l'impératif : дава́й, *donne*; встава́й, *lève-toi*; признава́й, *reconnais*.

● Les verbes en -ить de la première conjugaison: бить, вить, лить, шить (§ 49) ont un impératif бей, вей, лей, шей.

● есть, *manger*, donne ешь; дать, *donner*, дай; лечь, *se coucher*, ляг; éхать, *aller*, поезжа́й.

■ **L'impératif de la première personne du pluriel**

Il a la forme de la première personne du présent ou du futur (le plus souvent perfectif) : идём, пойдём, *allons*, бу́дем писа́ть, *écrivons*. Si l'on vouvoie ou si l'on s'adresse à plusieurs personnes, on ajoute -те : идёмте пойдёмте, бу́демте писа́ть.

■ **L'impératif de la troisième personne**

Il est rendu par la 3ème personne du présent imperfectif ou perfectif, précédée de la particule пусть :

Пусть он войдёт! *qu'il entre!*

Dans les souhaits solennels on utilise la particule да :

Да здра́вствует Сове́тский Сою́з! *Vive l'Union soviétique!*

55. Les verbes pronominaux

Les verbes pronominaux sont des verbes auxquels est adjoint l'élément -ся, contraction du pronom réfléchi себя́.

-ся se réduit à -сь après une voyelle (sauf dans la formation des participes, où -ся est conservé).

Les verbes pronominaux peuvent être formés à partir de verbes actifs, ils leur donnent un sens réfléchi (одева́ться, *s'habiller*), réciproque (встреча́ться, *se rencontrer*) ou passif (стро́иться, *être en construction*). Parfois seul le verbe pronominal existe (улыба́ться, *sourire*). Notons que les verbes pronominaux russes ne correspondent pas nécessairement à des verbes pronominaux français (любова́ться, *admirer*) et inversement (гуля́ть, *se promener*).

L'ASPECT

56. Généralités

Le russe supplée à une certaine pauvreté de temps (un seul passé et un seul futur) par le système de l'aspect qui vient se superposer au système des temps. A un verbe français correspondent deux verbes russes, l'un d'aspect perfectif, l'autre d'aspect imperfectif.

Le verbe imperfectif exprime une action répétée ou envisagée dans son déroulement (action-ligne).

Le verbe perfectif exprime une action considérée dans son résultat, comme un tout, comme un point sur la ligne du temps (action-point)

> Вчера́ мы гуля́ли (imperfectif) в па́рке и мы встре́тили Ва́ню (perfectif). *Hier nous nous sommes promenés dans le parc et nous avons rencontré Vania.*

Le verbe perfectif, ne pouvant exprimer la durée, n'a pas de présent.

57. Règles d'emploi

L'emploi de l'un ou l'autre aspect est souvent délicat; on peut toutefois dégager quelques règles d'emploi pour chaque mode et temps.

■ Au présent

Comme nous l'avons dit plus haut, seul l'aspect **imperfectif** peut avoir une valeur de présent.

■ Au passé et au futur

● Le verbe d'aspect **imperfectif** exprime la *durée* ou la *répétition*. Au passé, il équivaut alors souvent à l'imparfait français. Il peut également indiquer qu'une *action a* (ou *n'a pas*) *eu lieu, aura* (ou *n'aura pas*) *lieu*, sans qu'on insiste sur son achèvement :

> — Вы чита́ли « Преступле́ние и Наказа́ние »? — Да, чита́л.
> — *Vous avez lu « Crime et Châtiment »? — Oui, je l'ai lu.*
> — Вы бу́дете смотре́ть телеви́зор за́втра? — Да, бу́ду.
> — *Vous regarderez la télévision demain? — Oui, (je la regarderai).*

● Le verbe d'aspect **perfectif** insiste sur *l'achèvement* (ou l'inachèvement) de l'action :

> Я (не) прочита́л э́ту кни́гу.
> *J'ai terminé (je n'ai pas terminé) de lire ce livre.*
>
> Я (не) прочита́ю э́ту кни́гу.
> *Je terminerai (je ne terminerai pas) ce livre.*

— Le verbe perfectif peut également exprimer, surtout au passé, une action *soudaine* et *momentanée*, souvent traduite par un passé simple :

Вдруг что́-то упа́ло.
Soudain, quelque chose tomba.

■ A l'impératif

● Le verbe d'aspect **imperfectif** exprime

— la répétition :

Чита́йте газе́ту ка́ждый день!

Lisez le journal tous les jours!

— une invitation :

Входи́те, сади́тесь!

Entrez, asseyez-vous!

— l'amorce d'une action :

Почему́ вы не чита́ете? Чита́йте!

Pourquoi ne lisez-vous pas? Lisez!

— l'interdiction (avec négation) :

Не кури́те!

Ne fumez pas!

— une autorisation :

Мо́жно пойти́ в кино́? — Да, иди́те!

Peut-on aller au cinéma? — Oui, allez-y!

● Le verbe d'aspect **perfectif** exprime

— une prière ou un ordre :

Расскажи́ мне о себе́!

Parle-moi de toi!

Откро́йте окно́!

Ouvrez la fenêtre!

— une mise en garde (avec négation) :

> Осторо́жно, не урони́ стака́н!
>
> *Attention, ne laisse pas tomber le verre!*

■ A l'infinitif

● On emploie l'aspect **imperfectif** pour exprimer

— le *déroulement* de l'action après des verbes exprimant le début, la prolongation ou la fin de l'action, tels que начина́ть / нача́ть, *commencer*, продолжа́ть, *continuer*, конча́ть / ко́нчить, переста-ва́ть / переста́ть, *cesser* :

> Он на́чал рабо́тать
>
> *Il a commencé à travailler.*

— l'action *habituelle*, après des verbes comme привыка́ть / привы́к-нуть, *s'habituer à*, учи́ться / научи́ться, *apprendre à:*

> Он привы́к ра́но встава́ть
>
> *Il a pris l'habitude de se lever tôt*

— *l'interdiction* après des tournures impersonnelles comme не на́до, нельзя́, *il ne faut pas*

> Не на́до говори́ть ему́ об э́том, *il ne faut pas lui parler de cela.*
>
> Нельзя́ кури́ть, *il est interdit de fumer.*

● L'aspect **perfectif**, qui exprime le (ou l'absence de) *résultat*, s'emploie après des verbes tels que забы́ть, *oublier*, успе́ть, *avoir le temps de*, уда́ться, *réussir à*

> Он не успе́л пообе́дать
>
> *Il n'a pas eu le temps de déjeuner.*

— après нельзя́, il indique une *impossibilité* :

> Ему́ нельзя́ откры́ть дверь: у него́ нет ключа́
>
> *Il ne peut pas ouvrir la porte: il n'a pas de clé.*

58. La formation des couples aspectifs

● Un verbe simple (c'est-à-dire sans préverbe) est presque toujours imperfectif. Le perfectif correspondant se forme par l'adjonction d'un préverbe (qui varie selon le verbe).

> чита́ть, impf., *lire*, прочита́ть, pf.

● Le préverbe qui ne sert qu'à perfectiver un verbe, sans en modifier le sens, est dit « vide ». Mais à un même verbe peuvent être adjoints différents préverbes, qui en modifient le sens initial, tout en le rendant perfectif.

читáть, impf., *lire*, перечитáть, pf., *relire*.

Le verbe imperfectif apparié au perfectif ainsi formé est obtenu par suffixation :

перечитáть, pf., перечи́тывать, impf.

Il existe d'autres types de couples aspectifs : un verbe simple imperfectif peut être perfectivé par le suffixe -ну- qui permet d'exprimer une action brève et unique :

скользи́ть, impf., скользну́ть, pf., *glisser*.

N.B. : les verbes perfectifs en -ну- gardent ce suffixe au passé, contrairement aux imperfectifs, qui ont une tout autre valeur (§ 52). Quelques rares verbes perfectifs ne comportent ni préverbe ni suffixe. L'imperfectif correspondant est obtenu par suffixation (suffixes -á-/-я́- ou -вá-)

бро́сить, pf., бросáть, impf., *jeter*
дать, pf., давáть, impf., *donner*

Parfois il s'agit seulement de verbes de même racine

сади́ться, impf., сесть, pf., *s'asseoir*;
ложи́ться, impf., лечь, pf., *se coucher*;
покупáть, impf., купи́ть, pf., *acheter*.

Enfin quelques verbes de racine différente sont associés par le sens

брать, impf., взять, pf., *prendre*
говори́ть, impf., сказáть, pf., *dire*
класть, impf., положи́ть, pf., *poser*
лови́ть, impf., поймáть, pf., *attraper*.

59. Les verbes de déplacement

Un groupe à part est constitué par les verbes dits de déplacement. Parmi ceux-ci, on distingue à l'aspect imperfectif les verbes indéterminés et les verbes déterminés.

■ Les imperfectifs simples

verbes	indéterminés	déterminés
aller (à pied)	ходи́ть	идти́
aller (autrement qu' à pied)	е́здить	е́хать
courir	бе́гать	бежа́ть
voler	лета́ть	лете́ть
nager	пла́вать	плыть
porter	носи́ть	нести́
mener	води́ть	вести́
transporter	вози́ть	везти́

Le verbe indéterminé exprime

la faculté de faire tel ou tel mouvement :

Он хорошо́ пла́вает, *il nage bien.*

un mouvement sans direction déterminée :

Де́ти бе́гают в саду́, *les enfants courent dans le jardin.*

un mouvement répété :

Мы хо́дим на заво́д в 7 часо́в,
nous allons à l'usine à sept heures.

au passé, une idée d'aller et de retour :

Вчера́ мы ходи́ли в теа́тр, *hier nous sommes allés au théâtre.*

Le verbe déterminé exprime un mouvement fait à un moment donné dans une direction précise:

Мы е́дем в Петербу́рг, *nous allons à Saint-Pétersbourg.*

■ Les verbes préverbés

L'aspect perfectif de chacun de ces verbes est obtenu par l'adjonction du suffixe по- au verbe déterminé :

пойти́, пое́хать, *aller*

A côté de ce préverbe по-, vide, d'autres modifient le sens initial du verbe à tel point qu'ils en deviennent l'élément essentiel, le verbe lui-même n'exprimant plus que la manière dont est fait le mouvement.

C'est ainsi que :

при- exprime l'arrivée, y- le départ
в-   le mouvement vers l'intérieur
вы- le mouvement vers l'extérieur
под- l'approche   от- l'éloignement.

L'opposition indéterminé-déterminé disparaît pour les verbes de mouvement préverbés. Il n'y a plus que des perfectifs, formés par l'adjonction du préverbe au verbe déterminé et des imperfectifs, formés par l'adjonction de ce préverbe au verbe indéterminé.

прилете́ть, pf./прилета́ть, impf., *arriver* (*en volant*)

N.B. : dans les verbes composés, идти́ est remplacé par -йти (подойти́, уйти́...), е́здить par -езжа́ть (приезжа́ть, уезжа́ть...), бе́гать par бега́ть (прибега́ть...) et пла́вать par плыва́ть (приплыва́ть...)

LE GÉRONDIF

Le gérondif est une forme verbale invariable apparentée à l'adverbe : comme lui il précise ou modifie l'action exprimée par un autre verbe.

60. Le gérondif présent

On le forme en ajoutant *-я* (*-a* après chuintante) au radical de la 3ème personne du pluriel du présent des verbes imperfectifs.

чита́ют → чита́я, *en lisant*; лю́бят → любя́, *en aimant*.

L'accent est celui de l'infinitif.

Le gérondif présent exprime une action simultanée à celle exprimée par le verbe de la proposition dont il dépend.

Он чита́ет, слу́шая ра́дио, *il lit en écoutant la radio*.

■ Formes irrégulières

Le verbe дава́ть et ses composés, les composés en -става́ть, -знава́ть (§ 49), qui perdent le suffixe -ва- au présent, le gardent au gérondif :

дава́я, встава́я, *en se levant*, узнава́я, *en apprenant*.

Quelques gérondifs très usités ont un accent irrégulier :

сто́я, *debout*; си́дя, *assis*; лёжа, *couché*,
мо́лча, *silencieusement* (m. à m. : en se taisant).

61. Le gérondif passé

On le forme sur le radical du passé des verbes perfectifs en remplaçant л par *-в* (*-вши* pour les verbes pronominaux.)

прочита́л → прочита́в, *ayant lu*;
оде́лся → оде́вшись, *s'étant habillé*.

Le gérondif passé exprime une action antérieure à celle exprimée par le verbe de la proposition dont il dépend :

> Прочита́в газе́ту, он закури́л папиро́су,
> *ayant lu le journal (après avoir lu), il alluma une cigarette.*

■ Formes irrégulières

Les composés de идти́, *aller*, et les verbes dont le radical de l'infinitif est terminé par une consonne (принести́, *apporter*, провести́, *passer*) ont un gérondif passé formé comme le gérondif présent : уйдя́, *étant parti*, принеся́, *ayant apporté*, проведя́, *ayant passé*.

On les distingue du gérondif présent par le fait qu'ils sont perfectifs. Les gérondifs présents correspondants sont уходя́, принося́, проводя́.

LE PARTICIPE

Le participe est une forme verbale apparentée à l'adjectif, dont il suit la déclinaison. Comme lui, il modifie un nom et les participes passifs présentent une forme courte lorsqu'ils sont attributs.

62. Le participe présent actif

On le forme sur le radical du présent des verbes imperfectifs en remplaçant le -т final de la 3ème personne du pluriel par *-щ-* suivi de la désinence adjectivale :

> чита́ют → чита́ющий, *lisant* ;
> говоря́т → говоря́щий, *disant, parlant.*

Ce participe peut remplacer une proposition relative :

> Челове́к, сидя́щий (кото́рый сиди́т) там на скаме́йке — мой друг, *l'homme assis là-bas sur le banc est mon ami.*

63. Le participe passé actif

On le forme sur le radical du passé en remplaçant le л par *-вш-* suivi de la désinence adjectivale. Si le radical de l'infinitif est terminé par une consonne, le suffixe se réduit à -ш : чита́вший, принёсший.

Imperfectif, ce participe exprime soit une action simultanée à celle du verbe dont il dépend, soit une action antérieure, avec une notion de durée ; perfectif, il exprime une action antérieure, avec idée de résultat.

Студе́нт, сиде́вший о́коло вас, сдал экза́мен,
l'étudiant (qui était) assis à côté de vous a réussi l'examen.

Мы собира́ли упа́вшие ли́стья,
nous ramassions les feuilles tombées.

64. Le participe présent passif

On le forme en ajoutant la désinence adjectivale à la 1ère personne du pluriel du présent des verbes imperfectifs : чита́емый.

Ce participe peu usité exprime une action qui dure ou qui se répète :

Он ещё не зна́ет пра́вил, так ча́сто повторя́емых учи́телем,
il ne sait pas encore les règles si souvent répétées par le professeur.

65. Le participe passé passif

On le forme sur le radical de l'infinitif des verbes perfectifs à l'aide des suffixes *-нн-* ou *-т-*.

● **Suffixe *-нн-*.**

Verbes en -ать et -ять : прочи́танный, *lu,* поте́рянный, *perdu.*
La terminaison -анный, -янный n'est jamais accentuée.

Verbes en -ти, -чь (2ème conjugaison, groupe B) et en -ить (1ère conjugaison) : un -е- ou un -ё- (si le verbe a un accent final au présent) est intercalé entre le radical et le suffixe ou remplace le -и- des verbes en -ить :

принесённый, *apporté*; постро́енный, *construit.*

La consonne finale du radical peut se transformer, comme au présent-futur.

бро́сить, бро́шу → бро́шенный, *jeté*;
испе́чь, испеку́, испечёшь → испечённый, *cuit.*

● **Suffixe *-т-*.**

C'est celui des verbes en -нуть, -ыть, -оть, -ереть, des quelques verbes en -ить de la 1ère conjugaison et des verbes monosyllabiques en -еть et -ять (-ать aprè chuintante) ainsi que de leurs composés :

поки́нутый, *abandonné*; откры́тый, *ouvert*; смо́лотый, *moulu*; за́пертый, *fermé à clef,* sur запере́ть; уби́тый, *tué*; согре́тый, *réchauffé*; взя́тый, *pris*; на́чатый, *commencé.*

Le participe passé passif est d'un emploi courant. Il peut être épithète ou attribut (il est alors obligatoirement à la forme courte).

Зда́ние, постро́енное в про́шлом году́, ка́жется уже́ ста́рым, *l'immeuble construit l'an dernier paraît déjà vieux.*

Все доро́ги покры́ты сне́гом, *toutes les routes sont couvertes de neige.*

A la forme courte le participe en -нн- ne prend plus qu'un н; le participe en -ённый a un accent final.

приглашённый, *invité*;
forme courte : он приглашён, она́ приглашена́, оно́ приглашено́, они́ приглашены́.

66. Le conditionnel

Il se forme à l'aide de la particule бы placée devant ou après le verbe au passé imperfectif ou perfectif

я бы (про)чита́л, я (про)чита́л бы, *je lirais* (*j'aurais lu*).

LA PHRASE

67. La phrase interrogative

■ **Style direct**

Dans le langage courant une proposition interrogative ne comportant pas de mot interrogatif ne se distingue d'une proposition affirmative que par l'intonation :

Ва́ня там? (intonation montante sur там : _ _ ╱)
Vania est-il là?

Ва́ня там? (intonation haute sur ва : ‾ ╲ _)
Est-ce Vania qui est là?

De façon moins courante, on peut avoir recours à la particule *ли* qui se place en deuxième position dans la phrase, immédiatement après le mot sur lequel porte l'interrogation :

> Там ли Ваня? *Vania est-il là?*
> Ваня ли там? *Est-ce Vania qui est là?*

■ **Style indirect**

Quand la proposition interrogative ne comporte pas de mot interrogatif, on utilise la particule ли exactement de la même façon que dans le style direct, en plaçant toujours une virgule après la proposition principale.

> Я спрáшиваю вас, придёте ли вы,
> *je vous demande si vous viendrez.*

68. La proposition subordonnée complétive

Elle est introduite par la conjonction *что* lorsqu'elle dépend de verbes exprimant une affirmation ou une opinion :

> Я знáю, что он придёт, *je sais qu'il viendra.*

Elle est introduite par la conjonction *чтобы* suivie d'un verbe au passé, lorsqu'elle dépend de verbes exprimant un doute, un ordre ou un souhait.

> Я хочý, чтóбы он пришёл, *je veux qu'il vienne.*

69. L'absence de concordance des temps

Le russe ignore le règle de concordance des temps.

Dans les subordonnées interrogatives et complétives (introduites par что) le mode et le temps sont toujours ceux qu'on aurait dans une proposition indépendante.

> Я спрáшивал вас, придёте ли вы,
> *je vous demandais si vous viendriez.*

> Я знал, что он придёт, *je savais qu'il viendrait.*

70. La proposition conditionnelle

Elle est introduite par la conjonction *éсли*.
Le verbe peut être au présent :

> Если хóчешь, я придý, *si tu veux, je viendrai.*

Contrairement au français, il peut être au futur :

> Éсли зáвтра бýдет хорóшая погóда, мы бýдем гулять, *s'il fait beau demain, nous nous promènerons.*

Si le verbe de la principale est au conditionnel, celui de la subordonnée l'est également :

> Éсли бы погóда былá хорóшая, мы бы гуляли, *s'il faisait* (*avait fait*) *beau, nous nous promènerions* (*serions promenés*).

71. La proposition impersonnelle

Très courante en russe, la proposition impersonnelle désigne une action qui ne dépend pas de la volonté de sujet. La personne qui subit l'action (quand elle est exprimée) se met le plus souvent au datif. La proposition peut être formée à l'aide :

● d'un verbe impersonnel ou en emploi impersonnel (3ème personne du singulier, neutre au passé) :

> Вечерéет, вечерéло, *le soir tombe, tombait.*
> Мне хóчется гулять, *j'ai envie de me promener.*
> Вам придётся рáно вставáть, *il faudra vous lever tôt.*

● du verbe être à la forme négative (au présent нет ; contraction de не есть) :

> Егó нет, *il n'est pas là* (m. à m. : il n'y a pas de lui)
> Егó нé было, *il n'était pas là.*

● d'un adverbe ou autre mot :

> В áвгусте жáрко, *en août il fait chaud.*
> Вам нельзя курить, *vous ne devez pas fumer.*
> Нам порá идти, *il est temps que nous nous en allions.*

72. La proposition infinitive

La proposition infinitive — apparentée à la proposition impersonnelle — est également une particularité de la syntaxe russe. Ici aussi l'agent se met au datif. Les cas les plus fréquents d'emploi de cette tournure sont les suivants :

● proposition comprenant un pronom ou un adverbe interrogatif ou négatif:

> Куда́ мне идти́? *où aller?*
> Мне не́куда идти́, *je n'ai pas d'endroit où aller.*
> Ему́ не с кем гуля́ть, *il n'a personne avec qui se promener.*

● proposition exprimant le devoir, la fatalité ou l'impossibilité d'une action:

> Вам дежу́рить, *c'est à vous d'être de service.*
> Быть грозе́, *il va y avoir de l'orage.*
> Вам не поня́ть э́того, *vous ne pouvez pas comprendre cela.*

● proposition exprimant un ordre catégorique (l'infinitif a alors la valeur d'un impératif):

> Молча́ть! *Silence!*

73. La ponctuation

La ponctuation russe présente quelques différences importantes avec la ponctuation française :

● la virgule doit être utilisée pour séparer la proposition principale de la subordonnée:

> Я не понима́ю, о чём вы говори́те,
> *je ne comprends pas de quoi vous parlez.*

Par contre, on ne la met pas après un complément circonstanciel, si celui-ci est placé au début de la phrase :

> В про́шлом году́ мы е́здили в Росси́ю,
> *l'année dernière, nous sommes allés en Russie.*

● Le tiret remplace le verbe être au présent entre deux substantifs :

> Со́ня — сестра́ Ва́ни, *Sonia est la soeur de Vania.*

INDEX GRAMMATICAL

*Les chiffres en romain renvoient aux leçons,
ceux en italique au mémento.*

IMPRIMÉ EN FRANCE PAR BRODARD ET TAUPIN
La Flèche (Sarthe).
N° d'imprimeur : 26775 – Dépôt légal Éditeur 53494-12/2004
Édition 04
LIBRAIRIE GÉNÉRALE FRANÇAISE - 31, rue de Fleurus - 75278 Paris cedex 06.
ISBN : 2 - 253 - 08094 - 2   30/8094/2